Sabine Leppek

Beamtenrecht

Sabine Leppek

Beamtenrecht

begründet von Dr. Fritjof Wagner

13., neu bearbeitete Auflage

CFM C.F. Müller

Begründet von *Dr. Fritjof Wagner*, vormals Professor an der Hochschule des Bundes für öffentliche Verwaltung.

Weitergeführt von *Dr. Sabine Leppek*, Professorin an der Hochschule des Bundes für öffentliche Verwaltung.

Bibliografische Information der Deutschen Nationalbibliothek

Die Deutsche Nationalbibliothek verzeichnet diese Publikation in der Deutschen Nationalbibliografie; detaillierte bibliografische Daten sind im Internet über <http://dnb.d-nb.de> abrufbar.

ISBN 978-3-8114-4504-8

E-Mail: kundenservice@cfmueller.de

Telefon: +49 89 2183 7923
Telefax: +49 89 2183 7620

www.cfmueller.de
www.cfmueller-campus.de

Satz: Gottemeyer, Rot
Druck: CPI Clausen & Bosse, Leck

Vorwort

In die vorliegende 13. Auflage wurden die seit Juli 2015 erfolgten Änderungen beamtenrechtlicher Vorschriften eingearbeitet. Hierbei handelt es sich insbesondere um:

- das Gesetz zur Verbesserung der Vereinbarkeit von Familie, Pflege und Beruf vom 19.10.2016, BGBl. I, 2362,
- das Gesetz zur Neuregelung des Mutterschutzes vom 23.5.2017, BGBl. I, 1228,
- das Gesetz zu bereichsspezifischen Regelungen der Gesichtsverhüllung und zur Änderung weiterer dienstrechtlicher Vorschriften vom 8.6.2017, BGBl. I, 1570.

Es gehört zum didaktischen Konzept dieses Lehrbuchs, die theoretischen Ausführungen durch Übersichten und andere Abbildungen zu veranschaulichen. Die Methodik der Fallbearbeitung hat weiter großes Gewicht in diesem Rechtsgebiet des besonderen Verwaltungsrechts. Anhang II wurde daher erweitert und um aktuelle Fälle aus der Rechtsprechung ergänzt.

Der Verfasserin kommt es darauf an, das Beamtenrecht in seiner historischen Entwicklung aufzuzeigen und die Zusammenhänge mit dem Verfassungs- und Verwaltungsrecht zu betonen. Gerade das Ernennungsrecht eignet sich Gemeinsamkeiten und Unterschiede zu den Grundsätzen des allgemeinen Verwaltungsrechts zu veranschaulichen. Verwaltungswissenschaftliche Bezüge werden dagegen aus Raumgründen nur angedeutet.

Diese Schrift richtet sich vor allem an Studierende der Fachhochschulen und Hochschulen für öffentliche Verwaltung, an deren Lernzielen sie sich orientiert. Sie kann darüber hinaus aber auch Jurastudenten, Referendaren und Verwaltungspraktikern von Nutzen sein.

Der besseren Lesbarkeit wegen wird in diesem Lehrbuch darauf verzichtet, sämtliche Begriffe zu „gendern". Ich hoffe auf das Verständnis der Leserinnen und Leser. Mir liegt die Diskriminierung von Menschen wegen ihres Geschlechts fern.

Bedanken möchte ich mich bei meinem Kollegen Herrn *Johannes M. Stenz* für seine Hilfe bei den Korrekturarbeiten zu dieser Neuauflage.

Literatur und Rechtsprechung wurden aktualisiert und bis Dezember 2018 berücksichtigt. Hinweise auf Fehler, Anregungen und Verbesserungsvorschläge sind herzlich willkommen. Bitte wenden Sie sich an Dr. Sabine Leppek, Hochschule des Bundes für öffentliche Verwaltung, Willy-Brandt-Straße 1, 50321 Brühl oder sabine.leppek@hsbund.de.

Bonn, im Dezember 2018 *Sabine Leppek*

Inhaltsverzeichnis

Vierter Teil
Rechtsschutz im Beamtenverhältnis

Anhang

Abkürzungsverzeichnis

a. A.	anderer Ansicht
a. a. O.	am angegebenen Ort
AbgG	Abgeordnetengesetz
Abs.	Absatz
a. F.	alte Fassung
AG	Aktiengesellschaft
AGG	Allgemeines Gleichbehandlungsgesetz
Anm.	Anmerkung
Art.	Artikel
AuR	Arbeit und Recht
AZV	Arbeitszeitverordnung
BAG	Bundesarbeitsgericht
Bay.VBl.	Bayerische Verwaltungsblätter
BBankG	Bundesbankgesetz
BBesG	Bundesbesoldungsgesetz
BBG	Bundesbeamtengesetz
BBhV	Bundesbeihilfeverordnung
Bd.	Band
BDA	Besoldungsdienstalter
BDBOS	Bundesanstalt für den Digitalfunk der Behörden und Organisationen mit Sicherheitsaufgaben
BDG	Bundesdisziplinargesetz
BDO	Bundesdisziplinarordnung
BDSG	Bundesdatenschutzgesetz
BeamtStG	Beamtenstatusgesetz
BeamtVG	Beamtenversorgungsgesetz
BesGr	Besoldungsgruppe
BesÜG	Besoldungsüberleitungsgesetz
BGB	Bürgerliches Gesetzbuch
BGleiG	Bundesgleichstellungsgesetz
BHO	Bundeshaushaltsordnung
BLV	Bundeslaufbahnverordnung
BMF	Bundesministerium der Finanzen
BMI	Bundesministerium des Innern
BMinG	Gesetz über die Rechtsverhältnisse der Mitglieder der Bundesregierung
BNV	Bundesnebentätigkeitsverordnung
BPA	Bundespersonalausschuss
BPersVG	Bundespersonalvertretungsgesetz
BPolBG	Bundespolizeibeamtengesetz
BPräsWahlG	Gesetz über die Wahl des Bundespräsidenten durch die Bundesversammlung
BRH	Bundesrechnungshof
BRKG	Bundesreisekostengesetz
BRRG	Beamtenrechtsrahmengesetz
BUKG	Bundesumzugskostengesetz
BVerfG	Bundesverfassungsgericht

BVerfGE	Entscheidungen des Bundesverfassungsgerichts
BVerwG	Bundesverwaltungsgericht
BVerwGE	Entscheidungen des Bundesverwaltungsgerichts
DBG	Deutsches Beamtengesetz
DDR	Deutsche Demokratische Republik
d. h.	das heißt
DNeuG	Dienstrechtsneuordnungsgesetz
DÖD	Der öffentliche Dienst
DÖV	Die öffentliche Verwaltung
DPMA	Deutsches Patent- und Markenamt
DVBl.	Deutsches Verwaltungsblatt
EG	Europäische Gemeinschaft
EGMR	Europäischer Gerichtshof für Menschenrechte
EMRK	Europäische Menschenrechtskonvention
EPA	Europäisches Patentamt
EU	Europäische Union
f.	folgende (Seite)
ff.	folgende (Seiten)
GG	Grundgesetz
GKÖD	Großkommentar öffentliches Dienstrecht
GmbH	Gesellschaft mit beschränkter Haftung
Halbs.	Halbsatz
h. M.	herrschende Meinung
Hrsg.	Herausgeber
i. d. R.	in der Regel
IÖD	Informationsdienst Öffentliches Dienstrecht
i. S.	im Sinne
i. V. m.	in Verbindung mit
JA	Juristische Arbeitsblätter
JURA	Juristische Ausbildung
JuS	Juristische Schulung
JZ	Juristenzeitung
KPD	Kommunistische Partei Deutschlands
LKV	Landes- und Kommunalverwaltung
MdB	Mitglied des Deutschen Bundestags
MdEP	Mitglied des Europäischen Parlaments
MuSchArbV	Verordnung zum Schutze der Mütter am Arbeitsplatz
m. w. N.	mit weiteren Nachweisen
NJW	Neue Juristische Wochenschrift
NSDAP	Nationalsozialistische Deutsche Arbeiterpartei
NVwZ	Neue Zeitschrift für Verwaltungsrecht
OVG	Oberverwaltungsgericht

ParlStG	Gesetz über die Rechtsverhältnisse der Parlamentarischen Staatssekretäre
PersV	Die Personalvertretung
RdA	Recht der Arbeit
Rn.	Randnummer
S.	Seite
SchwerbehG	Schwerbehindertengesetz
SGB	Sozialgesetzbuch
sog.	sogenannt
StGB	Strafgesetzbuch
st. Rspr.	ständige Rechtsprechung
StruktRefG	Strukturreformgesetz
TVöD	Tarifvertrag für den öffentlichen Dienst
UNO	United Nations Organisation
VerwArch.	Verwaltungsarchiv
VG	Verwaltungsgericht
VGH	Verwaltungsgerichtshof
vgl.	vergleiche
VO	Verordnung
VOP	Verwaltungsführung, Organisation, Personal
vr	Verwaltungsrundschau
VwGO	Verwaltungsgerichtsordnung
VuF	Verwaltung und Fortbildung
VwVfG	Verwaltungsverfahrensgesetz
WehrBG	Wehrbeauftragtengesetz
WRV	Weimarer Reichsverfassung
z. A.	zur Anstellung
z. B.	zum Beispiel
ZBR	Zeitschrift für Beamtenrecht
ZTR	Zeitschrift für Tarifrecht

Verzeichnis der abgekürzt zitierten Literatur

Auerbach/Pietsch, Beamtenstatusgesetz, Kurzkommentar für die Praxis, 2009
Bär/Gola/Nickel, Öffentliches Dienstrecht, 9. Auflage, 2008
Baldarelli/Wölke, Musterklausuren Öffentliches Dienstrecht, 2. Auflage, 2007
Baßlsperger, Einführung in das neue Beamtenrecht, 2009
Battis, Bundesbeamtengesetz, Kommentar, 5. Auflage, 2017
ders., Recht des öffentlichen Dienstes in: Ehlers/Fehling/Pünder (Hrsg.), Besonderes Verwaltungsrecht, Band III, 3. Auflage, 2013
Behrens, Beamtenrecht, 2. Auflage, 2001
Brühl, Verwaltungsrecht für die Fallbearbeitung, 9. Auflage, 2018
Conze/Karb/Wölk, Personalbuch Arbeits- und Tarifrecht öffentlicher Dienst, 5. Auflage, 2017
Detterbeck, Allgemeines Verwaltungsrecht, 16. Auflage, 2018
Ebert, Das aktuelle Disziplinarrecht, 4. Auflage, 2012
Fischer, Strafgesetzbuch, Kommentar, 66. Auflage, 2019
Fürst/Bachmann/ Bauschke u. a., Beamtenrecht des Bundes und der Länder, Bd. I des Großkommentars Öffentliches Dienstrecht (GKÖD), 1973 ff.
Giemulla/Jaworsky/Müller-Uri, Verwaltungsrecht, 7. Auflage, 2004
Hattenhauer, Geschichte des deutschen Beamtentums, 2. Auflage, 1993
Hummel/Köhler/Mayer/Baunack, BDG, 6. Auflage, 2016
Jarass/Pieroth, Grundgesetz Kommentar, 15. Auflage, 2018
Keller, Disziplinarrecht, 3. Auflage, 2016
Kernbach, Die Konkurrentenklage im Beamtenrecht, 1995
Kopp/Schenke, Verwaltungsgerichtsordnung, Kommentar, 24. Auflage, 2018
Kunig, Das Recht des öffentlichen Dienstes, in: Schoch (Hrsg.), Besonderes Verwaltungsrecht, 2018
Lenders/Peters/Weber, Das neue Dienstrecht des Bundes, 2009
Lorig (Hrsg.), Moderne Verwaltung in der Bürgergesellschaft, 2008
Lorse, Die dienstliche Beurteilung, 6. Auflage, 2016
Loschelder, Die Bekämpfung von AIDS als gesundheitsrechtliches Problem, in: Schünemann/ Pfeiffer, Die Rechtsprobleme von AIDS, 1988
Lückerath (Hrsg.), Berufsbeamtentum und Beamtenorganisationen, Bd. 2, 1987
Magiera/Siedentopf (Hrsg.), Das Recht des öffentlichen Dienstes in den Mitgliedstaaten der Europäischen Gemeinschaft, 1994
Monhemius, Beamtenrecht, 1995
von Münch/Kunig, Grundgesetz-Kommentar, Band 1: Präambel, Art. 1 bis Art. 69, 6. Auflage, 2012
Pechstein, Laufbahnrecht in Bund und Ländern, 4. Auflage, 2017
Plog/Wiedow/Lemhöfer, Kommentar zum Bundesbeamtengesetz, 1965 ff.
Schmidt, Besonderes Verwaltungsrecht I, 13. Auflage, 2010
Schmidt-Bleibtreu/Hofmann/Henneke, Kommentar zum Grundgesetz, 14. Auflage, 2017
Schnellenbach/Bodanowitz, Beamtenrecht in der Praxis, 9. Auflage, 2017
ders., Die dienstliche Beurteilung der Beamten und der Richter, Loseblatt (Stand: 61. AL – 2018)
Schweitzer/Dederer, Staatsrecht III, 11. Auflage, 2016
Stober, Der Ehrenbeamte in Verfassung und Verwaltung, 1981
Thiele, Die Entwicklung des deutschen Berufsbeamtentums, 1981
Wichmann/Langer, Öffentliches Dienstrecht, 8. Auflage, 2017

Zum Arbeiten mit diesem Buch

Das Lehrbuch ist in vier Teile gegliedert: Es beginnt mit der Einordnung des Beamtenrechts in das deutsche Rechtssystem, seiner historischen Entwicklung und der Darstellung beamtenrechtlicher Grundbegriffe.

Danach stehen Begründung, Veränderung und Beendigung des Beamtenverhältnisses im Vordergrund. Insbesondere geht es hier um das Ernennungsrecht, Fragen der Umsetzung, Abordnung und Versetzung sowie die gesetzlichen Beendigungstatbestände.

Im dritten Teil beschäftigt sich das Werk mit der Rechtsstellung der Beamten, die sowohl Rechte als auch Pflichten haben. Die Dienstpflichten sowie die Folgen der Nichterfüllung dieser Pflichten stehen im Vordergrund. Dazu gehört auch ein Überblick über Grundzüge des formellen Disziplinarrechts.

Abschließend widmet sich der vierte Teil dem Rechtsschutz im Beamtenverhältnis, der insbesondere bei außergerichtlichen Rechtsbehelfen einige Besonderheiten gegenüber dem allgemeinen Verwaltungs(prozess)recht aufweist.

Jeder der vier Teile ist thematisch in Paragrafen untergliedert. Zu Beginn jedes Paragrafen finden sich weiterführende Hinweise auf Monografien und Aufsätze in juristischen Fachzeitschriften, mit deren Hilfe Leser und Leserin die angesprochenen Themen vertiefen können. Am Ende jedes Paragrafen ist eine Selbstkontrolle des erworbenen Wissens anhand von Wiederholungsfragen möglich.

Im Anhang findet der Leser ein Aufbauschema zur Prüfung der Zulässigkeit eines Widerspruchs im Beamtenrecht (Anhang I). Daran schließt sich ein Ausflug in die Methodik der juristischen Fallbearbeitung an: Nach einigen allgemeinen Empfehlungen für die Herangehensweise an (beamten-)rechtliche Sachverhalte, werden zu jedem Teil des Buches mehrere Fälle aus dem Beamtenrecht gutachterlich aufbereitet (Anhang II).

Eine Empfehlung zum Schluss: Gerade Leserinnen und Leser, die sich erstmals mit dem Beamtenrecht beschäftigen, sollten parallel zur Lektüre des Buches den Gesetzestext der jeweils besprochenen Vorschriften lesen. Die Arbeit mit einem Lehrbuch kann die Arbeit mit dem Gesetz systematisieren und vereinfachen, aber nicht ersetzen. Viel Erfolg bei der Arbeit mit diesem Buch!

Erster Teil

Allgemeine Grundlagen

§ 1 Das Recht des öffentlichen Dienstes

Weiterführende Literaturhinweise: *Kroppenstedt*, Der öffentliche Dienst der Zukunft, ZBR 1990, 197; *Summer*, Das Berufsbeamtentum als Instrument des liberalen Verfassungs- und Rechtsstaates, PersV 1996, 241 ff.; *Badura*, Die hoheitlichen Aufgaben des Staates und die Verantwortung des Berufsbeamtentums, ZBR 1996, 321 ff.; *Vogelsang*, Ethos des Berufsbeamtentums in der Gegenwart, ZBR 1997, 33; *Schnellenbach*, Öffentlicher Dienst im Umbruch, DÖV 1998, 223 ff.; *Isensee*, Affekt gegen Institutionen – überlebt das Berufsbeamtentum? ZBR 1998, 331; *Jachmann*, Das Berufsbeamtentum – Säule der Rechtsstaatlichkeit? ZBR 2000, 181; *Zypries*, Moderner Staat – Moderne Verwaltung, VuF 2000, 57 ff.; *Derlien*, Öffentlicher Dienst im Wandel, DÖV 2001, 322 ff.; *Isensee*, Transformation von Macht in Recht – das Amt, ZBR 2004, 3 ff.; *Remmert*, Warum muss es Beamte geben? JZ 2005, 53 ff.; *Lindner*, Grundrechtssicherung durch das Berufsbeamtentum, ZBR 2006, 1 ff.; *Bull*, Beamte – die vernachlässigten Hüter des Gemeinwohls? – Die Dienstrechtsdiskussion zwischen Standespolitik und Staatstheorie, DÖV 2007, 1029 ff.; *Landau/Steinkühler*, Zur Zukunft des Berufsbeamtentums in Deutschland, DVBl. 2007, 1343 ff.; Das öffentlich-rechtliche Amtsverhältnis und das Recht des öffentlichen Dienstes. Abschied vom Prinzipiellen, ZBR 2008, 243 ff.

I. Begriff des öffentlichen Dienstes

Einen allgemeingültigen Begriff des öffentlichen Dienstes gibt es nicht. Der Begriff 1 wird im Grundgesetz (z. B. in Art. 33 Abs. 3 bis 5, Art. 131 GG) und in einfachen Gesetzen (z. B. in § 11a ArbeitsplatzschutzG; § 29 Abs. 1 BBesG spricht von einem „öffentlich-rechtlichen Dienstherrn") unterschiedlich verwendet. Enthält die jeweilige Vorschrift selbst keine Definition, müssen Abgrenzungsmerkmale zwischen dem öffentlichen Dienst und den sonstigen Beschäftigungsverhältnissen gesucht werden. Nach allgemeiner Auffassung liegt dieser Unterschied nicht in der Art der Tätigkeit, sondern in der Zugehörigkeit zu einer juristischen Person des öffentlichen Rechts. **Öffentlicher Dienst** im weiteren Sinne ist nach diesem formellen Verständnis die **Beschäftigung im Dienste einer juristischen Person des öffentlichen Rechts.**[1] Das sind Bund, Länder sowie sonstige Körperschaften (z. B. Gemeinden, Kreise), Anstalten und Stiftungen des öffentlichen Rechts. Die juristischen Personen des öffentlichen Rechts besitzen gemäß § 2 BBG[2] regelmäßig auch die sog. **Dienstherrnfähigkeit**, d. h. das Recht, Beamte zu haben. Ausgenommen vom öffentlichen Dienst sind die Unternehmen der öffentlichen Hand in privatrechtlicher Form, wie z. B. die Deutsche Bahn AG, selbst wenn die öffentliche Hand die Mehrheit des Gesellschaftskapitals besitzt. Auch bei den sog. Eigengesellschaften, wie die in Form einer Aktiengesellschaft oder GmbH betriebenen Verkehrs- und Versorgungseinrichtungen, handelt es sich nicht um juristische Personen des öffentlichen Rechts, sondern um solche des Privatrechts. Diese Betriebsangehörigen können daher nicht dem öffentlichen Dienst angehören.

1 BVerfGE 6, 267 ff.; BVerwGE 30, 87 ff.

2 Für die Landes- und Kommunalbeamten siehe § 2 BeamtStG.

II. Angehörige des öffentlichen Dienstes

2 Zum öffentlichen Dienst im weiteren Sinne zählen **Beamte, Beschäftigte im öffentlichen Dienst, Richter und Berufssoldaten.**[3] Diese Personen erbringen ihre Dienstleistungen auf Dauer. An einer solchen ständigen Leistung von Diensten fehlt es dagegen bei ehrenamtlich Tätigen (z. B. Gemeinderatsmitgliedern), Wehrpflichtigen und Zivildienstleistenden. Nicht zu den Angehörigen im öffentlichen Dienst gehören ferner der Bundespräsident, die Mitglieder der Bundesregierung und der Landesregierungen sowie die Parlamentarischen Staatssekretäre. Denn sie stehen in keinem Dienstverhältnis, sondern in einem durch die Verfassung und besondere Gesetze[4] geregelten öffentlich-rechtlichen Amtsverhältnis. Einen Sonderstatus besitzen die Mitglieder der parlamentarischen Körperschaften wie Bundestag und Landtage und der kommunalen Vertretungskörperschaften. Sie verrichten keinen Dienst, sondern repräsentieren in freier Verantwortung das Volk.[5] Die Rechtsverhältnisse der Mitglieder des Deutschen Bundestages regelt das Abgeordnetengesetz (AbgG). Bei Angehörigen des öffentlichen Dienstes, die in den Bundestag gewählt werden, ruhen gem. § 5 AbgG vom Tage der Annahme der Wahl für die Dauer der Mitgliedschaft im Deutschen Bundestag die Rechte und Pflichten aus dem Dienstverhältnis. Nach Ende des Mandats haben die ehemaligen Abgeordneten Anspruch auf rechtsgleiche Verwendung im öffentlichen Dienst (vgl. § 6 ff. AbgG). Üblicherweise werden schließlich die Bediensteten der Religionsgesellschaften ausgeklammert.[6] Die Berufssoldaten und Richter haben eine besondere Rechtsstellung, die durch eigene Gesetze (Soldatengesetz, Richtergesetz) geregelt ist. Die Besonderheiten dieser Berufsgruppen werden hier nicht behandelt. **Zum öffentlichen Dienst im engeren Sinne** werden nur die Beamten und die Beschäftigen im öffentlichen Dienst gezählt. Die Beamtinnen und Beamten stehen im Mittelpunkt der Betrachtungen dieses Lehrbuchs.

3 *Bär/Gola/Nickel*, S. 30; *Battis*, § 4 Rn 3.

4 Regelungen zu den genannten Amtsverhältnissen finden sich im Grundgesetz oder verfassungsnachrangigen Rechtsvorschriften wie dem Gesetz über die Rechtsverhältnisse der Mitglieder der Bundesregierung (BMinG) oder dem Gesetz über die Rechtsverhältnisse der Parlamentarischen Staatssekretäre (ParlStG).

5 Siehe hierzu insbesondere Art. 38 Abs. 1 S. 2 GG.

6 BVerwG DVBl. 83, 508, siehe hierzu Art. 140 GG i. V. m. Art. 136 WRV. Weiterführend siehe: *Ling*, ZBR 2006, 238 ff.; *Kapischke*, ZBR 2007, 235 ff.

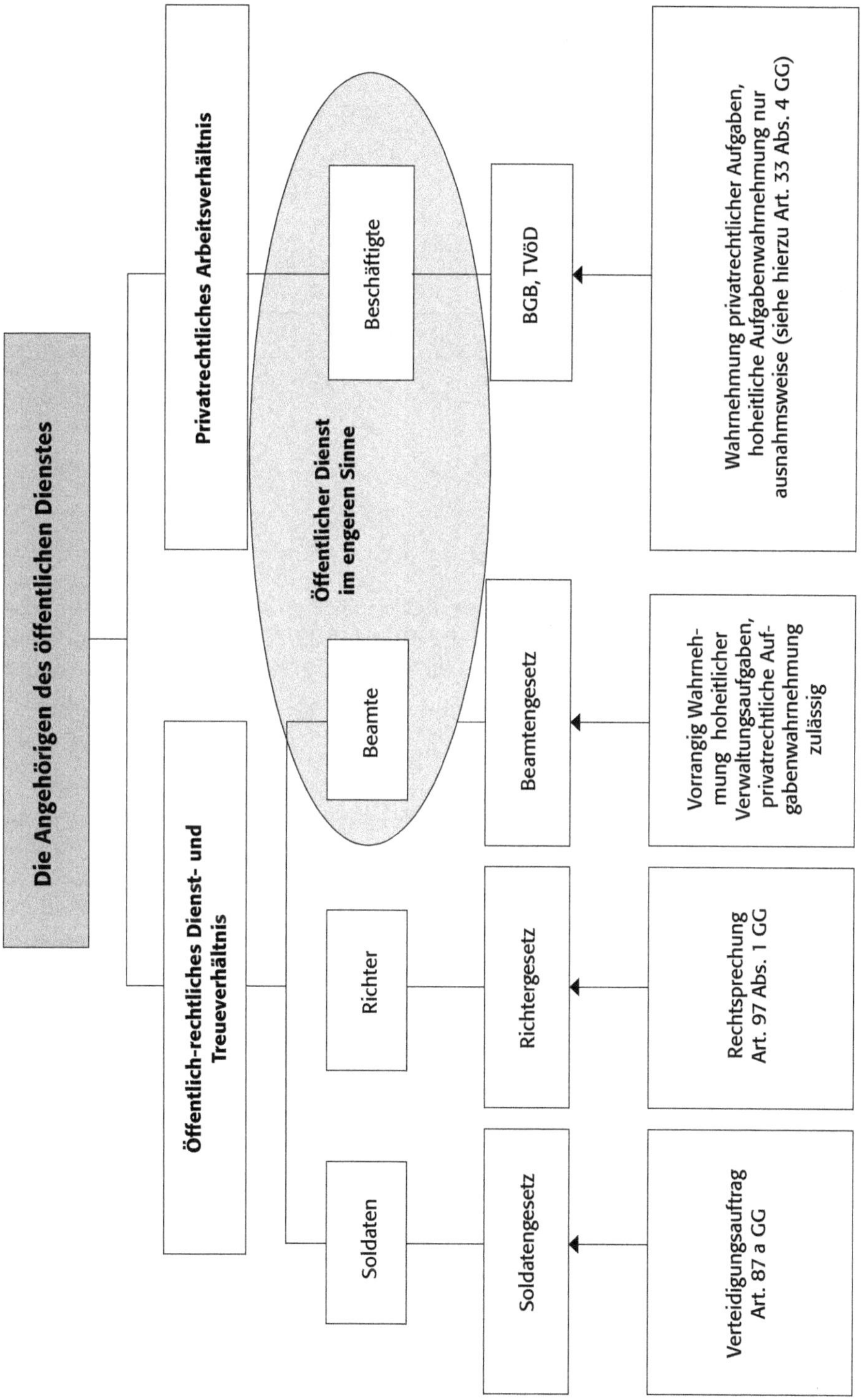
Die Angehörigen des öffentlichen Dienstes
Öffentlich-rechtliches Dienst- und Treueverhältnis
Privatrechtliches Arbeitsverhältnis
Öffentlicher Dienst im engeren Sinne
Soldaten
Richter
Beamte
Beschäftigte
Soldatengesetz
Richtergesetz
Beamtengesetz
BGB, TVöD
Verteidigungsauftrag Art. 87 a GG
Rechtsprechung Art. 97 Abs. 1 GG
Vorrangig Wahrnehmung hoheitlicher Verwaltungsaufgaben, privatrechtliche Aufgabenwahrnehmung zulässig
Wahrnehmung privatrechtlicher Aufgaben, hoheitliche Aufgabenwahrnehmung nur ausnahmsweise (siehe hierzu Art. 33 Abs. 4 GG)

Übersicht 1

Öffentlich-rechtliche Amtsverhältnisse

Amtsverhältnisse	Rechtsgrundlagen
Bundespräsident	Art. 54 ff. GG, BPräsWahlG
Bundeskanzler/Bundesminister	Art. 62 ff. GG, BMinG
Parlamentarischer Staatssekretär	ParlStG
Wehrbeauftragter	Art. 45b GG, § 1 WBeauftrG
Bundesbeauftragter für den Datenschutz	§§ 8 ff. BDSG
Direktoriumsmitglied der Deutschen Bundesbank	Art. 88 GG, BBankG

Übersicht 2

III. Funktion des öffentlichen Dienstes

3 Seit Beginn der Industrialisierung vor mehr als hundert Jahren hat sich der öffentliche Dienst erheblich gewandelt. Der Umfang der Staatstätigkeiten hat stark zugenommen und sich von seinen Aufgaben her verändert. Während früher das Schwergewicht auf der Eingriffsverwaltung lag, steht heute die leistende, planende und steuernde Verwaltung im Vordergrund.[7] Mit wachsender Komplexität des gesellschaftlichen und wirtschaftlichen Lebens, mit zunehmender Arbeitsteilung, durch Wohnen in dicht besiedelten Gebieten und steigende Ansprüche des Einzelnen an seine individuelle Lebensqualität hat der Aufgabenbestand der öffentlichen Verwaltung eine quantitative aber auch eine qualitative Ausweitung erfahren. Mit den Aufgaben hat auch die Zahl der Beschäftigten zugenommen. Dies gilt vor allem für den Bildungsbereich, Gesundheit und Soziales, aber auch für die innere Sicherheit. Der Bürger ist heute bei wachsender Verwaltungsdichte und Auflösung überkommener Sozialstrukturen von staatlichen Leistungen abhängiger geworden. Er kann seinen Bedarf nicht beliebig durch andere – private – Leistungsträger decken.

4 Dem öffentlichen Dienst obliegt es, politische Entscheidungen des Parlaments und der Regierung umzusetzen. Dies geschieht etwa durch den Erlass allgemeiner Durchführungsbestimmungen, durch Auslegung unbestimmter Rechtsbegriffe und Ausübung des Ermessens. Der öffentliche Dienst wirkt aber auch bei der parlamentarischen Gesetzesvorbereitung, bei der Erstellung des Regierungsprogramms und anderen politischen Grundentscheidungen in beträchtlichem Umfang mit. In diesem Sinne erfüllt er auch eine politische Funktion. Der öffentliche Dienst ist weder Hüter der Verfassung, noch kommt ihm zu, das Gemeinwohl festzulegen und durchzusetzen. Seine Aufgabe

7 Zum Begriff der Verwaltung ausführlich *Detterbeck*, Rn 9 f. m. w. N. Hier wird der Begriff der Daseinsvorsorge als Teil der Leistungsverwaltung untersucht.

ist es vor allem, einen Ausgleich der im pluralistischen Gemeinwesen vorhandenen verschiedenen Interessen herbeizuführen und dabei insbesondere die Gruppen zu vertreten, die nicht oder schwach organisiert sind und sich deshalb kein Gehör verschaffen können. In diesem Sinn hat der öffentliche Dienst eine **Ausgleichsfunktion**. Das *Bundesverfassungsgericht* umschreibt dies mit folgenden Worten[8]:

> „Das Berufsbeamtentum ist eine Institution, die, gegründet auf Sachwissen, fachliche Leistung und loyale Pflichterfüllung, eine stabile Verwaltung sichern und damit einen ausgleichenden Faktor gegenüber den das Staatsleben gestaltenden politischen Kräften darstellen soll."

Das Berufsbeamtentum soll ein Garant der Unparteilichkeit, Uneigennützigkeit und Sachlichkeit sein. Es stellt im Gefüge des parlamentarisch-demokratischen Systems ein unentbehrliches, stabilisierendes Element dar. Gerade die zukunftsgestaltenden Aufgaben des Staates etwa in den Bereichen Umweltschutz, Energieversorgung, moderne Technologien erfordern eine Einrichtung, die **Stabilität** und **Kontinuität** gewährleistet. Dabei hat sich der öffentliche Dienst verstärkt betriebswirtschaftlicher Methoden wie der Kosten-Leistungs-Rechnung, der Budgetierung und dem Controlling geöffnet und sie in Verwaltungsabläufe implementiert.

IV. Struktur des öffentlichen Dienstes

Die Zahl der Beamten und Beschäftigten im öffentlichen Dienst ist seit Beginn des letzten Jahrhunderts bis in die 1990er-Jahre stetig gestiegen. Im Jahre 1913 waren bei etwa 60 Millionen Einwohnern rund 730 000 Personen im öffentlichen Dienst beschäftigt. 1950 waren es schon 2,3 Millionen. Im wiedervereinigten Deutschland wurden 1991 6,7 Millionen Beamte und Beschäftigte im öffentlichen Dienst gezählt. Diese Entwicklung war zwischenzeitlich rückläufig: 2014 (Stichtag 30.06.2014) gehörten insgesamt 4,65 Millionen dem öffentlichen Dienst im weiteren Sinne an.[9] Inzwischen hat sich diese Entwicklung jedoch verändert. Besonders im Bereich der öffentlichen Sicherheit und zur Bewältigung der öffentlichen Aufgaben im Zusammenhang mit Einwanderung und Flucht nach Deutschland wurde das Personal wieder vergrößert (Stichtag 30.6.2017: 5,98 Millionen).[10] Der Anteil der Teilzeitbeschäftigten vergrößert sich, die Vollzeitbeschäftigung ist (spiegelbildlich) rückläufig. Allein in der Bundesverwaltung sind 702 745 Mitarbeiter beschäftigt.[11] 5

Mit der Erweiterung staatlicher Aufgaben nimmt die **Spezialisierung** und **Technisierung** in allen Gruppen des öffentlichen Dienstes zu. Den allseitig verwendbaren Bediensteten gibt es nicht, gleichwohl soll das Laufbahnprinzip weiterhin dafür sorgen, dass nur qualifizierte Beamte die Aufgaben der Laufbahn, für die sie eine entsprechende Laufbahnbefähigung nachweisen können, wahrnehmen dürfen.

---

8 BVerfGE 7, 155 (162).

9 Statistisches Bundesamt, Fachserie 14, Reihe 6 für das Jahr 2014, Finanzen und Steuern, Personal des öffentlichen Dienstes, Wiesbaden 2014.

10 Statistisches Bundesamt, Fachserie 14, Reihe 6 für das Jahr 2017, Finanzen und Steuern, Personal des öffentlichen Dienstes, Wiesbaden 2018.

11 Statistisches Bundesamt, a. a. O.

6 Obwohl hier das Recht der Beamten im Mittelpunkt stehen soll, ist kurz auf die Arbeitnehmerinnen und Arbeitnehmer im öffentlichen Dienst einzugehen, die einheitlich als **Beschäftigte** bezeichnet werden.[12] Ihre Rechtsverhältnisse werden durch private Dienst- bzw. Arbeitsverträge gestaltet (vgl. oben Übersicht 1). Seit der Weimarer Zeit sind dafür Tarifverträge maßgebend. Heute wird das Recht der Beschäftigten im öffentlichen Dienst des Bundes und der Kommunen, durch den am 1.10.2005 in Kraft getretenen Tarifvertrag für den öffentlichen Dienst (TVöD) geregelt. Das neue Tarifrecht soll die Beschäftigungsverhältnisse im öffentlichen Dienst flexibler, leistungsorientierter und transparenter gestalten, als dies zuvor im Bundesangestelltentarifvertrag (BAT/BAT-O) der Fall war. Obwohl der TVöD sich in einigen Punkten vom Beamtenrecht absetzt, gibt es noch viele Gemeinsamkeiten.

Die Verteilung der öffentlichen Aufgaben auf Beamte und Beschäftigte erscheint, zumindest teilweise, wenig überzeugend. So übernehmen häufig Mitarbeiter, deren Rechtsverhältnisse nach unterschiedlichen Regelungen geordnet sind, gleichartige Funktionen. Dies führt zu unterschiedlichen Rechten und Pflichten und damit unter den betroffenen Mitarbeitern häufig zur Unzufriedenheit.[13]

Unterschiede zwischen Beamten und Beschäftigten im öffentlichen Dienst

Beamte	Beschäftigte
Öffentliches Recht (besonderes Verwaltungsrecht)	Privatrecht (Arbeitsrecht)
Ernennung durch Verwaltungsakt	Begründung durch Arbeitsvertrag
Regelung durch oder aufgrund von Gesetzen, kein Gestaltungsspielraum	Ausgestaltung ist einzel- oder tarifvertraglich geregelt
Laufbahnprinzip (amtsbezogen)	tätigkeitsbezogen
Beendigung nur durch oder aufgrund einer gesetzlichen Regelung	Beendigung durch ordentliche oder außerordentliche Kündigung
Alimentationsprinzip (amtsangemessene Besoldung)	Arbeitsentgelt als Gegenleistung für die vertraglich geschuldete Leistung
Eigenständige Versorgung (BeamtVG)	Gesetzliche Rentenversicherung
Streikverbot, Art. 33 Abs. 5 GG	Streikrecht
Rechtsweg zu den Verwaltungsgerichten	Rechtsweg zu den Arbeitsgerichten

Übersicht 3

12 Siehe § 1 Abs. 1 TVöD.
13 Beispielhaft seien die unterschiedlichen Wochenarbeitszeiten genannt: Während Bundesbeamte gem. § 3 AZV eine regelmäßige wöchentliche Arbeitszeit von 41 Stunden haben, legt § 6 Abs. 1 a) TVöD diese für die Beschäftigten des Bundes auf 39 Stunden fest.

V. Selbstverständnis des öffentlichen Dienstes

Weiterführende Literaturhinweise: *Kübler*, Parteipolitische Ämterpatronage, vr 1982, 361 ff.; *Wassermann*, Der öffentliche Dienst im Griff der Parteien, DÖD 1986, 165 ff.; *Wichmann*, Parteipolitische Patronage 1986; *von Armin*, Parteien und Patronage, PersV 1988, 21 ff.; *Schauer*, Zur Stellung des Beamten im Parteienstaat, ZBR 1989, 11 ff.; *Thiele*, Berufsbeamtentum in der Bewährung, DÖD 1991, 193 ff.; *Lorig/Mayer-Schlöder*, Die Parteipolitisierung des öffentlichen Dienstes, vr 992, 55 ff.; *Quambusch*, Die moralische Krise des öffentlichen Dienstes, DÖD 1992, 97 ff; *Hattenhauer*, Das Beamtentum im Parteienstaat, ZBR 1993, 1 ff.; *Stegmann*, Beamte oder Angestellte, ZBR 1996, 6 ff.; *Minz/Conze*, Plädoyer für eine grundlegende Reform des öffentlichen Dienstrechts, ZTR 1995, 243 ff; *Kloepfer*, Politische Klasse und Ämterpatronage, ZBR 2001, 189 ff.; *Bull/Benorden*, Personalrecht und Personalwirtschaft als Handlungsfelder der Verwaltungsreform, 2001; *Lorse*, Personalentwicklung im Abseits aktueller dienstrechtlicher Reformüberlegungen, ZBR 2008, 145 ff.; *Lorse*, Zum Stand der Personalentwicklung im öffentlichen Dienst – dienstrechtliche Anmerkungen, ZBR 2018, 145 ff.

7 Der öffentliche Dienst hat sich immer als Repräsentant des Staates verstanden, der als ausgleichender Faktor zwischen den politischen Kräften des Staates wirkte. Dabei waren Begriffe wie Berufsethos, Gemeinwohlverpflichtung, Loyalität und Opferbereitschaft allgemein verbindlich. Es gibt Anzeichen, dass sich hier ein Wertewandel vollzieht. Jüngere Angehörige des öffentlichen Dienstes scheinen sich heute nicht mehr in überkommener Weise mit ihrem Dienstherrn zu identifizieren.[14] Eine gewisse Orientierung an Berufsbildern der freien Wirtschaft ist nicht zu übersehen, wie umgekehrt privatwirtschaftliche Organisationen bürokratische Strukturen übernehmen. Beamte verstehen sich zunehmend als Arbeitnehmer, die ihre Tätigkeit als „Job" ansehen. Sie suchen nach dem Sinn ihrer Arbeit und streben nach mehr Selbstverwirklichung. Wie allgemein in unserer Gesellschaft gibt es auch im öffentlichen Dienst weniger Interesse am Dienen als am Verdienen. Der Gesetzgeber hat 2012 durch das „Fachkräftegewinnungsgesetz" (BGBl. I S. 467) versucht, hierauf in bestimmten Mangelbereichen wie der IT durch eine Flexibilisierung der Einstellung in einem höheren als dem Eingangsamt zu reagieren. Nicht ganz zu Unrecht wird von den Betroffenen Klage darüber geführt, dass das geltende Dienstrecht bisher wenig Leistungsanreize bietet.[15] Das BBesG bleibt hier bei dem bekannten Dreiklang „Leistungsprämie – Leistungszulage – Leistungsstufe". Diese Instrumente haben in der Vergangenheit aufgezeigt, dass die Verwirklichung des Ziels einer leistungsgerechten Bezahlung im öffentlichen Dienst aus systemimmanenten Gründen problematisch ist:

Das Laufbahnprinzip setzt den Karrieremöglichkeiten des Beamten Grenzen und sorgt (allein durch die Amtsbezeichnungen) für eine große Vergleichbarkeit der Beamten untereinander. Das Lebenszeitprinzip lässt die Sanktionierung schlechter Leistungen durch die Entlassung des Beamten nur in ganz extremen Ausnahmefällen zu. In diesen Grenzen ist die Motivation des Beamten durch Leistungsanreize nur sehr schwer zu erreichen. Die Motivation Einzelner kann spiegelbildlich ganz schnell zur Demotivation aller anderen Mitarbeiter in der Organisationseinheit führen. In einem Ämter- und Besoldungssystem, das – wie beschrieben – den Vergleich aller Kollegen untereinander

---

14 Dies gilt insbesondere für Tätigkeiten, die die Betreuung und Unterstützung des Bürgers beinhaltet. Die Arbeit eines Sozialarbeiters sei hier beispielhaft genannt.

15 Siehe zum Themenkomplex Leistungsbezahlung exemplarisch: *Demmke*, ZBR 2007, 81 ff.; *Meixner*, DÖD 2006, 117 ff. jeweils m. w. N.

ermöglicht, neigt der Einzelne (zu Recht oder zu Unrecht) dazu, sich ungerecht und „unter Wert" behandelt zu fühlen. Aus der Perspektive des Vorgesetzten, der über die Vergabe der Leistungsanreize (mit-)entscheidet, stellt sich ein Problem: Was hat er bspw. davon, einen vielleicht schon „ausbeförderten" Beamten dadurch zu demotivieren, dass er ihn bei der Vergabe von Leistungsanreizen nicht berücksichtigt? Diese Frage stellt sich auch dann, wenn der Beamte diese wegen vergleichsweise schlechter Leistungen nicht verdient. Hinzu kommt, dass die Vergabe von Leistungsanreizen immer auf einer Leistungseinschätzung des Vorgesetzten beruht. Deshalb sind die zugrunde liegenden Bewertungsmaßstäbe und die Ausgestaltung und Transparenz des Verfahrens besonders sorgfältig in den Blick zu nehmen.

Es liegt in der Natur eines hierarchischen Verwaltungsaufbaus mit unterschiedlichen Vorgesetztenebenen und Verantwortlichkeiten, dass der persönliche Handlungsspielraum des einzelnen Mitarbeiters – abhängig von der Stellung in „seiner" Behörde – in der Regel eingeengt ist. Dies begünstigt Arbeits- und Verhaltensweisen, die mehr auf die formalistische und routinemäßige Erledigung der Aufgaben ausgerichtet sind. Ein Impulsgeber für Originalität und Innovationsbereitschaft wird das Beamtenrecht daher auch nach den größeren und kleineren Reformen des Dienstrechts 2009 und danach nicht werden.

8 Hinzu kommt, dass der öffentliche Dienst aus unterschiedlichen Gründen schon lange im Kreuzfeuer der allgemeinen Kritik steht.[16] Mangelnde Zukunfts- und Leistungsfähigkeit im Hinblick auf Qualität und Quantität der Arbeit sowie fehlende Bürger- und Kundenorientierung sollen hier als Stichworte ausreichen. Der Eindruck, dass die „Beamtenlobby" im Bundestag besonders einflussreich sei, hat sich in der öffentlichen Meinung verfestigt, auch wenn die aktuellen Zahlen hier ein etwas anderes Bild zeichnen.[17] Besorgt wird eine zunehmende Korruption und Ämterpatronage, d. h. Einstellung insbesondere nach parteipolitischen Gesichtspunkten vermutet. Eine Reduzierung des parteipolitischen Einflusses erscheint insgesamt angebracht, wenn der öffentliche Dienst seine Funktionsfähigkeit erhalten will. In der öffentlichen Meinung kommen schließlich allgemeine Bürokratiekritik und Beamtenschelte hinzu, die zu einem weiteren Ansehensverlust der staatlichen Verwaltung führen. Neben den politisch Verantwortlichen sind die Angehörigen des öffentlichen Dienstes und hier besonders die Beamten aufgerufen, selbst alles zu tun, um bestehende Vorurteile im Bewusstsein der Öffentlichkeit abzubauen und das Verhältnis zum Bürger zu verbessern. Das „lebenslange Lernen" sollte in diesem Zusammenhang nicht als Schlagwort abgetan, sondern ernst genommen werden. Dazu müssen die Rahmenbedingungen für die Aus- und Fortbildung auch weiterhin einem hohen Standard genügen.

---

16 Ein Indiz dafür sind die vielen kursierenden Beamtenwitze, die diesem Berufsstand fast immer mangelnde Einsatzbereitschaft und permanente Unterforderung unterstellen. Die in regelmäßigen Abständen geführte öffentliche Diskussion über die Angemessenheit der Besoldungshöhe spricht hier eine deutliche Sprache. In wirtschaftlich angespannten Zeiten und bei wachsenden Arbeitslosenzahlen wird die Kritik am Lebenszeitprinzip wieder lauter werden.

17 Im 19. Deutschen Bundestag sind von den insgesamt 709 Abgeordneten 173 Beamte, siehe https://de.statista.com/statistik/daten/studie/454090/umfrage/mitglieder-des-deutschen-bundes tages-nach-berufsgruppen/ (zuletzt abgerufen am 04.01.2018).

VI. Fortentwicklung und Reformen: Die Entwicklung des Beamtenrechts in den vergangenen 20 Jahren

Literaturhinweise zum Gesetzentwurf zum Strukturreformgesetz (2005): *Bull*, Das öffentliche Dienstrecht in der Diskussion, DÖV 2004, 155 ff.; *Battis*, Zum Entwurf eines Gesetzes zur Reform der Strukturen des öffentlichen Dienstrechts, ZBR 2005, 325; *Czerwick*, Der Gesetzentwurf zur Reform der Strukturen des öffentlichen Dienstrechts (Strukturreformgesetz – StruktRefG) vom 15. Juni 2005, DÖD 2006, 45 ff.; *Heynckes*, Die Beamtenrechtsgesetzgebung des 15. Deutschen Bundestages von 2002 bis 2005, ZBR 2006, 369 ff.

Literaturhinweise seit der Föderalismusreform I (2006)

Auswirkungen der Föderalismusreform I: *Pechstein*, Wie können die Länder ihre neuen beamtenrechtlichen Kompetenzen nutzen? ZBR 2006, 285 ff.; *Knopp*, Föderalismusreform – zurück zur Kleinstaaterei? NVwZ 2006, 1216 (1219 f.); *Battis*, Die Entwicklung des Beamtenrechts im Jahre 2007, NVwZ 2008, 379 ff., *Lecheler*, Die Auswirkungen der Föderalismusreform auf die Statusrechte der Beamten, ZBR 2007, 18 ff.; *Hofmann*, Föderalismusreformen im Verfassungsstaat, DÖV 2008, 833 ff.; *Panzer*, Die aktuelle Rechtsprechung des Bundesverfassungsgerichts zum öffentlichen Dienstrecht zwischen Bewahrung und Fortentwicklung, DÖV 2008, 707 ff.; *Pechstein*, Das Laufbahnrecht in der Gesetzgebungskompetenz der Länder, ZBR 2008, 73 ff.; *Frank/Heinicke*, Die Auswirkungen der Föderalismusreform auf das öffentliche Dienstrecht – das neue Spannungsfeld von Solidität, Kooperation und Wettbewerb zwischen den Ländern, ZBR 2009, 34 ff.; *Wolff*, Die Reformpolitik der kleinen Schritte, ZBR 2009, 1 ff.; *Herzog*, Gestaltung des neuen Laufbahnrechts – Das Beispiel der norddeutschen Küstenländer, PersR 2009, 101 ff.

Beamtenstatusgesetz (2008): *Lemhöfer*, Nach der Föderalismusreform: Das kommende Beamtenstatusgesetz für Länder- und Gemeindebeamte, RiA 2007, 49 ff.; *Bochmann*, Die verfassungsrechtlichen Grundlagen der Reföderalisierung des öffentlichen Dienstrechts und der Entwurf eines Gesetzes zur Regelung des Statusrechts der Beamtinnen und Beamten in den Ländern, ZBR 2007, 1 ff.; *Wolff*, Die Aufhebungskompetenz des Bundes für das BRRG, ZBR 2007, 145 ff.; *Günther*, Länderübergreifender Dienstherrnwechsel ohne Zustimmung des Beamten – Bemerkungen zum Entwurf des Beamtenstatusgesetzes, RiA 2007, 97 ff.; *Baßlsperger*, Das neue Beamtenstatusgesetz, PersV 2008, 404 ff.; *Battis/Grigoleit*, Die Statusgesetzgebung des Bundes, ZBR 2008, 1 ff.; *Auerbach*, Beamtenstatusgesetz – Das neue Dienstrecht in den Ländern der Kommunen nach der Föderalismusreform I, DVP 2008, 397 ff.; *Schlenzka*, Das neue Beamtenstatusgesetz – Die (Nicht-)Regelung des Statusrechts in den Ländern, PersR 2009, 95 ff.; *Auerbach/Pietsch*, Beamtenstatusgesetz, 2009

Dienstrechtsneuordnungsgesetz (2009): *Meerkamp*, Der Entwurf des Dienstrechtsneuordnungsgesetzes: Eine Bestandsaufnahme aus gewerkschaftlicher Sicht, PersR 2008, 151 ff.; *von Kiedrowski*, Der Gesetzentwurf zur Neuordnung und Modernisierung des Bundesdienstrechts: ein Überblick mit Schwerpunkt auf den besoldungsrechtlichen Regelungen, ZAS 2008, 18 ff.; *Peters*, Das Dienstrecht des Bundes nach der Föderalismusreform – Der Entwurf eines Dienstrechtneuordnungsgesetzes, RiA 2008, 97 ff.; *Ziekow*, Die Fortentwicklung des Dienstrechts der Bundesbeamten, DÖV 2008, 569 ff.; *Lorse*, Personalentwicklung im Abseits aktueller dienstrechtlicher Reformüberlegungen, ZBR 2008, 145 ff.; *Kammradt*, Zur Besoldungsentwicklung in Bund und Ländern, PersR 2009, 104 ff.; *Wolff*, Die Reformpolitik der kleinen Schritte – Zum Erlass des Dienstrechtsneuordnungsgesetzes, ZBR 2009, 73 ff.; *Lenders*, BBG – BBesG – BeamtVG, Synopse zum neuen Dienstrecht, 2009; *Auerbach*, Das neue Bundesbeamtengesetz, Synopse mit Kurzerläuterungen zu den Änderungen im BBG, 2009; *Lenders/Peters/Weber*, Das neue Dienstrecht des Bundes, 2009.

Neues Laufbahnrecht des Bundes (Bundeslaufbahnverordnung 2009): *Grunewald/Lösch*, Das neue Laufbahnrecht des Bundes, RiA 2008, 201 ff.; *Peters/Lösch/Grunewald*, Paradigmenwechsel im Laufbahnrecht des Bundes, ZBR 2009, 1 ff.; *Baden*, Beförderung freigestellter Beamter – Zur „fiktiven Laufbahnnachzeichnung", PersR 2009, 107 ff.; *Pechstein*, Laufbahnrecht in Bund und Ländern, 4. Aufl., 2017.

Entwicklungen nach 2009: *Schwarz*, Neuerungen im Beamtenrecht des Bundes: Das Gesetz zur besseren Vereinbarkeit von Familie, Pflege und Beruf, ZBR 2017, 77 ff.; *Heynckes*, Die Beamtenrechtsgesetzgebung des 18. Deutschen Bundestages von 2013 bis 2017, ZBR 2018, 187 ff.

9 Recht verändert sich: Wenn der Gesetzgeber ein Reformbedürfnis ausmacht, kann er – mit den erforderlichen Mehrheiten – eine Gesetzesmaterie neu ordnen oder novellieren.

Das **Dienstrechtsreformgesetz von 1997**[18] formulierte als Ziel, die öffentliche Verwaltung effektiver zu machen. Die Reform konzentrierte sich im Wesentlichen auf eine Verbesserung des Leistungsgedankens durch stärkere Steuerung der Besoldungsstufen, Leistungsprämien und Leistungszulagen, Vergabe von Führungsämtern auf Probe und Erweiterung von Versetzung und Abordnung. Das **Strukturreformgesetz 2005 (StruktRefG)** ist aufgrund der durch die vorzeitigen Neuwahlen verkürzten 15. Legislaturperiode nicht zur Verabschiedung gelangt. Mit dem StruktRefG war eine weitreichende Reform des Dienstrechts geplant.[19] Ein Schwerpunkt lag dabei auf der Neuordnung der Besoldung insbesondere durch den Ausbau der Leistungsbezahlung.[20]

10 Durch die **Föderalismusreform I**[21] haben sich auf grundgesetzlicher Ebene verschiedene Bestimmungen verändert, die für das Beamtenrecht relevant sind. Zunächst ist der Wortlaut des Art. 33 Abs. 5 GG modifiziert worden. Darin heißt es nun, dass das Recht des öffentlichen Dienstes unter Berücksichtigung der hergebrachten Grundsätze des Berufsbeamtentums zu regeln *und fortzuentwickeln* ist. Die Bedeutung dieser Fortentwicklungsklausel wird überwiegend kritisch beurteilt.[22] Letztlich liegt es nahe, diesem Zusatz eine klarstellende Funktion zuzuschreiben: Auch ohne die Fortentwicklungsklausel bestand für den Gesetzgeber als Hauptadressat der Regelung die Möglichkeit, das Beamtenrecht an aktuelle Entwicklungen und veränderte Umstände anzupassen. Denn die Vorgabe, hergebrachte Grundsätze des Berufsbeamtentums bei der Gesetzgebung zu berücksichtigen (nicht etwa: zu beachten), ließ auch vor Inkrafttreten der Föderalismusreform eine Veränderung beamtenrechtlicher Bestimmungen – und damit ihre Fortentwicklung – zu. Insoweit dürfte eine Aufweichung der „hergebrachten Grundsätze" auch weiterhin nicht in Betracht kommen.[23]

Auch in Bezug auf die Gesetzgebungskompetenzen auf dem Gebiet des Beamtenrechts gab es grundlegende Veränderungen. Insbesondere die Bundesländer haben nach Art. 74 Abs. 1 Nr. 27, Art. 70, 30 GG mit dem Besoldungs-, Versorgungs- und dem Laufbahnrecht Bereiche der Gesetzgebung hinzugewonnen, in denen sie nun (wieder) unabhängig vom Bund eigene Regelungen treffen können. Als Folge dieser Veränderungen wurden inzwischen eine ganze Reihe beamtenrechtlicher Gesetze auf Bundes- und Länderebene verändert. Die meisten Bundesländer haben – zumindest im Bereich der Besoldung – inzwischen Gebrauch von ihren neu hinzugewonnenen Kompetenzen gemacht. Der Bundesgesetzgeber kann den Ländern und Gemeinden

18 Speziell zur Übertragung von Führungspositionen bzw. Führungsfunktionen auf Zeit: *Thieme*, DÖV 1988, 933 ff.; *Siedentopf*, DÖV 1985, 1033 ff.; *Günther*, ZBR 1996, 65 ff.; *Studenroth*, ZBR 1997, 212 ff.; *Neßler*, RiA 1997, 157 ff.; *Lecheler*, ZBR 1998, 295 ff.; BVerfG, DÖV 2008, 770 ff.; *Dorf*, DÖV 2009, 14 ff. m. w. N.
19 Siehe hierzu auch *Wichmann/Langer*, Rn. 5 ff. m. w. N.
20 Zur „Ökonomisierung" des Dienstrechts siehe *Czerwick* in: Lorig, Moderne Verwaltung.
21 52. Gesetz zur Änderung des Grundgesetzes vom 28. August 2006, BGBl. I S. 2034.
22 Vgl. dazu *Battis*, ZBR 2006, 186 f.
23 BVerfGE 97, 350 (376 f.); kritisch *Knopp*, NVwZ 2006, 1216 (1219); *Panzer*, DÖV 2008, 707 ff.

nur noch hinsichtlich der Statusrechte und Pflichten der Beamten einheitliche Vorgaben machen. Dies hat er in Form des **Beamtenstatusgesetzes (BeamtStG)**[24], das am 01. April 2009 in Kraft getreten ist, getan. Das BeamtStG löst damit das Beamtenrechtsrahmengesetz (BRRG) ab.[25]

Das Recht der Bundesbeamten, für dessen Veränderung gemäß Art. 73 Abs. 1 Nr. 8 GG der Bund zuständig ist, wurde durch das **Dienstrechtsneuordnungsgesetz (DNeuG)**[26] umfassend reformiert. Die Bundesregierung hatte durch Kabinettsbeschluss vom 17. Oktober 2007 den „Entwurf eines Gesetzes zur Neuordnung und Modernisierung des Bundesdienstrechts (Dienstrechtsneuordnungsgesetz)" auf den parlamentarischen Weg gebracht. Dabei handelte es sich um ein Artikelgesetz, das eine Reihe von Gesetzen mit beamtenrechtlichem Bezug gleichsam „im Paket" neu geordnet, novelliert oder gesetzliche Neuregelungen enthalten hat. **11**

Beispiele:
Art. 1 DNeuG hat das BBG neu geordnet. Dieses Gesetz wurde textlich neugefasst.
Durch Art. 2 DNeuG wurde das BBesG novelliert. Einzelne Bestimmungen des Gesetzes wurden geändert, ergänzt oder gestrichen. Die Gesetzessystematik ist weitgehend erhalten geblieben.
Art. 3 DNeuG enthielt das Besoldungsüberleitungsgesetz, Art. 14 DNeuG das Gesetz über eine einmalige Sonderzahlung. Diese Gesetze gab es vor Inkrafttreten des DNeuG nicht.

Am 12. November 2008 wurde es im Bundestag beschlossen. Durch die Regelungen des Rechts der Bundesbeamten wurden Belange der Länder nicht berührt. Deshalb erklärte der Bundesrat bereits vorab, dass er gegen das Gesetz keinen Einspruch einlegen werde. Das DNeuG ist nach seiner Ausfertigung durch den Bundespräsidenten und Verkündung im Bundesgesetzblatt am 12. Februar 2009 in Kraft getreten.

Das Gesetz sollte die Leistungsbereitschaft der Beamten fördern, die Wettbewerbs- und Leistungsfähigkeit des öffentlichen Dienstes insgesamt stärken.[27] Der Personaleinsatz sollte noch weiter als bisher flexibilisiert, der einzelne Beamte mobiler werden. Das Gesetz sollte darüber hinaus einen Beitrag zum Bürokratieabbau darstellen, indem es komplizierte und verwaltungsintensive Regelungen (wie zum Beispiel im Ernennungsrecht) vereinfacht hat. Das Besoldungsrecht hat eine Abkehr vom hergebrachten Prinzip vollzogen, dass Lebens- und Dienstalter wesentliche Faktoren für die Besoldungshöhe darstellen. Im Versorgungsrecht lag der Schwerpunkt in der Angleichung der beamtenrechtlichen an die rentenrechtlichen Regelungen.

Mit der Neuordnung des Dienstrechts durch das DNeuG wurde auch eine Anpassung des Laufbahnrechts an moderne Anforderungen im Hinblick auf Personalauswahl und -entwicklung erforderlich. Dies ist mit Inkrafttreten der Bundeslaufbahnverordnung (BLV) im Einklang mit dem DNeuG erfolgt.[28] **11a**

---

24 Gesetz zur Regelung des Statusrechts der Beamtinnen und Beamten in den Ländern vom 17. Juni 2008, BGBl. I S. 1010. Dieses Gesetz regelt die Statusrechte und -pflichten für Landes- und Kommunalbeamte, es gilt nicht für die Bundesbeamten.

25 Siehe dazu *Wolff*, ZBR 2007, 145 ff.

26 Gesetz zur Neuordnung und Modernisierung des Bundesdienstrechts vom 5. Februar 2009, BGBl. I S. 160.

27 BT-Drs. 16/7076 mit Begründung.

28 Verordnung über die Laufbahnen der Bundesbeamtinnen und Bundesbeamten (Bundeslaufbahnverordnung – BLV) vom 12. Februar 2009, BGBl. I, S. 284.

11b Am 12. März 2012 ist das „Gesetz zur Unterstützung der Fachkräftegewinnung im Bund und zur Änderung weiterer beamtenrechtlicher Vorschriften" – **Fachkräftegewinnungsgesetz** (BGBl. I S. 467) in Kraft getreten. Durch dieses Gesetz wurden vor allem Regelungen des BBesG[29] novelliert, aber auch einzelne Veränderungen im BBG vorgenommen, bspw. in §§ 13 Abs. 2 Nr. 1, 14 Abs. 2 S. 2 und 22 Abs. 4 Nr. 2, teilweise, um Redaktionsversehen zu beheben.

11c Im Jahr 2013 ist das „Gesetz zur Neuregelung der Professorenbesoldung und zur Änderung weiterer dienstrechtlicher Vorschriften" (**Professorenbesoldungsneuregelungsgesetz**) in Kraft getreten (BGBl. I S. 1670). Neben der verfassungswidrigen Professorenbesoldung [30]wurde als Reaktion auf die Entscheidung des BVerwG v. 30. Juni 2011 – 2 C 19.10 – zur Topfwirtschaft § 18 BBesG geändert.

11d Der Gesetzgeber hat das „Gesetz zur Änderung des BBG und weiterer dienstrechtlicher Vorschriften" vom 6.3.2015 (BGBl. I S. 250) erlassen. Diese betreffen im Wesentlichen redaktionelle Änderungen des § 31 BBG. Daneben geht es um die Erweiterung der Möglichkeiten in § 44 Abs. 4 BBG, Beamte unter bestimmten Voraussetzungen in ein Amt der niedrigeren Laufbahngruppe zu versetzen. Mit § 84a und § 111a BBG wurden bisher fehlende Ermächtigungsgrundlagen für Rückforderungen des Dienstherrn und im Personalaktenrecht geschaffen. Mit dem Erlass des § 10 EUrlV regelt der Gesetzgeber die Abgeltung von Urlaubsansprüchen bei zwischenzeitlich eingetretener Dienstunfähigkeit nun unionsrechtskonform.

11e Das „Gesetz zur Verbesserung der Vereinbarkeit von Familie, Pflege und Beruf" vom 19.10.2016 (BGBl. I, 2362) vollzieht Änderungen im Pflegezeitgesetz und für private Arbeitsverhältnisse bereits seit 2015 bestehende Vereinbarkeitsegelungen nach, die die Möglichkeit zur Pflege naher Angehöriger neben dem Beruf erleichtern sollen. Titelgebend sind die Vorschriften über die Pflegezeit und die Familienpflegezeit in §§ 92a und 92b BBG. § 11a BBG vereinfacht die Möglichkeit für Lebenszeitbeamten den Vorbereitungsdienst in einer höheren Laufbahn zu absolvieren ohne den gesicherten Status des Lebenszeitbeamten aufgeben zu müssen. § 78a BBG enthält eine Ermächtigungsgrundlage für Schmerzensgeldansprüche des Beamten gegenüber einem Dritten, der nun unter bestimmten Voraussetzungen gegenüber dem Dienstherrn geltend gemacht werden kann. Auch die Ermächtigungsgrundlage für den Erlass der BBhV wurde konkretisiert.

11f Mit dem „Gesetz zur Neuregelung des Mutterschutzes" vom 23.5.2017 (BGBl. I S. 1228), das in wesentlichen Teilen zum 1. Januar 2018 in Kraft getreten ist, wird das Mutterschutzrecht unter Einbeziehung der MuSchArbV modernisiert. Darin wurde u. a. der Anwendungsbereich auf Schülerinnen und Studentinnen erweitert, eine Regelung zur höchsten zulässigen Mehrarbeit in Teilzeit aufgenommen und ein Ausschuss für Mutterschutz eingerichtet.

29 Siehe insbes. § 23 Abs. 2 BBesG.
30 Urteil des BVerfG v. 14.2.2012 – 2 BvR 4/10.

Durch das „Gesetz zur bereichsspezifischen Regelung der Gesichtsverhüllung und zur Änderung weiterer dienstrechtlicher Vorschriften" vom 8.6.2017 (BGBl. I S. 1570) wurde in Art. 1 der § 61 Abs. 1 um Satz 4 ergänzt. Danach dürfen Beamtinnen und Beamte ihr Gesicht bei Ausübung des Dienstes oder bei einer Tätigkeit mit unmittelbarem Dienstbezug nicht verhüllen, es sei denn, dienstliche oder gesundheitliche Gründe erfordern dies. Hintergrund dieser Regelung ist, dass der Gesetzgeber damit eine vertrauensvolle Kommunikation zwischen staatlichen Funktionsträgern und Bürgerinnen und Bürgern absichern und gewährleisten wollte.[31] **11g**

Die **BLV** wurde inzwischen durch drei Verordnungen zur Änderung der Bundeslaufbahnverordnung novelliert.[32] Z. B. Hervorzuheben sind als wichtige Änderungen der vorerst letzten Novelle die Reduzierung von neun auf maximal acht Laufbahnen durch Nachvollziehen der Änderungen der Hochschulstatistik in § 6 Abs. 2 BLV sowie die Wiedereinführung des Praxisaufstiegs in den mittleren und gehobenen Dienst (§ 36 BLV).Im Nachgang wurde die Allgemeine Verwaltungsvorschrift zur BLV (AVV) zuletzt im Dezember 2017 angepasst (AVV zur BLV vom 01. Januar 2017, GMBl. S. 986).

Wiederholungsfragen

1. *Was ist das entscheidende Merkmal für den Begriff des öffentlichen Dienstes? (Rn. 1)*
2. *Welche Gruppen gehören zum öffentlichen Dienst im engeren Sinne? (Rn. 2, Übersicht 1)*
3. *Welche Funktionen hat das Berufsbeamtentum in Deutschland? (Rn. 3, 4)*
4. *Wie hat sich die Zahl der im öffentlichen Dienst Tätigen entwickelt? (Rn. 5)*
5. *Worin unterscheiden sich Beamte und Beschäftigte im öffentlichen Dienst in rechtlicher Hinsicht? (Rn. 6, Übersicht 3)*
6. *Welche wesentlichen Veränderungen für das Beamtenrecht hat es durch die Föderalismusreform I gegeben? (Rn. 10)*
7. *Welche Ziele hat der Gesetzgeber mit dem Erlass des Dienstrechtsneuordnungsgesetzes verfolgt? (Rn. 11)*

---

31 BT-Drs. 18/11180 v. 15.2.2017, S. 1

32 Erste Verordnung zur Änderung der Bundeslaufbahnverordnung vom 20. Februar (BGBl. I S. 316), Zweite Verordnung zur Änderung der Bundeslaufbahnverordnung vom 15.8.2016 (BGBl. I S. 1981) sowie Dritte Verordnung zur Änderung der Bundeslaufbahnverordnung vom 18.1.2017 (BGBl. I S. 89). *Siehe kritisch zur Beurteilungsfiktion Günther*, Fiktion dienstlicher Beurteilung beurlaubter Bundesbeamter als Fraktionsmitarbeiter – Zur neuen Fassung des § 33 BLV, ZBR 2015, S. 121 ff.

§ 2 Die geschichtliche Entwicklung des Beamtentums

Literaturhinweise: *Scholler*, Geschichte des öffentlichen Dienstes – Öffentlicher Dienst in der Geschichte, RiA 1979, 88-92; *Wunder*, Die Rekrutierung der Beamtenschaft in Deutschland: eine historische Betrachtung, 1979; *Hattenhauer*, Geschichte des Beamtentums, 1993; *Henning*, Die deutsche Beamtenschaft im 19. Jahrhundert, 1984; *Wunder*, Geschichte der Bürokratie in Deutschland, 1986; *Summer*, Dokumente zur Geschichte des Beamtenrechts, 1986; *Wengst*, Beamtentum zwischen Reform und Tradition 1948 – 1953, 1988; *Kremer*, Das Gesetz zur Wiederherstellung des Berufsbeamtentums", DÖD 1993, 204 ff.; *Hamm*, Vom Fürstendiener zum Staatsdiener, ZBR 1998, 154; *Summer*, Betrachtungen zur Geschichte des deutschen Beamtenrechts, PersV 2005, 84 ff.; *Wunder*, Das erste deutsche Beamtengesetz: Die bayerische Hauptlandespragmatik vom 1. Januar 1805, ZBR 2005, 2 ff.; *Günther*, Das Recht der „preußischen Staatsbeamten" im Vormärz nebst „Aphorismen über den Dienst" – Leben und Werk Hofrats J. D. F. Rumpf, DÖD 2009, 14 ff.

Es lohnt sich – gerade auch, um heutige Entwicklungen des Beamtenrechts zu begreifen und die Bedeutung politischer Umbruchsituationen für das Beamtentum besser zu verstehen – die Entwicklung des Berufsbeamtentums in Deutschland näher zu betrachten. Gerade die Bedeutung des Beamtenrechts in der Weimarer Zeit darf für das heutige Verständnis nicht unterschätzt werden.

I. Absolutismus

12 In der langen Vorgeschichte des Beamtentums hat es überall dort, wo Menschen in engen Gemeinschaften zusammengelebt und Arbeitsteilung betrieben haben, Träger von Ämtern gegeben. Das gilt für die gelehrten Mandarine in China ebenso wie für die Schreiber im alten Ägypten, „Beamte" in den Wohlfahrtsstaaten der Azteken und für die Quästoren und Zensoren im alten Rom. Eine gut entwickelte Bürokratie finden wir auch im Byzantinischen Reich. In Mittel- und Westeuropa wird ein Berufsbeamtentum ansatzweise zuerst in der Reichsverwaltung Karls des Großen sichtbar. Dagegen lässt die Feudalverfassung des Mittelalters für ein Beamtentum keinen Raum. Es waren in der Hauptsache die mit Ämtern betrauten Lehensleute, die die Aufgaben versahen, mit denen heute Beamte betraut sind.

Die Anfänge eines modernen Beamtentums europäischer Prägung sind mit der Entwicklung der Geldwirtschaft, des Städtewesens und dem Ausbau der Territorialstaaten eng verbunden. Der absolutistische Staat führte zu einer zunehmenden Reglementierung aller Lebensbereiche, wobei die Wahrnehmung der vielfältigen Staatsgeschäfte einer dem Landesherrn treu ergebenen Beamtenschaft übertragen wurde.

13 Als Vater des deutschen Berufsbeamtentums wird **Friedrich Wilhelm I. von Preußen**, der Soldatenkönig (1713–1740), angesehen. Er hat immer wieder versucht, seinen Beamten die später als typisch preußisch bezeichneten Tugenden einzuimpfen. Die Beamten sollten treu, fleißig, unbestechlich, aber auch pünktlich, sparsam und genau sein. Sie entwickelten ein eigenes **Beamtenethos**. Es ging nicht mehr um ein Vertragsverhältnis, in dem sich jeder Teil zu bestimmten Leistungen verpflichtete, vielmehr diente der Beamte mit voller Hingabe, „mit Leib und Leben, mit Hab und Gut, mit Ehre und Gewissen", wie der König es selbst verlangte. Das Beamtenverhältnis

wurde durch einen einseitigen Hoheitsakt begründet und beendet. Es bekam damit einen öffentlich-rechtlichen Charakter. Es wurde eine feste Rangordnung eingeführt, nur wer Prüfungen erfolgreich ablegte, konnte aufgenommen werden. Der Beamte leistete den Dienst für den König; einen Staatsdienst nach unserem heutigen Verständnis gab es nicht.

Ein weiterer Ausbau des Beamtentums erfolgt unter **Friedrich II. von Preußen** (1740 14
bis 1786). Aus dem landesherrlichen Diener wurde ein **Staatsdiener**, der in einem Treueverhältnis zum Staat stand. Friedrich II. betrachtete sich selbst als den ersten Diener des Staates. Während die Staatsdiener ursprünglich jederzeit entlassen werden konnten, entwickelte sich langsam die Auffassung, dass das Dienstverhältnis des Beamten auch gewisse Rechte vermitteln sollte.

So spricht die erste zusammenfassende gesetzliche Regelung des Beamtenrechts, das **Preußische Allgemeine Landrecht** vom 05.02.1794 im Teil II Titel 10 auch „Von den Rechten und Pflichten der Diener des Staates".[33] Nach dem Allgemeinen Landrecht wird der Staatsdienst als Lebensberuf verstanden. Eine willkürliche Entlassung ist ausgeschlossen. Es soll niemandem ein Amt übertragen werden, der sich dazu nicht hinlänglich qualifiziert und Proben seiner Geschicklichkeit abgelegt hat. Hier zeigen sich erste Ansätze für ein Fachbeamtentum.

Im Jahre 1805 wurde in Bayern die **Haupt-Landes-Pragmatik**[34] erlassen. Das war das 15
erste selbständige Beamtengesetz, das vor allem gekennzeichnet ist durch die Umwandlung des bisherigen privaten Vertragsverhältnisses der Staatsdiener in ein neues öffentlich-rechtliches Dienstverhältnis.

II. Konstitutionell-monarchische Epoche

Im 19. Jahrhundert wurde der Status der Beamten durch die Verfassungen in den Ter- 16
ritorialstaaten (z. B. in Bayern, Württemberg, Hessen) und noch stärker durch Gesetze weiter gefestigt. Dabei kam es zu einer Trennung zwischen richterlichen Beamten und Verwaltungsbeamten. Die Gründung des Deutschen Reiches änderte an den Rechtsverhältnissen der Beamten wenig. Es gab kein für Reich und Länder einheitlich geltendes Beamtenrecht. 1873 erging für die Beamten im Reichsdienst (z. B. der Post) das **Reichsbeamtengesetz von 1873**, das mit Änderungen bis 1937 galt. Will man das Bild des Beamtentums in der damaligen Zeit vor allem mit Blick auf heute beschreiben, so kann man es als staatstragend bezeichnen. Die Beamten, mit einem besonderen Ethos ausgestattet, verbürgten die Einheit und Kontinuität des Staates. Sie fühlten sich als Hüter der Staatlichkeit und Bewahrer des Kaiserreichs. Neben der fachlichen Qualifikation war eine überzeugte konservative Grundhaltung Voraussetzung für die Aufnahme in die Beamtenschaft. Die deutsche Beamtenschaft war alles andere als innenpolitisch neutral.[35] Insbesondere mit der Entstehung der Parteien wurden die

33 Siehe hierzu *Günther*, DÖD 2009, S. 14 (21 ff.).
34 *Wunder*, ZBR 2005, 2 ff.; *Battis*, Einleitung, Rn. 2.
35 Vgl. dazu *Thiele*, S. 35.

Beamten deutlich auf ihre Pflichten hingewiesen, dienstlich wie auch außerdienstlich die Regierungspolitik zu unterstützen. *Bismarck* hat sich bezüglich der erwarteten Loyalität einmal wie folgt ausgedrückt: „Jeder, der nicht mit uns ist, ist gegen uns." Ein weitergehendes, aktives Eintreten für die Politik der Regierung wurde von den sog. politischen Beamten, den Regierungspräsidenten und den Landräten gefordert. Bis zum Ende des Jahrhunderts war einem Beamten die Äußerung einer staatsfeindlichen Meinung versagt, sei es als Abgeordneter, bei der Stimmabgabe, bei Wahlen oder gar durch den Beitritt zu einer oppositionellen Partei. Eine gewisse Lockerung trat gegen Ende des Kaiserreichs ein, als neben den Konservativen auch die National-Liberalen und das Zentrum als reichstreu anerkannt wurden, während die Sozialdemokratie weiterhin als reichsfeindlich galt und ihre Unterstützung mit der Stellung eines Beamten unvereinbar blieb.

III. Weimarer Republik

17 In der **Weimarer Reichsverfassung (WRV)** wurden einheitliche Grundsätze für das Beamtenrecht in Reich und Ländern in den Art. 128–131 WRV festgelegt[36], ohne dass es zu der angekündigten gesetzlichen Regelung des Beamtenrechts durch den Reichstag noch gekommen wäre. Zu diesen Grundsätzen der Verfassung zählen: Anstellung auf Lebenszeit, Versorgungsregelung durch Gesetz, Unverletzlichkeit der wohlerworbenen Rechte, Beendigung des Beamtenverhältnisses nur unter den gesetzlich bestimmten Voraussetzungen und Formen, die Verpflichtung auf die Gesamtheit und nicht auf eine Partei, Einsichtsrecht in Personalakten und die Vereinigungsfreiheit. Trotz dieser großzügigen Regelung in der Verfassung blieb die Einstellung der Beamten zum parlamentarisch-demokratischen System reserviert. Die persönliche Bindung an den Monarchen, die wesentliche Grundlage für das Dienst- und Treueverhältnis, war entfallen. Die Beamten wurden in der Demokratie nur schwer heimisch. Zu der allgemeinen Verunsicherung nach dem Ende des Ersten Weltkriegs trat noch die Befürchtung, dass der neue Staat das Berufsbeamtentum etwa durch die Gleichstellung aller Angehörigen des öffentlichen Dienstes antasten könnte. Andererseits hatte der erste Reichspräsident der Weimarer Republik, *Friedrich Ebert*, sofort nach Antritt seines Amtes Behörden und Beamte gebeten, der neuen Regierung „hilfreich die Hand zu bieten". Da die neue Regierung nur über wenige fachlich gut ausgebildete Anhänger verfügte, blieb ihr kaum eine andere Wahl als die vollständige Übernahme des Personals. Erst der sog. Kapp-Putsch und die Ermordung *Matthias Erzbergers* veranlassten die Regierung 1922 nach einem Gesetze zum Schutz der Republik härter durchzugreifen und einige politische Beamte zu beurlauben. Im Laufe der Jahre frei werdende Stellen wurden mit überzeugten Republikanern besetzt, wobei auch auf nichtakademische Außenseiter zurückgegriffen wurde. Hier stellte sich mit aller Deutlichkeit die Frage, wie sich die Beamtenschaft in einer Republik gegenüber der Regierung und den Parteien verhält. Die Beamten sollten gegenüber den pluralistischen Kräften als Hüter der Verfassung für Bestand und Beständigkeit sorgen und sich im Amt parteipolitisch neu-

36 *Battis*, Einleitung Rn. 3.

tral verhalten. Auf der anderen Seite war der Weimarer Staat ungewöhnlich tolerant, was die private Gesinnung der Beamten betraf. Der Beamte durfte außerhalb des Dienstes als Monarchist oder als Gegner der Demokratie auftreten. So wurde die Zugehörigkeit zur KPD oder NSDAP als mit den Beamtenpflichten für vereinbar erklärt.

IV. Nationalsozialismus

Mit der Machtergreifung durch die Nationalsozialisten begann die planmäßige Arbeit **18**
Hitlers und der NSDAP an der Zerstörung des Berufsbeamtentums, indem der verfassungsmäßige Schutz der Beamten gegenüber dem Gesetzgeber beseitigt und das Beamtenverhältnis in ein besonderes persönliches Treueverhältnis zu *Hitler* selbst umgestaltet wurde. Schon bald nach der sog. Machtergreifung wurde am 07.04.1933 ein Gesetz erlassen, dass zynischerweise **„Gesetz zur Wiederherstellung des Berufsbeamtentums"** hieß, de facto aber die den Beamten in der Weimarer Zeit zugestandenen Rechte abschaffte.[37] Das Gesetz ermöglichte insbesondere die Entfernung der „berufsfremden", „politisch unzuverlässigen" und „nichtarischen" Beamten.[38] Anstelle der ausgeschiedenen Beamten wurden vorwiegend nationalsozialistisch bewährte Kräfte neu eingestellt oder befördert. So bestimmte etwa der Erlass des Reichsverkehrsministers vom 12.08.1933:

> „Bei der Neueinstellung von Personal müssen alle Behörden bestrebt sein, die Einstellung bewährter Kämpfer der NS-Bewegung, SA-, SS-Leute, alte Parteigenossen, sowie Angehörige des Stahlhelms zu fördern, soweit eine Einstellung nach Eignung und Persönlichkeit der Bewerber und nach den bestehenden Bestimmungen irgendwie verantwortet werden kann".[39]

Ähnlich wurde in allen Verwaltungen verfahren. Das **Beamtenrechtsänderungsgesetz** **19**
vom 30.06.1933 führte für die Beamtenernennung das streng formale Urkundsprinzip ein und beendete damit die Unsicherheit über den Erwerb der Beamteneigenschaft. Es brachte aber auch die Bestimmung, dass als Beamter nur berufen werden dürfe, wer die Gewähr dafür bot, dass „er jederzeit rückhaltlos für den nationalsozialistischen Staat eintritt". Die rechtliche Stellung der Beamtinnen verschlechterte sich weiter.[40] 1934 wurde der Führer zum alleinigen obersten Vorgesetzten aller deutschen Beamten bestimmt. Der Beamteneid enthielt folgenden Wortlaut: „Ich schwöre, ich werde dem Führer des Deutschen Volkes und folglich Adolf Hitler treu und gehorsam sein, die Gesetze beachten und meine Amtspflichten gewissenhaft erfüllen, so wahr mir Gott helfe". Bedingungsloser, blinder Gehorsam wurde damit zu einer Beamtentugend umgedeutet. In der Geschichte des deutschen Beamtentums kommt dem **Deutschen Beamtengesetz (DBG)** vom 26.01.1937 ein besonderer Rang zu. Es fußte auf alten Vorarbeiten aus der Weimarer Zeit, enthielt aber auch schwerwiegende nationalsozia-

---

37 Siehe dazu *Kremer*, DÖD 1993, 204 ff.

38 Bereits durch das „Gesetz über die Rechtsstellung der weiblichen Beamten" vom 30.05.1932 (RGBl. S. 245) wurde die Entlassung verheirateter Beamtinnen möglich, wenn ihre wirtschaftliche Versorgung nach der Höhe des Familieneinkommens (durch den Ehemann) dauernd gesichert erschien.

39 Zitiert nach BVerfGE 3, 58 (95).

40 Siehe dazu *Hattenhauer*, S. 436.

listische Eingriffe. So bestimmte § 1 DBG, dass der deutsche Beamte zum Führer und zum Reich in einem öffentlich-rechtlichen Dienst- und Treueverhältnis steht und Vollstrecker des Willens des von der NSDAP getragenen Staates ist. Nach 3 § Abs. 2 DBG hat der Beamte „jederzeit rückhaltlos für den nationalsozialistischen Staat einzutreten und sich in seinem gesamten Verhalten von der Tatsache leiten zu lassen, dass die Nationalsozialistische Deutsche Arbeiterpartei in unlöslicher Verbundenheit mit dem Volke Trägerin des deutschen Staatsgedankens ist". Diese Regelungen zielten darauf ab, anstelle eines neutralen Fachbeamtentums ein in erster Linie politisch-gesinnungsmäßig bestimmtes Beamtentum zu schaffen.[41] Die Dienststrafgerichte sorgten dafür, dass die Beamten einer nationalsozialistischen Gesinnung gemäß handelten. So wurde ein Beamter entlassen, der den „deutschen Gruß" nicht ordnungsgemäß geboten hatte und der Judenfrage verständnislos gegenüberstand. Auch ein bloß passives Verhalten, wie das ständige Fernbleiben von nationalsozialistischen Veranstaltungen wurde als Dienstvergehen angesehen. Die Umwandlung des Beamtenverhältnisses in ein persönliches Treueverhältnis zum Führer gipfelte 1941 in einen Reichstagsbeschluss, wonach der Führer jederzeit einen Beamten ohne Rücksicht auf wohlerworbene Rechte und ohne Einleitung vorgeschriebener Verfahren aus seinem Amt entfernen konnte.

20 Eine allgemeine Beurteilung der Haltung der Beamten zum nationalsozialistischen Staat lässt sich schwer treffen. Da gab es überzeugte Parteimitglieder – allein im Frühjahr 1933 stellten rund 300 000 Beamte ihren Aufnahmeantrag in die NSDAP – viele Sympathisanten und bewusste Opportunisten. Zahlreiche Beamte arbeiteten „positiv" im Sinne des Unrechtssystems mit, weil sie Schlimmeres verhüten wollten oder in sachlicher Arbeit zum vermeintlichen Wohle der Allgemeinheit ihren Beitrag leisten wollten. Wenige setzten dem Nationalsozialismus aktiven Widerstand entgegen.

V. Demokratischer Neubeginn

21 Nach der Kapitulation von 1945 begannen die Siegermächte in den jeweiligen Besatzungszonen mit der politischen Säuberung des deutschen Beamtenapparates, wobei mit ausführlichen Fragebogen die Zugehörigkeit zu nationalsozialistischen Organisationen oder zu bestimmten Beamtenkategorien geprüft wurde.[42] Hauptbeschuldigte und -belastete verloren ihre Beamteneigenschaft, dagegen änderte sich bei nicht betroffenen und entlasteten Beamten an dem Beamtenverhältnis nichts.[43] Andererseits kam es zu einem Eindringen von berufsfremden, aber unbelasteten Gruppen in den öffentlichen Dienst. Die angelsächsischen Besatzungsmächte führten ein Einheitsdienstrecht ein, das nur noch zwischen Beamten und Arbeitern unterschied. Die Verfassungen von Hessen und Bremen sahen ein einheitliches Dienstrecht für alle Angestellten, Arbeiter und Beamten vor. In der DDR wurde die Institution des Berufsbeamtentums abgeschafft.

---

41 Vgl. dazu auch BVerfGE 3, 58 (103).

42 *Reusch* in: Lückerath, Berufsbeamtentum, Beamtentum und Beamtenrecht in der Besatzungsära, S. 53 (61 ff.).

43 Siehe insbesondere zu den unterschiedlichen Entnazifizierungsvorschriften in den einzelnen Besatzungszonen *Thiele*, a. a. O., S. 68 ff. m. w. N.

Die Aufsplitterung des Beamtenrechts in einzelne Länderrechte wurde mit Inkrafttreten des Grundgesetzes weitgehend überwunden. Der Parlamentarische Rat entschloss sich 1949 nach langer Diskussion zur Wiedereinführung des Berufsbeamtentums insbesondere in Art. 33 GG. Anders lautende Bestimmungen in den Länderverfassungen wurden gegenstandslos. Das Bundespersonalgesetz von 1950 regelte die Weitergeltung des von nationalsozialistischen Zusätzen bereinigten Reichsrechts. Wichtige Gesetzgebungswerke waren das Gesetz zur Regelung der Wiedergutmachung national-sozialistischen Unrechts für Angehörige des öffentlichen Dienstes von 1951 und das Gesetz zur Regelung der Rechtsverhältnisse der unter Art. 131 GG fallenden Personen. Dieses Gesetz regelt die Frage der Unterbringung und Versorgung der 1945 verdrängten und dem Amt enthobenen Beamten, Angestellten und Arbeitern des öffentlichen Dienstes. Schließlich wurde das Beamtenrecht durch das **Bundesbeamtengesetz (BBG)** vom 14.07.1953 auf eine neue gesetzliche Grundlage gestellt.

Wiederholungsfragen

1. *Welche Merkmale waren für das Beamtenverhältnis unter Friedrich Wilhelm I. von Preußen kennzeichnend? (Rn. 13)*
2. *In welchen Regelungen zeigt das Preußische Allgemeine Landrecht Ansätze für ein Fachbeamtentum? (Rn. 14)*
3. *Welches war das erste selbständige Beamtengesetz in Deutschland? (Rn. 15)*
4. *Welche Rolle spielte die deutsche Beamtenschaft im 19. Jahrhundert? (Rn. 16)*
5. *Welche Grundsätze für das Beamtenrecht enthält die Weimarer Verfassung? (Rn. 17)*
6. *Welches Bild eines Beamten schwebte den Nationalsozialisten vor? (Rn. 18)*
7. *In welchem Artikel des Grundgesetzes drückt sich die Entscheidung des Parlamentarischen Rates zur Wiedereinführung eines Berufsbeamtentums deutlich aus? (Rn. 21)*

§ 3 Das Beamtentum im Rechtssystem

Weiterführende Literaturhinweise: Zur Bestenauslese in Art. 33 Abs. 2 GG: *Höfling*, Verfahrensrechtliche Garantien des Art. 33 Abs. 2 GG, ZBR 1999, 73 ff.; *Eckstein*, Grundsatz der Bestenauslese nach Art. 33 Abs. 2 GG in der neuen verfassungs- und verwaltungsgerichtlichen Rechtsprechung, ZBR 2009, 86 ff.; *Zeiler*, Bestenauslese nach Art. 33 Abs. 2 GG und Anforderungsprofil – ein unlösbarer Zwiespalt? ZBR 2010, 191 ff.; *von Roetteken*, Gewährleistet Art. 33 Abs. 2 GG mehr als die bloße Zugangsgleichheit für den Eintritt in den öffentlichen Dienst?, ZBR 2017, 145 ff.

Zum Funktionsvorbehalt in Art. 33 Abs. 4 GG: *Benndorf*, Zur Bestimmung der „hoheitlichen Befugnisse" gemäß Art. 33 Abs. 4 GG, DVBl. 1981, 23 ff.; *Peine*, Der Funktionsvorbehalt des Berufsbeamtentums, Die Verwaltung 1984, 415 ff.; *Kunig*, Das Verhältnis des Beamtenrechts zum Verwaltungsverfahrensrecht, ZBR 1986, 253 ff.; *Battis/Schlenga*, Die Verbeamtung der Lehrer, ZBR 1995, 253 ff.; *Schnellenbach*, Funktionsvorbehalt und Monopolausbildung, ZBR 1996, 327; *Manssen*, Der Funktionsvorbehalt des Art. 33 Abs. 4 GG, ZBR 1999, 253; *Haug*, Funktionsvorbehalt und Berufsbeamtentum als Privatisierungsschranken, NVwZ 1999, 816; *Werres*, Der Funktionsvorbehalt für das Beamtentum – Deutungen und Entwicklungen des Art. 33 Abs. 4 GG, ZBR 2017, 109 ff.

Literaturhinweise zu den hergebrachten Grundsätzen des Berufsbeamtentums in Art. 33 Abs. 5 GG: *Thiele*, Zur Problematik der sog. hergebrachten Grundsätze des Berufsbeamtentums, DÖV 1981, 773; *von Münch*, Beamtenrecht und Beamtenpolitik, Bestand und Wandel, ZBR 1981, 157; *Thiele*, Sind die hergebrachten Grundsätze des Berufsbeamtentums durch Zeitablauf überholt? PersV 1988, 89 ff.; *Summer*, Die hergebrachten Grundsätze des Berufsbeamtentums – ein Torso, ZBR 1992, 1 ff.; *Battis*, Hergebrachte Grundsätze versus Ökonomismus: Das deutsche Beamtenrecht in der Modernisierungsfalle? DÖV 2001,309 ff.; *Bochmann*, Mobbing und die hergebrachten Grundsätze des Berufsbeamtentums, ZBR 2003, 257; *Lindner*, Das Alimentationsprinzip und seine offenen Flanken, ZBR 2007, 221 ff.; *Panzer*, Die aktuelle Rechtsprechung des Bundesverfassungsgerichts zum öffentlichen Dienstrecht zwischen Bewahrung und Fortentwicklung, DÖV 2008, 707 ff.; *Bamberger*, Amtsangemessene Alimentation – Herausforderungen an den Rechtsbegriff im Verlaufe der Jahre 2003 – 2008, ZBR 2008, 361 ff.; *Schönrock*, Amtsangemessene Beschäftigung von Beamten nach behördlicher Umorganisation, ZBR 2008, 230 ff.; *Dorf*, Führungspositionen auf Zeit, DÖV 2009, 14 ff.

Literaturhinweise zu den Gesetzgebungskompetenzen nach der Föderalismusreform I: *Degenhart*, Die Neuordnung der Gesetzgebungskompetenzen durch die Föderalismusreform, NVwZ 2006, 1209 ff.; *Ipsen*, Die Kompetenzverteilung zwischen Bund und Ländern nach der Föderalismusnovelle, NJW 2006, 2801 ff.; *Hebeler*, Die Bundestreue als verfassungsrechtliche Begrenzung für den Gesetzgeber im Beamtenrecht?, ZBR 2015, S. 1 ff.

I. Beamtenrecht und Recht der sonstigen Amtsträger

22 Das Beamtenrecht ist **Teil des öffentlichen Rechts**. Es gehört teils zum Staats- und Verfassungsrecht, teils zum Verwaltungsrecht. Öffentliches Recht ist das Sonderrecht für die Ausübung des demokratisch gebildeten Gesamtwillens gegenüber dem Einzelnen.[44] Es bedeutet meist Überordnung der Gemeinschaft und Unterordnung des Einzelnen. Das folgende Schaubild zeigt die Einordnung des Beamtenrechts in das Rechtssystem:

---

44 Zur Abgrenzung von öffentlichem und privatem Recht existiert eine nahezu unüberschaubare Vielzahl von Publikationen, in denen verschiedene Theorien entwickelt und vertreten werden; siehe dazu *Detterbeck*, Rn. 16 ff.; *Erichsen*, Jura 1982, 573 ff.; *Püttner*, Festschrift für Maurer, 2001, 713 ff. jeweils m. w. N.

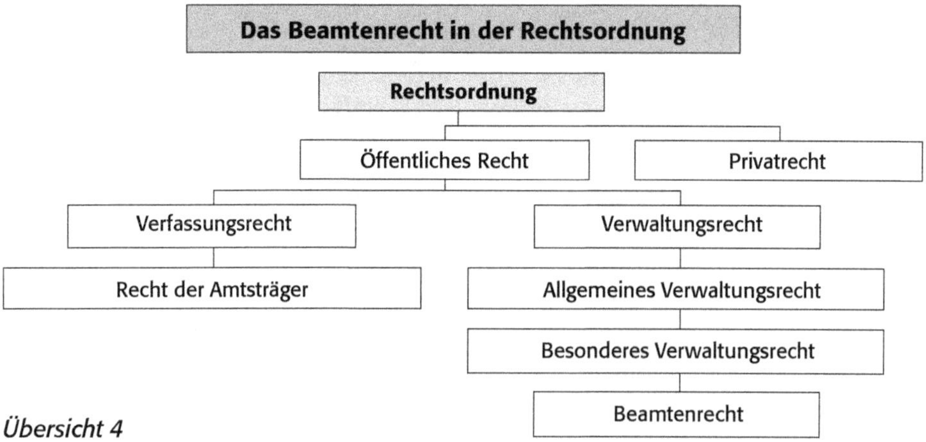

Übersicht 4

Das Beamtenrecht umfasst alle Rechtssätze, die sich auf die Rechtsverhältnisse der Beamten beziehen. Es ist **formstreng**. Begründung, Änderung und Beendigung des Beamtenverhältnisses sind nur in den gesetzlich vorgeschriebenen Formen möglich. Soweit das Beamtenrecht ganz oder teilweise beamtenrechtliche Sondervorschriften enthält, kann nicht auf das VwVfG zurückgegriffen werden (vgl. § 1 Abs. 1 VwVfG). Das VwVfG ist in vollem Umfang anwendbar bei der Begründung (§ 39 VwVfG), der Berichtigung (§ 42 VwVfG) und Umdeutung (§ 47 VwVfG) von Verwaltungsakten sowie bei der Anhörung des Beamten vor belastenden Verwaltungsakten (§ 28 Abs. 1 VwVfG), soweit diese im Beamtenrecht nur unvollkommen geregelt sind. Dagegen enthält das Beamtenrecht in Fragen der Form und Bekanntgabe (§ 10 Abs. 2 BBG), der Nichtigkeit (§ 13 BBG) und der Rücknahme (§ 14 BBG) einer **Ernennung** sowie des Einsichtsrechts des Beamten in seine Personalakten (§ 106 ff. BBG) abschließende Regelungen. Nach dem Grundsatz „lex specialis derogat legi generali" ist hier die Anwendung des VwVfG als allgemeineres Gesetz ausgeschlossen. Insbesondere die §§ 48, 49 VwVfG sind daher auf die Ernennung nicht anwendbar.

Eine besondere Rechtsstellung nehmen die Amtsträger an den Spitzen von Legislative **23**
und Exekutive ein. Ihre Rechtsverhältnisse sind als öffentlich-rechtliche Amtsverhältnisse ausgestaltet und ergeben sich entweder unmittelbar aus der Verfassung oder aus besonderen Gesetzen (siehe oben Übersicht 2, Rn. 2). Es handelt sich vor allem um den Bundespräsidenten, die Mitglieder der Bundesregierung, die Parlamentarischen Staatssekretäre, den Wehrbeauftragten des Deutschen Bundestages, den Bundesbeauftragten für den Datenschutz, die Mitglieder des Direktoriums der Deutschen Bundesbank und den Bundesbeauftragten für die Unterlagen des Staatssicherheitsdienstes der ehemaligen Deutschen Demokratischen Republik. Eine Sonderstellung nehmen auch die Bundesverfassungsrichter ein.

II. Gesetzgebungszuständigkeiten

24 Das Beamtenrecht enthält nach dem Grundgesetz keine einheitliche Verteilung der Gesetzgebungskompetenzen. Aus Art. 70, 30 GG ergibt sich, dass die Länder immer dann die Gesetzgebungskompetenz für ein Regelungsgebiet haben, wenn sich aus den Art. 71 ff. GG oder anderen Vorschriften des Grundgesetzes[45] nichts anderes ergibt. Art. 71 i. V. m. Art. 73 GG bestimmen, in welchen Bereichen der Bund – abweichend vom Regelfall der Art. 70, 30 GG – die ausschließliche Gesetzgebungskompetenz besitzt. Art. 72 i. V. m. Art. 74 GG enthalten Regelungen einer konkurrierenden Gesetzgebungskompetenz von Bund und Ländern.[46]

Die Regelungen der Rechtsverhältnisse der im Dienste des Bundes und der bundesunmittelbaren Körperschaften des öffentlichen Rechts stehenden Personen fällt gem. Art. 71, 73 Abs. 1 Nr. 8 GG in die ausschließliche Gesetzgebungskompetenz des Bundes. Der Bund regelt danach u.a. das Recht der Bundesbeamten in eigener Zuständigkeit.

Aus Art. 72 Abs. 1, 74 Abs. 1 Nr. 27 GG ergibt sich, dass der Bund hinsichtlich der Statusrechte und -pflichten der Landes- und Kommunalbeamten die konkurrierende Gesetzgebung hat. Aus dieser Norm leitet sich die Kompetenz des Bundes für den Erlass des BeamtStG ab, das in Gänze im April 2009 in Kraft getreten ist. Ausdrücklich ausgenommen ist die konkurrierende Gesetzgebungskompetenz des Bundes für die Bereiche Laufbahn-, Besoldungs- und Versorgungsrecht. Das bedeutet, dass für diese drei Bereiche der Grundsatz der Art. 70, 30 GG gilt: Die Bundesländer können diese Bereiche unabhängig von bundesgesetzlichem Einfluss selbst regeln.[47]

Die häufig geäußerten Bedenken gegen die Reföderalisierung dieser Bereiche, sie könne zu einem Auseinanderdriften und damit zu einer Rechtszersplitterung im Verhältnis der sechzehn Bundesländer untereinander und im Verhältnis zum Bund führen, haben sich bislang teilweise bestätigt. Im Bereich der Besoldung haben alle Bundesländer inzwischen von ihrer Gesetzgebungskompetenz Gebrauch gemacht. Die Besoldungsunterschiede treten bei einem Vergleich der unterschiedlichen Besoldungstabellen immer deutlicher zutage.[48] Auch im Hinblick auf das Laufbahnrecht zeichnen sich auf Landesebene unterschiedliche Entwicklungen ab.[49]

---

45 Siehe bspw. Art. 21 Abs. 3, Art. 38 Abs. 3 GG.

46 Siehe zur Verteilung der Gesetzgebungskompetenzen *Ipsen*, NJW 2006, 2801 ff.; *Degenhart*, NVwZ 2006, 1209 ff.

47 Vor der Föderalismusreform I erstreckte sich die konkurrierende Gesetzgebungskompetenz des Bundes nach Art. 74 a GG auch auf die Besoldung und Versorgung. Diese Regelung wurde aufgehoben. Die Rahmenkompetenz nach Art. 75 Nr. 1 GG gab nach altem Recht dem Bund die Befugnis, über die Rechtsverhältnisse der im öffentlichen Dienst der Länder, Gemeinden und anderer Körperschaften des öffentlichen Dienstes stehenden Personen Rechtsvorschriften zu erlassen. Sie ist ebenfalls aufgehoben worden.

48 Siehe zur Rechtsprechung des BVerfG zu diesem Bereich *Böhm*, Die Rechtsprechung des Bundesverfassungsgerichts zur Beamtenbesoldung, ZBR 2018, 222 ff.

49 Siehe exemplarisch zum bayerischen Dienstrecht: *Kathke/Vogl*, ZBR 2009, 9 ff. m. w. N.

III. Rechtsquellen[50]

1. Verfassungsrechtliche Grundlagen

Wesentliche Bedeutung hat für das Beamtenrecht Art. 33 GG.

Art. 33 Abs. 2 bis 4 GG

Art. 33 Abs. 2 GG regelt den gleichen Zugang zu allen öffentlichen Ämtern nach **Eignung, Befähigung und fachlicher Leistung**. Hiermit wird schon in der Verfassung das **Leistungsprinzip** verankert. Allerdings haben die Behörden bei der Einstellung einer Beamtin oder eines Beamten einen weiten Ermessens- und Beurteilungsspielraum. Gefälligkeiten und Aversionen dürfen nicht zu Bevorzugungen oder Benachteiligungen führen. Abzustellen ist allein auf die Qualifikation. Eignung, Befähigung und fachliche Leistung beziehen sich konkret auf das betreffende Amt. Dies kann auch ein Beförderungsamt sein. Das Leistungsprinzip gilt also nicht nur für die Begründung eines Beamtenverhältnisses, sondern auch für Beförderungen.[51] Nach Art. 33 Abs. 2 GG hat der Bewerber kein subjektives (einklagbares) Recht auf Übernahme in ein öffentliches Amt, wohl aber ein Recht auf sachgerechte dienstliche Beurteilung. 25

Art. 33 Abs. 3 GG wiederholt das **Gleichheitsprinzip** (vgl. Art. 3 Abs. 3 GG) und stellt klar, dass niemand wegen eines religiösen Bekenntnisses oder seiner Weltanschauung, zu der auch die parteipolitische Überzeugung gehört, benachteiligt werden darf. Art. 33 Abs. 2 und 3 GG gelten für den gesamten öffentlichen Dienst, also auch für Beschäftigte. In den Bereichen, in denen Frauen in der Verwaltung deutlich unterrepräsentiert sind, war es im Hinblick auf Art. 3 Abs. 2 und Art. 33 Abs. 3 GG umstritten, ob bei gleicher beruflicher Qualifikation Frauen bei der Besetzung von Beamten- und Beschäftigtenstellen bevorzugt zu berücksichtigen sind. Nach dem Urteil des EuGH sind starre Frauenförderquoten unzulässig.[52] Regelungen, die für weitere Erwägungen zugunsten des männlichen Mitbewerbers offen sind, sind aber zulässig. Sind Frauen in einzelnen Bereichen unterrepräsentiert, hat die Dienststelle sie nach § 9 S. 2 BBG, § 8 Bundesgleichstellungsgesetz (BGleiG) bei der Vergabe von Ausbildungsplätzen, Einstellung und beruflichem Aufstieg bei Vorliegen gleicher Eignung, Befähigung und fachlicher Leistung bevorzugt zu berücksichtigen, sofern nicht in der Person eines Mitbewerbers liegende Gründe überwiegen. Regelungen zur Frauenförderung im Landesbeamtengesetz NRW schossen nach Auffassung der Rechtsprechung jedoch über das Ziel der Gleichstellung hinaus.[53] 26

Art. 33 Abs. 4 GG enthält eine **institutionelle Garantie** des Berufsbeamtentums. Das bedeutet das Verbot, das Beamtentum herkömmlicher und bewährter Ausgestaltung 27

---

50 Zur europäischen Dimension des Beamtenrechts siehe *Magiera/Siedentopf*, Das Recht des öffentlichen Dienstes in den Mitgliedstaaten der Europäischen Gemeinschaft; *Schmidt*, Europäisierung des öffentlichen Dienstrechts, ZBR 2018, 218 ff.

51 Zur aktuellen Entwicklung in der Rechtsprechung siehe *Eckstein*, ZBR 2009, 86 ff.

52 EuGH, NJW 1995, 3109 ff.

53 Siehe dazu Urt. des OVG Münster v. 21.02.2017 – 6 B 1109/16 zur Verfassungswidrigkeit insbesondere der Rechtsgrundlage für Beförderungsentscheidungen in § 19 Abs. 6 LBG NRW a. F.

gänzlich abzuschaffen. Dies wäre nur auf der Grundlage einer Verfassungsänderung des Art. 33 GG möglich, da die institutionelle Garantie nicht unter die Ewigkeitsgarantie des Art. 79 Abs. 3 GG fällt.[54] Art. 33 Abs. 4 GG enthält auch einen **Funktionsvorbehalt**, weil die Ausübung hoheitsrechtlicher Befugnisse als ständige Aufgabe im Regelfall Beamten vorbehalten bleiben soll. Dabei ist der Begriff hoheitsrechtliche Befugnisse nicht nur eng auf die klassische Eingriffsverwaltung zu beziehen, sondern auch auf notwendige Aufgaben der Leistungsverwaltung. Im Einzelnen ist hier Vieles strittig.[55] So wird bspw. die Auffassung vertreten, dass Lehrer keine hoheitsrechtlichen Aufgaben erfüllen.[56] Der Funktionsvorbehalt für Beamte wird in der Praxis nicht immer beachtet. Verfassungsrecht und Verfassungswirklichkeit sind nicht deckungsgleich, wobei wohl mitspielt, dass sich Rechtsstellung und Aufgabenkatalog von Beamten und Beschäftigten im öffentlichen Dienst in weiten Bereichen angeglichen haben. Der Funktionsvorbehalt wird in § 5 BBG noch einmal wiederholt. Der einzelne Beamte kann nach h. M. aus Art. 33 Abs. 4 GG oder § 5 BBG keinen Rechtsanspruch ableiten, ausschließlich mit hoheitsrechtlichen Aufgaben betraut zu werden, teilweise wird ein solches subjektives Recht aber auch bejaht.

Art. 33 Abs. 4 GG gilt nur für Beamte. Dies ergibt sich aus dem Zusatz, dass nur Angehörige des öffentlichen Dienstes gemeint sind, „die in einem öffentlich-rechtlichen Dienst- und Treueverhältnis stehen".[57] § 4 BBG stellt insoweit klar, dass dieses besondere Verhältnis zum Dienstherrn das Beamtenverhältnis im Kern ausmacht und es von anderen Dienst- und Arbeitsverhältnissen unterscheidet.

Art. 33 Abs. 5 GG – Die hergebrachten Grundsätze des Berufsbeamtentums

28 In engem Zusammenhang mit dem Funktionsvorbehalt steht **Art. 33 Abs. 5 GG** mit seinem Bekenntnis zu den **hergebrachten Grundsätzen des Berufsbeamtentums**. Nach Art. 33 Abs. 5 GG ist das Recht des öffentlichen Dienstes unter Berücksichtigung der hergebrachten Grundsätze des Berufsbeamtentums zu regeln und fortzuentwickeln. Dabei kam es den Grundgesetzgebern darauf an, das Berufsbeamtentum in der Verfassung zu verankern, ohne die wohlerworbenen Rechte der Beamten unabänderlich zu garantieren.[58] Soweit in den Grundsätzen Rechte der Beamten enthalten sind, handelt es sich um Grundrechte, die der Beamte jederzeit im Wege der Verfassungsbeschwerde geltend machen kann.[59] Obwohl Art. 33 Abs. 5 GG vom öffentlichen Dienst spricht, der nach allgemeinem Sprachgebrauch neben den Beamten auch die zivilrechtlich Beschäftigten umfasst, betrifft die Vorschrift nur die Beamten.[60] Dies ergibt sich einerseits aus dem systematischen Zusammenhang zu Art. 33 Abs. 4 GG.

---

54 *von Münch/Kunig*, GG, Art. 33, Rn. 41.

55 Vgl. dazu *Battis*, § 5, Rn. 2; *Monhemius*, Rn. 29.

56 *Jarass/Pieroth*, GG, Art. 33, Rn. 43; a. A. *Schmidt-Bleibtreu/Klein*, GG, Art. 33, Rn. 12 jeweils m. w. N.

57 Zur Frage, ob auch der Dienstherr eine Treuepflicht dem Beamten gegenüber hat siehe *Leppek/Nübel*, ZBR 2016, S. 397 ff.

58 *von Münch/Kunig*, Art. 33, Rn. 60.

59 *Battis*, § 4, Rn. 12.

60 *Peine/Heinlein*, S. 21.

Aber auch aus dem Sinn und Zweck des Art. 33 Abs. 5 GG erscheint die Beschränkung des Geltungsbereichs auf Beamte zwingend. Denn die Unterscheidung zwischen dem Beamtenrecht einerseits und dem Recht der Beschäftigten im öffentlichen Dienst andererseits gehört gerade zu den hergebrachten Grundsätzen des Berufsbeamtentums. Art. 33 Abs. 5 GG ist nicht lediglich Programmsatz, sondern unmittelbar geltendes Recht, das Gesetzgeber und Verwaltung bindet. Forderungen nach einem einheitlichen Dienstrecht für Beamte und Beschäftigte setzen daher eine Änderung der Verfassung voraus. Wie bereits erwähnt, wäre dies zulässig. Art. 79 Abs. 3 GG (sog. Ewigkeitsklausel) würde einer Aufhebung von Art. 33 Abs. 4 und 5 GG nicht entgegenstehen. Dort ist das Berufsbeamtentum nicht erwähnt. Soweit in Art. 79 Abs. 3 GG auf die für unabänderlich erklärten Grundsätze des Art. 20 GG Bezug genommen wird, wird damit u.a. das Prinzip der Gewaltenteilung garantiert. Art. 20 Abs. 2 GG lässt aber offen, wie die vollziehende Gewalt im Einzelnen organisiert ist und würde somit verfassungsrechtlich einer Abschaffung des Berufsbeamtentums nicht entgegenstehen.[61]

Es geht dem Grundgesetz um eine Sicherung des Berufsbeamtentums als Institution. **29**
Dabei ist unter einem Grundsatz nicht jede überkommene beamtenrechtliche Detailregelung zu verstehen, sondern nur die das Beamtentum **tragenden Grundregeln**. Das *Bundesverfassungsgericht* spricht von einem „Kernbestand von Strukturprinzipien, die allgemein (...) und während eines längeren, traditionsbildenden Zeitraums, mindestens unter der Reichsverfassung von Weimar, als verbindlich anerkannt und gewahrt worden sind".[62] Hergebracht sind diese Grundsätze also nur, wenn ihre Geltung eine gewisse zeitliche Dimension aufweist. Danach sind die Zeiten von 1933 bis 1945 wegen ihrer nationalsozialistischen Prägung und nach 1945 wegen fehlender Zeitdauer auszuscheiden. Zur rechtlich verwertbaren Tradition gehört die Zeit der Weimarer Republik und auch die Zeit vor 1919, also zum Beispiel die Jahre des Zweiten Deutschen Kaiserreiches. Problematisch ist die Frage, was mit der Formulierung „zu berücksichtigen" gemeint ist. Die gelegentlich getroffene Unterscheidung zwischen Grundsätzen, die nur zu berücksichtigen sind und anderen wesentlichen Grundsätzen, die sogar zu beachten sind, lässt sich weder aus dem Wortlaut, noch aus dem Sinn und Zweck des Art. 33 Abs. 5 GG entnehmen. Gemeint ist, dass die hergebrachten Grundsätze vom Gesetzgeber weder ignoriert, noch negiert werden dürfen. Das Wesen des Berufsbeamtentums soll nicht beseitigt werden dürfen. Andererseits bleibt dem Gesetzgeber die notwendige Gestaltungsfreiheit. Diese wird umso kleiner, je weiter man die hergebrachten Grundsätze auslegt. Auch nach der Ergänzung des Wortlauts durch die Föderalismusreform I bleibt die Fortentwicklung des Berufsbeamtentums damit – unter Beachtung der hergebrachten Grundsätze – möglich. Die Fortentwicklungsklausel hat vor allem klarstellenden Charakter. Ob damit eine Erweiterung des Spielraums bei beamtenrechtlichen Reformen einhergeht[63], der über den vorherigen Rahmen hinausgeht, ist nicht anzunehmen. Auch aus der jüngsten Rechtsprechung des *Bundesverfassungsgerichts* lässt sich dies nicht unmittelbar ableiten.[64]

---

61 Vgl. hierzu *Battis*, § 4, Rn. 119 m. w. N.
62 BVerfGE 8, 332 (343).
63 So bspw. *Hofmann*, DÖV 2008, 833 (835).
64 Siehe dazu ausführlich *Panzer*, DÖV 2008, 707 (708).

Das *Bundesverfassungsgericht* scheint auch weiterhin von einer besonderen Bedeutung der „hergebrachten Grundsätze" für gesetzgeberische Reformvorhaben auf dem Gebiet des Beamtenrechts auszugehen.[65]

30 Was nun im Einzelnen zu den hergebrachten Grundsätzen des Berufsbeamtentums im Sinne des Art. 33 Abs. 5 GG gehört, ist teilweise umstritten. Zu den **wichtigsten anerkannten Grundsätzen** des Berufsbeamtentums zählen:

- Das Beamtenverhältnis als öffentlich-rechtliches Dienstverhältnis
- Lebenszeitprinzip[66]
- Treuepflicht des Beamten
- Fürsorgepflicht des Dienstherrn
- Parteipolitische Neutralität im Amt
- Koalitionsrecht
- Streikverbot
- Leistungsprinzip
- Laufbahnprinzip
- Anspruch auf amtsangemessene Bezeichnung
- Gewährleistung angemessener Dienst- und Versorgungsbezüge (Alimentation)
- Festlegung der Dienst- und Versorgungsbezüge durch Gesetz
- Schutz gegen willkürliche Beendigung des Beamtenverhältnisses
- Gerichtlicher Rechtsschutz

31 Zu den hergebrachten Grundsätzen **zählen nicht** das Recht am Amt, d. h. das Recht auf unveränderte und ungeschmälerte Ausübung der übertragenen dienstlichen Aufgaben, das derzeitige Beihilfesystem für Beamte und Versorgungsempfänger[67], die durchschnittliche Arbeitszeit der Beamten, die Wahrung des Besitzstandes[68] und der Schutz der wohlerworbenen Rechte. Dabei ist anzumerken, dass die vermögensrechtlichen Ansprüche der Beamten und Versorgungsempfänger eine Sonderregelung in Art. 33 Abs. 5 GG gefunden haben, womit die Anwendung des Art. 14 GG ausgeschlossen ist. Dem Beamten steht der Alimentationsanspruch zu, aber kein summenmäßig festgesetzter Geldanspruch als wohlerworbenes Recht. Es gibt auch keinen hergebrachten Grundsatz des Berufsbeamtentums, wonach der Höchstversorgungssatz mindestens 71,75 % der ruhegehaltsfähigen Dienstbezüge betragen muss.[69]

32 Kritisch bleibt anzumerken, dass Art. 33 Abs. 5 GG einer der Artikel des Grundgesetzes ist, dessen Auslegung sich besonders weit von den Absichten der Verfasser entfernt hat. Den Mitgliedern des Parlamentarischen Rates kam es darauf an ein Bekenntnis zum Berufsbeamtentum abzulegen, ohne die wohlerworbenen Rechte und einzelne Rechtssätze in vollem Umfang auch in der Zukunft zu garantieren. Durch die weite

---

65 Nachweise bei *Panzer*, a. a. O., siehe zuletzt das Urteil des BVerfG zum Streikverbot für Beamte vom 12.6.2018 – 2 BvR 1738/12.

66 BVerfG, Beschl. v. 28.05.2008, 2 BvL 11/07, IÖD 2008, 158 ff. – Führungsämter auf Zeit; siehe auch BVerwG, DÖV 2008, 244 ff., das die Frage gem. Art. 100 Abs. 1 GG dem BVerfG vorgelegt hatte.

67 Vgl. BVerfGE 58, 68 (77).

68 BVerfGE 117, 330 ff. – Ballungsraumzulage.

69 BVerfG, NVwZ 2005, 1294 ff. zum alten Höchstversorgungssatz von 75 %.

Auslegung des Art. 33 Abs. 5 GG in der Rechtsprechung wurde praktisch das gesamte hergebrachte Beamtenrecht ins geltende Recht übertragen. Die Beschränkung auf den Kernbestand der Strukturprinzipien ist damit nicht eingehalten worden. Nach dem Willen des Grundgesetzgebers sollte es aber darum gehen, die „hergebrachten Grundsätze" des Berufsbeamtentums nicht vergangenheitsorientiert, sondern flexibel und entwicklungsoffen auszulegen. Nur dann kann der Gesetzgeber neue Entwicklungen so regeln, wie es angesichts der sich veränderten Lebensbedingungen angemessen und vernünftig ist.[70] Er kann auch von der bisherigen Praxis abweichen, solange er den Boden des Art. 33 Abs. 5 GG nicht verlässt.[71] Es war daher hilfreich, dass der Wortlaut des Art. 33 Abs. 5 GG um die Worte „und fortzuentwickeln" ergänzt wurde. Diese Klarstellung verdeutlicht, dass die Anpassung beamtenrechtlicher Regelungen an veränderte Rahmenbedingungen zulässig ist.

Inhalt und Geltungsbereich des Art. 33 GG

Art. 33 Abs. 2 GG – Leistungsprinzip	**gelten für alle Angehörigen des öffentlichen Dienstes**
Art. 33 Abs. 3 GG – Gleichheitsgrundsatz	
Art. 33 Abs. 4 GG – Funktionsvorbehalt	**gelten nur für Beamte, sog. Einrichtungsgarantie**
Art. 33 Abs. 5 GG – Hergebrachte Grundsätze	

Übersicht 5

Weitere Regelungen auf Verfassungsebene

Als weitere aus beamtenrechtlicher Sicht wichtige Bestimmung des Grundgesetzes ist **33**
Art. 34 GG zu nennen. Verletzt jemand in Ausübung seines Amtes schuldhaft (vorsätzlich oder fahrlässig) seine einem Dritten (dem Bürger) gegenüber bestehende Amtspflicht, trifft die Verantwortlichkeit für sein Verhalten grundsätzlich den Staat. Der Staat haftet also dem Bürger für einen Schaden, den ein Amtsträger bei einer Tätigkeit für den Staat verursacht hat.[72] Wenn der Amtsträger seine Pflichten grob fahrlässig oder vorsätzlich verletzt, hat der Staat die Möglichkeit, bei dem Verursacher Rückgriff zu nehmen.

Nach **Art. 36 GG** sollen bei den obersten Bundesbehörden Beamte aus allen Bundes- **34**
ländern im angemessenen Verhältnis verwendet werden. Der prozentuale Anteil der einzelnen Länder darf nicht zu stark überschritten oder unterschritten werden.

70 Z. B. bei Teilzeit- oder Telearbeit, Frauen- und Familienförderung oder der Vergabe von Spitzenpositionen auf Zeit.

71 Zur aktuellen Rechtsprechung des *Bundesverfassungsgerichts* zusammenfassend *Panzer*, DÖV 2008, 707 ff.

72 Siehe zum sog. haftungsrechtlichen Beamtenbegriff *Behrens*, § 2, Rn. 5 f.

35 Nach **Art. 60 GG** hat der Bundespräsident das Recht, Bundesrichter, Bundesbeamte, Offiziere und Unteroffiziere zu ernennen und zu entlassen. Der Bundespräsident kann das Ernennungs- und Entlassungsrecht nach Art. 60 Abs. 3 GG delegieren. Von dieser Befugnis hat er in der „Anordnung des Bundespräsidenten über die Ernennung und Entlassung der Beamtinnen, Beamten, Richterinnen und Richter des Bundes" vom 23. Juni 2004 Gebrauch gemacht.[73]

2. Gesetze, die das Recht der Bundesbeamten betreffen

36 Der Bund hat von seinen Gesetzgebungskompetenzen auf dem Gebiet des Beamtenrechts umfassend Gebrauch gemacht.[74] Zu den wichtigsten Gesetzen, die nur die Bundesbeamten betreffen (ausschließliche Gesetzgebung, Art. 71, 73 Abs. 1 Nr. 8 GG) zählen:

- Bundesbeamtengesetz (BBG)
- Bundesbesoldungsgesetz (BBesG)
- Besoldungsüberleitungsgesetz (BesÜG)
- Beamtenversorgungsgesetz (BeamtVG)
- Bundesdisziplinargesetz (BDG)
- Bundespersonalvertretungsgesetz (BPersVG)
- Bundesgleichstellungsgesetz (BGleiG)
- Bundesreisekostengesetz (BRKG)
- Bundesumzugskostengesetz (BUKG)

Dazu kommen noch Gesetze für bestimmte Beamtengruppen wie z. B. das Bundespolizeibeamtengesetz (BPolBG) oder das Gesetz über den Auswärtigen Dienst (GAD).

3. Rechtsverordnungen

37 Besonders zahlreich sind die Rechtsverordnungen, die von der Exekutive aufgrund der Ermächtigung nach Art. 80 Abs. 1 GG erlassen worden sind. Von Bedeutung sind insbesondere:

- Bundeslaufbahnverordnung (BLV)
- Bundesnebentätigkeitsverordnung (BNV)
- Erholungsurlaubsverordnung (EUrlV)
- Sonderurlaubsverordnung (SUrlV)
- Mutterschutz- und Elternzeitverordnung (MuSchEltZV)
- Arbeitszeitverordnung (AZV)
- Trennungsgeldverordnung (TGV)
- Bundesbeihilfeverordnung (BBhV)

73 BGBl. I S. 1286.
74 Landesbeamtenrecht sowie Bundesrecht, das das Recht der Landesbeamten regelt, sollen hier außer Betracht bleiben.

4. Verwaltungsvorschriften

Verwaltungsvorschriften sind wegen ihrer fehlenden Außenwirkung keine Rechtsnormen, sie führen aber zur Selbstbindung der Verwaltung und gewinnen durch den Gleichheitssatz des Art. 3 GG für den Beamten Bedeutung. **38**

Als Beispiele sind zu nennen:

- Richtlinie der Bundesregierung zur Korruptionsprävention in der Bundesverwaltung
- Beurteilungsrichtlinien
  Eine besondere Bedeutung haben die in den einzelnen Ressorts unterschiedlichen Beurteilungsrichtlinien. Sie geben vor, nach welchen Maßstäben und in welchem Verfahren Beamte dienstlich zu beurteilen sind. Die Beurteilung wird maßgeblich für Beförderungsentscheidungen herangezogen.
- Beihilfevorschriften des Bundes fanden sich bislang lediglich auf Richtlinienebene. Die Beihilfegewährung unterliegt jedoch dem Gesetzesvorbehalt.[75] Daher hat sie ihre gesetzliche Grundlage in § 80 BBG gefunden. Einzelheiten der Beihilfegewährung werden durch Rechtsverordnung geregelt.

Wiederholungsfragen

1. *Könnte durch Verfassungsänderung das Berufsbeamtentum durch einen einheitlichen Arbeitnehmerstatus abgelöst werden? (Rn. 28)*
2. *Was ist ein „Grundsatz" im Sinne des Art. 33 Abs. 5 GG? (Rn. 29)*
3. *Wann ist ein solcher Grundsatz „hergebracht"? (Rn. 29)*
4. *Nennen Sie Beispiele für hergebrachte Grundsätze des Berufsbeamtentums. (Rn. 30)*
5. *Wer ist Adressat des Art. 33 Abs. 5 GG? (Rn. 28)*
6. *Welche Bedeutung hat die sog. „Fortentwicklungsklausel" in Art. 33 Abs. 5 GG? (Rn. 29)*
7. *Welche verfassungsrechtlichen Regelungen zum Beamtenrecht gibt es über Art. 33 GG hinaus? (Rn. 33)*
8. *Wie verhält sich das Beamtenrecht zum allgemeinen Verwaltungsrecht? (Rn. 22)*
9. *Kommentieren Sie folgenden Satz: „Die ausschließliche Gesetzgebungszuständigkeit des Bundes für das Recht der Bundesbeamten folgt aus dem BBG". (Rn. 24)*
10. *Die Länder haben auf dem Gebiet des Beamtenrechts keine eigenen Gesetzgebungskompetenzen. Stimmt das? (Rn. 24)*
11. *Ist bei der Einstellung von Beamtenanwärtern ein genereller Bonus für einheimische Bewerber zulässig? Begründen Sie Ihre Antwort. (Rn. 25)*
12. *Nennen Sie mindestens fünf Gesetze, die das Recht der Bundesbeamten betreffen. Warum gehört das BeamtStG nicht dazu? Siehe § 1 BeamtStG. (Rn. 36)*

---

75 BVerwGE 121,103 (105).

§ 4 Das Beamtenverhältnis

Weiterführende Literaturhinweise: *Loschelder*, Vom besonderen Gewaltverhältnis zur öffentlich-rechtlichen Sonderbindung, 1982, *Thiele*, Abschied vom „besonderen Gewaltverhältnis", ZBR 1983, 345 ff., *Ronellenfitsch*, Das besondere Gewaltverhältnis im Verwaltungsrecht, DÖV 1984, 781 ff. *Klein*, Grundrechte und Wesensgarantie im besonderen Gewaltverhältnis, DVBl. 1987,1102 ff.; *Summer*, Gedanken zum Gesetzesvorbehalt im Beamtenrecht, ZBR 2006, 120 ff.

I. Beamtenbegriff

39 Grundgesetz und einfach-gesetzliche Regelungen gehen je nach dem Zusammenhang von unterschiedlichen Beamtenbegriffen aus. Von zentraler Bedeutung für das Beamtenrecht ist der **sog. staatsrechtliche Beamtenbegriff**. Danach ist Beamter, wer zu einer dienstherrnfähigen juristischen Person des öffentlichen Rechts in einem öffentlich-rechtlichen Dienst- und Treueverhältnis steht, das durch Aushändigung einer Ernennungsurkunde mit den Worten: „unter Berufung in das Beamtenverhältnis" begründet worden ist (vgl. §§ 2, 10 Abs. 2 S. 2 Nr. 1 BBG).[76] Dieser formale Begriff wird den weiteren Ausführungen zugrunde gelegt, wenn von Beamten die Rede ist.[77]

II. Öffentlich-rechtliches Dienst- und Treueverhältnis

40 Das Beamtenverhältnis ist das öffentlich-rechtliche Dienst- und Treueverhältnis im Sinne des § 4 BBG, das zwischen einer natürlichen Person (dem Beamten), und seinem Dienstherrn (einer juristischen Person des öffentlichen Rechts), besteht[78]. Das Beamtenverhältnis hat **öffentlich-rechtlichen** Charakter und begründet Rechte und Pflichten, die ausschließlich öffentlich-rechtlicher Natur sind. Darin unterscheidet es sich von dem Dienstverhältnis der Beschäftigten des öffentlichen Dienstes, das privatrechtlich geregelt ist und durch Vertrag – und nicht, wie das Beamtenverhältnis, durch Verwaltungsakt – begründet wird. Das öffentlich-rechtliche Dienstverhältnis besteht in einem Über- und Unterordnungsverhältnis. Der Beamte untersteht der Weisungsbefugnis des Vorgesetzten. Er befindet sich in einem überwiegend hierarchisch aufgebauten, bürokratischen System. Der Begriff des Treueverhältnisses kennzeichnet die Bindung des Beamten im Verhältnis zu seinem Dienstherrn. Die Treueverpflichtung besteht damit im weitesten Sinne gegenüber dem ganzen Volk mit seiner freiheitlich-demokratischen Verfassung. Die Treuepflicht ist beiderseitig und seitens des

76 Dabei ist die Bezeichnung „staatsrechtlicher Beamtenbegriff" wenig hilfreich, weil das Staatsrecht den Beamtenbegriff an keiner Stelle definiert. Treffender wäre es also von einem „beamtenrechtlichen Beamtenbegriff" zu sprechen.

77 Zum Beamten im haftungsrechtlichen Sinne gem. Art. 34 GG i. V. m. § 839 BGB sowie dem strafrechtlichen Beamtenbegriff der „Amtsträger" im Sinne von § 11 Abs. 1 StGB siehe *Behrens*, § 2 Rn. 3 ff.

78 Dabei wird nun nicht mehr zwischen mittelbaren und unmittelbaren Bundesbeamten unterschieden, siehe *Lenders/Peters/Weber*, § 4, Rn. 29.

Dienstherrn gemäß Art. 33 Abs. 5 GG Richtschnur für den Gesetzgeber.[79] Sie ist durch § 78 BBG als Fürsorge- und Schutzpflicht gesetzlich näher ausgestaltet. Die Treuepflicht des Beamten ist im Wesentlichen in den Vorschriften über seine Pflichten (§§ 60 ff. BBG) geregelt. Eine besondere Bedeutung hat dabei die politische Treuepflicht erlangt.

Das Beamtenverhältnis wurde in Rechtsprechung und Literatur auch als „besonderes Gewaltverhältnis", „besonderes Pflichtverhältnis" oder „verwaltungsrechtliches Sonderrechtsverhältnis" bezeichnet.[80] Die heute überholte Konstruktion des **„besonderen Gewaltverhältnisses"**, das für Beamte, Soldaten, Studenten, Schüler und Strafgefangene galt, führte früher dazu, Grundrechtseinschränkungen hier auch ohne Gesetz zu erlauben und die Geltung des Vorbehaltes des Gesetzes nach Art. 20 Abs. 3 GG insoweit zu verneinen. Diese Lücke im Rechtsstaat hat das *Bundesverfassungsgericht* durch seine „Strafgefangenenentscheidung"[81] aus dem Jahre 1972 geschlossen: Das „besondere Gewaltverhältnis" vermag Grundrechtseinschränkungen nicht zu rechtfertigen. Jegliche **Grundrechtseinschränkung** darf also auch hier **nur durch oder aufgrund eines Gesetzes** erfolgen. **41**

Insgesamt gilt daher: Das Beamtenverhältnis wird durch besondere Rechte und Pflichten gekennzeichnet, die für die übrigen Staatsbürger nicht bestehen. Gleichwohl kann sich auch der Beamte auf Grundrechte berufen.[82] Er hat also eine besondere Pflichtenstellung, die an seiner Grundrechtsberechtigung grundsätzlich nichts ändert.

III. Dienstherr und Organe des Dienstherrn

1. Dienstherrnfähigkeit

Dienstherr ist die Bezeichnung für den Staat oder die selbständigen Hoheitsträger, die befugt sind, ein Beamtenverhältnis zu begründen. Die Fähigkeit, Beamte zu haben, besitzen nach § 2 BBG der Bund sowie sonstige bundesunmittelbare Körperschaften, Anstalten und Stiftungen des öffentlichen Rechts, die dieses Recht nach dem BBG besitzen oder denen es durch Gesetz oder aufgrund eines Gesetzes verliehen wird.[83] Wegen des Funktionsvorbehaltes in Art. 33 Abs. 4 GG können nur juristische Personen des öffentlichen Rechts, die Träger öffentlicher Verwaltung sind, Beamte haben. Eine natürliche Person kann niemals Dienstherr sein. Durch Gesetz ist z. B. der Deutschen Bundesbank, der Deutschen Rentenversicherung und der Bundesagentur für Arbeit Dienstherrnfähigkeit verliehen worden. Keine Dienstherrnfähigkeit besitzen in der **42**

79 Siehe dazu *Leppek/Nübel*, ZBR 2015, S. 397 ff.

80 *Brühl*, S. 31, 35; Der Ausdruck „besonderes Gewaltverhältnis" im Beamtenrecht ist unscharf, weil der unrichtige Eindruck entsteht, der Beamte sei der Gewalt des Dienstherrn einseitig unterworfen. Dem Beamten steht aber ein umfassender Rechtsschutz seinem Dienstherrn gegenüber zu.

81 BVerfGE 33, 1 ff.

82 Zur Reichweite der Meinungsäußerungsfreiheit des Beamten bei behördeninterner Kritik siehe BVerfG, DÖD 2008, 59 ff.

83 Für die Länder, Gemeinden und Gemeindeverbände ergibt sich die Dienstherrnfähigkeit aus § 2 BeamtStG.

Regel die Universitäten[84], die berufsständischen Verbände (Handwerkskammern, Industrie- und Handelskammern, Kammern für Rechtsanwälte, Ärzte, Apotheker usw.) und die öffentlich-rechtlichen Rundfunkanstalten. Die Kirchen besitzen ebenfalls keine Dienstherrnfähigkeit. Sie können aber Kirchenbeamte haben, die den Kirchengesetzen unterliegen.

Die Dienstherrnfähigkeit umfasst neben dem Recht der Ernennung die Befugnis, den Beamten Weisungen zu erteilen. Da die Verwaltungsträger große, vielfach gegliederte Gebilde sind, geschieht dies durch die Organe, die für den Dienstherrn handeln. Dies sind die Dienstbehörde, der Dienstvorgesetzte und der Vorgesetzte. Die Beamtengesetze legen fest, welche dieser Organe gegenüber den Beamten Entscheidungen und Anordnungen treffen können.

2. Oberste Dienstbehörde

43 Oberste Dienstbehörde des Beamten ist die oberste Behörde seines Dienstherrn, in deren Geschäftsbereich er ein Amt wahrnimmt (vgl. § 3 Abs. 1 BBG). Die obersten Dienstbehörden des Bundes sind das Bundespräsidialamt, das Bundeskanzleramt, die Bundesministerien einschließlich des Beauftragten der Bundesregierung (BKM) für Kultur und Medien, das Bundespresseamt sowie der Bundesrechnungshof. Eine Sonderregelung für die Beamten des Bundestages, des Bundesrates und des *Bundesverfassungsgerichtes* enthält § 129 BBG. Danach sind die Präsidenten des Bundestages, des Bundesrates und des *Bundesverfassungsgerichtes* jeweils oberste Dienstbehörde. Ist der Dienstherr des Beamten eine bundesunmittelbare Körperschaft, Anstalt oder Stiftung des öffentlichen Rechts, so ist oberste Dienstbehörde die oberste Behörde derselben.

> **Beispiel:** Für Beamte der Bundespolizei und des Bundeskriminalamtes ist der Bundesminister des Innern oberste Dienstbehörde. Für Ruhestandsbeamte ist oberste Dienstbehörde die letzte oberste Dienstbehörde während ihres aktiven Dienstes.
> Die „Bundesstiftung zur Aufarbeitung der SED-Diktatur" ist eine bundesunmittelbare Stiftung des öffentlichen Rechts, die 1998 durch Errichtungsgesetz gegründet wurde. Sie gehört zum nachgeordneten Bereich des BKM, der oberste Dienstbehörde ist.

Die obersten Dienstbehörden des Bundes haben zahlreiche Zuständigkeiten, z. B. bei der Ernennung und Entlassung, dem Eintritt in den Ruhestand, dem Verbot der Führung von Dienstgeschäften, der Genehmigung oder Versagung von Nebentätigkeiten, der Annahme von Belohnungen und Geschenken und bei Entscheidungen des Besoldungs- und Versorgungsrechts, des Reise- und Umzugskostenrechts sowie des Disziplinarrechts.

Sie haben vielfach das Recht, ihre Befugnisse auf nachgeordnete Behörden durch allgemeine Anordnungen oder im Einzelfall zu übertragen. Es entscheidet dann die jeweils bestimmte Behörde.

---

84 Siehe aber nordrhein-westfälisches Gesetz über die Hochschulfreiheit, das die Universitäten mit eigener Dienstherrnfähigkeit ausstattet.

3. Dienstvorgesetzter

Dienstvorgesetzer ist, wer für beamtenrechtliche Entscheidungen über die persönlichen Angelegenheiten der ihm nachgeordneten Beamten zuständig ist (vgl. § 3 Abs. 2 BBG). Wer Dienstvorgesetzter ist, ergibt sich nicht unmittelbar aus dem Gesetz, sondern aus der Behördenorganisation, siehe § 3 Abs. 4 BBG. Die Bundes- und Landesverwaltung ist häufig mehrstufig aufgebaut: Oberste Behörden, Ober- und Mittelbehörden, untere Behörden. **44**

Beispiele: So ist Dienstvorgesetzter der Beamten einer obersten Behörde (z. B. des Bundesministeriums der Finanzen) der Minister (der Bundesminister für Finanzen), der Beamten einer Oberbehörde (z. B. der Generalzolldirektion), die Leiterin dieser Behörde (die Präsidentin), der Beamten einer unteren Behörde (z. B. eines Hauptzollamtes oder Zollfahndungsamtes) der Leiter dieser Behörde (der Leiter des Hauptzollamtes oder Zollfahndungsamtes).

Es lassen sich entsprechend dem stufenförmigen Aufbau mehrere Dienstvorgesetzte unterscheiden.

Beispiele: Für den Zollbeamten, der in einem Hauptzollamt tätig ist, ist der Leiter des Hauptzollamtes unmittelbarer Dienstvorgesetzter, die Präsidentin der Generalzolldirektion, höhere Dienstvorgesetzte und der Bundesminister für Finanzen höchster Dienstvorgesetzter.

Hat ein Beamter mehrere Ämter (Haupt- und/oder Nebenämter), so können auch mehrere Dienstvorgesetzte gleichberechtigt nebeneinander stehen. Jeder ist dann für seinen Geschäftsbereich zuständig. Ist ausnahmsweise ein Dienstvorgesetzter nicht vorgesehen, so nimmt beim Bund die zuständige oberste Bundesbehörde diese Befugnisse wahr.

Der unmittelbare Dienstvorgesetzte übt die dem Dienstvorgesetzten obliegenden Befugnisse aus, soweit nichts anderes bestimmt ist. Er übt die Dienstaufsicht aus und ist berechtigt und verpflichtet, die Erledigung der Dienstgeschäfte zu überwachen und Pflichtverletzungen zu ahnden.

Zu den wichtigsten Befugnissen des Dienstvorgesetzten zählen insbesondere:

- Ernennung (Einstellung, Beförderung etc.), § 10 Abs. 1 BBG
- Dienstliche Beurteilung des Beamten, § 21 BBG
- Entscheidungen über Umsetzung, Versetzung, Abordnung und Zuweisung, §§ 27–29 BBG
- Entlassung des Beamten auf Antrag, § 33 BBG
- Feststellen der Dienstunfähigkeit, §§ 44 BBG
- Versetzung in den Ruhestand, §§ 50 ff. BBG
- Verbot der Führung von Dienstgeschäften, § 66 BBG
- Erteilung und Versagung einer Aussagegenehmigung, § 68 BBG
- Erteilung und Versagung von Erholungs- und sonstigem Urlaub, §§ 89 f., 95 BBG
- Genehmigung einer Nebentätigkeit, §§ 97 ff. BBG
- Disziplinarrechtliche Entscheidungen, §§ 17 ff. BDG

4. Vorgesetzter

45 Vorgesetzter ist, wer einem Beamten für seine dienstliche Tätigkeit Anordnungen erteilen darf (§ 3 Abs. 3 BBG). Um den Unterschied zum Dienstvorgesetzten deutlicher zu machen, kann hier auch vom **„Fachvorgesetzten"** gesprochen werden. Fachvorgesetzter ist jeder dem Beamten dienstlich Übergeordnete. Wer dies im Einzelfall ist, ergibt sich aus dem Aufbau der Verwaltung, § 3 Abs. 4 BBG. In der Praxis lässt sich das aus dem jeweiligen Behördenorganigramm herauslesen. Daraus lässt sich Verschiedenes folgern: Nicht jeder Ranghöhere ist automatisch Fachvorgesetzter. Auch ein Tarifbeschäftigter kann Fachvorgesetzter eines Beamten sein. Im Verhältnis zum Dienstvorgesetzten lässt sich feststellen: Nicht jeder Fachvorgesetzte ist gleichzeitig auch Dienstvorgesetzter. Dagegen ist umgekehrt jeder Dienstvorgesetzte auch Fachvorgesetzter. Es gibt unmittelbare und höhere, d. h. nächsthöhere und höchste Vorgesetzte.

Beispiel: Fachvorgesetzte eines Referenten (BesGr A 14) in einem Referat des BMI sind seine Referatsleiterin, der Abteilungsleiter, der Staatssekretär und der Minister. Der Referatsleiter in einer anderen Abteilung des BMI ist kein Fachvorgesetzer für ihn. Auch seine Referenten-Kollegin aus demselben Referat (BesGr A 15) ist, obwohl ranghöher, keine Fachvorgesetzte.

Der Beamte wird vom Fachvorgesetzten nicht in seiner persönlichen Rechtsstellung, sondern in seiner internen Amtsstellung angesprochen. Die dienstliche Anordnungen des Vorgesetzten sind fast ausnahmslos innerbehördliche Maßnahmen, die keine Verwaltungsakte gem. § 35 S. 1 VwVfG darstellen.

Beispiele: Die Referatsleiterin im Ministerium für Finanzen gibt einem Sachbearbeiter die Anweisung, den Entwurf eines Erlasses zu fertigen und setzt ihm eine angemessene Frist zur Erledigung der Aufgabe. In einem längeren Gespräch erläutert sie ihm, welchen inhaltlichen Anforderungen der Erlass genügen muss und welche Probleme bei der Bearbeitung auftreten können.

Das Gesetz erwähnt den Vorgesetzten nur in wenigen Vorschriften. Nach § 62 BBG ist der Beamte verpflichtet, seine Vorgesetzten zu beraten und zu unterstützen. Hier ist auch der Fachvorgesetzte gemeint. Der Beamte hat ihre Anordnungen zu befolgen. Gegen dienstliche Anordnungen steht dem Beamten nach § 63 Abs. 2 BBG das Recht und die Pflicht zur Remonstration zu. Beschwerde gegen den unmittelbaren Vorgesetzten kann der Beamte gemäß § 125 Abs. 2 BBG unmittelbar bei dem nächsthöheren Vorgesetzten einreichen.

Wiederholungsfragen

1. *Was versteht man unter dem „staatsrechtlichen Beamtenbegriff"? (Rn. 39)*
2. *Können im „besonderen Gewaltverhältnis" Grundrechte ohne gesetzliche Grundlage eingeschränkt werden? (Rn. 41)*
3. *Wer besitzt Dienstherrnfähigkeit? (Rn. 42)*
4. *Was ist eine oberste Dienstbehörde? (Rn. 43)*
5. *Was unterscheidet den Dienstvorgesetzten vom (Fach-)Vorgesetzten? (Rn. 44 f.)*

§ 5 Die Arten des Beamtenverhältnisses

Literatur: *Achterberg*, Grundzüge des öffentlichen Dienstrechts, JA 1980, 468; *Günther*, Beamtenverhältnis auf Widerruf, DÖD 1987, 7 ff. und 51 ff.; *Bartels*, Widerrufsbeamte für befristete Aufgaben? RiA 1988, 11 ff.

Zum Beamten auf Zeit und den Führungsämtern auf Zeit: *Lindner*, Der Beamte auf Zeit, ZBR 2018, 361 ff.; *Knopp*, Zeitbeamtenverhältnis verfassungswidrig? – „Kanzleramt" auf dem gerichtlichen Prüfstand„ ZBR 2017, 235; *BVerfG*, DÖV 2008, 770 ff.; Die Verfassungswidrigkeit der Vergabe von Führungsämtern auf Zeit, ZBR 2008, 304 ff.; *Dorf*, Führungspositionen auf Zeit, DÖV 2009, 14 ff.

Zur Teilzeit: *Battis*, Teilzeitbeschäftigung von Beamten, ZBR 1986, 285 ff.; *Mutius/Röh*, Obligatorische Teilzeitbeschäftigung im Beamtenrecht, ZBR 1990, 365 ff.; *Battis*, Teilzeitbeschäftigung und Beamtenrecht, ZBR 1991, 353 ff.; *Schaft*, Neues zur Einstellungsteilzeit, RiA 2000,172 ff.; *Tilp*, Einstellungsteilzeit – Ende oder Wende? ZBR 2000,161 ff.; *Kutscha*, Die Einstellungsteilzeit – Rechtslage und Rechtspraxis, ZBR 2001, 156 ff.; *Bürger* , Verfassungswidrigkeit der obligatorischen Teilzeitbeschäftigung von neu eingestellten Beamten, ZBR 2001, 153 ff.; *Baßlsberger*, Beurlaubung und Teilzeitbeschäftigung im Beamtenrecht, ZBR 2001, 417; *Szalai*, Beamte in Teilzeit und Versetzung von „Vollzeitbeamten", DÖV 2009, 311 ff.

Zum politischen Beamten: *Derlien*, Einstweiliger Ruhestand politischer Beamter des Bundes 1949 bis 1983, DÖV 1984, 689 ff.; *Wagner*, Der politische Beamte, RiA 1985, 272 ff.; *Thiele*, Zur Problematik der Sonderstellung des sog. politischen Beamten, DÖD 1986, 257 ff.; *Grünning*, Politische Beamte in der Bundesrepublik Deutschland, VR 1988, 80 ff.; *Schwidden*, Aktuelle Fragen zur Sonderstellung und finanziellen Absicherung der politischen Beamten, RiA 1999, 13 ff.; *Franz*, Gilt für die Ernennung von sog. politischen Beamten das Leistungsprinzip nicht? DÖD 1999, 49 ff.; *ders.*, Staatssekretäre und das Leistungsprinzip. Ein Bereich massiven Rechtsbruchs der politischen Klasse, ZBR 2008, 236 ff.; *Steinbach*, Die Versetzung in den einstweiligen Ruhestand – materielle und formelle Fragen zum politischen Beamten, ZBR 2017, 335 ff.

Eine größere Klarheit über den Begriff des Beamten lässt sich erzielen, wenn die verschiedenen Arten von Beamten einander gegenübergestellt werden. Das Beamtenverhältnis lässt sich aus verschiedenen Perspektiven betrachten: Wenn das Bundesbeamtengesetz von der Art des Beamtenverhältnisses spricht, sind damit grundsätzlich die Arten gemeint, die in § 6 BBG aufgeführt sind. Eine Unterscheidung lässt sich aber auch nach dem Dienstherrn (Bundes-, Landes- oder Kommunalbeamter), nach der Bindung an den Dienstherrn (Berufsbeamte, Teilzeitbeamte, politische Beamte) sowie nach der Art der Befähigung und der Laufbahn oder der haushaltsrechtlichen Stellung vornehmen.

I. Arten des Beamtenverhältnisses gem. § 6 BBG

§ 6 BBG unterscheidet zwischen dem Beamtenverhältnis auf Lebenszeit, auf Zeit, auf Probe, auf Widerruf und dem Ehrenbeamtenverhältnis. **46**

1. Beamtenverhältnis auf Lebenszeit (§ 6 Abs. 1 BBG)

Das Beamtenverhältnis auf Lebenszeit ist gemäß dem Verfassungsgebot des Art. 33 Abs. 5 GG der Regelfall, siehe § 6 Abs. 1 S. 2 BBG. Es bietet den stärksten Bestandsschutz und wird durch Ruhestand, die gesetzlich geregelten Fälle der Entlassung und die (disziplinarische) Entfernung aus dem Dienst begrenzt. Die Bezeichnung „Beamter auf Lebenszeit" ist also nicht wörtlich gemeint. Voraussetzungen zur Berufung in das **46a**

Beamtenverhältnis auf Lebenszeit sind gemäß § 11 Abs. 1 BBG die allgemeinen Ernennungsvoraussetzungen im Sinne des § 7 BBG sowie die vollumfängliche Bewährung in einer Probezeit, für die ein strenger Maßstab gelten soll.

2. Beamtenverhältnis auf Zeit (§ 6 Abs. 2 BBG)

46b Das Beamtenverhältnis auf Zeit kann sich wegen der Abweichung vom Regelfall des Lebenszeitbeamten nur auf sachlich begründete Ausnahmetatbestände beziehen, die gesetzlich geregelt sein müssen. Der Beamte auf Zeit wird für eine bestimmte Zeitdauer in das Beamtenverhältnis berufen. Im BBG ist in § 131 BGB das Beamtenverhältnis auf Zeit für beamtete Leiter und beamtete hauptberufliche Mitglieder von Leitungsgremien von Hochschulen, in § 132 BBG das Professorenverhältnis auf Zeit geregelt. Auf Bundesebene werden daneben auch der Präsident und Vizepräsident des Bundesrechnungshofes (BRH) und der Präsident der Bundesanstalt für den Digitalfunk der Behörden und Organisationen mit Sicherheitsaufgaben (BDBOS) zu Beamten auf Zeit ernannt.[85] Die Kritik am Zeitbeamtenverhältnis ist in jüngerer Vergangenheit lauter geworden, auch in der Rechtsprechung sind Zweifel an seiner Verfassungsmäßigkeit aufgekommen.[86] Es bleibt abzuwarten, wie sich das *Bundesverfassungsgericht* im Falle seiner Befassung mit den zugrundeliegenden Rechtsfragen äußern wird.

3. Beamtenverhältnis auf Probe (§ 6 Abs. 3 BBG)

46c Beamter auf Probe wird gem. § 6 Abs. 3 Nr. 1 BBG, wer später zum Beamten auf Lebenszeit ernannt werden soll, aber zunächst eine Probezeit ableisten muss. Es handelt sich bei diesem notwendigen Durchgangsstadium zum Beamtenverhältnis auf Lebenszeit um eine Zeit der Bewährung. Das Beamtenverhältnis auf Probe endet nicht mit Ablauf der Probezeit, sondern erst durch Entlassung oder Umwandlung in ein Dienstverhältnis auf Lebenszeit. Nach § 11 Abs. 2 BBG ist ein Beamtenverhältnis auf Probe spätestens nach fünf Jahren in ein solches auf Lebenszeit umzuwandeln, wenn der Beamte die beamtenrechtlichen Voraussetzungen gem. § 11 Abs. 1 BBG hierfür erfüllt. Die Dauer der Probezeit beträgt gem. § 11 Abs. 1 S. 3 BBG einheitlich für alle Laufbahnen drei Jahre. Eine gleichwertige Tätigkeit kann aber bis zu einer Mindestprobezeit von einem Jahr angerechnet werden. Näheres hierzu – wie zur Probezeit generell – regelt § 30 der BLV. Die Probezeit soll dem Dienstherrn die Möglichkeit geben, Eignung, Befähigung und fachliche Leistungen des Beamten zu erproben. Bewährt sich ein Beamter auf Probe nicht, so kann er nach § 34 BBG entlassen werden. Dabei kann die Entlassung mit Leistungsmängeln, aber auch mit seiner fehlenden körperlichen Eignung begründet werden.[87] Die Rechtsstellung des Beamten auf Probe ist also naturgemäß schwächer als die des Beamten auf Lebenszeit.

---

85 Siehe dazu § 3 Abs. 2 BRH-Gesetz, die Amtszeit beträgt 12 Jahre; siehe § 4 BDBOS-Gesetz, die Amtszeit beträgt 5 Jahre.

86 Siehe dazu umfassend *Wolff*, Die Verfassungsmäßigkeit der Ausgestaltung des Amtes des Kanzlers einer Universität in Brandenburg, ZBR 2017, 239 ff.; *Knopp*, Zeitbeamtenverhältnis verfassungswidrig? – Kanzleramt auf dem gerichtlichen Prüfstand, ZBR 2017, 235.

87 *Schönrock*, Die Feststellung der gesundheitlichen Eignung von Beamtinnen und Beamten, ZBR 2017, 243.

Neben dem Beamten auf Probe wird in § 6 Abs. 3 Nr. 2 BBG die Möglichkeit eröffnet, Führungsämter auf Probe zu übertragen. Damit soll die Eignung dieser Beamten in ihrer Eigenschaft als Vorgesetzte erforscht werden. Nach § 24 BBG wird ein Amt mit leitender Funktion zunächst im Beamtenverhältnis auf Probe übertragen. Die regelmäßige Probezeit beträgt zwei Jahre. Dies gilt beim Bund für Ämter der BesGr B 6 bis B 9 in den obersten Bundesbehörden und die der Besoldungsordnung B angehörenden Ämter der Leiter der übrigen Bundesbehörden. Während der Erprobungszeit ruhen die Rechte und Pflichten aus dem zuletzt im Beamtenverhältnis auf Lebenszeit übertragenen Amt.[88]

4. Beamtenverhältnis auf Widerruf (§ 6 Abs. 4 BBG)

Bewerber, die die Laufbahnbefähigung durch Ableisten eines Vorbereitungsdienstes **46d**
erwerben wollen, sind gem. § 6 Abs. 4 Nr. 1 BBG in das Beamtenverhältnis auf Widerruf zu berufen. Der Widerrufsbeamte im Vorbereitungsdienst führt eine laufbahnspezifische Dienstbezeichnung (also keine Amtsbezeichnung!) wie z. B. Regierungsinspektoranwärter oder Referendar. Der Beamte auf Widerruf kann nach § 37 BBG durch Widerruf des Beamtenverhältnisses aus jedem nicht ermessensfehlerhaften Grund entlassen werden. Allerdings ist zu beachten, dass nach § 37 Abs. 2 S. 1 BBG Beamten auf Widerruf im Vorbereitungsdienst Gelegenheit gegeben werden soll, den Vorbereitungsdienst abzuleisten und die Laufbahnprüfung abzulegen. Kraft Gesetzes ist der Beamte auf Widerruf gem. § 37 Abs. 2 S. 2 Nr. 1 BBG mit Ablauf des Tages entlassen, an dem ihm das Bestehen oder endgültige Nichtbestehen der Laufbahnprüfung bekannt gegeben wird. Dieselbe Rechtsfolge tritt ein, wenn der Anwärter eine vorgeschriebene Zwischenprüfung nicht besteht.

Ausnahmsweise kann neben dem Regelfall nach § 6 Abs. 4 Nr. 1 BBG gem. Nr. 2 auch dann ein Beamtenverhältnis auf Widerruf begründet werden, wenn dem Beamten nur nebenbei oder vorübergehend hoheitsrechtliche Aufgaben i. S. d. § 5 BBG übertragen werden sollen. In der Vergangenheit wurden z. B. sog. Bahnagenten oder Posthalter nebenamtlich im Beamtenverhältnis auf Widerruf beschäftigt. Seit der Privatisierung von Bahn und Post gibt es für die Ernennung solcher „Nebenbei-Beamten" keine rechtliche Grundlage mehr. In der Praxis werden diese vorübergehenden Aufgaben heute durch (befristet eingestellte) Tarifbeschäftigte erledigt.[89]

5. Ehrenbeamter, § 6 Abs. 5 BBG

Ehrenbeamte üben ein hoheitliches Amt neben ihrem eigentlichen Hauptberuf aus.[90] **46e**
Ihrer nebenberuflichen Tätigkeit als Beamte entspricht es, dass sie keine Besoldung oder Versorgung, sondern nur eine Dienstaufwandsentschädigung sowie Unfallfürsorge erhalten. Sie sind vor allem in der kommunalen Selbstverwaltung (z. B. als ehren-

88 Ausgenommen hiervon sind Pflicht zur Amtsverschwiegenheit und das Verbot der Annahme von Belohnungen, Geschenken und sonstigen Vorteilen.
89 *Summer* in: GKÖD, § 5, Rn. 11.
90 Siehe hierzu ausführlich *Stober*, S. 1 ff.; *Günther*, ZBR 1986, 97 ff.

amtlicher Ortsvorsteher) vertreten. Im Bereich des Bundes sind Ehrenbeamte gemäß § 133 BBG die Honorarkonsularbeamten. Schöffen und Geschworene, die ehrenamtlich tätig sind, sind keine Ehrenbeamten. Sie erhalten keine entsprechende Ernennungsurkunde („unter Berufung in das Beamtenverhältnis als Ehrenbeamter").[91]

II. Nach dem Dienstherrn

47 Nach dem Dienstherrn sind die Beamten einzuteilen in Beamte des Bundes, der Länder, Gemeinden, Gemeindeverbände und sonstiger juristischer Personen (Körperschaften, Anstalten und Stiftungen) des öffentlichen Rechts. Wer den Bund zum Dienstherrn hat, ist gemäß § 2 BBG Bundesbeamter.

Beispiele: Die Beamten der Bundesministerien und der ihnen nachgeordneten Bundesbehörden. Die Beamten der Deutschen Bundesbank und der Stiftung Preußischer Kulturbesitz.

III. Nach der Bindung an den Dienstherrn

48 **Berufsbeamte** haben den Dienst für die Allgemeinheit zum Lebensberuf gewählt. Sie sollen dauernd für Aufgaben im Sinne des § 5 BBG verwendet werden und stellen ihre Arbeitskraft voll einem Dienstherrn zur Verfügung. Dafür erhalten sie von ihm eine angemessene Besoldung und eine lebenslange Versorgung (Alimentationsprinzip). Da sie im Laufe ihres Berufslebens regelmäßig mit einer Vielzahl von Aufgaben betraut werden, müssen sie vielseitig verwendbar sein. Der Berufsbeamte ist der Regelfall des Beamten.

49 Der Grundsatz, dass der Berufsbeamte seine volle Arbeitskraft dem Dienstherrn zur Verfügung stellt, wird durch das **Teilzeitbeamtenverhältnis** ergänzt. Es handelt sich dabei um eine verfassungsrechtlich zulässige Weiterentwicklung des Beamtenrechts, die durch die Dienstrechtsreform noch erweitert wurde. Nach § 91 BBG kann – ohne weitere Voraussetzungen – Beamten mit Besoldungsanspruch auf Antrag Teilzeitbeschäftigung bis zur Hälfte der regelmäßigen Arbeitszeit bewilligt werden, wenn dienstliche Belange nicht entgegenstehen. Die Ermäßigung der Arbeitszeit darf das berufliche Fortkommen nicht beeinträchtigen. Nach § 92 Abs. 1 BBG, der die Vereinbarkeit von Familie und Beruf im Öffentlichen Dienst gewährleisten soll, ist einem Beamten mit Besoldungsanspruch Teilzeitbeschäftigung zu bewilligen oder ein Urlaub ohne Besoldung zu gewähren, wenn er mindestens ein Kind unter 18 Jahren oder einen nach ärztlichem Gutachten pflegebedürftigen sonstigen Angehörigen tatsächlich betreut und pflegt und zwingende dienstliche Belange nicht entgegenstehen. Unter diesen Voraussetzungen hat der Beamte einen Rechtsanspruch auf Gewährung der familienbedingten Teilzeit oder Beurlaubung. Hinzuweisen ist in diesem Zusammenhang auch auf die Familienpflegezeit oder Pflegezeit mit Vorschuss nach § 92a oder § 92b BBG. Die Möglichkeit in Altersteilzeit zu gehen ist mit der Reform des Dienstrechts erschwert worden. So sieht § 93 BBG u. a. vor, dass Beamten mit Dienstbezügen, die

91 *Battis*, § 6, Rn. 13.

das 60. Lebensjahr[92] vollendet haben, auf Antrag, der sich auf die Zeit bis zum Beginn des Ruhestandes erstrecken muss, Teilzeitbeschäftigung mit der Hälfte der bisherigen Arbeitszeit bewilligt werden kann. Darüber hinaus müssen weitere Voraussetzungen erfüllt sein.

Schließlich gibt es nach § 95 BBG eine Beurlaubung ohne Besoldung in den Bereichen, in denen wegen der Arbeitsmarktsituation ein außergewöhnlicher Bewerberüberhang besteht. Der Beamte hat abgesehen von den Fällen der §§ 92, 92a und b BBG **keinen Rechtsanspruch** auf Teilzeitbeschäftigung, die Entscheidung über seinen Antrag liegt im pflichtgemäßen Ermessen des Dienstherrn. Eine Zwangsteilzeit neu eingestellter Bewerber verletzt das Leistungsprinzip und die hergebrachten Grundsätze des Berufsbeamtentums.[93] Der Umfang der Teilzeitarbeit und der Beurlaubung im öffentlichen Dienst nimmt laufend zu.

Eine Sondergruppe der Berufsbeamten bilden die sog. **politischen Beamten**. Diese **50**
Beamten bekleiden Ämter, zu deren Ausübung die fortdauernde Übereinstimmung mit den grundsätzlichen politischen Ansichten und Zielen der Regierung erforderlich ist. Sie können jederzeit in den einstweiligen Ruhestand versetzt werden. Diese Ausnahme von dem Grundsatz, dass ein Beamter gegen seinen Willen nicht in den Ruhestand versetzt werden kann, erfordert es, den betroffenen Personenkreis eindeutig und klar gesetzlich festzulegen. Dies hat der Gesetzgeber in § 54 BBG getan. Gelegentlich wird die Abschaffung der politischen Beamten gefordert. Dieser Forderung kann nicht gefolgt werden. Es wird dabei die Bedeutung eines Regierungswechsels in einer parlamentarischen Demokratie unterschätzt. Einem neuen Minister ist es nicht zuzumuten, mit leitenden Beamten zusammenzuarbeiten, die z. B. aufgrund ihrer eigenen Parteizugehörigkeit nicht bereit sind, sich tatkräftig für eine andere Politik einzusetzen. Allerdings sollte der betroffene Personenkreis eng gehalten werden, wofür schon haushaltsrechtliche Überlegungen sprechen. Die in § 36 BBG getroffene Regelung kann dabei insgesamt als ausgewogen bezeichnet werden.

Ein weiteres Unterscheidungskriterium ergibt sich aus dem Vergleich zwischen aktiven Beamten und Beamten im Ruhestand. Bis zur Versetzung in den Ruhestand unterliegt der Beamte, insbesondere hinsichtlich seiner Pflichtenstellung, einer größeren Bindung an den Dienstherrn. Aber auch nach Beendigung des aktiven Dienstes endet das Beamtenverhältnis nicht vollständig: Denn auch der Ruhestandsbeamte muss weiterhin bestimmte Dienstpflichten beachten, gegen die er nicht verstoßen darf.

> **Beispiel:** Gem. § 67 Abs. 1 S. 1 BBG trifft den Beamten die Pflicht zur Amtsverschwiegenheit. Ausdrücklich gilt dies auch für den Zeitraum nach Beendigung des Beamtenverhältnisses, § 67 Abs. 1 S. 2 BBG.

Daraus folgt, dass auch der Ruhestandsbeamte unter den Voraussetzungen des § 77 Abs. 2 BBG ein Dienstvergehen begehen kann, das die Einleitung eines Disziplinarverfahrens nach sich zieht. Als Disziplinarmaßnahmen kommen hier zur Sanktionierung

---

92 Bei Schwerbehinderten wird die Vollendung des 55. Lebensjahres verlangt.
93 BVerfG, ZBR 2007, 381 ff.; siehe dazu *Panzer*, DÖV 2008, 707 (711); BVerwGE 110, 363.

eines pflichtwidrigen Verhaltens die Kürzung oder sogar die Aberkennung des Ruhegehalts in Betracht, siehe § 5 Abs. 2 BDG.

Umgekehrt kann der Ruhestandsbeamte auch nach Beendigung seines aktiven Dienstes Rechte aus dem Beamtenverhältnis herleiten.

Beispiele: Er erhält eine Versorgung nach den Regelungen des BeamtVG. Gem. § 80 Abs. 1 Nr. 2 BBG hat er einen Anspruch auf Beihilfe in Krankheits- und Pflegefällen. Er kann gem. § 86 Abs. 3 BBG die ihm zustehende Amtsbezeichnung mit dem Zusatz „a. D." führen.

IV. Nach der Art der Befähigung

51 Nach der für die Wahrnehmung des Amtes erforderlichen Vorbildung und Ausbildung werden **Bewerber** mit absolviertem Vorbereitungsdienst (§ 7 Abs. 1 Nr. 3 a BBG) und **andere Bewerber** (§ 7 Abs. 1 Nr. 3 b BBG) unterschieden. Erstere besitzen die für ihre Laufbahn vorgeschriebene oder übliche Vorbildung, die sie in der Regel durch den erfolgreichen Abschluss eines fachspezifischen Vorbereitungsdienstes erworben haben, siehe § 7 BLV.[94]

Beispiel: Laufbahn des gehobenen nichttechnischen Verwaltungsdienstes.

V. Nach der Art der Laufbahn

52 Das **Laufbahngruppenprinzip** teilt die Laufbahnen nach Bildungsvoraussetzungen und sonstigen Voraussetzungen in vier Gruppen ein: **Beamte des einfachen, mittleren, gehobenen und höheren Dienstes.**

Andere Bewerber haben die erforderliche Befähigung durch Lebens- und Berufserfahrung (innerhalb oder außerhalb des öffentlichen Dienstes) erworben. Hiermit sind „Quereinsteiger" gemeint, die keine öffentlich-rechtliche Vor- und Ausbildung haben.

Beispiele: Eine IT-Fachfrau hat nach dem Realschulabschluss eine Lehre gemacht und danach mehrere Jahre Berufserfahrung in der Privatwirtschaft gesammelt. Sie hat sich insbesondere bei der Entwicklung von Softwareprogrammen hervorgetan. Nun bewirbt sie sich bei der allgemeinen und inneren Verwaltung für eine Stelle als Sachbearbeiterin im IT-Referat mit dem Schwerpunkt „Softwareentwicklung". Hier ist im Einzelfall zu prüfen, ob die Lebens- und Berufserfahrung für die Befähigung als Beamtin ausreichend ist. Ist dies der Fall kann sie in den öffentlichen Dienst (gehobener Dienst) eingestellt werden, obwohl sie nicht die vorgeschriebene Vorbildung (Bachelorabschluss oder gleichwertig) hat. Allerdings können andere Bewerber nur eingestellt werden, wenn keine geeigneten Bewerber mit abgeschlossenem Vorbereitungsdienst zur Verfügung stehen, § 22 Abs. 1 BLV.

---

94 Die Laufbahnbefähigung kann daneben auch durch den erfolgreichen Abschluss eines Aufstiegsverfahrens oder durch Anerkennung erworben werden, siehe unten, Rn. 58 ff.

VI. Nach der haushaltsrechtlichen Stellung

Nach der haushaltsrechtlichen Stellung ihres Amtes lassen sich planmäßige und außerplanmäßige Beamte unterscheiden. Planmäßige Beamte haben eine im Haushaltsplan gesondert ausgewiesene, nach Besoldungsgruppen und Amtsbezeichnung gegliederte Planstelle inne. Die außerplanmäßigen Beamten, z. B. die Beamten auf Widerruf, haben keine im Haushaltsplan ausgewiesene Planstelle. Beamten auf Probe wird gem. § 10 Abs. 3 BBG mit der Begründung des Beamtenverhältnisses ein Amt verliehen und in eine haushaltsrechtliche Planstelle eingewiesen.[95] 53

Arten des Beamtenverhältnisses

Nach § 6 BBG	Nach dem Dienstherrn	Nach der Bindung	Nach der Befähigung	Nach der Laufbahngruppe
Beamte auf Widerruf	Bundesbeamte	Berufsbeamte	Bewerber mit Vorbereitungsdienst	Einfacher Dienst
Beamte auf Probe	Landesbeamte	Teilzeitbeamte	Beamte nach Aufstiegsverfahren	Mittlerer Dienst
Beamte auf Lebenszeit	Kommunalbeamte	Politische Beamte	Andere Bewerber	Gehobener Dienst
Beamte auf Zeit	Beamte anderer Körperschaften, Anstalten und Stiftungen des öffentlichen Rechts	Aktive Beamte/ Ruhestandsbeamte		Höherer Dienst
Ehrenbeamte		(Ehrenbeamte)		

Übersicht 6

Wiederholungsfragen

1. *Zwischen welchen Arten von Beamtenverhältnissen unterscheidet § 6 BBG? (Rn. 46)*
2. *Was ist das Kennzeichen eines politischen Beamten? (Rn. 50)*
3. *Was unterscheidet die Begriffe „Probezeit" und „Beamter auf Probe"? (Rn. 46 c)*
4. *Zu welchem Zweck dient ein Beamtenverhältnis auf Widerruf? (Rn. 46d)*
5. *Worin unterscheiden sich „Laufbahnbeamte" und sog. andere Bewerber? (Rn. 52)*

95 Siehe dazu die Übergangsregelung in § 147 Abs. 1 und 2 BBG.

§ 6 Das Amt

Literatur: *Summer*, Das Amt im statusrechtlichen Sinn, ZBR 1982, 321 ff.; *Ziekow*, Veränderungen des Amtes im funktionellen Sinne, DÖD 1999, 7 ff.; *Britz*, Die Übertragung amtsangemessener Aufgaben, PersV 2004, 284 ff.; *Isensee*, Transformation von Macht in Recht – das Amt, ZBR 2004, 3 ff.; *Summer* in: GKÖD, § 6, Rn. 23 ff.; *von Roetteken*, Der Begriff des öffentliches Amtes in Art. 33 Abs. 2 GG und seine Bedeutung für Auswahlverfahren, ZBR 2015, 154 ff.

I. Allgemeines zum Amtsbegriff

54 Der Begriff „Amt" wird in der deutschen Sprache vielfältig benutzt und spielt als Rechtsbegriff in der Allgemeinen Staatslehre eine Rolle.[96] Einige Beispiele: Amtshandlung, „das ist amtlich", von Amts wegen, öffentliche Ämter, das Amt des Ministers, Amtsleitung, Amtsanmaßung oder Amtsmissbrauch. Häufig wird das Wort „Amt" für Behörden oder Teile einer Behörde gebraucht wie: Bundeskanzleramt, Auswärtiges Amt, Bundeskriminalamt, Umweltbundesamt, Ordnungsamt, Sozialamt. In diesem Fällen beschreibt der Begriff eine organisatorische Einheit, die öffentlich-rechtliche Aufgaben wahrnimmt. Innerhalb des Beamtenrechts gibt es keinen einheitlichen Begriff des „Amtes". Die jeweilige Bedeutung des Wortes „Amt" ist dem Sinnzusammenhang der jeweiligen Vorschrift zu entnehmen und kann unterschiedlich sein. Zu differenzieren sind beamtenrechtlich aber vor allem die folgenden Amtsbegriffe:[97]

II. Amt im statusrechtlichen Sinn

55 Das **Amt im statusrechtlichen Sinn** kennzeichnet die von der Funktion losgelöste allgemeine Rechtsstellung des Beamten, die er zunächst durch Berufung in ein bestimmtes Beamtenverhältnis gem. § 6 Abs. 1 Nr. 1 BBG erlangt.[98] Das Amt im statusrechtlichen Sinne ist gemeint, wenn § 10 Abs. 1 Nr. 3 und 4 BBG zur Verleihung eines Amtes die Ernennung fordert. Es ist durch drei Merkmale gekennzeichnet:

1. Zugehörigkeit zu einer **Laufbahngruppe** (einfacher, mittlerer, gehobener oder höherer Dienst),
2. bestimmtes Endgrundgehalt der damit verbundenen **Besoldungsgruppe** (z. B. Erfahrungsstufe 8 der BesGr A 9) und die
3. **Amtsbezeichnung**.

Damit hängt es maßgeblich mit Fragen der **Besoldung, Versorgung** sowie der **Laufbahngruppenzugehörigkeit** zusammen. Die Höhe der Besoldung und Versorgung ist gleichsam an das statusrechtliche Amt des Beamten gekoppelt. Welche Besoldung der Beamte erhält richtet sich also nicht nach seiner konkreten Tätigkeit im Dienst. Der Beamte hat aber den Anspruch auf eine seinem Status entsprechende **Tätigkeit**, auf

96 Siehe dazu *Summer* in: GKÖD, § 6, Rn. 23.
97 *Brühl*, Rn. 16 ff.
98 *Monhemius*, Rn. 87.

eine amtsangemessene Aufgabe. Der Beamte darf also ohne seine Zustimmung nicht auf Dauer unterwertig beschäftigt werden.

Beispiel: Ein beamteter Lokomotivführer ist nicht verpflichtet, in den Zügen während der fahrplanbedingten Stehzeiten Grobreinigungen durchzuführen.[99]

In Ausnahmesituationen (z. B. Streiks, Naturkatastrophen) darf der Beamte vorübergehend auch unterwertig eingesetzt werden, soweit und solange dies zumutbar ist.[100] Er hat kein Recht, eine solche Tätigkeit zu verweigern.

Die Ämter im statusrechtlichen Sinne ergeben sich aus den dem BBesG als Anlagen beigefügten Besoldungsordnungen. Mit der Einordnung in die entsprechende Besoldungsgruppe werden Inhalt, Bedeutung und Wertigkeit des Amtes zum Ausdruck gebracht.

Beispiel: Ein statusrechtliches Amt ist das Amt eines Regierungsinspektors oder Polizeikommissars (Amtsbezeichnung). Sie gehören der Laufbahngruppe des gehobenen Dienstes an, und werden nach der BesGr A 9 besoldet (vgl. Anlage I zum BBesG, Besoldungsordnung A, BesGr A 9). Dieser BesGr ist in der Grundgehaltstabelle in Stufe 8 ein bestimmtes Endgrundgehalt zugeordnet. Wird der Beamte zum Regierungsoberinspektor oder Polizeioberkommissar befördert, ändert sich sein statusrechtliches Amt (vgl. Anlage I zum BBesG, Besoldungsordnung A, BesGr A 10).
Erledigt ein Regierungsinspektor für den Zeitraum eines halben Jahres die Aufgaben eines mit A 12 (Amtsrat) bewerteten Amtes, hat er deshalb nur einen Anspruch auf Besoldung nach seinem statusrechtlichen Amt, also nach BesGr A 9.

Nach den hergebrachten Grundsätzen des Berufsbeamtentums darf das Amt im statusrechtlichen Sinne nur aufgrund besonderer rechtlicher Vorschriften, z. B. durch Zurückstufung in einem Disziplinarverfahren, entzogen werden. Denn eine solche Veränderung berührt den Beamten in seiner persönlichen Rechtsstellung im Verhältnis zum Dienstherrn. Das statusrechtliche Amt verändert sich gem. § 10 Abs. 1 Nr. 3 und 4 BBG ansonsten durch Beförderung, Rückernennung oder beim Wechsel der Laufbahngruppe („Aufstieg"). Dagegen verändern Versetzung, Abordnung und Umsetzung das Amt im statusrechtlichen Sinne nicht. Diese personellen Maßnahmen sind aber rechtswidrig, wenn sie dem Status des Beamten widersprechen.

III. Amt im funktionellen Sinn

Das **Amt im funktionellen Sinn** ist ein Sammelbegriff, der sich auf einen abgegrenzten **56**
Aufgabenkreis (Tätigkeitskreis) des Beamten bezieht. Wie sich aus der Wortbedeutung ergibt, bezieht sich dieser Amtsbegriff auf die Funktion des Beamten. Hier geht es also darum, wie der Beamte zur Aufgabenerledigung eingesetzt wird. Dieser Amtsbegriff kann zwei unterschiedliche Funktionen beschreiben:

---

99 Siehe dazu BVerwG, ZBR 2005, 344 ff.

100 Zur vorübergehenden unterwertigen Beschäftigung im Bereich der Post siehe *Nokiel*, DÖD 2006, 213 ff.; zum Bereich der Deutschen Telekom AG siehe BVerwG, ZBR 2009, 164 ff.

Es kann das **funktionelle Amt im abstrakten Sinn** gemeint sein. Hiermit ist ein der Rechtsstellung des Beamten entsprechender Aufgabenkreis bei einer bestimmten Behörde gemeint. Man spricht auch von **Amtsstelle.** Veränderungen des abstrakt-funktionellen Amtes erfolgen durch Versetzung oder Abordnung (siehe unten § 12, Rn. 126 ff., 135 ff.).

Beispiele: Der Aufgabenkreis eines Sachbearbeiters im Bundesministerium des Innern. Der Aufgabenkreis eines Kontroll- und Streifenbeamten im Bereich der Bundespolizeidirektion Koblenz.

57 Das **funktionelle Amt im konkreten Sinn** ist der dem Beamten nach dem Organisations- und Geschäftsverteilungsplan einer Behörde speziell übertragene Aufgabenkreis. Dieses Amt wird auch als **Dienstposten** bezeichnet.

Beispiele: Der Aufgabenkreis des Sachbearbeiters S im Haushaltsreferat im Bundesministerium des Innern. Der Aufgabenkreis des Kontroll- und Streifenbeamten C bei der Bundespolizeiinspektion Frankfurt a. M./Bahn im Amtsbereich der Bundespolizeidirektion Koblenz.

Dieser Amtsbegriff steht im Vordergrund, wenn das Gesetz von **Verhaltenspflichten** der Beamten spricht (vgl. §§ 60 Abs. 1 S. 2, 61 Abs. 1 S. 2, 71 Abs. 1 BBG). Der Beamte hat keinen Anspruch auf einen bestimmten Dienstposten, er hat **kein Recht am Amt** in diesem Sinn.[101] Der Erwerb der Befähigung für eine bestimmte Laufbahn einer Laufbahngruppe (Laufbahnbefähigung für den gehobenen Polizeivollzugsdienst) in der Bundesverwaltung soll gerade absichern, dass der Beamte innerhalb dieser Laufbahn vielseitig einsetzbar ist. Daher muss sich der Beamtenanwärter mit einem sehr breiten Fächerkanon auseinandersetzen. Nur so kann ein flexibler Personaleinsatz gewährleistet werden.

Das konkret-funktionelle Amt ändert sich durch Umsetzung (siehe § 12, Rn. 143 ff.). Bei dieser Maßnahme bleibt das funktionelle Amt im abstrakten Sinn unberührt, denn der betroffene Beamte bleibt dem Organisationsbereich seiner Dienststelle zugeordnet.

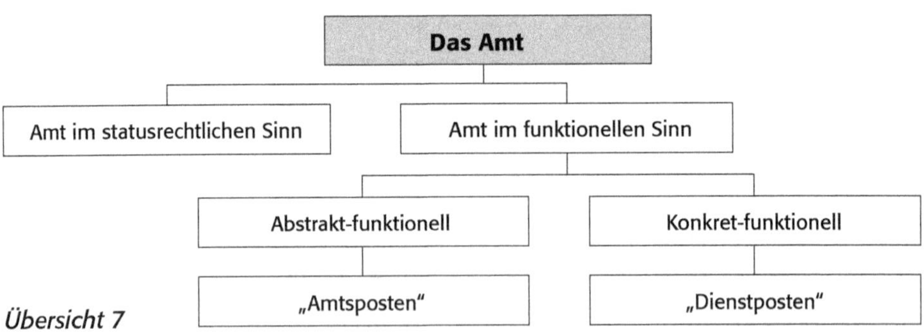

Übersicht 7

101 *Monhemius*, Rn. 90.

Wiederholungsfragen

1. *Was ist ein Amt im statusrechtlichen Sinn? (Rn. 55)*
2. *Welcher Amtsbegriff ist in § 10 Abs. 1 Nr. 3 BBG gemeint? Welcher in § 86 BBG? (Rn. 55 f.)*
3. *Zu welchem Amtsbegriff gehört der „Aufgabenkreis eines Bürosachbearbeiters beim Bundesverwaltungsamt"? (Rn. 56)*
4. *Was versteht man unter einem Dienstposten? Nennen Sie Beispiele! (Rn. 57)*
5. *Kommentieren Sie folgende Behauptung: „Nach Art. 33 Abs. 5 GG hat jeder Beamte ein Recht am Amt". (Rn. 57)*
6. *Ändert sich das Amt im statusrechtlichen Sinn bei der Versetzung zu einem anderen Dienstherrn? (Rn. 57)*

§ 7 Das Laufbahnrecht

Weiterführende Literaturhinweise zur Entwicklung des Laufbahnrechts und zum Beurteilungsrecht: *Schelo*, Ansätze zur Fortentwicklung des Laufbahnrechts im öffentlichen Dienst, PersV 1982, 353 ff.; *Günther*, Probezeit – Probebeamtenzeit, DÖD 1985, 148 ff.; *Schelo*, „Verwendungsaufstieg" auch in den höheren Dienst? ZBR 1985, 294 ff.; *Murmann*, Grundlagen des Laufbahnrechts, RiA 1991, 157 ff.; *Baßlperger*, Laufbahnwechsel, ZBR 1994, 111 ff.; *Schnellenbach*, Die dienstliche Beurteilung der Beamten und Richter, 2. Auflage, 1995; *Lorse/Bieler*, Die dienstliche Beurteilung, 5. Auflage, 2012.

Literaturhinweise zum neuen Laufbahnrecht (2009): *Peters*, Das Dienstrecht des Bundes nach der Föderalismusreform, RiA 2008, 97 ff.; *Ziekow*, Die Fortentwicklung des Dienstrechts der Bundesbeamten, DÖV 2008, 569 ff.; *Grunewald/Lösch*, Das neue Laufbahnrecht des Bundes, RiA 2008, 201 ff.; *Peters/Lösch/Grunewald*, Paradigmenwechsel im Laufbahnrecht des Bundes, ZBR 2009, 1 ff.; *Pechstein*, Laufbahnrecht in Bund und Ländern, 4. Auflage, 2017; *Baßlsperger*, Modularer Aufstieg und Assessmentcenterverfahren im Beamtenrecht, ZBR 2011, 217 ff.; *Lemhöfer/Leppek*, Das Laufbahnrecht der Bundesbeamten, Loseblatt, 2018.

I. Begriffe

1. Laufbahnprinzip

58 Das Laufbahnprinzip gehört zu den hergebrachten Grundsätzen des Art. 33 Abs. 5 GG und soll der bestmöglichen Personalauslese und der wirkungsvollen Personalsteuerung dienen. Es geht von dem Gedanken aus, dass ein hoher Leistungsstand der Verwaltung am ehesten zu erreichen ist, wenn jeder Beamte die Vorbildung hat, die den typischen Aufgaben seiner Laufbahn am besten entspricht. Dabei ist die Laufbahnbefähigung das entscheidende Zuordnungskriterium, sie ist der Dreh- und Angelpunkt im Laufbahnsystem. Laufbahnprinzip bedeutet, dass alle statusrechtlichen Ämter in Laufbahnen zusammengefasst werden, für die die Beamten ausgebildet werden. Dabei werden die unteren Ämter einer Laufbahngruppe durch Einstellung besetzt, die höher gruppierten Ämter dagegen mit Inhabern der unteren Ämter durch Beförderung (Motto: „Immer weiter auf der Leiter"). Alternativ besteht auch die Möglichkeit neues Personal von außen (aus anderen Behörden, von anderen Dienstherrn oder aus der Privatwirtschaft) einzustellen, wenn diese Bewerber laufbahnadäquate Kenntnisse vorweisen können. Im Gegensatz zum Laufbahnprinzip steht das Ämterprinzip. Hierbei werden für jedes einzelne Amt die Befähigungsvoraussetzungen festgelegt. Die Auswahl wird meist aufgrund von Stellenausschreibungen nur für dieses Amt vorgenommen. Das Laufbahnprinzip ist eng mit dem Lebenszeitprinzip verbunden. Es dient der Sicherung des Leistungsgrundsatzes und soll die Funktionsfähigkeit des öffentlichen Dienstes in der parlamentarischen Demokratie gewährleisten.

59 Das Laufbahnprinzip hat also eine verfassungsrechtliche Dimension. Einfachgesetzliche Regelungen, die das Laufbahnprinzip im Einzelnen ausgestalten, finden sich in Abschnitt 3 des BBG (§§ 16 bis 26 BBG). Dort wird die Bundesregierung bzw. das BMI an mehreren Stellen ermächtigt, „das Nähere" oder „Ausnahmen" von bestimmten Regelungen im BBG durch Rechtsverordnung zu regeln.[102] Das BBG legt also inhaltliche Vorgaben des Laufbahnrechts fest, die die Exekutive als Verordnungsgeber konkretisiert. Von dieser Ermächtigung hat die Bundesregierung durch Verabschiedung der **Bundeslaufbahnverordnung (BLV)** vom 12. Februar 2009, BGBl. I, S. 284 Gebrauch gemacht. Die BLV ist am 14. Februar 2009 in Kraft getreten. Das Laufbahnrecht hat sich durch die veränderten Vorgaben in §§ 16 ff. BBG und die neue BLV inhaltlich grundlegend geändert und ist daher ein Kernstück der Reform des Beamtenrechts. Seitdem wurde die BLV durch bislang drei Änderungsverordnungen (s. Rn. 11g) novelliert.

2. Laufbahnen

Das Laufbahnprinzip setzt eine Laufbahn voraus. Nach § 16 Abs. 1 BBG umfasst eine **60**
Laufbahn alle Ämter, die verwandte und gleichwertige Vor- und Ausbildungen voraussetzen. Ausbildungs- und Studienabschlüsse, die eine verwandte Ausrichtung haben, werden also in einer Laufbahn zusammengefasst. Die Zuordnung der Abschlüsse orientiert sich an den Hochschul-, Schul- und Berufsbildungsstatistiken des Statistischen Bundesamtes. Laufbahnen werden nun nicht mehr nach der Fachrichtung – also nach dem jeweiligen Aufgabengebiet (z. B. Finanz-, Justiz-, Arbeitsverwaltung) – differenziert. Insgesamt wird nicht mehr wie bisher zwischen den Laufbahnarten „Regellaufbahn" (mit Vorbereitungsdienst) und „Fachrichtungslaufbahn" (ohne Vorbereitungsdienst) unterschieden, vielmehr werden diese zusammengefasst und gleichgestellt.[103] Der Laufbahnbegriff wurde damit erweitert und vereinfacht. Die Anzahl der Laufbahnen konnte durch das neue Laufbahnrecht deutlich reduziert werden. Gab es allein auf Bundesebene bis 2009 mehr als 100 unterschiedliche Laufbahnen, so existieren gem. § 16 Abs. 2 BBG abhängig von der Laufbahngruppe nun noch maximal acht verschiedene Laufbahnen je Laufbahngruppe. Jeder Bewerber kann einer dieser Laufbahnen zugeordnet werden. Dadurch soll zuförderst der Quereinstieg in den öffentlichen Dienst des Bundes erleichtert werden. Ein (horizontaler) Wechsel von einer Laufbahn in eine andere, der häufig zu rechtlichen Problemen führte, wird nun seltener erforderlich sein.[104] Die Entwicklungen des Bologna-Prozesses wurden in das Laufbahnrecht integriert. Bachelor-Abschlüsse eröffnen den Zugang in den gehobenen, Masterabschlüsse in den höheren Dienst.[105] Das Laufbahnsystem sieht wie folgt aus:

102 Siehe bspw. §§ 18 Abs. 4, 20 S. 2, 21 S. 2, 26 BBG.
103 *Peters*, RiA 2008, 97 (99).
104 *Peters*, a. a. O.
105 Dabei kommt es nicht darauf an, wo dieser Abschluss erworben wurde. Also qualifiziert auch ein anerkannter Masterabschluss, der an einer Fachhochschule erworben wurde, für den höheren Dienst.

Das Laufbahnsystem nach der BLV

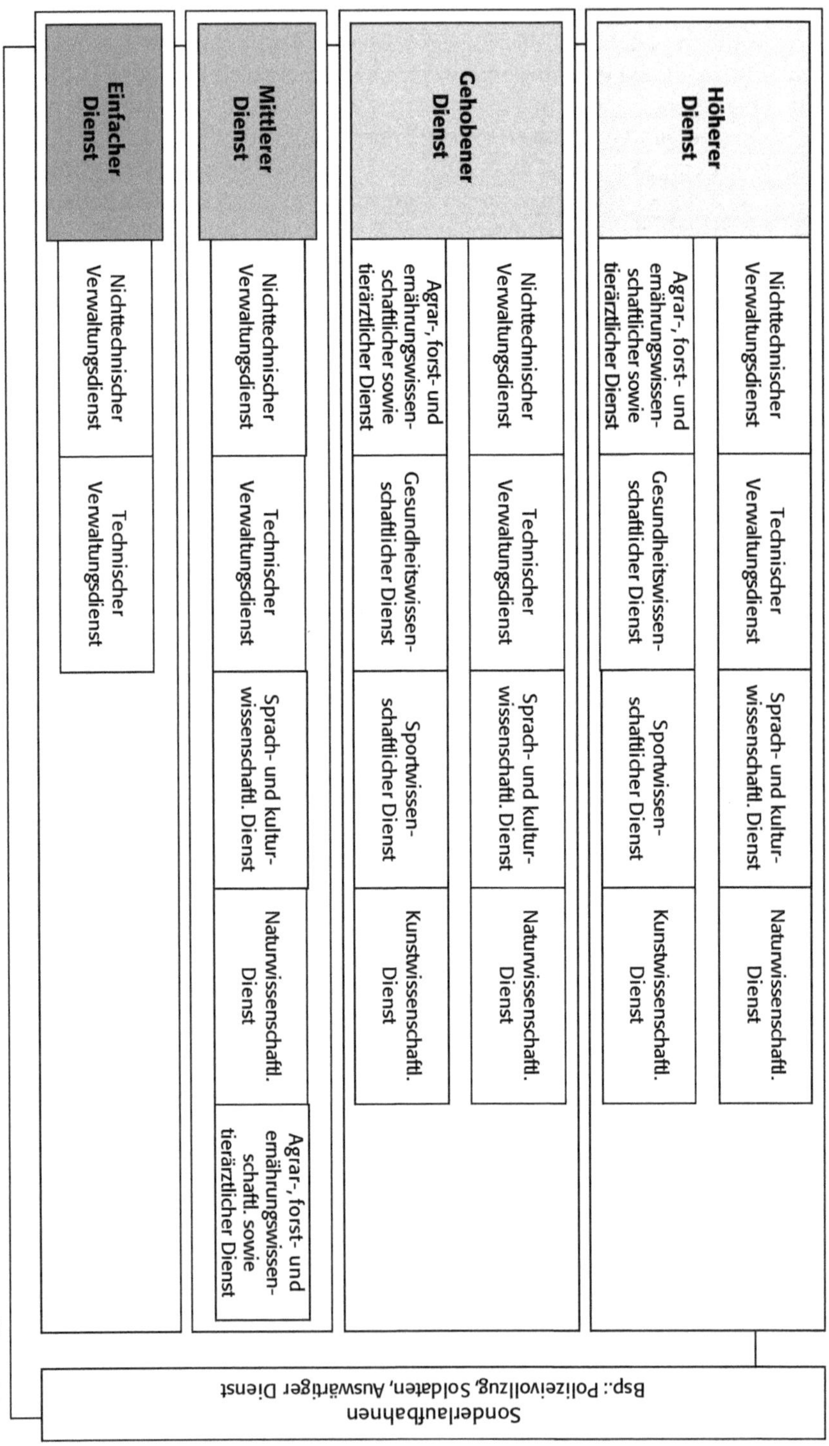

Übersicht 8

Von den Veränderungen des Laufbahnrechts ausgenommen sind die sog. **Sonderlaufbahnen**. Diese Laufbahnen sind in spezialgesetzlichen Rechtsgrundlagen verankert. Sonderregelungen für diese Bereiche bestehen unabhängig von den im Übrigen reformierten laufbahnrechtlichen Bestimmungen für alle übrigen Bundesbeamten fort. Sonderlaufbahnen existieren z. B. im Polizeivollzugsdienst, dem Auswärtigen Dienst, der Deutschen Post und Postbank AG, der Deutschen Bahn AG, für die Mitglieder des Bundesrechnungshofs und die Soldatinnen und Soldaten.[106] **61**

Beispiele: Die Laufbahn des gehobenen Polizeivollzugsdienstes in der Bundespolizei findet ihre eigenständigen, gesetzlichen Grundlagen in Bundespolizeibeamtengesetz und Bundespolizeilaufbahnverordnung.

3. Laufbahngruppe

Alle Laufbahnen sind beim Bund in vier Laufbahngruppen des einfachen, mittleren, gehobenen und höheren Dienstes eingeteilt (Laufbahngruppenprinzip). Das Eingangsamt bestimmt die Zugehörigkeit zu einer Laufbahngruppe. Das Endamt oder Spitzenamt kennzeichnet ihr Ende. **62**

Beispiel: Das Eingangsamt des Regierungsinspektors R, der der Laufbahn des nichttechnischen Dienstes angehört, ist gem. § 23 Abs. 1 Nr. 3 BBesG die Besoldungsgruppe A 9. Hierbei handelt es sich um das Eingangsamt für Beamte des gehobenen Dienstes. R ist also in die Laufbahngruppe des gehobenen Dienstes einzuordnen.

Bislang sah das Laufbahnrecht vor, dass ein Beamter nach seiner Einstellung mit dem Eingangsamt der Laufbahngruppe besoldet werden musste.[107] Da ein gesetzgeberisches Ziel der Reform des Dienstrechts in der Verbesserung der Wettbewerbsfähigkeit mit der Privatwirtschaft um qualifiziertes Personal lag, lässt man nun unter bestimmten Voraussetzungen Ausnahmen von diesem Grundsatz zu. Beamte können auch in einem höheren Amt als dem Eingangsamt ihre Karriere im öffentlichen Dienst beginnen.[108] Diese Möglichkeit besteht aber nur unter bestimmten, engen Voraussetzungen, siehe § 20 BBG i. V. m. § 25 BLV:

- Zusätzliche, gleichwertige berufliche Erfahrungen oder
- förderliche Zusatzqualifikationen (z. B. Habilitation oder Zusatzausbildung) und
- das übertragene Beförderungsamt muss (zumindest fiktiv) erreichbar sein.

Die BLV eröffnet in § 27 einen weiteren Karriereweg: Danach ist die Verleihung eines Amtes einer höheren Laufbahn an besonders leistungsstarke Beamte möglich, die die üblichen Voraussetzungen für diese Stelle nicht erfüllen, also kein Aufstiegsverfahren absolviert haben. Beamte, die über die Laufbahngrenzen hinweg befördert werden wollen, müssen eine mindestens zwanzigjährige Dienstzeit vorweisen,

---

106 Siehe dazu im Einzelnen *Peters/Lösch/Grunewald*, ZBR 2009, 1 f.

107 In Sonderlaufbahnen kann das Eingangsamt einer höheren Stufe zugeordnet werden. So ist z. B. für die Sonderlaufbahn des mittleren Polizeivollzugsdienstes das Eingangsamt abweichend von § 23 Abs. 1 Nr. 2 BBesG nicht A 6, sondern A 7 (Polizeimeister), siehe § 24 BBesG.

108 Der Begriff „Eingangsamt" ist daher materiell nur noch bedingt korrekt.

- seit mindestens fünf Jahren das Endamt ihrer bisherigen Laufbahn erreicht haben,
- in den letzten zwei Beurteilungen mit der höchsten oder zweithöchsten Note beurteilt worden sein[109] und
- ein Auswahlverfahren erfolgreich absolviert haben.

Unter diesen Voraussetzungen kann ihnen ein Dienstposten bis zum zweiten Beförderungsamt der nächsthöheren Laufbahn übertragen werden.

Beispiel: Regierungsoberamtsrat R ist seit 25 Jahren Bundesbeamter und hat seit 7 Jahren das Endamt seiner Laufbahn des gehobenen Dienstes erreicht. In den letzten 3 Jahren ist er jeweils mit der zweithöchsten Note beurteilt worden. Ihm kann – nach Ausschreibung eines geeigneten Dienstpostens und Durchführung eines Auswahlverfahrens – das Eingangsamt der höheren Laufbahn verliehen werden. Zunächst wird R also zum Regierungsrat ernannt. Frühestens nach Ablauf eines Jahres kann R zum Regierungsoberrat befördert werden. Frühestens nach einem weiteren Jahr kann er zum Regierungsdirektor ernannt werden. Weitere Beförderungen sind danach nicht mehr möglich.

II. Laufbahnrechtliche Grundsätze

63 Aus den Vorschriften der §§ 16–26 BBG und der BLV ergeben sich eine Reihe von laufbahnrechtlichen Grundsätzen. Im Kern geht es darum, wie ein Bewerber die Laufbahnbefähigung erwerben kann. Denn ohne festgestellte Laufbahnbefähigung kann ein Bewerber nicht in ein Beamtenverhältnis berufen werden.

1. Erwerb der Laufbahnbefähigung

64 Gem. § 17 BBG i. V. m. § 7 BLV gibt es abschließend folgende drei Möglichkeiten, die Laufbahnbefähigung (für den einfachen, mittleren, gehobenen oder höheren Dienst) zu erwerben:

- Der Bewerber erfüllt bestimmte Bildungsvoraussetzungen und schließt erfolgreich einen fachspezifischen **Vorbereitungsdienst** ab, § 7 Nr. 1, 1. Alt. i. V. m. § 10 ff. BLV.
- Der Bewerber schließt erfolgreich ein **Aufstiegsverfahren** ab, § 7 Nr. 1, 2. Alt. i. V. m. § 35 ff. BLV.
- Die Laufbahnbefähigung erfolgt durch **Anerkennung**,
  - wenn die vorgeschriebene **Vorbildung** außerhalb eines Vorbereitungsdienstes oder Aufstiegsverfahrens erworben wurde, § 7 Nr. 2 a) i. V. m. §§ 8 Abs. 1, 18 ff. BLV
  - wenn die erforderliche Befähigung durch **Lebens- und Berufserfahrung** außerhalb eines Vorbereitungsdienstes oder Aufstiegsverfahrens erworben wurde, § 7 Nr. 2 b) i. V. m. §§ 8 Abs. 2, 22 BLV (sog. „andere Bewerber").

109 In vielen Ressorts bestimmen die Beurteilungsrichtlinien, dass Beamte im Endamt oder ab einem bestimmten Lebensalter nicht mehr beurteilt werden. In diesen Fällen müsste auf Beurteilungen, die kein aktuelles Leistungsbild mehr geben können, zurückgegriffen werden. Hier ist möglicherweise eine Anpassung der entsprechenden Richtlinien angezeigt. Siehe auch die Übergangsregelung zu § 27 BLV in § 55 Abs. 1 BLV.

Erwerb der Laufbahnbefähigung durch Abschluss eines Vorbereitungsdienstes, § 7 Nr. 1, 1. Alt. BLV

Der Bewerber muss hier zunächst die **Bildungsvoraussetzungen** für „seine" Laufbahn des einfachen, mittleren, gehobenen oder höheren Dienstes erfüllen, die sich aus § 17 Abs. 2 bis 5 BBG ergeben. Im Wesentlichen geht es hier um schulische Bildungsabschlüsse[110]: **64a**

- Einfacher Dienst: Hauptschulabschluss oder gleichwertiger Abschluss
- Mittlerer Dienst: Realschulabschluss oder Hauptschulabschluss und abgeschlossene Berufsausbildung oder Hauptschulabschluss und Ausbildung im Öffentlichen Dienst
- Gehobener Dienst: (Fach-)Hochschulreife oder gleichwertiger Abschluss
- Höherer Dienst: Studienabschluss „Master" oder gleichwertiger Abschluss

Die oberste Dienstbehörde kann nun gem. § 10 Abs. 1 BLV durch Rechtsverordnung einen **fachspezifischen Vorbereitungsdienst** einrichten, den der Bewerber im Beamtenverhältnis auf Widerruf als „Anwärter" oder „Referendar" absolviert. Der Vorbereitungsdienst dauert in der Regel im mittleren Dienst zwei Jahre, im gehobenen Dienst drei Jahre und im höheren Dienst zwei Jahre, §§ 12 ff. BLV.

Mit Ausnahme des einfachen Dienstes wird am Ende des Vorbereitungsdienstes für alle Laufbahngruppen die Ablegung einer **Laufbahnprüfung** vorgeschrieben. Mit dem Bestehen der Laufbahnprüfung erwirbt der Beamte die Befähigung für seine Laufbahn.

Erwerb der Laufbahnbefähigung durch Abschluss eines Aufstiegsverfahrens, § 7 Nr. 1, 2. Alt. BLV

Hier hat der Bewerber bereits zu einem früheren Zeitpunkt eine Laufbahnbefähigung erworben und ist Beamter. Er möchte aber den Wechsel in eine höhere Laufbahngruppe vollziehen, für die ihm bislang die Laufbahnbefähigung fehlt. Diese kann er bei erfolgreichem Abschluss eines Aufstiegsverfahrens gem. §§ 35 ff. BLV erwerben. **64b**

> **Beispiel:** Der Regierungsoberamtsrat R möchte die Laufbahnbefähigung für den höheren nichttechnischen Dienst erwerben. Er nimmt deshalb an einem entsprechenden Aufstiegsverfahren teil.

Dazu muss er zunächst erfolgreich an einem Auswahlverfahren teilnehmen. Danach qualifiziert er sich durch den Abschluss eines fachspezifischen Vorbereitungsdienstes oder eines Hochschulstudiums **und** eine berufspraktische Einführung für die höhere Laufbahn.[111]

Schließt er das Verfahren erfolgreich ab, erwirbt er die Befähigung für die höhere Laufbahn. Ihm wird dann – unter Einweisung in eine entsprechende Planstelle – ein Amt der neuen Laufbahn verliehen.

---

110 Kann der Bewerber einen dem gesetzlich geforderten Abschluss gleichwertigen Abschluss vorweisen, erfüllt er die Bildungsvoraussetzungen ebenfalls.

111 Dies gilt für den Aufstieg in den gehobenen und höheren Dienst. Beim Aufstieg in den mittleren Dienst ist der erfolgreiche Abschluss eines fachspezifischen Vorbereitungsdienstes oder einer fachspezifischen Qualifizierung erforderlich, § 35 Abs. 1 Nr. 1 BLV.

Erwerb der Laufbahnbefähigung durch Anerkennung, § 7 Nr. 2 BLV

64c
- Anerkennung einer Vorbildung – §§ 7 Nr. 2. a), 8 Abs. 1, 18 ff. BLV
  Die Laufbahnbefähigung erfolgt durch Anerkennung, wenn der Bewerber die laufbahnentsprechende Vorbildung außerhalb eines Vorbereitungsdienstes oder Aufstiegsverfahren erworben hat. Wann im Einzelfall vom Vorliegen der Vorbildung auszugehen ist, beurteilt sich für die Laufbahnen des einfachen, mittleren, gehobenen und höheren Dienstes nach unterschiedlichen Kriterien, siehe §§ 18 ff. BLV. Jedenfalls muss die Berufsausbildung (und eine anschließende hauptberufliche Tätigkeit) oder der Hochschulabschluss, den der Bewerber hier erworben hat, inhaltlich dem Vorbereitungsdienst entsprechen. D. h., dass sie nach ihrer Art und Bedeutung der Tätigkeit im angestrebten Amt der jeweiligen Laufbahn gleichwertig sein muss. Nur dadurch ist gewährleistet, dass der Bewerber trotz des nicht absolvierten Vorbereitungsdienstes gleichermaßen befähigt ist, sein Amt wahrzunehmen. Aus Gleichbehandlungsgründen wird die hauptberufliche Tätigkeit daher mindestens so lange dauern müssen, wie der entsprechende Vorbereitungsdienst.
- Anerkennung der „anderen Bewerber" ohne Vorbildung – §§ 7 Nr. 2.b), 8 Abs. 2, 22 BLV
  Der sog. „andere Bewerber" erfüllt die Anforderungen an die Vorbildung nicht. Trotzdem kann ihm die Laufbahnbefähigung durch Anerkennung verliehen werden, wenn er die Befähigung für die Ausübung eines Amtes seiner Laufbahngruppe durch Lebens- und Berufserfahrung erworben hat. Allerdings dürfen „andere Bewerber" nur eingestellt werden, wenn keine geeigneten Bewerber mit einer Laufbahnbefähigung für die Einstellung in Betracht kommen. Diese haben Vorrang. Das Verfahren, in dem die Befähigung des „anderen Bewerbers" festgestellt wird, regelt der Bundespersonalausschuss. Als andere Bewerber kommen bspw. bewährte Tarifbeschäftigte oder „Spezialisten" in Betracht, die den für die Laufbahn erforderlichen Bildungsabschluss zwar nicht vorweisen können, das Fehlen dieser Voraussetzung aber durch ihre Lebens- und Berufserfahrung ausgleichen.

64d Die Feststellung der Laufbahnbefähigung ist dem Bewerber von der obersten Dienstbehörde unter Bezeichnung der Laufbahn schriftlich mitzuteilen. Dabei handelt es sich um einen Verwaltungsakt i. S. d. § 35 S. 1 VwVfG.

Durch die Erweiterung der Berücksichtigungsmöglichkeiten von Tätigkeiten außerhalb des öffentlichen Dienstes können also auch Quereinsteiger ohne Vorbereitungsdienst und Laufbahnprüfung Beamte werden.[112] Aufgrund des demografischen Wandels wird es für die Verwaltung in Zukunft immer schwieriger, qualifiziertes Personal zu gewinnen. Deshalb ist es sinnvoll, die bislang bestehenden Barrieren für eine funktionsgerechte Personalgewinnung gerade von Quereinsteigern abzubauen.[113]

---

112 *Peters/Lösch/Grunewald*, ZBR 2009, 1 (3).
113 Siehe dazu *Ziekow*, DÖV 2008, 569 (572).

2. Probezeit

Ein Bewerber, der die Laufbahnbefähigung hat, wird in der Regel als Beamter auf Probe in das Beamtenverhältnis eingestellt. In einer Probezeit, soll er unter Beweis stellen, dass er den Anforderungen des Amtes tatsächlich gewachsen ist. Die Probezeit soll den Nachweis erbringen, dass der Beamte nach Einarbeitung die ihm übertragenen Aufgaben in der Berufspraxis erfüllen kann. Der Beamte soll sich „in vollem Umfang" bewähren. Die Anforderungen an die Probezeit haben sich auch in anderer Hinsicht verändert: Laut § 11 Abs. 1 S. 2 BBG gilt nun ein „strenger Maßstab". Der Gesetzgeber wünscht sich offenbar, dass die Personalverantwortlichen die Möglichkeit der Entlassung eines Probebeamten wegen mangelnder Leistung in Zweifelsfällen ernsthaft in Betracht ziehen. **65**

In der Probezeit sollen auch Erkenntnisse darüber gewonnen werden, für welche Verwendungen der Beamte besonders geeignet erscheint. Deshalb soll er in mindestens zwei Verwendungsbereichen eingesetzt werden. Der Probebeamte ist nach der Hälfte der Probezeit und vor ihrem Ablauf zu beurteilen. Aufgrund besonders guter Leistungen kann er nun bereits in der Probezeit befördert werden. Wenn der Beamte sich in der Probezeit zunächst bewähren soll, nimmt eine Beförderung vor der endgültigen Feststellung der Bewährung am Ende der Probezeit zwar dieses Ergebnis praktisch vorweg. Für einen Vorgesetzten, der eine solche Beförderung befürwortet hat, dürfte der Argumentationsspielraum für eine Verlängerung der Probezeit oder gar der Entlassung dieses Beamten wegen eines nachfolgenden Leistungsabfalls äußerst eingeschränkt sein. Gleichwohl wird in der Praxis von dieser Möglichkeit in Einzelfällen Gebrauch gemacht, um besonders leistungsstarke Beamtinnen und Beamte bereits frühzeitig zu fördern. **65a**

Die regelmäßige Probezeit dauert gem. § 11 Abs. 1 S. 3 BBG i. V. m. § 28 Abs. 1 BLV einheitlich für alle Laufbahngruppen drei Jahre. Unter bestimmten Voraussetzungen (vgl. § 29 BLV) werden hauptberufliche Tätigkeiten auf die Probezeit angerechnet bzw. können angerechnet werden. Die Möglichkeit der Verkürzung der Probezeit aufgrund besonders guter Leistungen ist – wohl zugunsten der Beförderungsmöglichkeit in der Probezeit – weggefallen. Das Laufbahnrecht sieht hingegen die Möglichkeit der Verlängerung der Probezeit vor, siehe §§ 28 Abs. 5, 30 BLV. Ihre Mindestdauer beträgt ein Jahr. Auf diese Mindestprobezeit kann nur dann verzichtet werden, wenn die anrechenbaren Tätigkeiten im berufsmäßigen Wehrdienst, in dem für die Bewährungsfeststellung zuständigen Ministerium oder dessen Dienstbereich oder in den Besoldungsgruppen C bzw. W zurückgelegt wurden, siehe dazu § 31 Abs. 2 BLV. **65b**

Die Bewährung des Beamten ist vor Abschluss der Probezeit förmlich festzustellen. Eine stillschweigende Verlängerung der Probezeit ist ausgeschlossen. Ein Beamter, der sich nicht bewährt, wird gemäß § 34 Abs. 1 Nr. 2 BBG i. V. m. § 28 Abs. 6 BLV spätestens mit Ablauf der Probezeit entlassen. **65c**

3. Berufliche Entwicklungsmöglichkeiten

Aufstieg, §§ 35 ff. BBG

66a Voraussetzung für die Zulassung zum Aufstieg ist die erfolgreiche Teilnahme an einem Auswahlverfahren. Die Differenzierung zwischen Ausbildungs- und Praxisaufstieg wurde inzwischen aufgegeben.[114] Das Aufstiegsverfahren ist um die Möglichkeit erweitert worden, die Laufbahnbefähigung durch ein Studium an einer externen Hochschule zu erwerben. Hierzu wurde an der Hochschule des Bundes für öffentliche Verwaltung in Brühl der Studiengang „Master of Public Administration" (MPA) eingerichtet. Er ist am 1.4.2011 als Fernstudiengang gestartet und vermittelt mit dem akademischen Mastergrad die Befähigung für den höheren nichttechnischen Verwaltungsdienst beim Bund.

Durch die ÄnderungsVO zur BLV vom 18.1.2017[115] wurde in §§ 36 Abs. 2 S. 2, 38 BLV eine Art Praxisaufstieg in den mittleren und gehobenen Dienst wieder eingeführt. Mittels einer **fachspezifischen Qualifizierung** erwerben die Kandidaten die Laufbahnbefähigung für die jeweils höhere Laufbahn. Diese Qualifizierung besteht aus einer fachtheoretischen Ausbildung sowie einer berufspraktischen Einführungszeit. Am Ende steht die Vorstellung vor dem Bundespersonalausschuss (siehe §§ 119-124 BBG), der nach einer mündlichen Prüfung die Befähigung für die höhere Laufbahn feststellt.

Beförderung, dienstliche Beurteilung

66b Aus § 22 BBG ergibt sich, dass leistungsstarke Beamte bereits in der Probezeit befördert werden können, denn das vormalige Beförderungsverbot existiert nicht mehr. Das Laufbahnrecht sieht vor, dass der Beamte grds. alle Ämter seiner Laufbahn durchlaufen muss.

Das Beurteilungsrecht ist in § 21 BBG lediglich programmsatzartig verankert. Detaillierte Vorgaben bzgl. Inhalt und Verfahren der dienstlichen Beurteilung sucht man in der Ermächtigungsgrundlage vergeblich.

In §§ 48 ff. BLV finden sich konkrete Vorgaben für das Beurteilungsverfahren. Der Regelbeurteilungszeitraum wird in § 48 Abs. 1 BLV auf maximal drei Jahre festgelegt. Damit hat der Gesetzgeber auf die von den Verwaltungsgerichten entwickelten Anforderungen an die Aktualität einer dienstlichen Beurteilung reagiert.[116] Die zu vergebenden Notenstufen sind Richtwerten unterworfen, um die von der Rechtsprechung geforderte Differenzierungsbreite der Beurteilungsnoten herzustellen, die für rechtsbeständige Auswahlentscheidungen wichtig ist. Als Richtwerte gelten maximal 10 % für die Vergabe der höchsten Note und 20 % für die zweithöchste Note. Insgesamt sollen also nicht mehr als 30 % der zu beurteilenden Beamten in einer Vergleichs-

114 Siehe dazu die Übergangsregelungen in § 54 BLV.
115 BGBl. I S. 89.
116 Siehe statt Vieler: VGH Baden-Württemberg, IÖD 2007, 244 (245).

gruppe überdurchschnittlich bewertet werden.[117] Diese hohen Notenstufen sollen nur absoluten Spitzenkräften vorbehalten bleiben, die sich durch herausragende Leistungen profiliert haben. Auf die Einführung von Richtwerten auch für nachfolgende Notenstufen hat man verzichtet. Es bleibt abzuwarten, ob dies nicht zu einer Häufung der Notenvergabe im Mittelbereich führt. Dies könnte nach dem Gesichtspunkt der Motivation von Mitarbeitern zu unerwünschten Folgen führen. Die innerhalb der verschiedenen Ressorts existierenden Beurteilungsrichtlinien wurden inzwischen weitgehend an diese veränderten Vorgaben auf Verordnungsebene angepasst. Dies gilt ebenso für die durch die Rechtsprechung des *Bundesverwaltungsgerichts* entwickelten Anforderungen an die Begründung des Gesamturteils einer Beurteilung bei sog. Ankreuzverfahren.[118]

Personalentwicklung

Die BLV beschäftigt sich in Abschnitt 4 mit „Personalentwicklung und Qualifizierung". **66c**
Die Ressorts sind (vorbehaltlich der Delegation dieser Befugnis auf nachgeordnete Behörden) für die Erstellung von Personalentwicklungskonzepten zuständig.[119] Inhaltlich sollen diese Konzepte Förderungsmaßnahmen für Mitarbeiter auf allen dienstlichen Ebenen vorsehen. Auch der Wechsel von Verwendungen wird in diesem Zusammenhang angesprochen. Die dienstliche Qualifizierung der Mitarbeiter spielt in diesem Zusammenhang eine ebenso wichtige Rolle. Die Verpflichtung, an solchen Fortbildungsmaßnahmen teilzunehmen, hat der Gesetzgeber in § 61 Abs. 2 BBG in den Katalog der Dienstpflichten aufgenommen. Die Verweigerung der Teilnahme an solchen Veranstaltungen kann damit als Dienstvergehen gem. § 77 Abs. 1 S. 1 BBG disziplinarische Konsequenzen nach sich ziehen.

Familien- und gleichstellungspolitische Aspekte

Die Einführung von Benachteiligungsverboten in § 25 BBG hat sich auch auf lauf- **66d**
bahnrechtlichen Bestimmungen in der BLV ausgewirkt. Sie integriert einige schon seit längerer Zeit geforderte Regelungen, um die Vereinbarkeit von Familie und Beruf zu erleichtern und die Benachteiligung von Beamten in Teilzeitbeschäftigung abzuschaffen.[120]

Es findet keine Unterbrechung der Probezeit durch Zeiten einer Kinderbetreuung bis zu drei Jahren pro Kind statt, wenn die Mindestprobezeit von einem Jahr absolviert ist. Eine Verlängerung der Probezeit aus diesem Grund ist daher nicht möglich, § 30 Abs. 2

117 Die Rechtsprechung hat Richtwerte für unbedenklich erklärt, wenn sie sich auf einen hinreichend großen Verwaltungsbereich beziehen, im großen und ganzen eine vergleichbare Aufgaben- und Personalstruktur vorhanden ist und geringfügige Abweichungen der Prozentsätze möglich sind, siehe dazu BVerwG DVBl. 1998, 638; BVerwG NVwZ 2006, 465 (466); die Auswirkungen der Quotierung können abhängig von der Anzahl der in den Beurteilungsrichtlinien vorgesehenen Notenstufen variieren!

118 Siehe dazu BVerwG, Urteil vom 17.9.2015 – 2 C 27.14 („Ankreuzentscheidung").

119 *Lorse*, Zum Stand der Personalentwicklung im öffentlichen Dienst – dienstrechtliche Anmerkungen, ZBR 2018, 145 ff.

120 Siehe dazu auch *Reich*, Versetzung auf eigenen Antrag zur Familienheimkehr – Die Berücksichtigung familienpolitischer Ziele bei Personalentscheidungen, ZBR 2018, 118 ff.

BLV. Dies gilt auch für Zeiten der Pflege von Familienangehörigen. Liegt im Vorfeld einer Auswahlentscheidung keine aktuelle Beurteilung eines Beamten in Elternzeit vor, ist die letzte planmäßige Beurteilung während der Elternzeit fiktiv fortzuschreiben, § 33 Abs. 3 Nr. 3 BLV. Im Zusammenhang mit Beförderungsentscheidungen gilt die Elternzeit als geleistete Erprobungszeit, wenn die Erprobungszeit aller Voraussicht nach erfolgreich absolviert worden wäre. Auch bei der dienstlichen Qualifizierung ist auf die besondere Situation von Beamten mit Familienpflichten Rücksicht zu nehmen, § 47 Abs. 4 BLV.

4. Bundespersonalausschuss

67 Der Bundespersonalausschuss (BPA) ist eine unabhängige Stelle, die zur einheitlichen Handhabung beamtenrechtlicher Ausnahmevorschriften errichtet worden ist (§ 119 BBG). Seine Mitglieder sind nur dem Gesetz unterworfen und an Weisungen nicht gebunden. Die Unabhängigkeit der Mitglieder des Ausschusses soll sachfremde Einflüsse auf Personalentscheidungen abwehren und die Unparteilichkeit des Beamtentums sichern. Der Bundespersonalausschusses führt zum Abschluss des Praxisaufstiegs in den mittleren und gehobenen Dienst gem. §§ 36, 38 BLV ein Feststellungsgespräch durch. Auch hinsichtlich der Anerkennung der Laufbahnbefähigung der „anderen Bewerber" ist der BPA gem. § 19 BBG i. V. m. §§ 8 Abs. 2, 22 Abs. 4 BLV weiter zuständig.

Wiederholungsfragen

1. *Was unterscheidet das Laufbahnprinzip vom Ämterprinzip? (Rn. 58)*
2. *Was versteht man unter einer Laufbahn? (Rn. 60)*
3. *Was versteht man unter „Probezeit"? (Rn. 65)*
4. *Wie lange dauert die regelmäßige Probezeit? (Rn. 65b)*
5. *Was versteht man unter einem „anderen Bewerber"? (Rn. 64 c)*

Hinweis auf Anhang II – Fälle mit Lösung zum ersten Teil des Lehrbuchs

Fall 1 – Kinder der Kommune (Rn. A 13)
Fall 2 – Der katholische Rektor (Rn. A 14)
Fall 3 – Die Ehegattenklausel (Rn. A 15)

Zweiter Teil

Begründung, Veränderung und Beendigung des Beamtenverhältnisses

§ 8 Die Ernennung – Einführung und Allgemeines zur Rechtmäßigkeit

Literaturhinweise: *Summer*, Die Ernennung – Urkundeninhalt, Aushändigung, Einwilligung, die PersV 1984, 229 ff.; *Hoffstetter*, Amtspflichten beim Aushändigen von beamtenrechtlichen Urkunden, VR 1985, 84 ff.; *Ladeur*, Öffentliche Ausschreibung als Gewährleistung des Rechts auf gleichen Zugang zum öffentlichen Dienst, JURA 1992, 77 ff.; *Kathke*, Wie weit geht die Öffnung des Berufsbeamtentums für EG-Bürger? ZBR 1994, 233 ff.; *Cremer/Kelm*, Mitgliedschaft in sog. „Neuen Religions- und Weltanschauungsgemeinschaften" und Zugang zum öffentlichen Dienst, NJW 1997, 832 ff.; *Werres*, Der Beamte als Grundrechtsträger – unter besonderer Berücksichtigung der Religionsausübungsfreiheit, ZBR 2006, 288 ff.; *Otte*, Gesundheitliche Eignung und Diskriminierung wegen Behinderung, ZBR 2007, 401 ff.; *Wiese*, Kopftuch 2007 – Status Quo und Aussichten, ZBR 2007, 294 ff.; *Leppek*, Das Ernennungsrecht in Bundesbeamtengesetz und Beamtenstatusgesetz – Ernennung und Ernennungsfehler unter besonderer Berücksichtigung der Heilbarkeit von Formfehlern, ZBR 2010, 397 ff.; *Hillebrecht*, Die gesundheitliche Eignung für ein öffentliches Amt bei Übergewicht und Adipositas, ZBR 2011, 84 ff.; *Günther*, Ernennung zum Beamten und Rechtsformmissbrauch – Drei Muster aus Geschichte und Gegenwart, ZBR 2010, 1 ff.

Zur Verfassungstreue: *Scholz*, Teilbare Verfassungstreue im öffentlichen Dienst? ZBR 1982, 203 ff.; *Schrader*, Rechtsbegriff und Rechtsentwicklung der Verfassungstreue im öffentlichen Dienst, 1985; *Zwirner*, Politische Treuepflicht der Beamten, 1976; *Kathke*, Verfassungstreueprüfung nach der deutschen Wiedervereinigung, ZBR 1992, 344 ff.; *Fleig*, Rechtsextremismus und öffentlicher Dienst, DÖD 1999, 217 ff.; *Lindner*, Verfassungstreue und Parteienprivileg – eine Scheinkollision, ZBR 2006, 402 ff.; *Kortz/Lubig*, Parteienprivileg und öffentlicher Dienst – Zum Spannungsverhältnis zwischen Art. 21 II GG und 33 V GG, ZBR 2006, 397 ff.; *Kortz*, Parteienprivileg und öffentlicher Dienst – Zum Spannungsverhältnis zwischen Art. 21 III GG und Art. 33 V GG, ZBR 2006, 397 ff.

I. Begriff

Die Ernennung ist ein Rechtsakt, der darauf gerichtet ist, Art oder Inhalt des Beamtenverhältnisses festzulegen. Durch die Ernennung wird ein Beamtenverhältnis begründet oder ein bestehendes Beamtenverhältnis in seiner rechtlichen Grundlage oder seinem Inhalt nach verändert. Die Ernennung ist ein **zentraler Begriff des Beamtenrechts**; sie umfasst gem. § 10 Abs. 1 BBG folgende vier Fälle: 68

- Begründung des Beamtenverhältnisses, § 10 Abs. 1 Nr. 1 BBG

  Beispiel: Ein Jurist wird nach dem 2. juristischen Staatsexamen als Laufbahnbewerber beim BMI eingestellt und in das Beamtenverhältnis auf Probe berufen.

- Umwandlung der Art eines Beamtenverhältnisses, § 10 Abs. 1 Nr. 2 BBG

  Beispiel: Ein Beamtenverhältnis auf Probe wird in ein solches auf Lebenszeit umgewandelt.

- Verleihung eines anderen Amtes mit anderem Endgrundgehalt und anderer Amtsbezeichnung (Beförderung, Rückernennung), § 10 Abs. 1 Nr. 3 BBG

  Beispiel: Beförderung vom Regierungsinspektor (BesGr A 9) zum Regierungsoberinspektor (BesGr A 10).

- Verleihung eines anderen Amtes mit anderer Amtsbezeichnung beim Wechsel der Laufbahngruppe (Aufstieg), § 10 Abs. 1 Nr. 4 BBG

  Beispiel: Ernennung vom Oberamtsrat (BesGr A 13 g) zum Regierungsrat (BesGr A 13). Ernennung vom Polizeihauptmeister (BesGr A 9 m) zum Polizeikommissar (BesGr A 9).

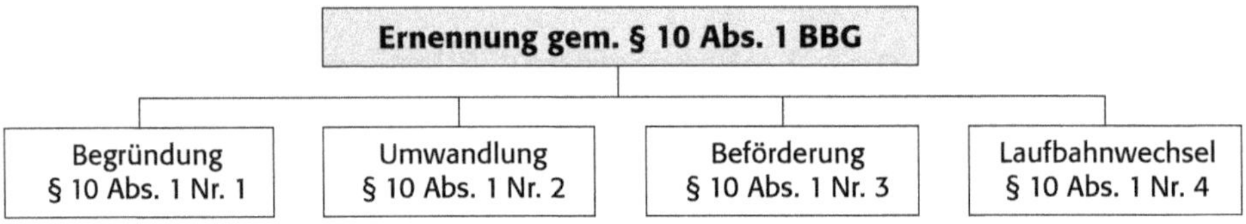

Übersicht 9

II. Rechtsnatur

69 Die Ernennung ist ein rechtsgestaltender, mitwirkungsbedürftiger, bedingungsfeindlicher und formbedürftiger **Verwaltungsakt.**[121] Die Ernennung hat jedenfalls Außenwirkung, weil sie den Beamten in seiner persönlichen Rechtsstellung gegenüber dem Dienstherrn berührt.

III. Allgemeine Anforderungen an die Rechtmäßigkeit einer Ernennung

70 Wie jeder Verwaltungsakt muss auch die Ernennung bestimmten Anforderungen genügen, damit sie rechtmäßig ist. Dabei muss – wie im allgemeinen Verwaltungsrecht üblich – zwischen der formellen und der materiellen Rechtmäßigkeit unterschieden werden. In der folgenden Darstellung wird zunächst auf die formellen, danach auf die materiellen Anforderungen eingegangen. Diese Anforderungen müssen bei jeder Ernennung im Sinne des § 10 Abs. 1 BBG beachtet werden. Im Anschluss daran wird auf die spezifischen materiell-rechtlichen Anforderungen eingegangen, die bei den einzelnen Ernennungsfällen unterschiedlich sind. Am Ende von § 10 findet sich ein detailliertes Aufbauschema, an dem sich die Prüfung der Rechtmäßigkeit einer Ernennung orientieren kann.

1. Formelle Anforderungen an die Rechtmäßigkeit einer Ernennung

71 Jeder Verwaltungsakt muss zunächst in formeller Hinsicht rechtmäßig sein. Nach dem klassischen verwaltungsrechtlichen Aufbau werden bei der Rechtmäßigkeitsprüfung Zuständigkeit, Form und Verfahren betrachtet. Bei der Ernennung kommt mit der Dienstherrnfähigkeit noch eine Anforderung dazu, die an den Anfang der Prüfung zu stellen ist.

---

121 *Kunig* in: Schoch, 6. Kap. Rn. 71 ff.; Die Ausführungen zur Rechtsnatur und Form der Ernennung betreffen alle vier Ernennungsfälle des § 10 Abs. 1 BBG gleichermaßen.

a) Dienstherrnfähigkeit

Die ernennende Stelle muss **Dienstherrnfähigkeit** i. S. d. § 2 BBG besitzen. Damit wird das Recht bezeichnet, Beamte zu haben, also auch ernennen zu dürfen. **71a**

Gegenbeispiel: Die Deutsche Post AG ernennt einen Beamten auf Widerruf.

b) Zuständigkeit

Das **Recht der Ernennung** folgt aus der Personalhoheit; diese ist beim Bund und in den Ländern wesentlicher Bestandteil der Regierungsgewalt, in Gemeinden Teil der kommunalen Selbstverwaltung. Für die Ernennung der Bundesbeamten ist der Bundespräsident sachlich zuständig (vgl. Art. 60 Abs. 1 GG i. V. m. § 12 Abs. 1 BBG), soweit nicht gesetzlich etwas anderes bestimmt ist (siehe § 129 Abs. 1 Satz 2 BBG, wonach die Beamten des Bundestages, des Bundesrates und des *Bundesverfassungsgerichts* jeweils durch deren Präsidenten ernannt werden). Der Bundespräsident kann jedoch die Ausübung seiner Befugnisse auf andere Behörden übertragen (Art. 60 Abs. 3 GG i. V. m. § 12 Abs. 1 BBG). Davon hat er durch Anordnung in weitem Umfang Gebrauch gemacht und die Ausübung des Ernennungsrechts für alle Bundesbeamten der Besoldungsordnung A auf die obersten Bundesbehörden übertragen. Auch diese Behörden haben die Möglichkeit, die Ernennungszuständigkeit zu delegieren.[122] Die Handhabung dieser Delegationsmöglichkeit erfolgt in den einzelnen Ressorts unterschiedlich.[123] **71b**

c) Form

Die Form der Ernennung – Aushändigung einer Urkunde mit bestimmtem Inhalt (Urkundsprinzip) – dient der Rechtssicherheit und Rechtsklarheit.[124] Die strengen Formvorschriften, die die Formwahlfreiheit des § 37 Abs. 2 S. 1 VwVfG im allgemeinen Verwaltungsverfahrensrecht einschränken, sollen jeden Zweifel über das Bestehen eines Beamtenverhältnisses ausschließen und verhindern, dass bereits die ständige Ausübung hoheitlicher Befugnisse einen Bediensteten zum Beamten macht. Von einer **Urkunde** spricht man, wenn die Gedankenerklärung bzw. rechtsgestaltende Verfügung (s. § 35 S. 1 VwVfG) schriftlich vorliegt, den ausfertigenden Dienstherrn erkennen lässt und Angaben über Zeit und Ort der Ausfertigung enthält.[125] Der zu Ernennende muss zudem namentlich benannt sein und auch der zuständige Behördenvertreter muss identifizierbar sein. Deshalb sind Ernennungsurkunden stets **eigenhändig zu unterschreiben**. Dies wird aus dem Begriff der Urkunde gefolgert. Einer Ernennungsurkunde **71c**

122 Anordnung des Bundespräsidenten über die Ernennung und Entlassung von Beamtinnen und Beamten, Richterinnen und Richter des Bundes (BPräsErnAO) vom 25. Mai 2017 (GMBl. S. 366).

123 Aufgrund von Art. 1 Abs. 1 BPräsErnAO hat bspw. das BMI durch Anordnung vom 29. Februar 2008 (GMBl. S. 262) von der Möglichkeit Gebrauch gemacht, Ernennungs- und Entlassungszuständigkeiten auf Behörden im Geschäftsbereich weiter zu übertragen. Diese dürfen in der Regel in der Besoldungsordnung A bis zur BesGr A 15 selbst ernennen und entlassen.

124 *Battis* in: Ehlers/Fehling/Pünder, § 87, Rn. 63.

125 Siehe ausführlich zu den sog. „ungeschriebenen Urkundenessentiale" *Summer* in: GKÖD, § 6, Rn. 42.

mit einer nur mechanisch hergestellten Unterschrift (z. B. mit Faksimilestempel) fehlt daher ein wesentliches Formerfordernis.

Die **Ernennung in elektronischer Form** ist, anders als vor 2009, nicht mehr ausdrücklich ausgeschlossen, sondern erlaubt. Dieses Zugeständnis an die modernen Kommunikationsformen ist nur bedingt als Fortschritt zu betrachten. Zunächst können sich im Hinblick auf das Vorliegen des Tatbestandsmerkmals „Aushändigung" sowie dem Mitwirkungserfordernis auf Seiten des Beamten Probleme ergeben. Auch die elektronische Ernennung muss daher bestimmten Voraussetzungen genügen. In der Gesetzesbegründung wird in diesem Zusammenhang ausdrücklich darauf hingewiesen, dass es sich um eine qualifizierte elektronische Signatur handeln muss, die „in umfassender Weise die Sicherheit und Dauerhaftigkeit des elektronischen Verwaltungshandelns gewährleisten" soll.[126] Dazu muss sie den Anforderungen des Signaturgesetzes genügen.[127] Die Ernennung als entscheidender Rechtsakt für den Status des Beamten sollte aber allein aus Gründen der Personalführung ihren höchstpersönlichen Charakter behalten. Der (Dienst-)Vorgesetzte sollte daher die Aushändigung der Urkunde auch in Zukunft selbst und eigenhändig vornehmen.

Die Ernennungsurkunde muss einen bestimmten, **gesetzlich vorgeschriebenen Wortlaut** haben, der davon abhängt, um welchen Ernennungsfall es sich im Einzelfall handelt. Bei der Begründung des Beamtenverhältnisses müssen nach § 10 Abs. 2 Satz 2 Nr. 1 BBG die Worte „unter Berufung in das Beamtenverhältnis" mit dem die Art des Beamtenverhältnisses bestehenden Zusatz „auf Lebenszeit", „auf Probe", „auf Widerruf", „als Ehrenbeamter" oder „auf Zeit" mit der Angabe der Zeitdauer der Berufung enthalten sein. Bei der Umwandlung des Beamtenverhältnisses in ein solches anderer Art gehören zum notwendigen Inhalt die diese Art bestimmenden Worte (§ 10 Abs. 2 S. 2 Nr. 2 BBG) und bei der Verleihung eines Amtes (z. B. bei Beförderung und Aufstieg) die Amtsbezeichnung (§ 10 Abs. 2 S. 2 Nr. 3 BBG).[128] Der gesetzlich vorgeschriebene Wortlaut darf nicht durch eine ähnliche Formulierung ersetzt werden. Maßgebend ist dabei der Text der Ernennungsurkunde, nicht der einer Begleitverfügung.[129]

Fehlt es der Ernennungsurkunde an der gesetzlich vorgeschriebenen Form, so liegt ein Ernennungsfehler nach § 13 Abs. 1 Nr. 1 BBG vor. Dazu später mehr, siehe unten Rn. 96 ff.

---

126 Deutscher Bundestag, Drucksache 16/7076, S. 17.
127 Signaturgesetz vom 16. Mai 2001, BGBl. I S. 876.
128 Vgl. dazu die Urkundenmuster nach Rn. 71d, 83a, 92, 95.
129 Siehe dazu die Durchführungsbestimmungen aufgrund Art. 3 BPräsErnAO vom 7. April 2009 (GMBl. S. 614).

Beispiel: Ernennungsurkunde bei der **Begründung des Beamtenverhältnisses** auf Widerruf. **71d**

Im Namen der Bundesrepublik Deutschland

ernenne ich

Frau VICTORIA KÜHNE

unter Berufung in das Beamtenverhältnis auf Widerruf

zur Regierungsinspektoranwärterin

Brühl, den (Datum)

Für den Bundesminister des Innern
Der Präsident der Hochschule des Bundes

(Originalunterschrift)

(Siegel)

d) Verfahren

Bis es zu einer Ernennung kommt, müssen zuvor bei jedem Ernennungsfall des § 10 Abs. 1 BBG Verfahrensbestimmungen eingehalten werden. Dies betrifft zunächst die Pflicht zur Stellenausschreibung nach § 8 Abs. 1 BBG i. V. m. § 4 BLV, § 6 BGleiG. Während bislang eine Ausschreibungsverpflichtung nur bei der Neueinstellung bestand, sind nunmehr alle zu besetzenden Stellen auszuschreiben. Bei Einstellungen muss die Ausschreibung öffentlich sein. In § 4 Abs. 2 BLV sind abschließend Ausnahmen dieser Stellenausschreibungspflicht normiert. Diese gilt z. B. nicht für die Stellen der Staatssekretäre und Abteilungsleiter der Ministerien und Stellen, die mit Beamten besetzt werden, die unmittelbar zuvor ihren Vorbereitungsdienst abgeschlossen haben. **71e**

Desweiteren besteht bei statusbegründenden oder -verändernden Ernennungen ein Mitbestimmungsrecht der Personalvertretung nach § 76 Abs. 1 Nr. 1 und 2 BPersVG. Auch die Mitwirkungsrechte der Gleichstellungsbeauftragten gem. §§ 6 ff. BGleiG und ggf. der Vertrauensperson der schwerbehinderten Menschen nach dem SGB IX sind für eine rechtmäßige Ernennung zu berücksichtigen.

e) Bekanntgabe und Wirksamkeit

Ein Verwaltungsakt wird gem. § 41 VwVfG mit seiner Bekanntgabe wirksam. Über das „wie" der Bekanntgabe findet sich für das Ernennungsrecht eine beamtenrechtliche Spezialregelung in § 10 Abs. 2 S. 1 BBG. Danach wird die Ernennung mit der **Aushändigung der Ernennungsurkunde** wirksam, § 10 Abs. 2 S. 1 BBG.[130] Aushändigung bedeutet bei wörtlicher Auslegung dieses Begriffs willentliche Verschaffung des unmittelbaren Besitzes an der Originalurkunde. Eine Abschrift oder ein Entwurf rei- **71f**

130 *Wichmann/Langer*, Rn. 83 f.

chen nicht aus. Die Ernennungsurkunde muss dem Beamten aber nicht notwendigerweise von Hand zu Hand ausgehändigt werden. Zulässig ist auch die Übersendung der Urkunde durch Postzustellungsurkunde unter Ausschluss der Ersatzzustellung. Solange sich die Urkunde noch in den Händen der Dienstbehörde befindet, stellt sie ein bloßes Internum der Behörde ohne Außenwirkung dar. Nach herrschender Lehre kann sich der Ernennungsadressat jedoch nicht vertreten lassen.[131] Der Ernennungsvorgang kann jederzeit angehalten werden. Mit der Entgegennahme der Urkunde durch einen Vertreter ist die Aushändigung noch nicht vollzogen, notwendig ist der tatsächliche Besitz durch den Beamten selbst.[132]

Wirksam wird die Ernennung mit dem Tag der Aushändigung der Ernennungsurkunde. Mit der Aushändigung ist die Ernennung wirksam vollzogen, der Verwaltungsakt ist gemäß § 43 VwVfG rechtlich existent und **äußerlich wirksam**. Davon zu unterscheiden ist die Frage der **inneren Wirksamkeit**, also der Zeitpunkt, zu dem die rechtsgestaltende Wirkung eintritt.[133] In der Regel fallen äußere und innere Wirksamkeit der Ernennung zusammen. Aus § 12 Abs. 2 S. 1, 1. Halbs. BBG ergibt sich, dass die Wirksamkeit am **Tag der Aushändigung** eintritt. Möglich ist gem. § 12 Abs. 2 Satz 1 2. Halbs. BBG aber auch, dass die innere Wirksamkeit erst nach der Aushändigung, also in der Zukunft eintreten soll. Hierzu wird eine sog. „Wirkungsurkunde" ausgehändigt.

> **Beispiel:** Der Assistent B (A 5) erhält am 20.08.2008 eine formal einwandfreie Ernennungsurkunde, wonach er zum 01.09.2008 zum Sekretär (A 6) befördert wird. Die Beförderung wird zum 20.08.2008 äußerlich wirksam (existent), die innere Wirksamkeit (z. B. erhöhte Besoldung) tritt erst am 01.09.2008 ein.

Dagegen ist die Ernennung auf einen zurückliegenden Zeitpunkt unzulässig und **insoweit**, d. h. für den zurückliegenden Zeitraum, unwirksam (§ 12 Abs. 2 Satz 2 BBG). Auch hier gilt also die Regel aus Satz 1 der Vorschrift: Die Ernennung wird am Tag der Aushändigung der Urkunde wirksam.[134] Hiervon zu unterscheiden ist die rückwirkende Einweisung in eine Planstelle bei Beförderungen nach § 49 Abs. 2 Satz 2 BHO für höchstens drei Monate.

f) Zustimmung als Mitwirkungshandlung

71g Die Ernennung ist ein **mitwirkungsbedürftiger** Verwaltungsakt. Die **Zustimmung** des zu Ernennenden ist Wirksamkeitsvoraussetzung der Ernennung, da keine Person gegen ihren Willen in ein Beamtenverhältnis berufen werden darf. Die Zustimmung bedarf keiner besonderen Form. Es genügt die widerspruchslose Entgegennahme der Urkunde, die regelmäßig als stillschweigende Zustimmung (konkludentes Handeln) zu verstehen ist.[135] Das Erfordernis der Zustimmung gilt grundsätzlich für alle Ernennungen.

---

131 *Summer* in: GKÖD, § 6, Rn. 45 m. w. N.; *Lemhöfer* in: Plog/Wiedow/Lemhöfer, § 6, Rn. 8.
132 *Wichmann/Langer*, Rn. 83.
133 BVerwGE 55, 212.
134 Siehe dazu *Leppek*, DVP 2008, 423 ff.
135 *Kunig* in: Schoch, 6. Kap. Rn. 71.

Strittig ist in der Literatur die Frage, welche Konsequenzen sich aus der **fehlenden Zustimmung** ergeben.[136] Ein Teil des Schrifttums nimmt als Rechtsfolge die schwebende Unwirksamkeit der Ernennung mit der Möglichkeit der Heilung entsprechend § 45 VwVfG an.[137] Dabei wird teilweise eine Heilung ohne zeitliche Begrenzung oder doch bis zum Zeitpunkt der inneren Wirksamkeit im Falle des § 12 Abs. 2 Satz 1 BBG angenommen. Richtiger erscheint es jedoch wegen der im Ernennungsrecht notwendigen Rechtssicherheit und Rechtsklarheit die Zustimmung als (ungeschriebenes) Tatbestandsmerkmal der Ernennung anzusehen. Fehlt bei Aushändigung der Urkunde die Zustimmung des Beamten, so wird die Ernennung nicht wirksam. Dies gilt auch, wenn in der Urkunde ein späterer Zeitpunkt für das Wirksamwerden bestimmt ist. Andernfalls wäre es bei Aushändigung der Urkunde unklar und bis auf weiteres unsicher, ob die Ernennung jeweils rechtswirksam werden wird. Die Zustimmung ist grundsätzlich nicht nachholbar.[138]

Kein Zustimmungserfordernis besteht jedoch für die Fälle der Zurückstufung (§ 9 BDG) sowie der Rangherabsetzung aus organisatorischen Gründen (vgl. § 28 Abs. 3 BBG: Auflösung oder Aufbau- bzw. Aufgabenänderung oder Verschmelzung von Behörden im Bereich desselben Dienstherrn und §§ 134, 136 Abs. 2 BBG Umbildung einer Körperschaft). Hier kann der Beamte auch ohne seine Zustimmung in ein anderes Amt derselben oder einer anderen Laufbahn mit geringerem Endgrundgehalt und anderer Amtsbezeichnung versetzt werden, wenn eine amtsentsprechende Weiterverwendung nicht möglich ist. In diesen Fällen handelt es sich nicht um Ernennungen, auch wenn die statusverändernde Wirkung an sie erinnert. Auf die Zustimmung sind die allgemeinen Bestimmungen des BGB über die Wirksamkeit und Anfechtbarkeit von Willenserklärungen (§§ 119 ff. BGB) entsprechend anwendbar.

Wurden bei der Ernennung alle in a)–f) genannten Voraussetzungen erfüllt, also die Anforderungen im Hinblick auf die Zuständigkeit, Form und Verfahren beachtet, ist die Ernennung formell rechtmäßig. Wurde die Ernennung dem Adressaten gegenüber durch Aushändigung bekannt gegeben, ist sie zudem auch wirksam geworden. Diese Wirksamkeit kann allerdings in wenigen Ausnahmefällen durch einen Ernennungsfehler durchbrochen werden, dazu mehr in § 11 des Lehrbuchs.

2. Allgemeine materielle Anforderungen an die Rechtmäßigkeit einer Ernennung

Für alle Ernennungen existieren inhaltliche, also materielle Anforderungen und zwar unabhängig davon, welcher Ernennungsfall nach § 10 Abs. 1 BBG vorliegt. Diese materiellen Anforderungen werden nun behandelt. **72**

136 *Wichmann/Langer*, Rn. 83 m. w. N.; *Battis*, § 10, Rn. 6.
137 *Battis*, § 10, Rn. 6.
138 *Summer*, PersV 1984, 229.

a) Auswahl

72a Die Verfassung gibt mit dem in § 33 Abs. 2 GG verankerten **Leistungsgrundsatz** bzw. dem Prinzip der Bestenauslese die Kriterien vor, die bei allen Auswahlentscheidungen die zentrale Rolle spielen.[139] Wird eine Auswahlentscheidung getroffen, muss diese sich an der **Eignung, Befähigung und fachlichen Leistung** des Bewerbers orientieren. Dies gilt insbesondere bei der Einstellung in den öffentlichen Dienst, bei der Beförderung, beim vertikalen Laufbahnwechsel (Aufstieg) sowie bei der Umwandlung z. B. in ein Beamtenverhältnis auf Lebenszeit. Umgekehrt dürfen bestimmte Kriterien bei der Personalauswahl keinesfalls eine Rolle spielen, siehe dazu § 9 BBG und § 3 BLV, die durch die Vorschriften des AGG und des BGleiG ergänzt werden.

Die Eignung muss sowohl in gesundheitlicher, geistiger und charakterlicher Hinsicht vorliegen. Die gesundheitliche Eignung des Bewerbers fehlt, wenn aufgrund eines bereits vorliegenden Krankheitsbildes häufige Erkrankungen oder die dauernde Dienstunfähigkeit vor Erreichen der Altersgrenze mit hoher Wahrscheinlichkeit nicht ausgeschlossen werden können.[140] Grundlage für diese Prognoseentscheidung ist die fachkundige Einschätzung durch den Amtsarzt. Eine Verpflichtung des Dienstherrn, bei allen Bewerbern die Vorlage eines HIV-Testbescheids zu verlangen, ist abzulehnen, da dies unverhältnismäßig wäre.[141] Trotzdem dürfte bereits bei einer (symptomlosen) HIV-Infektion die gesundheitliche Eignung des Bewerbers zu verneinen sein.[142] Erforderlich ist auch, dass der Bewerber in geordneten wirtschaftlichen Verhältnissen lebt. Im Hinblick auf die charakterliche Eignung wurde diskutiert, ob eine Lehrerin muslimischen Glaubens im Schulunterricht ein Kopftuch tragen darf.[143] Das *Bundesverfassungsgericht* fordert für ein „Trageverbot" jedenfalls eine gesetzliche Grundlage, da es sich um eine grundrechtswesentliche Frage (Art. 4 Abs. 1 GG) handelt.[144]

b) Amts- und Geschäftsfähigkeit

72b Vor jeder Ernennung ist zu prüfen, ob der Bewerber amtsfähig ist. Er muss also die Fähigkeit besitzen, öffentliche Ämter zu bekleiden. Dieses Erfordernis ergibt sich im Umkehrschluss zu § 13 Abs. 1 Nr. 3. b) BBG. Denn hiernach ist eine Ernennung nichtig, wenn dem Ernannten zum Zeitpunkt der Ernennung die Amtsfähigkeit fehlte. Amtsfähig ist gem. § 45 StGB, wer zum Zeitpunkt der Ernennung die Fähigkeit zur Bekleidung öffentlicher Ämter nicht als Nebenfolge einer strafgerichtlichen Verurteilung verloren hat. Das Gericht muss dies im Urteil aussprechen. Wird ein Beamter wegen eines Verbrechens zu einer Freiheitsstrafe von mindestens einem Jahr verurteilt, tritt der Verlust der Amtsfähigkeit kraft Gesetzes für die Dauer von fünf Jahren ein (siehe §§ 45, 12 StGB).

---

139 Der Leistungsgrundsatz gilt für Beamte und Tarifbeschäftigte gleichermaßen.

140 BVerwG, ZBR 1983, 215; kritisch dazu *Otte*, ZBR 2007, 401 ff.

141 Vgl. *Behrens*, § 3, Rn. 7.

142 Speziell zu dieser Frage und zur HIV-Infizierung und -erkrankung bei der Einstellungsuntersuchung von Beamten allgemein siehe *Loschelder* in: Schünemann/Pfeiffer, S. 167 (168).

143 *Werres*, ZBR 2006, 288 ff.; *Schmidt*, Rn. 758 m. w. N.

144 BVerfG NJW 2003, 3111, kritisch dazu *Ipsen*, NVwZ 2003, 1210; BVerwG, RiA 2009, 22 (23 f.).

Der Bewerber muss im Sinne der Vorschriften des BGB geschäftsfähig sein oder von seinem gesetzlichen Vertreter ermächtigt sein. Minderjährige können daher nur ernannt werden, wenn ihre Erziehungsberechtigten dieser Ernennung zustimmen.

c) Haushaltsrechtliche Voraussetzungen

Bei einer Ernennung, bei der ein statusrechtliches Amt übertragen wird, müssen die **72c**
haushaltsrechtlichen Voraussetzungen gem. § 49 Abs. 1 BHO vorliegen. Dies setzt voraus, dass im Haushaltsplan eine entsprechende besetzbare Planstelle existiert, in die der Beamte eingewiesen wird. Planstellen sind diejenigen Personalstellen, die sich unmittelbar aus dem Haushaltsplan ergeben. Es sind die in der Zweckbestimmung des Haushaltsplans nach Zahl, Besoldungsgruppe und Amtsbezeichnung aufgeführten Stellen für planmäßige Beamte. Planstellen dürfen nach § 17 Abs. 5 S. 2 BHO nur für Aufgaben eingerichtet werden, die in der Regel Daueraufgaben sind. Das gilt gem. § 10 Abs. 3 BBG aber ausdrücklich nicht für Beamte auf Widerruf, da ihnen noch gar kein Amt verliehen wurde. Denn sie befinden sich in der Regel im Vorbereitungsdienst, um die Laufbahnbefähigung zu erwerben, die für die Einstellung als Beamter auf Probe und damit der Übertragung eines (statusrechtlichen) Amtes notwendig ist (siehe § 10 Abs. 3 BBG). Beamte auf Probe erhalten nun mit ihrer Ernennung ein statusrechtliches Amt und werden in eine Planstelle eingewiesen.

d) Bedingungs- und Auflagenfeindlichkeit

Zuletzt ist die Ernennung aus Gründen der Rechtssicherheit und -klarheit **auflagen-** **72d**
und bedingungsfeindlich. Sie darf also keine Nebenbestimmungen enthalten, die die Wirksamkeit der Ernennung von dem Eintritt eines ungewissen Ereignisses in der Zukunft oder von der Vornahme einer bestimmten Tuns, Duldens oder Unterlassens abhängig machen (siehe § 36 Abs. 2 Nr. 2 und 4 VwVfG).[145] Gerade das Ernennungsrecht soll durch seine streng formale Ausgestaltung dazu dienen, das Bestehen oder Nichtbestehen eines Beamtenverhältnisses jederzeit zweifelsfrei überprüfen zu können. Wird die Wirksamkeit einer Ernennung an ein zukünftiges Ereignis geknüpft, von dem unbekannt ist, ob oder zu welchem Zeitpunkt es eintreten wird, kann die Ernennung diesen Nachweis gerade nicht mehr erbringen. Auch die Zustimmung des Beamten darf nicht an eine Bedingung oder Auflage geknüpft werden.

> **Beispiel:** Frau H. wird zur Beamtin auf Widerruf ernannt unter der Bedingung, dass sie das Abitur mit einer Durchschnittsnote von 2,0 besteht.

---

145 Die Ernennung ist darüber hinaus auch auflagenfeindlich; siehe zu den streitigen Fragen hinsichtlich der Rechtsfolgen einer unter Auflagen erteilten Ernennung *Summer* in: GKÖD, § 6, Rn. 8 m. w. N.

IV. Ermessen

73 Die Ernennung eines Beamten steht kraft der Personalhoheit im Ermessen des Dienstherrn. Diese Entscheidung ist nach Art. 33 Abs. 2 GG und § 9 BBG ausschließlich nach Eignung, Befähigung und fachlicher Leistung ohne Rücksicht auf Geschlecht, Abstammung, Rasse, Glauben, religiöse oder politische Anschauung, Herkunft oder Beziehung zu treffen. Der Bewerber hat grundsätzlich keinen Anspruch auf Einstellung oder eine andere Ernennung. Er hat aber das Recht auf sachgerechte, ermessensfehlerfreie Beurteilung der und Entscheidung über seine Bewerbung. In den seltenen Fällen, in denen jede andere Entscheidung als die Einstellung des Bewerbers rechtswidrig oder ermessensfehlerhaft wäre (sog. Ermessensreduzierung auf Null), folgt aus Art. 33 Abs. 2 GG ein Einstellungsanspruch.[146]

Wiederholungsfragen

1. *Welche Ernennungsfälle kennen Sie und wo sind sie geregelt? (Rn. 68)*
2. *Woraus ergibt sich, welchen Wortlaut eine Ernennungsurkunde im Einzelfall haben muss? (Rn. 71c)*
3. *Was versteht man unter der Aushändigung einer Ernennungsurkunde? (Rn. 71c)*
4. *Ist die Ernennung auf einen zurückliegenden Zeitpunkt wirksam? (Rn. 71f)*
5. *Was ist unter der „Bedingungsfeindlichkeit" einer Ernennung zu verstehen? (Rn. 72d)*
6. *Welchen Rechtscharakter hat die Ernennung? (Rn. 69)*
7. *Haben Beamte einen Anspruch auf Einstellung? (Rn. 73)*

146 *Battis*, § 11, Rn. 13.

§ 9 Besondere materielle Anforderungen an die Rechtmäßigkeit einer Ernennung zur Begründung des Beamtenverhältnisses (Einstellung)

Durch die **Ernennung** wird entweder ein Beamtenverhältnis begründet oder ein bereits bestehendes Beamtenverhältnis statusrechtlich verändert, § 10 Abs. 1 BBG. Die erste Begründung des Beamtenverhältnisses (Einstellung) ist in materieller Hinsicht an besondere Voraussetzungen geknüpft, die über die soeben dargestellten allgemeinen Anforderungen, die bei jeder Ernennung vorliegen müssen, hinausgehen. Sie sollen nun näher untersucht werden. Die spezifischen materiellen Anforderungen an die übrigen drei Ernennungsfälle (Umwandlung, Beförderung/Zurückstufung, Aufstieg) werden danach in § 10 des Lehrbuchs dargestellt. **74**

Die Einstellung ist eine Ernennung unter Begründung eines Beamtenverhältnisses (§ 10 Abs. 1 Nr. 1 BBG). Jeder, der in ein Beamtenverhältnis berufen werden soll, muss bestimmte persönliche Voraussetzungen dafür mitbringen.

I. Übertragung hoheitlicher Aufgaben oder Sicherungsaufgaben

Bei der Berufung in das Beamtenverhältnis müssen gem. § 5 BBG hoheitliche Aufgaben oder Sicherungsaufgaben übertragen werden.[147] Das sind Aufgaben, deren Wahrnehmung durch Beamte den Bestand des Staates oder das Gemeinwohl gewährleisten soll, so z. B. Verkehrs- und Versorgungsbetriebe. **75**

II. Anforderungen an die Staatsangehörigkeit

Der Bewerber muss gemäß § 7 Abs. 1 Nr. 1 BBG Deutscher im Sinne des Art. 116 GG sein oder die Staatsangehörigkeit eines anderen Mitgliedstaates der Europäischen Union besitzen. Den Anforderungen an die Staatsangehörigkeit genügt es auch, Angehöriger eines anderen Vertragsstaates des Abkommens über den Europäischen Wirtschaftsraum oder eines Drittstaates zu sein, mit dem die Bundesrepublik eine entsprechende vertragliche Übereinkunft getroffen hat. **76**

> **Beispiel:** A hat die isländische Staatsangehörigkeit und bewirbt sich in Deutschland um eine Stelle im öffentlichen Dienst. Er ist damit Angehöriger eines Staates, das nicht der EU angehört. Island ist aber (genauso wie Norwegen und Liechtenstein) Mitglied des Abkommens über den Europäischen Wirtschaftsraum[148] und kann deshalb deutscher Bundesbeamter werden.

Ausnahmen von dieser Berufungsvoraussetzung sind möglich, wenn dafür ein dringendes dienstliches Bedürfnis besteht, § 7 Abs. 3 BBG.

---

147 Siehe dazu oben Rn. 27 m. w. N.

148 *Schweitzer/Dederer*, Rn. 13.

III. Eintreten für die freiheitlich-demokratische Grundordnung

77 Der Bewerber muss die Gewähr dafür bieten, jederzeit für die freiheitlich-demokratische Grundordnung im Sinne des Grundgesetzes einzutreten (§ 7 Abs. 1 Nr. 2 BBG). Als hergebrachter Grundsatz des Berufsbeamtentums ist die **Verfassungstreue** des Beamten eine von der Verfassung und dem Beamtengesetz geforderte Voraussetzung für die Berufung in das Beamtenverhältnis. Die Pflicht zur Verfassungstreue gilt für jedes Beamtenverhältnis im Sinne des § 6 BBG, also auch für das Beamtenverhältnis auf Widerruf. Die **politische Treuepflicht** ist die Pflicht, sich mit der Idee der freiheitlich demokratischen, rechts- und sozialstaatlichen Ordnung des Staates zu identifizieren, dem der Beamte dienen soll. Sie verlangt gemäß dem Beschluss des *Bundesverfassungsgerichts* vom 22.05.1975 „mehr als nur eine formal korrekte, im Übrigen uninteressierte, kühle innerlich distanzierte Haltung gegenüber Staat und Verfassung; sie fordert vom Beamten insbesondere, dass er sich eindeutig von Gruppen und Bestrebungen distanziert, die diesen Staat, seine verfassungsmäßigen Organe und die geltende Verfassungsordnung angreifen, bekämpfen und diffamieren“.[149] Zur **freiheitlich-demokratischen Grundordnung** zählen nach der höchstrichterlichen Rechtsprechung[150] mindestens folgende Grundsätze:

(1) Die Achtung vor den im Grundgesetz konkretisierten Menschenrechten.
(2) Das Recht der Persönlichkeit auf Leben und freie Entfaltung.
(3) Volkssouveränität.
(4) Gewaltenteilung.
(5) Verantwortlichkeit der Regierung.
(6) Gesetzmäßigkeit der Verwaltung.
(7) Unabhängigkeit der Gerichte.
(8) Das Mehrparteiensystem und die Chancengleichheit aller Parteien.
(9) Das Recht auf verfassungsmäßige Bildung und Ausübung der Opposition.

Vom Beamten, der – auch bei einer durchaus erwünschten kritischen Einstellung – den Staat bejaht, wird erwartet, dass er in Krisenzeiten und ernsthaften Konfliktsituationen innerhalb und außerhalb des Dienstes für den Staat Partei ergreift. Der Überzeugung, dass die künftige Erfüllung der Pflichten zur Verfassungstreue durch einen Beamtenbewerber zweifelhaft ist, liegt ein Urteil über den Einzelfall zugrunde, das zugleich eine Prognose enthält.[151] Die Einstellungsbehörden haben bei der Prüfung der Verfassungstreue den Grundsatz der Verhältnismäßigkeit zu beachten, der systematische und routinemäßige Anfragen beim Verfassungsschutz verbietet.[152] Der Dienstherr muss seine Zweifel an der Verfassungstreue auf feststellbare und festgestellte äußere Verhaltensweisen eines Bewerbers stützen.

149 BVerfGE 39, 334 (347) – Radikalen-Urteil.
150 BVerwGE 47, 330 (335); 176 (178).
151 Ausführlich dazu *Schmidt*, Rn. 753 m. w. N.
152 Dies ist bei Beamten, die mit Aufgaben der öffentlichen Sicherheit betraut werden sollen, anders zu beurteilen.

Streitig ist, ob die bloße Mitgliedschaft in einer Partei oder anderen Organisationen mit verfassungsfeindlicher Zielsetzung genügt; Zweifel an der Verfassungstreue des Bewerbers sind zu begründen. Die Entscheidungsfreiheit des Dienstherrn wird durch Art. 21 Abs. 2 GG (sog. Parteienprivileg) nicht eingeschränkt.[153] Das *Bundesverfassungsgericht* bewertet den Beitritt oder die Zugehörigkeit zu einer politischen Partei, die verfassungsfeindliche Ziele verfolgt, als Verhalten, das für die hier geforderte Beurteilung der Persönlichkeit des Bewerbers erheblich sein kann. Es komme nicht darauf an, ob die Verfassungswidrigkeit durch Urteil des *Bundesverfassungsgerichts* festgestellt wurde oder nicht.[154] Politische Aktivitäten in einer Partei, wie die Kandidatur für Wahlen, die Herausgabe und Verteilung von Flugblättern mit eindeutig der Verfassungsordnung widerstreitendem Inhalt, sind aber nach der Rechtsprechung Umstände, die Zweifel an der Verfassungstreue begründen können.[155]

Die auf die Persönlichkeit des Bewerbers bezogene Prognose der Eignung durch den Dienstherrn ist nicht in vollem Umfange durch die Gerichte kontrollierbar. Der Dienstherr hat hierbei einen Beurteilungsspielraum, der mit der größeren Sachnähe der Verwaltung zur Auswahl ihres Personals begründet wird.[156]

IV. Amtswürdigkeit

Der Bewerber darf auch nicht wegen einer Straftat rechtskräftig verurteilt worden sein **78**
und deshalb für die Berufung in das Beamtenverhältnis **unwürdig** erscheinen (Gegenschluss zu § 14 Abs. 1 Nr. 2 BBG). In die Auslegung des unbestimmten Rechtsbegriffs der Unwürdigkeit fließen verschiedene Elemente ein. Es sind z. B. die Art der Straftat, die Person des Täters, seine Motivation aber auch seine dienstliche Position und Verwendung in die Bewertung einzubeziehen.[157] Fahrlässigkeitstaten begründen die Unwürdigkeit regelmäßig nur dann, wenn sie Ausdruck einer dauernd rücksichtslosen Gesinnung sind. Unwürdigkeit liegt bei einer Straftat vor, die bei einem Beamten auf Lebenszeit zum Verlust der Beamtenrechte nach § 41 Abs. 1 BBG führen würde. Sittlichkeits- und Eigentumsdelikte, die nicht nur Bagatellvergehen sind, führen regelmäßig zur Annahme der Unwürdigkeit. Die Verwaltung hat bei der Anwendung des unbestimmten Rechtsbegriffs einen Beurteilungsspielraum, der nur beschränkt der verwaltungsgerichtlichen Kontrolle unterliegt.[158]

153 BVerfGE 39, 334 (357).
154 BVerfGE 39, 334 (358 f.).
155 Vgl. BVerwGE 61, 176 (182).
156 *Schmidt*, Rn. 753.
157 *Battis*, § 14, Rn. 10.
158 *Battis*, a. a. O.

V. Laufbahnbefähigung

79 Der Bewerber muss gem. § 7 Abs. 1 Nr. 3 BBG die erforderliche Laufbahnbefähigung besitzen. Die Laufbahnbefähigung kann gem. § 17 BBG i. V. m. § 7 BLV durch den erfolgreichen Abschluss eines Vorbereitungsdienstes oder Aufstiegsverfahrens oder durch Anerkennung von Berufs- oder Lebenserfahrung erworben werden (siehe dazu oben § 7, Rn. 64).

Beispiele: Eine Polizeikommissaranwärterin hat ihre Laufbahnprüfung abgelegt. Sie wird nun als Laufbahnbewerberin in den gehobenen Bundespolizeivollzugsdienstes eingestellt und zur Polizeikommissarin ernannt.
Ein diplomierter Ingenieur der Elektrotechnik wird beim Deutschen Patent- und Markenamt in den höheren technischen Dienst eingestellt. Er hat keinen Vorbereitungsdienst abgeleistet und keine Laufbahnprüfung bestanden. Seine Laufbahnbefähigung kann aber unter bestimmten Voraussetzungen aufgrund seiner Hochschulausbildung und seiner beruflichen Erfahrungen durch Anerkennung festgestellt werden.

80 Die Ernennung zum Beamten auf Lebenszeit, die vor 2009 an die Vollendung des 27. Lebensjahres geknüpft war, ist nicht mehr an eine **Mindestaltersgrenze** geknüpft. Allerdings hat das BMF in § 48 BHO eine Regelung über das Höchstalter bei der Berufung in eine Beamten- oder Soldatenverhältnis oder die Versetzung von Beamtinnen und Beamten in den Bundesdienst getroffen. Nach Vollendung des 50. Lebensjahres kommt eine Berufung danach in der Regel nicht in Betracht.[159]

Wiederholungsfragen

1. *Welche materiellen Anforderungen müssen bei der Einstellung eines Beamten vorliegen? (Rn. 74 ff.)*
2. *Was ist der Unterschied zwischen Amtsfähigkeit und Amtswürdigkeit? (Rn. 78, 72b)*
3. *Was versteht man unter der „freiheitlich-demokratischen Grundordnung"? (Rn. 77)*

159 In § 48 BHO existieren Ausnahmen und Sonderregelungen zu dieser Höchstaltersgrenze.

§ 10 Besondere materielle Anforderungen an die sonstigen Ernennungen

Literaturhinweise: *Günther*, Beförderung ZBR 1979, 93 ff.; *Remmel*, Beförderungsanspruch aus Fürsorgepflicht? PersV 1983, 41 ff.; *Schelo*, Die Beförderung der Beamten, UBWV 1983, 165 ff.; *Günther*, Nochmals: Zum Schadensersatzanspruch des Beamten wegen unterbliebener oder verspäteter Beförderung, NVwZ 1989, 837; *Wagner*, Die Beförderung in der aktuellen Rechtsprechung, ZBR 1990, 120 ff.; *Laubinger*, Gedanken zum Inhalt und zur Verwirklichung des Leistungsprinzips bei der Beförderung von Beamten, Verw.Arch. 1992, 246 ff.; *Martens*, Wettbewerb bei Beförderungen, ZBR 1992, 129 ff; *Seewald/Martini*, Ansprüche auf Einstellung und Beförderung im öffentlichen Dienst, JA 1993,129; *Günther*, Diskurs über Aspekte objektiver Beweislast in Beförderungsprozessen, DÖD 1994, 371 ff.; *Bieler*, Schadensersatzansprüche des unterlegenen Mitbewerbers und einen Beförderungsdienstposten, DVP 1996, 125 ff.; *Oster*, Schadensersatzanspruch eines erfolgreichen Mitbewerbers um eine Beamtenstelle, DVP 1996, 211 ff.; *Hetzer*, Der Bewerberverfahrensanspruch, VR 1998, 116 ff.; *Vetter*, Die Beförderung von Beamten, PersV 2001, 482 ff.; *Carl*, Dienstpostenausschreibung und Bewerberauswahl im öffentlichen Dienst, ZBR 2003, 342 ff.; *Wagner*, Die Beförderung in der aktuellen Rechtsprechung unter besonderer Berücksichtigung der sächsischen Verwaltungsgerichte, ZBR 2007, 249 ff.

Statusrechtliche Änderungen im Beamtenrecht liegen immer dann vor, wenn sich die Laufbahngruppe, das Endgrundgehalt der Besoldungsgruppe oder die Amtsbezeichnung verändern. Dann wird das bestehende Beamtenverhältnis in seiner rechtlichen Grundlage oder in seinem Inhalt geändert. Auch die Änderung der Art des Beamtenverhältnisses bedarf der Ernennung. Neben der bereits oben eingehend behandelten Einstellung (siehe oben § 9, Rn. 74 ff.) sind die übrigen Fälle des § 10 Abs. 1 BBG: **81**

- Umwandlung der Art des Beamtenverhältnisses
- Beförderung oder Rückernennung und
- Wechsel der Laufbahngruppe (Aufstieg)

I. Umwandlung

Eine Umwandlung eines Beamtenverhältnisses ist die Veränderung eines Beamtenverhältnisses in ein solches anderer Art (§ 10 Abs. 1 Nr. 2 BBG). Die Arten der Beamtenverhältnisse sind abschließend in § 6 BBG aufgeführt. Grundsätzlich kann jedes Beamtenverhältnis in ein solches anderer Art umgewandelt werden. Eine Ausnahme bildet das Ehrenbeamtenverhältnis. **82**

1. Umwandlung eines Beamtenverhältnisses auf Widerruf in ein solches auf Probe

Hier ist die Umwandlung nur teilweise zulässig: Es gibt gem. § 6 Abs. 4 BBG zwei Gründe, einen Beamten auf Widerruf zu ernennen: Der ganz überwiegende Teil wird nach § 6 Abs. 4 Nr. 1 BBG ernannt, um einen Vorbereitungsdienst abzuleisten und an dessen Ende eine Laufbahnprüfung abzulegen. Das Beamtenverhältnis auf Widerruf für diese Beamte endet gem. § 37 Abs. 2 S. 2 Nr. 1 BBG u.a. dann kraft Gesetzes, wenn ihnen das endgültige Bestehen der Laufbahnprüfung mitgeteilt wird. In diesem Fall bleibt für die Umwandlung des Beamtenverhältnisses auf Widerruf in ein solches auf **83**

Probe kein Raum, da aufgrund der Entlassung ein solches nicht mehr besteht. Selbst wenn der (ehemalige) Beamte auf Widerruf eine halbe Stunde nach Aushändigung der Laufbahnprüfungsurkunde die Urkunde zur Ernennung in das Beamtenverhältnis auf Probe erhält, handelt es sich hierbei nicht um eine Umwandlung, sondern um eine Einstellung.

Handelt es sich jedoch um ein Beamten auf Widerruf gem. § 6 Abs. 4 Nr. 2 BBG, der zur vorübergehenden Erledigung hoheitlicher Aufgaben eingestellt wurde, kann dieses Beamtenverhältnis in ein solches auf Probe umgewandelt werden, wenn er später dauerhaft hoheitliche Aufgaben erfüllen soll (siehe dazu oben § 5, Rn. 46 d).

2. Umwandlung eines Beamtenverhältnisses auf Probe in ein solches auf Lebenszeit

Der wichtigste Fall der Umwandlung ist die Umwandlung eines Beamtenverhältnisses auf Probe in ein solches auf Lebenszeit. Sie ist nur zulässig, wenn die Voraussetzungen des § 11 Abs. 1 BBG vorliegen. Danach kann Beamter auf Lebenszeit nur werden, wer die Berufungsvoraussetzungen des § 7 BBG (weiterhin) erfüllt und sich in einer Probezeit in vollem Umfang bewährt hat. Die Probezeit dauert grundsätzlich für alle Beamte drei Jahre, mindestens aber ein Jahr, § 11 Abs. 1 S. 2 BBG.

Nach § 11 Abs. 2 BBG hat der Beamte auf Probe einen Rechtsanspruch auf Umwandlung in ein solches auf Lebenszeit, wenn er seit mindestens fünf Jahren Beamter auf Probe ist und die beamtenrechtlichen Voraussetzungen nach § 11 Abs. 1 BBG erfüllt sind. Der Beamte hat nach Ablauf dieser Zeit, die sich bei Beurlaubung ohne Dienstbezüge verlängert, ein subjektiv-öffentliches Recht auf Umwandlung. Ausnahmsweise räumt der Gesetzgeber hier dem Probebeamten einen gerichtlich einfach durchsetzbaren **Anspruch auf Ernennung** ein. Der Behörde ist hier auf der Rechtsfolgenseite der Norm kein Ermessen eingeräumt, es handelt sich um eine gebundene Verwaltungsentscheidung.

83a **Beispiel:** Ernennungsurkunde bei **Umwandlung** des Beamtenverhältnisses auf Probe in ein solches auf Lebenszeit.

Im Namen der Bundesrepublik Deutschland

verleihe ich

dem Regierungsinspektor

KUNIBERT KÜHNE

die Eigenschaft eines Beamten auf Lebenszeit

Köln, den (Datum)

Für den Bundesminister des Innern
Der Präsident des Bundesverwaltungsamtes

(Originalunterschrift)

(Siegel)

II. Beförderung

1. Begriff

Die Beförderung ist gem. § 10 Abs. 1 Nr. 3 BBG, eine Ernennung, durch die der Dienstherr dem Beamten ein **anderes Amt mit höherem Endgrundgehalt** und **anderer Amtsbezeichnung** verleiht. Hier ist das statusrechtliche Amt gemeint. 84

Das Endgrundgehalt ist das Gehalt der letzten Besoldungsstufe der jeweiligen Besoldungsgruppe (z. B. die Stufe 8 in einem Amt der Besoldungsordnung A), soweit diese nicht feste Gehälter ausweist (wie z. B. in der Besoldungsgruppe B), siehe § 27 Abs. 1 BBesG. Die Amtsbezeichnungen ergeben sich im Wesentlichen aus den Vorbemerkungen zur Anlage I zum BBesG. Einer Beförderung steht es gleich, wenn dem Beamten, ohne dass sich seine Amtsbezeichnung ändert, ein anderes Amt mit höherem Endgrundgehalt verliehen wird. Dies ist z. B. der Fall, wenn einem Ministerialrat der BesGr A 16 ein Amt der BesGr B 3 verliehen wird. In diesen Ausnahmefällen bedarf es keiner Aushändigung einer Ernennungsurkunde nach § 10 Abs. 2 BBG, sondern lediglich einer schriftlichen Verfügung, aus der die Änderung hervorgeht. Da hier die Amtsbezeichnung nicht wechselt, es also an einem Tatbestandsmerkmal fehlt, nennt man diese Ausprägung der Beförderung „Ernennung im weiteren Sinne".[160] Wegen der Beförderung brauchen die Dienstgeschäfte, d. h. das funktionell-konkrete Amt, nicht zu wechseln. Eine generelle Stellenanhebung ist nicht als Beförderung zu werten. Die Übertragung eines höher bewerteten Dienstpostens ist keine Beförderung.

2. Voraussetzungen und Grundsätze einer Beförderung

Eine Beförderung ist gem. § 22 BBG i. V. m. 32 ff. BLV möglich, wenn 85

- ein Beförderungsamt besteht,
- der Beamte aufgrund seiner Eignung, Befähigung und fachlichen Leistung ausgewählt wird,
- der Beamte bei gleichzeitiger Übertragung einer höherwertigen Funktion seine Eignung für diesen Dienstposten in einer halbjährigen Erprobungszeit i. S. d. § 1 Abs. 7 BLV nachgewiesen hat und
- kein Beförderungsverbot nach § 22 Abs. 3 und 4 BBG vorliegt.

Ein Beamter darf nur befördert werden, wenn ein **Beförderungsamt** besteht. Dabei ist zu beachten, dass Beförderungsämter nur eingerichtet werden dürfen, wenn sie sich den Ämtern der niedrigeren Besoldungsgruppe nach der Wertigkeit der zugeordneten Funktionen wesentlich abheben.

Es gibt nur noch die Funktionsbeförderung, nicht mehr die Regelbeförderung (nach Ablauf bestimmter Dienstjahre). Beförderungen sind ausschließlich nach **Eignung, Befähigung und fachlicher Leistung** ohne Rücksicht auf Geschlecht, Abstammung, Rasse, Behinderung, Religion oder Weltanschauung, politische Anschauungen, Herkunft, Beziehungen oder sexuelle Identität vorzunehmen (§§ 22, 9 BBG i. V. m. 32 f.

160 *Battis*, § 10, Rn. 13.

BLV). Für die Auswahl unter den Bewerbern gilt das Leistungsprinzip. Die Beurteilung der Leistung und die Beförderungsprozesse sind aber keine mechanischen oder gar mathematischen Vorgänge, hier spielen vielmehr Werte und Wertungen der Vorgesetzten eine wesentliche Rolle. Deshalb ist es nicht erstaunlich, dass die Beförderungspraxis und auch die vorangehende **dienstliche Beurteilung** der Beamten ein Gegenstand häufiger Kritik sind. Die dienstliche Beurteilung findet ihre gesetzliche Grundlage in § 21 BBG. Die Detailregelungen nimmt der Verordnungsgeber in §§ 48-50 BLV vor.

Exkurs: Die dienstliche Beurteilung

86 Die dienstliche Beurteilung findet in § 21 BBG Erwähnung, ist ansonsten aber in §§ 48 ff. BLV auf Verordnungsebene geregelt. Sie bildet die wesentliche Grundlage für die dienstliche Verwendung und das berufliche Fortkommen des Beamten. Eignung und Leistung eines Beamten sind nicht nur spätestens alle drei Jahre (Regelbeurteilung), sondern auch, wenn es die dienstlichen und persönlichen Verhältnisse erfordern (Anlassbeurteilung), zu beurteilen, § 48 Abs. 1 BLV. Die Leistungen der Beamten sollen differenziert und miteinander vergleichbar bewertet werden.[161] Beurteilungen sollen es dem Dienstherrn ermöglichen, seine Entscheidungen über die Verwendung der Beamten und über ihr dienstliches Fortkommen, insbesondere über eine Beförderung, am Grundsatz der Bestenauslese auszurichten. Die Beurteilung muss mit einem Gesamturteil und mit einem Vorschlag für die weitere dienstliche Verwendung abschließen, § 49 Abs. 3 BLV. Die Beurteilung ist dem Beamten in ihrem vollen Wortlaut zu eröffnen und mit ihm zu besprechen. Die Beurteilung ist zu den Personalakten zu nehmen. Das gilt auch für etwaige Gegenvorstellungen des Beamten. Der Beurteilende, der den Beamten gerecht, unvoreingenommen und möglichst objektiv zu beurteilen hat, muss bei der Erstellung alle angemessenen Erkenntnismöglichkeiten ausschöpfen. Gebräuchliche Beurteilungsart ist die Beurteilung im Ankreuzverfahren. Hierbei werden begrifflich vorgeschriebene Beurteilungsmerkmale und Bewertungsgrade nur angekreuzt, was die Nachvollziehbarkeit der Bewertung im Einzelnen erschweren kann und daher grds. kritisch zu sehen ist. Das BVerwG hat in seiner sog. Ankreuzentscheidung vom 17.9.2015 – 2 C 27.14 – daher die Anforderungen an die Plausibilisierung und Begründung des Gesamturteils einer solchen dienstlichen Beurteilung genau festgelegt. Es wird häufig zwischen Leistungsbeurteilung und Befähigungsbeurteilung unterschieden. Mit der Leistungsbeurteilung werden die dienstlichen Tätigkeiten erfasst und die Arbeitsergebnisse bewertet. Leistungsmerkmale sind: Arbeitsergebnisse, praktische Arbeitsweise und Arbeitsverhalten sowie bei Vorgesetzten das Führungsverhalten, § 2 Abs. 4 BLV. Für die Bewertung der Leistungsmerkmale stehen je nach Richtlinie in der Regel zwischen 5 und 15 Notenstufen zur Verfügung. Mit der Befähigungsbeurteilung werden die am Arbeitsplatz gezeigten Befähigungen nach ihrem Ausprägungsgrad von besonders stark bis schwach ausgeprägt dargestellt. Zuständig für die Erstellung dienstlicher Beurteilungen ist der unmittelbare Dienstvor-

161 *Lorse*, Rn. 57.

gesetzte. Übergeordnete Stellen können einheitliche Bewertungsmaßstäbe und Richtwerte festlegen. Der nächsthöhere Dienstvorgesetzte darf von der Beurteilung des unmittelbaren Dienstvorgesetzten abweichen, wenn er sich aus eigener Kenntnis ein persönliches Urteil über Befähigung und Leistung bilden kann und die Abweichung begründet. Da die Beurteilung durch einen einzigen Vorgesetzten die Gefahr der subjektiven Färbung nicht ausschließt, ist in § 50 Abs. 1 BLV das Vier-Augen-Prinzip verankert.

Die Rechtsnatur der dienstlichen Beurteilung ist umstritten. Nach Auffassung der **87** Rechtsprechung ist die Beurteilung als solche **kein Verwaltungsakt**[162], weil es ihr an am Regelungscharakter i. S. d. § 35 S. 1 VwVfG fehlen soll. Diese Rechtsprechung wird mit Recht kritisiert und überzeugt im Ergebnis nicht.[163] Im Hinblick auf den Rechtsschutz ist nicht nachvollziehbar, warum der Beamte dem Bundesverwaltungsrecht zufolge nicht unmittelbar mit dem Widerspruch gegen die dienstliche Beurteilung vorgehen kann. Dagegen spricht allein § 126 Abs. 2 BBG, der in beamtenrechtlichen Streitigkeiten immer die Durchführung eines Vorverfahrens verlangt.[164]

Die dienstliche Beurteilung bleibt aber mit der allgemeinen Leistungsklage angreifbar. Der gerichtlichen Überprüfung der Beurteilung sind Grenzen gesetzt, die sich aus der rechtlichen Gestaltung einer solchen Beurteilung als eines persönlichkeitsbedingten Werturteils ergeben. Wegen des dem Dienstherrn eingeräumten **Beurteilungsspielraumes** können die Gerichte nur prüfen, ob die Beurteilung auf einem Tatsachenirrtum, der Verletzung allgemein gültiger Bewertungsmaßstäbe oder sachfremden Erwägungen beruht. Die verwaltungsgerichtliche Überprüfung der angefochtenen dienstlichen Beurteilung kann nicht dazu führen, dass das Gericht die fachliche und persönliche Beurteilung des Beamten durch den zuständigen Dienstvorgesetzten in vollem Umfange nachvollzieht oder gar durch eigene Beurteilung ersetzt (Grundsatz der Gewaltenteilung).

Die dienstliche Beurteilung, auf deren Grundlage die Beförderungsentscheidung getroffen wird, darf zum Zeitpunkt der Auswahlentscheidung höchstens drei Jahre alt sein. Mit dieser Regelung in § 22 Abs. 1 S. 2 BBG wollte der Gesetzgeber einen von den Verwaltungsgerichten unterschiedlich bewerteten Streit über die Aktualität der dienstlichen Beurteilung beenden.[165]

Das Leistungsprinzip wird im Übrigen durch andere Grundsätze, wie etwa das Sozialstaatsprinzip, modifiziert. Danach kann es sein, dass aus sozialen Gründen bei gleicher Eignung der Schwerbehinderte vor anderen Bewerbern den Vorzug erhält. Dasselbe gilt aus Gründen der Geschlechtergerechtigkeit nach dem BGleiG. Für den Normalfall gilt, dass das öffentliche Interesse an der bestmöglichen Besetzung der Beamtenstellen dem Interesse des Beamten an einem angemessenen beruflichen Aufstieg

162 BVerwGE 28, 191 (192); siehe zu umfangreichen Nachweisen in der Literatur *Schnellenbach*, Dienstliche Beurteilung, Rn. 402.
163 Kritisch dazu *Schnellenbach*, a. a. O., Rn. 402 ff.
164 Auch in BVerwGE 60, 245 (251) finden sich Anhaltspunkte für diese Einschätzung.
165 Exemplarisch: VGH Kassel, NVwZ-RR 2004, 120: Die Beurteilung darf nicht älter als drei Jahre sein.

vorgeht. Nach der Rechtsprechung gebietet die Fürsorgepflicht dem Dienstherrn nicht, öffentliche Belange den Interessen des Einzelnen unterzuordnen. Es verstößt aber z. B. gegen das Leistungsprinzip des Art. 33 Abs. 2 GG, Beförderungsmöglichkeiten innerhalb einer Laufbahn von einer Mindestverweildauer von mehr als 10 Jahren in dem bisherigen Amt oder von einem Mindestdienstalter abhängig zu machen.[166]

88 Nach § 22 Abs. 2 BBG i. V. m. § 32 Nr. 2 BLV ist Voraussetzung für die Übertragung von höher bewerteten Dienstposten eine mindestens sechsmonatige **Erprobungszeit** vor (siehe auch § 2 Abs. 7 BLV), in der der Beamte seine Eignung für den höher bewerteten Dienstposten nachzuweisen hat.

89 Es bestehen verschiedene **Beförderungsverbote** und sonstige Einschränkungen, bei deren Vorliegen eine Beförderung nicht erfolgen darf. Ein Beamter darf gem. § 22 Abs. 3 und 4 BBG in folgenden Fällen nicht befördert werden:

- vor Ablauf eines Jahres seit der Einstellung in das Beamtenverhältnis auf Probe.
- vor Ablauf eines Jahres, seit der Einstellung in das Beamtenverhältnis auf Lebenszeit.
- vor Ablauf eines Jahres seit der letzten Beförderung.[167]
- Regelmäßig zu durchlaufende Ämter dürfen nicht übersprungen werden.

Der Bundespersonalausschuss kann gemäß § 22 Abs. 6 BBG Ausnahmen von diesen Beförderungsverboten zulassen. Daneben ergeben sich aus anderen Rechtsvorschriften Verbote für die Vornahme von Beförderungen.

Beispiele: § 49 BHO setzt für die Verleihung des höheren Amtes eine besetzbare Planstelle voraus. Aber: Der Beamte kann (haushaltsrechtlich) mit Rückwirkung von höchstens drei Monaten, zum Ersten eines Monats, in eine besetzbare Planstelle eingewiesen werden.

Nach einer durch Disziplinarmaßnahme erfolgten Kürzung der Dienstbezüge (§ 8 Abs. 4 BDG) oder einer Zurückstufung (§ 9 Abs. 3 BDG) darf der Beamte eine bestimmte Zeit lang nicht befördert werden.

Für einzelne Beamte können sich die Aussichten auf Beförderung durch den allgemeinen Stellenschlüssel verschlechtern. Der Gesetzgeber hat für Beförderungsämter Obergrenzen anteilsmäßig festgelegt, die nicht überschritten werden dürfen. Faktische Grenzen der Beförderung können sich durch eine ungünstige Altersschichtung in einem Verwaltungsbereich ergeben, man spricht dann von „Beförderungsstau".

3. Kein Anspruch auf Beförderung

90 Nach ständiger Rechtsprechung hat der Beamte **keinen Anspruch auf Beförderung.**[168] Ein solcher Anspruch ist weder aus der Verfassung noch aus der Fürsorgepflicht des Dienstherrn abzuleiten. Die Fürsorgepflicht gebietet es dem Dienstherrn aber, sich bei der Entscheidung über eine Beförderung von sachlichen Erwägungen, Gerechtigkeit

166 BVerwGE 122, 147 (149).
167 Dieses Beförderungsverbot schränkt der Gesetzgeber für die Fälle ein, in denen das bisherige Amt nicht regelmäßig durchlaufen werden musste.
168 *Battis*, § 22, Rn. 26 m. w. N. aus Rechtsprechung und Literatur.

und Wohlwollen leiten zu lassen und den Beamten nicht im Widerspruch hierzu an einem angemessenen beruflichen Aufstieg im Rahmen der dienstlichen, beamten- und haushaltsrechtlichen Möglichkeiten zu hindern. Ein Anspruch auf Beförderung besteht auch dann nicht, wenn der Beamte längere Zeit auf einem höher bewerteten Dienstposten beschäftigt worden ist. Bei der Prüfung von Eignung, Befähigung und fachlicher Leistung hat der Dienstherr einen Beurteilungsspielraum. Erst wenn die gleiche Eignung der Bewerber vorliegt, steht dem Dienstherrn ein Ermessen zu. Dabei hat er sich von sachgerechten Erwägungen leiten zu lassen.

Der Beamte hat aber einen **Anspruch auf ermessensfehlerfreie Entscheidung** des 91
Dienstherrn. Die Rechtsprechung geht von einem Bewerbungsverfahrensanspruch aus.[169] Die Fürsorgepflicht und die Pflicht zur beiderseitigen Treue verbieten es, den Beamten pflichtwidrig von einer Beförderung auszuschließen oder die Beförderung in gesetzeswidriger oder ermessensfehlerhafter Weise zu verzögern. Ausnahmsweise besteht dann ein Anspruch auf Beförderung, wenn jede andere Entscheidung, als die mögliche Beförderung eines bestimmten Beamten, ermessensfehlerhaft wäre. Wegen des Beurteilungsspielraums des Dienstherrn lässt sich die höchste Qualifikation eines bestimmten Beamten für ein Beförderungsamt allerdings nur selten nachweisen. Wird der Beamte aus ermessensfehlerhaften Erwägungen nicht befördert und ist die Nichtbeförderung die adäquate Folge eines schuldhaften Verhaltens des Dienstherrn bei der Auswahl, so steht dem betroffenen Beamten ein Schadensersatzanspruch zu. Eines Rückgriffs auf das Rechtinstitut der Verletzung der Fürsorgepflicht bedarf es nicht.[170] Bei der Auswahl der Beamten für einen Beförderungsdienstposten ist in erster Linie auf die jüngste dienstliche Beurteilung abzustellen. Zurückliegende Beurteilungen sind zusätzlich zu berücksichtigen und vor Hilfskriterien heranzuziehen, § 33 Abs. 1 S. 2 BLV. Dagegen darf der Dienstherr seine Entscheidung nicht ausschließlich nach dem Eindruck eines Auswahlgesprächs treffen.[171] Der Dienstherr ist aufgrund seines Organisationsrechts befugt, ein Auswahlverfahren zur Besetzung einer Beförderungsstelle aus sachlichen Gründen jederzeit zu beenden. Der Beamte darf nur wegen triftiger Gründe von der Beförderung ausgeschlossen werden. Solange noch eine freie Beförderungsstelle vorhanden und der Beamte der am besten geeignete Bewerber ist, ist der Schadensersatzanspruch durch Vornahme der unterbliebenen Beförderung zu erfüllen. Wenn das Amt aber bereits durch Ernennung eines anderen Beamten vergeben ist, bleibt dem betreffenden Beamten nur ein Anspruch auf Ausgleich in Geld.[172] Denn auch eine rechtswidrige Ernennung bleibt regelmäßig wirksam und kann nur unter engen, gesetzlich geregelten Ausnahmen rückgängig gemacht werden kann (siehe dazu unten § 11, Rn. 97 ff.). Der finanzielle Ausgleichsanspruch umfasst die Differenz zwischen den jetzigen Dienstbezügen des Beamten und den Dienstbezügen, die ihm im Fall der Beförderung zugestanden hätten. In der Praxis ist der Beweis des nicht ernannten Beamten, dass er als Bester hätte ernannt werden müssen, nur schwer zu führen.

169 Siehe dazu *Monhemius*, Rn. 126, 636.
170 BVerwGE 80, 123 (124 f.); 102, 33 (35).
171 OVG NW 1995, 205.
172 BVerwGE 80, 123.

92 **Beispiel:** Ernennungsurkunde bei **Beförderung**.

> Im Namen der Bundesrepublik Deutschland
>
> ernenne ich
>
> die Regierungsinspektorin
>
> KERSTIN MÖGE
>
> zur Regierungsoberinspektorin
>
> Köln, den (Datum)
>
> Für den Bundesminister des Innern
> Der Präsident des Bundesverwaltungsamtes
>
> (Originalunterschrift)
>
> (Siegel)

III. Rückernennung

93 Eine Rückernennung ist die Versetzung in ein Amt mit geringerem Endgrundgehalt und anderer Amtsbezeichnung, also ein Ernennungsfall, der statusrechtlich spiegelbildlich zur Beförderung zu sehen ist. Die Rückernennung kann nur erfolgen:

- mit Zustimmung oder auf Antrag des Beamten.
- bei Auflösung, wesentlicher Aufgabenänderung oder Verschmelzung von Behörden im Bereich desselben Dienstherrn unter den Voraussetzungen des § 28 Abs. 3 BBG.
- durch Disziplinarverfahren. Streng genommen handelt es sich hier jedoch gar nicht um eine Rückernennung, sondern um eine Disziplinarmaßnahme der Zurückstufung gem. §§ 5, 9 BDG, die aber statusrechtlich ebenfalls zur Übertragung eines geringerwertigen Amtes führt. Eine Ernennung liegt in diesem Fall **nicht** vor, so dass es weder der Aushändigung einer Urkunde noch der Zustimmung des Beamten bedarf. Denn die Zurückstufung kann nur durch das rechtskräftige Urteil eines Verwaltungsgerichts erfolgen, §§ 34, 45 ff. BDG.

IV. Wechsel der Laufbahngruppe (Aufstieg)

94 Unter dem Wechsel der Laufbahngruppe ist die Veränderung des Beamtenverhältnisses durch Verleihung eines anderen Amtes mit gleichem oder höherem Endgrundgehalt und anderer Amtsbezeichnung beim Aufstieg in die nächsthöhere Laufbahngruppe zu verstehen. Ein solcher Laufbahngruppenwechsel setzt den vorherigen Erwerb der entsprechenden Laufbahnbefähigung gem. § 17 BBG i. V. m. §§ 7, 35 ff. BLV voraus. Der Beamte muss gem. § 36 BLV zunächst erfolgreich ein Auswahlverfahren absolvieren, damit er zum Aufstieg zugelassen werden kann. Je nachdem, in welche Laufbahn-

gruppe der Aufstieg erfolgen soll (in den mittleren, gehobenen oder höheren Dienst), schließt sich dann entweder die Teilnahme an einem fachspezifischen Vorbereitungsdienst, einer Hochschulausbildung oder einer fachspezifischen Qualifizierung an, §§ 36-39 BLV.[173] Die Verleihung eines anderen Amtes der neuen Laufbahn durch Ernennung schließt den Aufstieg formal ab, § 40 BLV.

Beispiele: Ein Oberamtsrat wird zum Regierungsrat ernannt. Ein erster Polizeihauptkommissar wird zum Polizeirat ernannt.

Da die Spitzenämter der einzelnen Laufbahngruppen (A 5, A 9, A 13) ebenso besoldet werden wie die Eingangsämter der jeweils nächsthöheren Laufbahngruppe (sog. Verzahnungsämter), ändert sich bei dem Aufstieg aus einem Spitzenamt einer Laufbahn in das Eingangsamt der höheren Laufbahn das Endgrundgehalt nicht. Durch die förmliche Ernennung wird die Bedeutung des Aufstiegs betont.

Beispiel: Wechsel der Laufbahngruppe, Aufstieg vom mittleren in den gehobenen Dienst. **95**

Im Namen der Bundesrepublik Deutschland

ernenne ich

den Amtsinspektor

ALDUS MANUTIUS

zum Regierungsinspektor

Köln, den (Datum)

Für den Bundesminister des Innern
Der Präsident des Bundesverwaltungsamtes

(Originalunterschrift)

(Siegel)

173 *Leppek*, ZBR 2010, 397 (398 ff.).

Aufbauschema: Rechtmäßigkeit einer Ernennung

Vorüberlegung: Welcher Ernennungsfall nach § 10 Abs. 1 BBG kommt in Betracht?

A. Allgemeine Rechtmäßigkeitsanforderungen
- I. Formelle Rechtmäßigkeit
  1. Dienstherrnfähigkeit, § 2 BBG
  2. Zuständigkeit, Art. 60 GG i. V. m. § 12 Abs. 1 BBG
  3. Form, § 10 Abs. 2 BBG
  4. Verfahren
- II. Materielle Rechtmäßigkeit
  1. Auswahl, Art. 33 Abs. 2 i. V. m. § 9 BBG, § 3 BLV
  2. Amts- und Geschäftsfähigkeit
  3. Haushaltsrechtliche Voraussetzungen, § 49 BHO
  4. Bedingungs- und Auflagenfeindlichkeit

B. Besondere (materielle) Rechtmäßigkeitsanforderungen
- I. Einstellung, § 10 Abs. 1 Nr. 1 BBG
  1. Hoheitliche Aufgaben, § 5 BBG
  2. Persönliche Anforderungen (Staatsangehörigkeit, Verfassungstreue, Amtsunwürdigkeit, Laufbahnbefähigung), § 7 BBG
- II. Umwandlung, § 10 Abs. 1 Nr. 2 BBG: Bei Umwandlung in Beamtenverhältnis auf Lebenszeit: § 11 BBG
- III. Beförderung: Voraussetzungen des § 22 BBG
- IV. Aufstieg: Erwerb der Laufbahnbefähigung gem. §§ 35 ff. BLV

Übersicht 10

Erläuterung zum Aufbauschema:

Juristische Aufbauschemata können hilfreich sein, trotzdem sollte man ihnen nie blind folgen und sie auch nicht einfach „abhaken", ohne die Besonderheiten des Falls zu beachten. Im Ernennungsrecht empfiehlt sich folgende Vorgehensweise:

Soll die Rechtmäßigkeit einer Ernennung geprüft werden, ist nach einer kurzen Vorüberlegung zunächst festzustellen, um welchen der vier Ernennungsfälle es sich handeln könnte: Eine Einstellung, Umwandlung, Beförderung/Rückernennung oder den Aufstieg in eine andere Laufbahngruppe.

Danach sind (zunächst gedanklich) alle Rechtmäßigkeitsanforderungen in der oben genannten Reihenfolge durchzuprüfen. Sehr häufig bietet der konkret zu lösende Fall keine Probleme bei der Dienstherrnfähigkeit und Zuständigkeit. Diese Punkte sind daher nur ausdrücklich zu erwähnen, wenn der Fall konkreten Anlass dazu gibt. Zu den Punkten A. I. 3. und 4. sollte kurz festgestellt werden, dass sie vorliegen, selbst wenn hier kein größeres Problem verborgen ist. Auf die Punkte A. II. sollte hingegen nur eingegangen werden, wenn der Fall tatsächlich Fragen hierzu aufwirft. Auf die besonderen materiellen Anforderungen nach B. sollte hingegen – abhängig davon, welcher Ernennungsfall vorliegt – immer eingegangen werden. Wenn alle Voraussetzungen vorliegen, ist die Ernennung rechtmäßig. Liegt eine Voraussetzung nicht vor, ist die Ernennung rechtswidrig. Dann stellt sich im Anschluss die Frage, ob die Ernennung wirksam geworden ist und wirksam bleibt. Grundsätzlich muss die Ernennungsurkunde durch Aushändigung erfolgt sein (§§ 10 Abs. 2 S. 1, 12 Abs. 2 BBG) und der Beamte muss zugestimmt haben. Die Frage der Rechtmäßigkeit und der Wirksamkeit der Ernennung sind also getrennt zu betrachten. Das ist eine Besonderheit des Ernennungsrechts: Auch eine rechtswidrige Ernennung bleibt nämlich grundsätzlich wirksam, wenn kein Ernennungsfehler vorliegt (Grundsatz der Ämterstabilität). Die Ernennungsfehler werden im folgenden Kapitel ausführlich erörtert.

Wiederholungsfragen

1. *Welche Tatbestandsmerkmale müssen erfüllt sein, damit es sich bei einer Ernennung um eine Beförderung handelt? (Rn. 84)*
2. *Welche vier Voraussetzungen müssen erfüllt sein, damit ein Beamter befördert werden darf? (Rn. 85)*
3. *Welche Beförderungsverbote gibt es und wo sind sie geregelt? (Rn. 89)*
4. *Unter welchen Voraussetzungen gibt es einen Anspruch auf Beförderung? (Rn. 91)*
5. *Was versteht man unter einer Rückernennung? (Rn. 93)*

§ 11 Die fehlerhafte Ernennung und ihre Rechtsfolgen

Literaturhinweise: Zu den Ernennungsfehlern nach BBG vor 2009: *Günther*, Die Tatbestände nichtiger, zurückzunehmender oder rücknehmbarer Ernennung, DÖD 1990, 281; *Vogt*, Nichtakt, Nichtigkeit und Rücknahme von Ernennungen DVP 1995, 105ff.

Zur neuen Rechtslage seit 2009: Siehe *Leppek*, Das Ernennungsrecht in Bundesbeamtengesetz und Beamtenstatusgesetz – Ernennung und Ernennungsfehler unter besonderer Berücksichtigung der Heilbarkeit von Formfehlern, ZBR 2010, S. 397 ff.

Die in § 10 Abs. 1 BBG abschließend aufgezählten Ernennungsfälle und ihre Rechtmäßigkeitsvoraussetzungen sind nun bekannt. Im Folgenden soll es darum gehen, welche Fehler bei einer Ernennung auftreten können und welche Folgen sie für die Wirksamkeit einer Ernennung haben. Ernennungsfehler sind bei jedem Ernennungsfall denkbar, sie können also gleichermaßen bei Einstellung, Umwandlung, Beförderung oder Aufstieg auftreten.

I. Nichternennung

96 Fehlt es am Vorliegen grundlegender Wirksamkeitsvoraussetzung für eine Ernennung liegt eine solche von Anfang an nicht vor. Dies ist der Fall, wenn

- die Ernennungsurkunde von einer Stelle stammt, die nicht dienstherrnfähig i. S. d. § 2 BBG ist,
- eine Urkunde nicht oder fehlerhaft ausgehändigt worden ist,
- der Ernannte seine Zustimmung nicht erteilt hat,
- die Urkunde eine Bedingung oder Auflage enthält,
- das zu verleihende Amt nicht (mehr) vorhanden ist.[174]

Fehlt es an einer dieser Grundvoraussetzungen liegt eine Ernennung von Anfang an nicht vor. Zur Klarstellung sei bereits an dieser Stelle angemerkt: es handelt sich hier nicht um Fälle der Nichtigkeit nach § 13 Abs. 1 Nr. 1 BBG. Denn bei den fünf oben genannten Fällen handelt es sich nicht um Formvorschriften, sondern um Wirksamkeitsvoraussetzungen der Ernennung bzw. Verfahrensbestimmungen.

> **Beispiel:** Die Aushändigung ist eine besondere Form der Bekanntgabe und damit lex specialis zu § 41 VwVfG. Solange die Urkunde sich noch in den Händen der Ernennungsbehörde befindet, ist sie ein interner Vorgang und ohne Rechtswirkung nach außen. Sie ist rechtlich noch gar nicht existent. Zur Prüfung der Nichtigkeit der Ernennung kommt man deshalb nicht.

174 BVerwG DVBl. 1983, 1108.

II. Ernennungsfehler (im engeren Sinne)

Liegt eine Ernennung vor, kann diese mit Fehlern behaftet sein. Die rechtserheblichen 97
Fehler bei einer erfolgten Ernennung können zur

1. Nichtigkeit der Ernennung gem. § 13 BBG oder zur
2. Rücknahme der Ernennung gem. § 14 BBG

führen.[175]

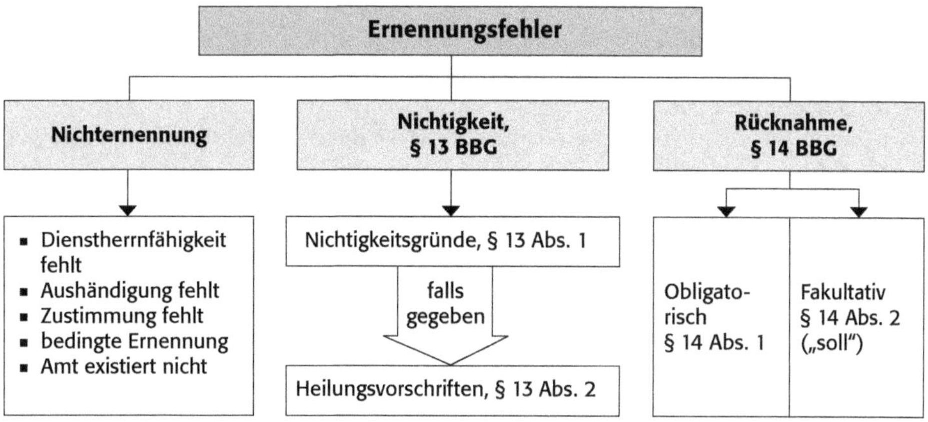

Übersicht 11

Eine rechtswidrig-anfechtbare Ernennung gibt es grundsätzlich nicht. Die Formstrenge 98
des Beamtenrechts führt dazu, dass eine fehlerhafte Ernennung nicht nach den allgemeinen Regeln der §§ 44, 48 f. VwVfG beurteilt werden kann. Das BBG enthält hierzu **abschließende Sonderregelungen**. Daher gilt folgender Grundsatz: Entweder leidet die Ernennung an einem Fehler gem. §§ 13, 14 BBG mit den dort genannten Rechtsfolgen (Unwirksamkeit) oder aber die Ernennung bleibt wirksam – unabhängig davon, ob sie rechtmäßig ist oder nicht. Hierdurch wird auch der Ämterstabilität Rechnung getragen.

Nach einem unten unter Rn. 123a eingehend dargestellten Urteil des Bundesverwal- 98a
tungsgerichts vom November 2010 ist eine rechtswidrige Ernennung jedoch in bestimmten Fällen abweichend vom Grundsatz der Ämterstabilität aufhebbar, ohne dass einer der im Folgenden dargestellten Ernennungsfehler vorliegt. Diese Fälle werden aber auch in Zukunft die absolute Ausnahme bleiben.

175 Daneben sei an den bereits erwähnten Fall des § 12 Abs. 2 S. 2 BBG erinnert: Die Ernennung auf einen zurückliegenden Zeitpunkt ist unzulässig und **insoweit** unwirksam.

1. Nichtigkeit der Ernennung

Struktur der Vorschrift des § 13 BBG

99 Die Gründe für eine nichtige Ernennung sind **erschöpfend** in § 13 BBG für alle Ernennungen aufgeführt. Ein Rückgriff auf § 44 VwVfG ist unzulässig, da § 13 BBG in Bezug auf das Ernennungsrecht lex specialis im Verhältnis zu den allgemeinen Verfahrensvorschriften des VwVfG ist. § 13 BBG enthält in Abs. 1 drei Gruppen von Nichtigkeitsgründen:

- § 13 Abs. 1 Nr. 1 BBG
  Gründe, die in der Nichteinhaltung der Formvorschriften des § 10 Abs. 2 BBG liegen.
- § 13 Abs. 1 Nr. 2 BBG
  Gründe, die in der (sachlichen) Unzuständigkeit der ernennenden Behörde liegen.
- § 13 Abs. 1 Nr. 3 BBG
  Gründe, die in der Person des Ernannten liegen.

§ 13 Abs. 2 BBG enthält Ausnahmen von den soeben genannten Nichtigkeitsgründen in Absatz 1: In bestimmten Fällen ist die Ernennung von Anfang an als wirksam anzusehen, obwohl ein Nichtigkeitsgrund gegeben ist.

Die weitere Darstellung wird zunächst der Reihe nach auf die drei Nichtigkeitsgründe nach § 13 Abs. 1 BBG eingehen. Danach werden die Ausnahmeregelungen des Abs. 2 betrachtet.

Nichtigkeitsgründe des § 13 Abs. 1 BBG

a) Nichtigkeit wegen der Form, § 13 Abs. 1 Nr. 1 BBG

100 Eine Ernennung ist nichtig, wenn sie nicht der in § 10 Abs. 2 BBG vorgeschriebenen Form entspricht. § 10 Abs. 2 BBG enthält verschiedene Anforderungen an die Form der Ernennung. Folgende Formverstöße führen zur Nichtigkeit:

- Der gesetzlich vorgeschriebener **Wortlaut** der Urkunde fehlt (siehe oben Rn. 71c).
- Die eigenhändige **Unterschrift** des Dienstvorgesetzten fehlt (siehe oben Rn. 71c).
- Dem Beamten wird nicht die **Originalurkunde** ausgehändigt(siehe oben Rn. 71f).

Obwohl § 10 Abs. 2 BBG allein auf den vorgeschriebenen Wortlaut der auszuhändigenden Urkunde verweist, gehören auch die übrigen Punkte zu einer der Form entsprechenden Ernennung. Diese (ungeschriebenen) Formvorschriften lassen sich aus dem Sinn und Zweck der Vorschrift sowie aus dem systematischen Zusammenhang des Ernennungsrechts innerhalb des Beamtenrechts entnehmen. Erfüllt die Ernennung eine dieser wesentlichen Anforderungen an die Form nicht ist die Ernennung nichtig und damit von Anfang an unwirksam.

b) Nichtigkeit wegen Unzuständigkeit der Behörde, § 13 Abs. 1 Nr. 2 BBG

101 Eine Ernennung ist auch nichtig, wenn sie von einer **sachlich unzuständigen Behörde** ausgesprochen wurde. Welche Behörde sachlich zuständig ist, ergibt sich aus den gesetzlichen und verwaltungsinternen Zuständigkeitsregeln.

Beispiele: Der Präsident des Statistischen Bundesamtes befördert einen Beamten zum Leitenden Regierungsdirektor (BesGr. A 16), obwohl der Bundesminister des Innern (BMI) Ernennungsbefugnisse nur für Beamte der BesGr. A 1 – A 15 auf die Mittelbehörden übertragen hat. Der Präsident ist zu dieser Ernennung nicht ermächtigt. Sachlich zuständig ist das BMI.
Der Präsident des BKA befördert versehentlich einen zum BKA abgeordneten Polizeikommissar der Bundespolizei zum Kriminaloberkommissar. Die Behörde ist zwar zu Ernennungen von Beamten des gehobenen Dienstes befugt, sie ernennt hier aber einen Beamten eines anderen Verwaltungszweiges, sachlich zuständig ist die Bundespolizeidirektion, der der Beamte zugeordnet ist.

Weil § 13 Abs. 1 Nr. 2 BBG nur die sachliche Zuständigkeit erwähnt, ist im Umkehrschluss davon auszugehen, dass eine Ernennung, die von einer örtlich unzuständigen Stelle vorgenommen wird, von Anfang an wirksam ist. Andernfalls hätte der Gesetzgeber auch diesen Fall ausdrücklich regeln müssen.

c) Nichtigkeit wegen Gründen in der Person des Ernannten, § 13 Abs. 1 Nr. 3 BBG

Eine Ernennung ist aus Gründen, die in der Person des Beamten liegen, nach § 13 Abs. 1 Nr. 3 BBG ferner nichtig, wenn der Beamte zum Zeitpunkt der Ernennung **102**

- aufgrund seiner Staatsangehörigkeit nicht hätte ernannt werden dürfen.
  Das ist dann der Fall, wenn der Ernannte nicht Deutscher i. S. d. Art. 116 GG war **oder** nicht die Staatsangehörigkeit eines anderen Mitgliedstaates der EU, eines anderen Vertragsstaates des Abkommens über den Europäischen Wirtschaftsraum **oder** eines Drittstaates nach § 7 Abs. 1 Nr. 1 c) BBG besaß **und** das BMI keine Ausnahme nach § 7 Abs. 3 BBG zugelassen hat.
- nicht die Fähigkeit zur Bekleidung öffentlicher Ämter hatte (vgl. § 45 StGB).
  Die Amtsunfähigkeit wird durch die Entscheidung eines Gerichts getroffen oder tritt kraft Gesetzes ein (siehe dazu oben § 9, Rn. 72b).[176]

Die Ausnahmeregelung des § 13 Abs. 2 BBG

§ 13 Abs. 2 BBG formuliert Ausnahmen von den Nichtigkeitsbestimmungen des Absatzes 1: Unter bestimmten Umständen liegen zwar Nichtigkeitsgründe nach Abs. 1 vor. Das führt aber nur dann zur Nichtigkeit, wenn keine Ausnahme nach Abs. 2 vorliegt. Aus der Begründung des Gesetzes ergibt sich, dass die Fälle des § 13 Abs. 2 BBG als Heilungsvorschriften gedacht sind.[177] Wird der Fehler gem. § 13 Abs. 2 BBG geheilt, ist die Ernennung wirksam. **103**

In folgenden Fällen ist eine Ernennung als **von Anfang an wirksam** anzusehen.

176 Verliert der Beamte **nach** seiner Ernennung die Amtsfähigkeit durch Verurteilung wegen einer Vorsatztat zu einer mindestens einjährigen Freiheitsstrafe bleibt seine Ernennung zwar wirksam, er ist aber gem. § 41 Abs. 1 Nr. 1 BBG mit Rechtskraft eines solchen Urteils kraft Gesetzes entlassen.

177 Deutscher Bundestag, Drucksache 16/7076, S. 102.

a) Heilung der Nichtigkeit wegen Formfehlern, § 13 Abs. 2 Nr. 1 BBG

104 Eine Ernennung, die an einem Formfehler i. S. d. Abs. 1 Nr. 1 leidet, ist wirksam, wenn sich aus der Urkunde oder der Personalakte eindeutig ergibt, dass die zuständige Ernennungsbehörde ein bestimmtes (und bestimmbares) Beamtenverhältnis begründen oder ein bereits bestehendes in ein solches anderer Art umwandeln wollte. Dieselbe Rechtsfolge tritt ein, wenn bei der Ernennung zum Beamten auf Zeit die Angabe der Zeitdauer fehlt, diese sich aber aus dem Gesetz ergibt. Diese Ausnahmevorschrift gilt für nur für drei Ernennungsfälle:

- Ein Beamtenverhältnis soll begründet werden (Einstellung), § 10 Abs. 1 Nr. 1 BBG.
- Ein Beamtenverhältnis soll umgewandelt werden, § 10 Abs. 1 Nr. 2 BBG.
- Ein Beamter auf Zeit soll ernannt werden, § 10 Abs. 1 Nr. 1, 2 BBG.

Die Beförderung und der Aufstieg werden von dieser Vorschrift nicht umfasst. Auf diese Ernennungen nach § 10 Abs. 1 Nr. 3 und 4 BBG ist sie daher auch nicht anwendbar. Leiden sie an einem Formfehler, sind sie immer nichtig, ohne dass eine Heilungsmöglichkeit besteht.

Die Tatbestandsseite der Vorschrift sollte näher betrachtet werden:

- Ernennung (Einstellung, Umwandlung, Beamter auf Zeit)
- Formfehler nach Abs. 1 Nr. 1 i. V. m. § 10 Abs. 2 BBG
- Urkunde oder Akte enthalten eindeutige Hinweise auf die tatsächlich gewollte Ernennung oder die Zeitdauer beim Beamtenverhältnis auf Zeit

Daneben müssen, auch ohne dass das in § 13 Abs. 2 BBG ausdrücklich erwähnt wird, die sachlichen Voraussetzungen für die Einstellung oder Umwandlung vorliegen.

Beispiel: Frau B. ist als geeignete Kandidatin ausgewählt und in das Beamtenverhältnis auf Widerruf im Vorbereitungsdienst eingestellt worden. In der Urkunde fehlen die Worte „unter Berufung in das Beamtenverhältnis". Es liegt ein Nichtigkeitsgrund gem. § 13 Abs. 1 Nr. 1 BBG vor, da der Wortlaut gem. § 10 Abs. 2 S. 2 Nr. 1 BBG nicht stimmt. Dieser Fehler ist aber gem. § 13 Abs. 2 Nr. 1 BBG geheilt, weil sich aus den Einstellungsunterlagen (Bewerbung, Zeugnisse, Unterlagen über das Auswahlverfahren etc.) eindeutig ergibt, dass B – wie ihre übrigen Kollegen auch – zu einem bestimmten Zeitpunkt den Vorbereitungsdienst als Anwärterin beginnen sollte. Damit ist der Formfehler geheilt und die Ernennung von Anfang an wirksam.

b) Heilung der Nichtigkeit wegen Unzuständigkeit, § 13 Abs. 2 Nr. 2 BBG

105 Hiernach kann in den Fällen der sachlichen Unzuständigkeit nach Abs. 1 Nr. 2 die Ernennung von der **sachlich zuständigen** Behörde **rückwirkend** bestätigt werden. Es handelt sich hierbei um die rückwirkende Heilung eines nichtigen Verwaltungsaktes, die es im allgemeinen Verwaltungsrecht nicht gibt.[178]

c) Heilung der Nichtigkeit wegen Gründen in der Person des Ernannten, § 13 Abs. 2 Nr. 3 BBG

106 Fehlte es dem Ernannten an der erforderlichen deutschen Staatsangehörigkeit nach Abs. 1 Nr. 3 a) und lag eine Ausnahme nach § 7 Abs. 3 BBG nicht vor, kann das BMI

178 Deutscher Bundestag, Drucksache 16/7076, S. 102. *Summer* in: GKÖD, § 11, Rn. 13, der in diesem Zusammenhang von sog. „relativer Nichtigkeit" spricht.

diese fehlende Ausnahmereglung auch nachträglich zulassen. In diesem Fall wäre die erfolgte Ernennung ebenfalls von Anfang an wirksam.

Rechtsfolgen

Liegt ein Nichtigkeitsgrund nach § 13 Abs. 1 BBG und keine Ausnahmeregelung nach 107
Abs. 2 vor, tritt die Nichtigkeit der Ernennung kraft Gesetzes ein. Die Ernennung ist von Anfang an nicht zustande gekommen, ein Beamtenverhältnis hat nicht bestanden.

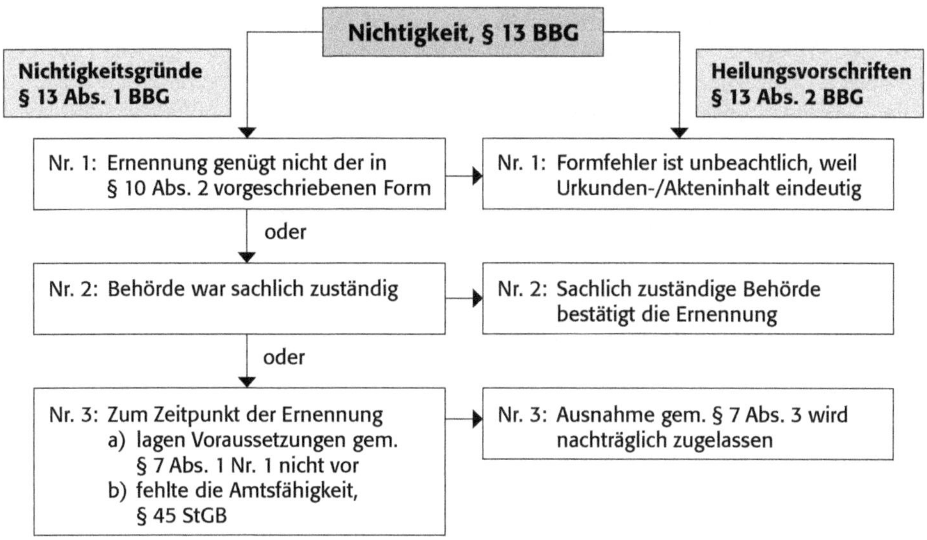

Übersicht 12

Ist bereits die Begründung des Beamtenverhältnisses (Einstellung) nichtig, so sind auch alle noch folgenden Ernennungen (z. B. Umwandlung, Beförderung) ebenfalls nichtig. Sonst wird immer nur diejenige Ernennung von der Nichtigkeit erfasst, bei der im Zeitpunkt der inneren Wirksamkeit ein Nichtigkeitsgrund vorlag. Es bleibt dann bei dem Status, den der Beamte vor der nichtigen Ernennung hatte.

2. Rücknahme der Ernennung

Die Rücknahmegründe sind für alle Ernennungen **abschließend** in § 14 BBG geregelt. 108
Daneben ist § 48 VwVfG nicht anwendbar. Die Rücknahme der Ernennung setzt zunächst voraus, dass die Ernennung wirksam ist und damit ein rücknahmefähiger Verwaltungsakt vorliegt.[179] Das Gesetz unterscheidet zwischen obligatorischer (Abs. 1) und fakultativer Rücknahme (Abs. 2). Liegt ein obligatorischer Rücknahmegrund vor, ist die Ernennung zurückzunehmen. Liegt ein fakultativer Grund vor (Abs. 2) soll die Ernennung zurückgenommen werden. Hinter der Rechtsfolge „soll" verbirgt sich ein

179 Deshalb ist zunächst immer zu überprüfen, ob die Ernennung gem. § 13 BBG nichtig ist. Liegt keine Ernennung vor oder ist eine Ernennung nichtig, kommt eine Rücknahme nicht in Betracht.

eingeschränktes Ermessen der Behörde: im Regelfall wird die Ernennung auch hier zurückgenommen; nur in Sonderfällen steht der Behörde Ermessen zu.[180]

Obligatorische Rücknahme (§ 14 Abs. 1 BBG)

109 Eine durch **Zwang, arglistige Täuschung oder Bestechung** herbeigeführte Ernennung ist gem. § 14 Abs. 1 Nr. 1 BBG zurückzunehmen. Damit soll die Entschließungsfreiheit der Ernennungsbehörde wieder hergestellt werden. Es ist unerheblich, ob der Ernannte oder ein Dritter diese Handlungen vorgenommen hat. Zwang liegt vor bei der Anwendung von Gewalt oder Androhung von schwerwiegenden Nachteilen mit dem Ziel, den Willen der ernennenden Behörde zu beeinflussen.[181] Falls es solche Fälle geben sollte, wird die Dunkelziffer hoch sein. Bei erfolgreich verlaufener Bestechung oder Gewaltanwendung wird der Adressat des Zwangs kaum auf Aufklärung drängen.

110 Von Bedeutung in der Praxis ist dagegen die **arglistige Täuschung**.

Die **Täuschungshandlung** kann in einem positiven Tun (Vorspiegelung falscher Tatsachen, z. B. durch Vorlage gefälschter Zeugnisse) oder einem Unterlassen (Verschweigen wahrer Tatsachen, z. B. Verschweigen von schweren Krankheiten, Alkoholismus oder Vorstrafen) bestehen. Eine Täuschung durch Verschweigen ist aber nur dann erheblich, wenn eine Offenbarungspflicht besteht (z. B. frühere Mitgliedschaft in einer verbotenen Partei, völlig ungeordnete wirtschaftliche Verhältnisse des Bewerbers).[182] Eine solche Auskunftspflicht ergibt sich aus der Treuepflicht des Beamten dem Dienstherrn gegenüber. So ist eine Aufklärung der wahren Sachlage über Umstände geboten, die auch aus Sicht des Bewerbers für die Entscheidung der Ernennungsbehörde von besonderer Bedeutung sind.

111 Durch die Täuschung muss ein **Irrtum** erregt werden. Das ist das Hervorrufen einer Fehlvorstellung über ernennungsrelevante Umstände.[183] Der Irrtum muss bei einem am Auswahlverfahren oder der Ernennung beteiligten Bediensteten der handelnden Behörde erregt werden. Er müsste die Ernennung bewirkt haben.

Zuletzt müsste der Bewerber **arglistig** gehandelt haben. Dies ist der Fall, wenn er bei den Bediensteten der Ernennungsbehörde einen Irrtum in der Absicht oder in dem Bewusstsein hervorruft, diese durch die Täuschung zu einer für ihn günstigen Entscheidung zu beeinflussen.[184] Der Täuschende muss mit direktem oder bedingtem Vorsatz handeln. Es genügt schon, wenn er billigend in Kauf nimmt, dass die falsche Angabe oder die verschwiegene Auskunft für die Entscheidung der Ernennungsbehörde von Bedeutung ist oder sein kann.

112 Schließlich muss zwischen Täuschung und Irrtum, sowie zwischen Irrtum und Ernennung ein **ursächlicher Zusammenhang** bestehen. Diese Kausalität ist gegeben, wenn

180 *Detterbeck*, Rn. 320 f.
181 Die Definition ist dem Strafrecht entliehen, § 240 Abs. 1 StGB.
182 BVerwGE 102, 178 (180); VGH Kassel, ZBR 62, 288.
183 *Bergmann*, JA 2008, 504 (506).
184 *Battis*, § 14, Rn. 6.

die Ernennungsbehörde sich gerade wegen der Täuschung über einen wesentlichen Ernennungsumstand geirrt hat und bei Kenntnis des wahren Sachverhalts von der Ernennung Abstand genommen hätte.

Bestechung liegt vor, wenn ein Bediensteter vom Ernannten oder von einem Dritten Geschenke oder andere Vorteile annimmt, fordert oder sich versprechen lässt, §§ 331 f. StGB.[185] 113

Ein weiterer obligatorischer Grund für die Rücknahme der Berufung in das Beamtenverhältnis (Einstellung) liegt gem. § 14 Abs. 1 Nr. 2 BBG ferner vor, wenn nicht bekannt war, dass der Ernannte wegen einer Straftat rechtskräftig verurteilt ist und deswegen für die Berufung in das Beamtenverhältnis unwürdig erscheint.[186] Unwürdig ist ein unbestimmter Rechtsbegriff. Unwürdigkeit ist etwa bei Sittlichkeits- und Eigentumsdelikten anzunehmen, sofern es sich nicht um besonders leichte Fälle handelt (siehe dazu oben § 9, Rn. 83g). Möglich ist auch eine Orientierung an § 41 Abs. 1 Nr. 1 BBG. Wenn schon die Verurteilung wegen einer vorsätzlichen Straftat zum Verlust der Beamtenrechte führt, dann ist wegen einer vergleichbaren Straftat die Unwürdigkeit für die Berufung in das Beamtenverhältnis zu bejahen. Die Tat muss vor der Ernennung begangen worden sein, die Rücknahme kann erst nach rechtskräftiger Verurteilung erklärt werden. Ist es, etwa aus Gründen der Verjährung nicht zu einer Verurteilung gekommen, ist § 14 Abs. 1 Nr. 2 BBG nicht anwendbar. Hier kommt aber möglicherweise eine Rücknahme der Ernennung wegen arglistiger Täuschung gem. § 14 Abs. 1 Nr. 1 BBG in Betracht, wenn der Beamte den Dienstherrn bei der Einstellung nicht über das laufende Strafverfahren informiert hat. 114

Schließlich gibt es noch die Rücknahme gem. § 14 Abs. 1 Nr. 3 BBG. Danach muss eine Ernennung zurückgenommen werden, wenn eine Ernennung wegen § 7 Abs. 2 BBG nicht erfolgen durfte, weil die Aufgabe nur deutschen Staatsangehörigen übertragen werden darf, und eine Ausnahme davon nach § 7 Abs. 3 BBG nicht zugelassen war und auch nicht nachträglich zugelassen wird. 115

Soll-Rücknahme (§ 14 Abs. 2 BBG)

Die Ernennung soll nach § 14 Abs. 2 BBG zurückgenommen werden, wenn im Zeitpunkt der Ernennung nicht bekannt war, dass der Ernannte in einem Disziplinarverfahren aus dem Beamtenverhältnis entfernt oder dem Ruhestandsbeamten die Versorgungsbezüge aberkannt worden waren. Dies gilt auch, wenn diese Entscheidungen gegen einen Beamten der Europäischen Gemeinschaften oder einen Beamten eines EU-Mitgliedstaates verhängt wurden.[187] Im Normalfall ist hier die Ernennung zurückzunehmen, nur in begründeten Sonderfällen, darf die Behörde hier ausnahmsweise von der Rücknahme absehen (eingeschränktes Ermessen). 116

185 *Battis*, § 14, Rn. 8.
186 Dieser Rücknahmegrund bezieht sich also ausschließlich auf Ernennungen gem. § 10 Abs. 1 Nr. 1 BBG.
187 Deutscher Bundestag, Drucksache 16/7076, S. 103.

117 Während die Nichtigkeit der Ernennung kraft Gesetzes eintritt, bedarf die Rücknahme eines Verwaltungsaktes. Sie hat zur Folge, dass die Ernennung von Anfang an nicht wirksam war. Die Rechtsstellung des Beamten wird mit Wirkung auch für die Vergangenheit – also rückwirkend – aufgehoben. Mit der Rücknahme der ersten Ernennung werden auch die darauf beruhenden späteren Ernennungen rückwirkend unwirksam. Wird dagegen eine spätere Ernennung zurückgenommen, bleibt die davor begründete und noch bestehende Rechtsstellung erhalten.

Beispiel: Wird die Beförderung zum Oberregierungsrat zurückgenommen, so bleibt das Beamtenverhältnis als Regierungsrat bestehen.

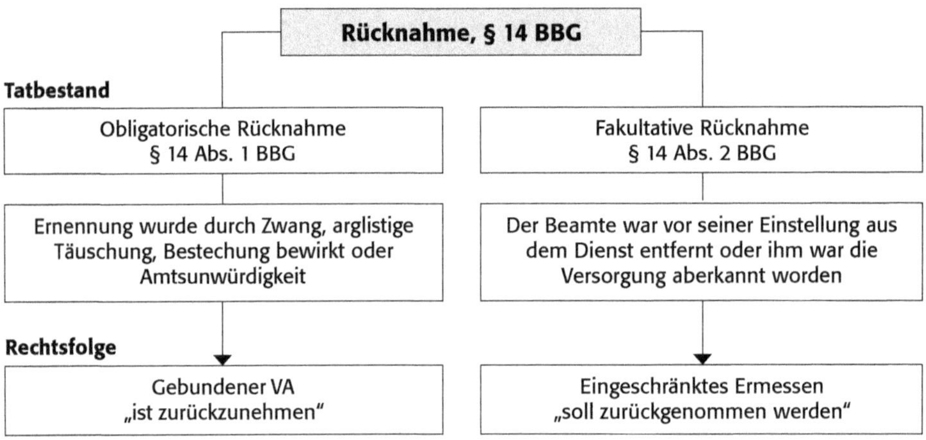

Übersicht 13

III. Verfahren bei Ernennungsfehlern

118 Ist eine Ernennung **nichtig** hat der Dienstvorgesetzte (§ 3 Abs. 2 BBG) gemäß § 15 S. 1 BBG dem Ernannten jede weitere Führung der Dienstgeschäfte zu verbieten. Bei der Ernennung durch eine sachlich unzuständige Behörde gilt dies erst, wenn die zuständige Behörde eine Bestätigung der Ernennung ablehnt oder eine Ausnahme nach § 7 Abs. 3 BBG nicht zugelassen wird.

119 Die **Rücknahme** der Ernennung wird nicht durch den Dienstvorgesetzten, sondern gem. § 14 Abs. 3 BBG durch die **oberste Dienstbehörde** (vgl. § 3 Abs. 1 BBG) erklärt. Im Interesse der Rechtssicherheit muss dies innerhalb einer Frist von sechs Monaten erfolgen, nachdem die oberste Dienstbehörde von der Ernennung und dem Rücknahmegrund Kenntnis erlangt hat. Die Führung der Dienstgeschäfte ist auch im Fall der Rücknahme zu verbieten, § 15 S. 1 BBG. Der Ernannte ist vor der Rücknahme anzuhören (§ 28 VwVfG). Wird die Frist von sechs Monaten überschritten, so ist die Rücknahme rechtswidrig, aber nicht nichtig.[188] Das gleiche gilt bei fehlender Anhörung

188 Sie kann daher vom Betroffenen mit dem Widerspruch nach § 126 Abs. 2 BBG angefochten werden.

des Beamten. Der Rücknamebescheid wird dem Beamten zugestellt, § 14 Abs. 3 S. 2 BBG.

IV. Rechtsfolgen und Abwicklung

Die Fehler der Ernennung können sich auf die Rechtsbeziehungen zwischen dem nicht wirksam Ernannten zu Dritten (**Außenverhältnis**) oder zu seinem Dienstherrn (Innenverhältnis) auswirken. Für das **Außenverhältnis** gilt folgendes: Im Interesse der Rechtssicherheit und um das Vertrauen der Allgemeinheit auf den Bestand von Amtshandlungen zu schützen, erfassen Nichtigkeit oder Rücknahme einer Ernennung nicht die Wirksamkeit von Amtshandlungen. Sie sind nach § 15 Satz 3 BBG in gleicher Weise gültig, wie wenn ein Beamter sie vorgenommen hätte. Auf Kenntnis oder Unkenntnis des Adressaten der Amtshandlung kommt es nicht an. 120

Welche Rechtsbeziehungen zwischen Dienstherrn und Nichtbeamten im **Innenverhältnis** bestehen, regelt das Gesetz nicht ausdrücklich. Dabei macht es keinen Unterschied, ob die Ernennung nichtig war oder zurückgenommen wurde. Die Umdeutung in ein Angestelltenverhältnis ist nicht möglich, da Ernennungsbehörde und Ernannter kein privatrechtliches Rechtsverhältnis begründen wollten. Auch ein sog. „faktisches Arbeitsverhältnis" kann nicht angenommen werden, da das Dienstverhältnis öffentlich-rechtlich zustande gekommen ist. Daher wird überwiegend von einem **„faktischen öffentlich-rechtlichen Dienstverhältnis"** gesprochen.[189] 121

Für das Innenverhältnis regelt § 15 Satz 4 BBG, dass die gezahlten Dienstbezüge dem Ernannten belassen werden können. Bei der Ermessensentscheidung sind alle Umstände des Einzelfalles wie die tatsächliche Dienststellung, die wirtschaftliche Lage des Betroffenen und die Umstände der Ernennung zu würdigen. Der Rückforderungsanspruch beruht auf einem öffentlich-rechtlichen Erstattungsanspruch. Der Ernannte kann sich nicht auf den Wegfall der Bereicherung nach § 812 ff. BGB berufen.[190] 122

Andere als die in den §§ 13 und 14 BBG genannten Mängel führen zwar dazu, dass die Ernennung rechtswidrig ist. Sie haben aber keine Auswirkungen auf die Wirksamkeit der Ernennung. Sie ist dann weder nichtig, noch kann sie zurückgenommen werden. Das Vertrauen des Ernannten in die Rechtsbeständigkeit wird insoweit geschützt. Dies gilt erst recht, wenn die Ernennung fehlerfrei war, aber aus Gründen der Zweckmäßigkeit widerrufen werden soll. 123

Beispiele: Fehlerhafte, aber wirksame Ernennungen:
Nichtbeachtung des Höchstalters von i. d. R. 40 Jahren bei der Einstellung. Nichtbeteiligung des Personalrates unter Verletzung des § 76 Abs. 1 BPersVG, Verletzung der Ausschreibungspflicht nach § 8 BBG, Verletzung haushaltsrechtlicher Bestimmungen, Beförderung trotz Beförderungsverbot, Beförderung unter Missachtung des Leistungsgrundsatzes, örtliche Unzuständigkeit.

---

189 *Monhemius*, Rn. 215.
190 Vgl. *Battis* § 15 Rn. 6.

V. Kein Grundsatz ohne Ausnahme: Die Möglichkeit der Aufhebung einer Ernennung

123a Aus der bisherigen Darstellung der Ernennungsfehlerlehre lässt sich der bereits zu Beginn von § 11 erwähnte Grundsatz aufstellen, dass eine Ernennung immer dann wirksam bleibt und nicht aufgehoben werden kann, wenn keiner der Ernennungsfehler (Nichternennung, Nichtigkeit, Rücknahme) vorliegt. Dies gilt selbst dann, wenn die konkrete Ernennung rechtswidrig ist. Diese beamtenrechtliche Besonderheit bei der rechtlichen Behandlung der Ernennung als Verwaltungsakt war und ist der Ämterstabilität geschuldet.

Dieser Grundsatz hat auch weiterhin Bestand, jedoch durch die veränderte Rechtsprechung des *Bundesverwaltungsgerichts* eine wichtige Einschränkung erfahren. In dem dem Urteil vom 4. November – 2 C 16.09 – zugrunde liegenden Fall geht es um folgenden Sachverhalt (hier aus didaktischen Gründen stark verkürzt dargestellt):

Im Bundesland R. haben sich zwei Richter um die (Beförderungs-)Stelle des Präsidenten des OLG Koblenz beworben. Ein Bewerber war Präsident eines LG (im Folgenden: Kläger), der andere Bewerber Präsident des Landessozialgerichts (im Folgenden: Beigeladener). Der spätere Beklagte – inzwischen Justizminister des Landes R. und zuvor selbst Präsident des OLG Koblenz – entschied sich, auch aufgrund einer selbst vorgenommenen dienstlichen Anlassbeurteilung des Beigeladenen, für diesen. Der Kläger suchte Rechtsschutz vor den Verwaltungsgerichten nach § 123 Abs. 1 S. 1 VwGO, sein Antrag blieb jedoch in beiden Instanzen erfolglos. Der Kläger teile dem Beklagten daraufhin mit, dass er vorhabe, gegen diese Entscheidungen vor das BVerfG zu ziehen. Trotzdem händigte der Beklagte dem Beigeladenen kurz nach Bekanntgabe (per Fax) der Entscheidung des OVG in zweiter Instanz die Ernennungsurkunde aus.

Das *Bundesverwaltungsgericht* hat daraufhin als Revisionsinstanz im Hauptsacheverfahren (Anfechtungsklage gegen die Ernennung des Beigeladenen) entschieden, dass ein Dienstherr, der den ausgewählten Bewerber ernennt, bevor der Unterlegene die Möglichkeiten der gerichtlichen Nachprüfung (einschließlich der Anrufung des *Bundesverfassungsgerichts*) ausschöpfen konnte, die Grundrechte des Unterlegenen aus Art. 33 Abs. 2 GG und Art. 19 Abs. 4 S. 1 GG verletzt, da er daran gehindert wurde, die Rechtsschutzmöglichkeiten vor der Ernennung – wie dem Beklagten zuvor ausdrücklich angekündigt – auszuschöpfen (Fälle der sog. **Rechtsschutzverhinderung**). Der Kläger kann in diesen Fällen nur effektiven Rechtsschutz suchen, wenn er gegen die erfolgte Ernennung selbst klagt. Hier steht der Grundsatz der Ämterstabilität ausnahmsweise zurück, so dass die erfolgte Ernennung mit Wirkung für die Zukunft aufzuheben ist. Hinzukommen muss, dass die Auswahlentscheidung selbst rechtswidrig war und den Kläger in seinen Rechten verletzt. Auch diese Voraussetzung lag im konkreten Fall vor, weil die Auswahlentscheidung auf leistungsfremde Erwägungen gestützt wurde und damit gegen Art. 33 Abs. 2 GG verstoßen hat.

In Fällen der Rechtsschutzverhinderung kann sich der Dienstherr also ausnahmeweise nicht auf den Grundsatz der Ämterstabilität berufen, weil er selbst die hier bestehende Wartepflicht nicht eingehalten hat und deshalb auch keine Schutzwürdigkeit besteht.

Damit gibt das *Bundesverwaltungsgericht* seine bisherige Rechtsprechung[191] zu dieser Frage ausdrücklich auf. Die Lektüre des Urteils vom November 2010 ist sehr empfehlenswert!

Wiederholungsfragen

1. *In welcher Reihenfolge prüfen Sie, ob eine fehlerhafte Ernennung vorliegt? (Rn. 108, Fußnote)*
2. *Äußern Sie sich zu folgendem Satz aus einem Lehrbuch des Verwaltungsrechts: „Eine Beamtenernennung ohne Aushändigung einer Ernennungsurkunde ist gemäß § 44 Abs. 2 Nr. 2 VwVfG nichtig". (Rn. 99 ff.)*
3. *Welche Rechtsfolgen hat die Ernennung durch eine sachlich unzuständige Behörde? (Rn. 101)*
4. *In welchem Verhältnis steht § 14 BBG zu § 48 VwVfG? (Rn. 108)*
5. *Was versteht man unter arglistiger Täuschung in § 14 Abs. 1 Nr. 1 BBG? (Rn. 110 ff.)*
6. *Welche Rechtsfolgen ergeben sich nach einer fehlgeschlagenen Ernennung im Innenverhältnis? (Rn. 121 ff.)*
7. *Inwieweit erfährt der Grundsatz der Ämterstabilität durch das Urteil des Bundesverwaltungsgerichts vom 4.11.2010 eine Einschränkung? (Rn. 123a)*

191 Exemplarisch: BVerwG, Urt. vom 21.8.2003 – 2 C 14.01.

§ 12 Die funktionellen Änderungen im Beamtenverhältnis

Literatur: *Günther*, Änderungen des funktionellen Amtes: Versetzung, Abordnung, Umsetzung, ZBR 1978, 73 ff.; *Thiele*, Versetzung, Abordnung und Umsetzung eines Beamten, DÖD 1981, 69 ff.; *Erichsen*, Die Umsetzung von Beamten, DVBl. 1982, 95 ff.; *Kremer*, Versetzung, Abordnung, Umsetzung und Geschäftsplanänderung, NVwZ 1983, 6 ff.; *Günther*, Dienstleistungsberichte, ZBR 1984, 353 ff.; *Summer*, Versetzung, Abordnung, Umsetzung, PersV 1985, 441; *Müssig*, Beamtenrechtliche Versetzungsverfügung – Wesen und Rechtsschutz, DÖD 1989, 84 ff.; *Leisner*, Versetzung und Abordnung im Beamtenrecht, ZBR 1989, 193 ff.; *Els*, Die Versetzung - Abgrenzung, Bedeutung und Folgerungen, RiA 1991, 1 ff.; *Günther*, Maßgebender Zeitpunkt für die Beurteilung der Rechtmäßigkeit von Versetzung und Abordnung? DÖD 1993, 9 ff.; *Bieler*, Beurteilungswesen, Konkurrenz und Gleichstellungsregelungen DVP 1996, 51; *Reinermann/Unland*, Die Beurteilung – vom Ritual zum Personalmanagement, 1997; *Haratsch*, Die Rechtslage einer dienstherrenübergreifenden Versetzung eines Beamten ZBR 1998, 277, *Ziekow*, Veränderungen des Amts im funktionellen Sinne – eine Betrachtung nach Inkrafttreten des Dienstrechtsreformgesetzes DÖD 1999, 7 ff.; *Kathke*, Versetzung, Umsetzung, Abordnung und Zuweisung ZBR 1999,325; *Lorse*, Die dienstliche Beurteilung, ZBR 2000,361 ff.; *Leupold*, Rechtsschutz bei beamtenrechtlichen Umsetzungen DÖD 2003,136; *Schnellenbach*, Zur Plausibilität von Werturteilen in dienstlichen Beurteilungen ZBR 2003, 1 ff.; *Lorse*, Personalentwick--lung im öffentlichen Dienst – eine Zwischenbilanz, VR 2004,194 ff.; *Bauschke*, Personalsteuerung – Einsatz klassischer und moderner beamten- und arbeitsrechtlicher Instrumente – ZTR 2005, 338 ff.; *Hilg*, Beamtenrechtliche Zuständigkeiten im Abordnungsverhältnis und abordnungsähnlichem Verhältnis, ZBR 2006, 109 ff.; *Nokiel*, Vorübergehende unterwertige Beschäftigung von Beamtinnen und Beamten gem. § 6 PostPersRG, DÖD 2006, 213 ff.; *Günther*, Länderübergreifender Dienstherrenwechsel ohne Zustimmung des Beamten, RiA 2007, 97 ff.; *Hilg/Baßlsperger*, Einverständnis des aufnehmenden Dienstherrn mit der Versetzung, ZBR 2015, 145 ff.; *Baßlsperger*, Die Abordnung des Beamten, ZBR 2016, 14 ff.

I. Personaleinsatz

124 Die Personalsteuerung ist eine der wichtigsten Aufgaben der Behördenleitung, denn von dem richtigen Personaleinsatz hängt die Effizienz der Verwaltung entscheidend ab. Es geht darum, den geeigneten Mitarbeiter an den richtigen Arbeitsplatz zu bringen. Dabei sind Informationen über Fähigkeiten, Fertigkeiten, Interessen und Motivation des Bediensteten ebenso wichtig, wie solche über die Anforderungen an den jeweiligen Arbeitsplatz. Ein wichtiges Hilfsmittel zur Planung des Personaleinsatzes wurde bereits oben unter § 10 Rn. 86 erwähnt: Die **dienstliche Beurteilung**.

125 Instrumente der Personalplanung sind – neben der Einstellung neuer Mitarbeiter – **Versetzung, Abordnung, Zuweisung und Umsetzung**. Diese Maßnahmen dienen zur Erhaltung der Funktions- und Leistungsfähigkeit der öffentlichen Verwaltung sowie zur Bewältigung von Aufgaben- und Organisationsänderungen. Da der Beamte regelmäßig im Interesse seiner vielseitigen Verwendbarkeit für den gesamten Aufgabenbereich seiner Laufbahn ausgebildet wird, muss er mit der Möglichkeit einer Umsetzung, Abordnung oder Versetzung rechnen. Das BBG definiert die Begriffe Versetzung, Abordnung und Zuweisung im Gesetz und regelt verschiedene denkbaren Fallgestaltungen. Die Umsetzung ist nicht gesetzlich geregelt.

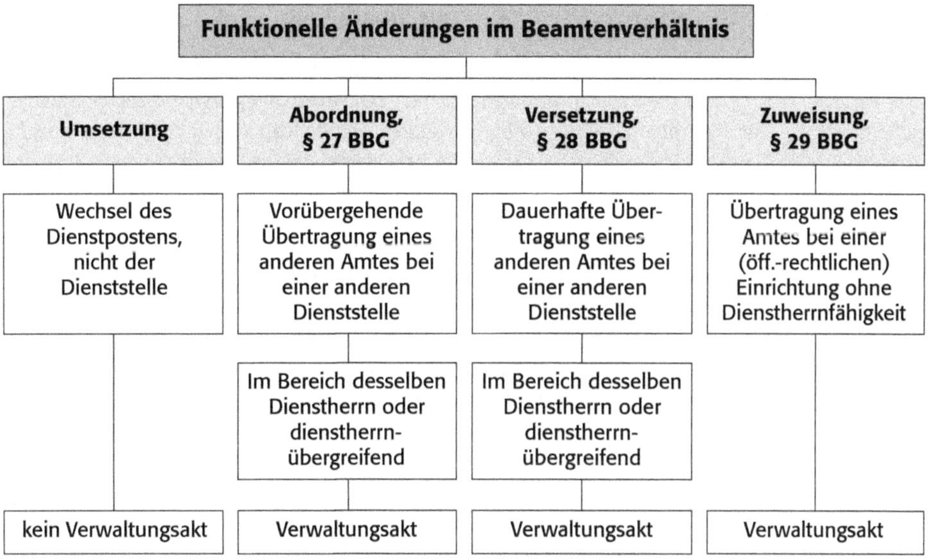

Übersicht 14

II. Versetzung

1. Begriff

Die Versetzung ist nach der Legaldefinition des § 28 Abs. 1 S. 1 BBG die auf Dauer angelegte Übertragung eines anderen Amtes (im abstrakt-funktionellen Sinn) bei einer anderen Dienststelle bei demselben oder einem anderen Dienstherrn unter Fortdauer des Beamtenverhältnisses. Eine Versetzung setzt keinen Ortswechsel voraus. **126**

Beispiel: Regierungsoberrat W wird vom Bundesversicherungsamt in Bonn zum Bundesministerium der Verteidigung mit Dienstsitz ebenfalls in Bonn versetzt. Ein Wechsel des Dienstherrn (Bund) geht mit dieser Maßnahme nicht einher.

Auch die Einweisung in eine andere Planstelle oder der Wechsel der Amtsbezeichnung hängt nicht notwendigerweise mit einer Versetzung zusammen. Keine Versetzung liegt vor, wenn eine Behörde von einem Ort zu einem anderen verlegt wird. In diesem Fall besteht für den Beamten eine Folgepflicht, siehe § 62 Abs. 2 BBG. Grundsätzlich sind alle Beamten versetzbar, Einschränkungen ergeben sich für Hochschullehrer, Mitglieder der Rechnungshöfe, Personalratsmitglieder und Gleichstellungsbeauftrage.

Die Versetzung ist ein Verwaltungsakt im Sinne des § 35 S. 1 VwVfG, weil sie den Beamten in seiner persönlichen Rechtsstellung berührt.

2. Formelle Voraussetzungen der Versetzungsverfügung

127 Zu den formellen Voraussetzungen der Versetzung gehört neben der Beachtung der Zuständigkeit auch die Anhörung des betroffenen Beamten. Wegen ihrer Verwaltungsaktqualität ist der Beamte nach den allgemeinen Vorschriften des § 28 Abs. 1 VwVfG anzuhören. Die Anhörung soll eine sachgerechte Entscheidung ermöglichen, bei der auch die Belange des Beamten zur Sprache kommen und berücksichtigt werden sollen.

Gem. § 76 Abs. 1 Nr. 4 BPersVG ist die Versetzung eine mitbestimmungsbedürftige Maßnahme. Handelt es sich um eine dienstherrnübergreifende Versetzung (Bundesbeamter wird zu einer Landesbehörde versetzt), muss das Einverständnis des aufnehmenden Dienstherrn schriftlich erklärt werden, § 28 Abs. 5 BBG. Die Maßnahme erfolgt durch Versetzungsverfügung, wobei die Schriftform gesetzlich nicht vorgeschrieben, aber üblich ist. Bei einer schriftlichen Verfügung sind die §§ 37, 39, 41 VwVfG zu beachten (Begründung, Bekanntgabe).

3. Materielle Voraussetzungen der Versetzungsverfügung

128 Das Gesetz räumt dem Dienstherrn nach § 28 BBG verschiedene Möglichkeiten ein, Beamte zu versetzen. Je intensiver eine solche Maßnahme für den betroffenen Beamten ist, desto schwieriger ist es für den Dienstherrn, eine solche Versetzung vorzunehmen.

129 Die Versetzung kann nach § 28 Abs. 2, 1. Alt. BBG **auf Antrag** des Beamten oder der Beamtin erfolgen. Der Antrag kann sich auch auf eine dienstherrnübergreifende Versetzung beziehen. Der Dienstherr muss über einen Versetzungsantrag unter Ausübung seines pflichtgemäßen Ermessens entscheiden. Bei dem Antrag handelt es sich um eine empfangsbedürftige Willenserklärung. Erfolgt eine Versetzung antragsgemäß, so liegt sie im Interesse des Beamten, so dass es hier in der Praxis selten zu Streitigkeiten kommt.

> **Beispiel:** Polizeioberkommissarin F wird auf ihren Antrag von der Bundespolizeidirektion Koblenz zur Bundespolizeiakademie in Lübeck versetzt. Einen Anspruch auf diese Versetzung hat sie nicht. Ihr Anspruch beschränkt sich auf eine ermessensfehlerfreie Entscheidung über ihren Versetzungsantrag.

130 Gem. § 28 Abs. 2, 2. Alt. BBG kann der Beamte von Amts wegen versetzt werden. Dies ist ohne seine Zustimmung (auch zu einem anderen Dienstherrn!) möglich, wenn

- dienstliche Gründe vorliegen,
- das Versetzungsamt mit mindestens demselben Endgrundgehalt verbunden ist wie sein bisheriges Amt und
- ihm die Tätigkeit aufgrund seiner Aus- bzw. Vorbildung zumutbar ist.

Auf der Tatbestandsseite ist zu klären, was unter dem Begriff der dienstlichen Gründe zu verstehen ist.

130a Dieser unbestimmte Rechtsbegriff sollte nicht zu weit ausgelegt werden, auch wenn der gesetzgeberische Wille dafür zu sprechen scheint. Sinn und Zweck der Regelung über die Versetzung ist es, den betroffenen Beamten vor intensiven Eingriffen in sein Beamtenverhältnis zu schützen. Die Tätigkeit in der neuen Verwendung des Beamten muss aufgrund der Vorbildung oder Berufsausbildung zumutbar sein. Die Zumutbarkeit stellt einen weiteren unbestimmten Rechtsbegriff dar, den der Gesetzgeber hier auf der Tatbestandsseite verwendet. Systematisch spricht viel dafür einen Vergleich mit der Parallelvorschrift über die Versetzung der Landes- und Kommunalbeamten in § 15 BeamtStG vorzunehmen. „Dienstliche Gründe" sind hier solche, die in der jeweiligen Verwaltung vorliegen müssen, in der die Beamten tätig sind, nicht aber sonstige öffentliche Belange.[192]

Daraus lässt sich folgern, dass Gründe, die in der Person des Beamten selbst liegen und nicht in dem Verwaltungsbereich selbst wurzeln, als dienstliche Gründe nicht in Betracht kommen. Da der Bundesgesetzgeber sowohl für das BeamtStG als auch das BBG zuständig ist, ist davon auszugehen, dass er die Begriffe in § 15 BeamtStG und § 28 Abs. 2 BBG nicht mit grundsätzlich unterschiedlicher Bedeutung füllen wollte, sondern diese einheitlich verwendet werden.

Letztlich sprechen auch verfassungsrechtliche Argumente gegen eine weite Auslegung des hier diskutierten unbestimmten Rechtsbegriffs: Denn eine Personalmaßnahme, die dem Beamten gegen seinen Willen einen Dienstherrnwechsel aufzwingt, berührt den Status des Beamten ganz erheblich. Dieser lässt sich gerade aus der Zugehörigkeit zum Dienstherrn und den sich daraus ergebenden Fürsorge- und Treuepflichten (Art. 33 Abs. 4 GG) ableiten. Die hergebrachten Grundsätze des Berufsbeamtentums i. S. d. Art. 33 Abs. 5 GG sind ebenfalls berührt. Denn die Zugehörigkeit eines Beamten zum Dienstherrn macht seine Rechts- und Amtsstellung wesentlich aus. Der Dienstherr ist nicht einfach austauschbar, die Rechtsstellung des Beamten im Verhältnis zum Dienstherrn ist nur in Ausnahmefällen auflösbar.[193]

Deshalb bleibt es grundsätzlich bei einer eher engen Auslegung des unbestimmten **130b**
Rechtsbegriffs „dienstliche Gründe".

Unter Anwendung des Verhältnismäßigkeitsgrundsatzes und den Grundsätzen des Art. 33 Abs. 5 GG können „dienstliche Gründe" mit steigender Eingriffsintensität der Versetzung vor allem solche Gründe sein, die sich aus organisatorischen Schwierigkeiten des Dienstherrn ergeben. In der Person des Beamten liegende Gründe oder sonstige öffentliche Belange dürften aber gerade bei der dienstherrenübergreifenden Versetzung gegen den Willen des Beamten ausscheiden.[194] Eine solche Versetzung ist als ultima ratio nur zulässig, wenn eine andere Verwendung bei demselben Dienstherrn nicht möglich ist.[195] Für eine strikte Anwendung des Verhältnismäßigkeitsgrundsatzes spricht auch, dass der Gesetzgeber hier zusätzlich die Prüfung der Zumutbarkeit der neuen Tätigkeit im konkreten Einzelfall fordert. Hier wird es einer gründlichen Abwägung zwischen den dienstlichen Interessen an der Maßnahme und der Belastung des betroffenen Beamten durch die Versetzung bedürfen.[196]

---

192 *Auerbach/Pietsch*, Erl. zu § 15.
193 Siehe dazu *Günther*, RiA 2007, 97 (99).
194 *Battis*, § 28, Rn. 12 ff.; *Auerbach/Pietsch*, Erl. zu § 15.
195 *Battis*, § 28, Rn. 14.
196 Siehe zur Zumutbarkeit *Lenders/Peters/Weber*, § 28, Rn. 290 f.

131 § 28 Abs. 3 BBG regelt einen Sonderfall der Versetzung wegen organisatorischer Veränderungen, die nur in den abschließend im Gesetz aufgeführten Situationen möglich sein soll, nämlich bei

- der Auflösung einer Behörde
- einer wesentlichen Änderung des Aufbaus oder der Aufgaben der Behörde oder
- der Verschmelzung von Behörden

Der Gesetzgeber will den Behörden hier einen Spielraum für Personalmaßnahmen eröffnen, die in Zusammenhang mit Veränderungen in der Behördenorganisation oder -struktur stehen. Wenn einer der drei oben genannten Organisationsveränderungen vorliegt, kann ein von den Organisationsmaßnahmen betroffener Beamte ohne seine Zustimmung versetzt werden

- in ein anderes Amt derselben oder einer anderen Laufbahn,
- mit demselben oder einem geringeren Endgrundgehalt,
- im Bereich desselben Dienstherrn.

Auch eine Versetzung nach § 28 Abs. 3 BBG ist nur möglich, wenn eine dem bisherigen Amt entsprechende Verwendung ausgeschlossen ist. Sie kann die Rechte des betroffenen Beamten erheblich beeinträchtigen: Unter Umständen ist mit dieser Versetzung ein Laufbahnwechsel verbunden.[197] Auch die Übertragung eines geringerwertigen (statusrechtlichen) Amtes ist möglich. Allerdings muss es mindestens dem Amt entsprechen, das der Beamte **vor** dem Amt innehatte, aus dem heraus nun seine Versetzung erfolgt.

132 In allen Fällen, die der Gesetzgeber nicht ausdrücklich in § 28 Abs. 2 und 3 BBG geregelt hat, ist die Zustimmung des Beamten erforderlich, § 28 Abs. 4 BBG.

> **Beispiele:** Fehlt es bei einer Versetzung nach § 28 Abs. 2 BBG an den erforderlichen **dienstlichen Gründen** oder soll der Beamte in ein Amt versetzt werden, das **nicht dasselbe Endgrundgehalt** aufweist, muss der Beamte der Versetzung zustimmen. Will der Dienstherr den Beamten gem. § 28 Abs. 3 S. 1 BBG in den Bereich eines **anderen Dienstherrn** versetzen, ist seine Zustimmung erforderlich.

4. Die Rechtsfolgenseite: Ermessen

133 Liegen die genannten Voraussetzungen vor, so entscheidet die zuständige Behörde nach pflichtgemäßem Ermessen. Dabei ist sind die dienstlichen gegen die persönlichen Belange des Beamten abzuwägen. Das Interesse des Dienstherrn an einem bedarfsgerechten Personaleinsatz seiner Beamten hat grundsätzlich den Vorrang vor den privaten Interessen des Beamten. Jeder Beamte muss bereits bei seiner Einstellung mit der Möglichkeit der Versetzung und den damit verbundenen Unbequemlichkeiten rechnen. Im Rahmen seiner Treuepflicht stehen seine Rechte hier zurück. Das Ermessen des Dienstherrn wird durch seine Fürsorgepflicht jedoch begrenzt. So hat der Dienstherr berechtigte Belange des Beamten aus seinem persönlichen Bereich zu berücksichtigen, etwa dass die Versetzung mit hoher Wahrscheinlichkeit wegen des Kli-

197 Die Verpflichtung zum Erwerb der hierfür erforderlichen Laufbahnbefähigung ergibt sich aus § 28 Abs. 3 S. 3 BBG.

mawechsels zu einer schweren Erkrankung führen wird, oder dass die Versetzung eine außergewöhnliche Härte für die Schulausbildung der Kinder bedeuten wird. Ist die Versetzung durch innerdienstliche Spannungen veranlasst, so kommt es nicht allein darauf an, wer den Streit schuldhaft verursacht hat. Ein Eigenheim am bisherigen Dienstort oder das Interesse an der Fortführung ortsgebundener Nebentätigkeiten dürften die Versetzung an einen anderen Ort ebensowenig hindern, wie die drohende Arbeitslosigkeit des Ehemanns der Beamtin.

5. Rechtsschutz gegen die Versetzung

Die Versetzung ist ein Verwaltungsakt und kann somit mit Widerspruch und Anfech- **134**
tungsklage angegriffen werden. Dies führt jedoch gemäß § 126 Abs. 4 BBG nicht zur aufschiebenden Wirkung des Widerspruchs bzw. der Klage. Vorläufiger Rechtsschutz muss über § 80 Abs. 5 VwGO mit dem Antrag auf Anordnung der aufschiebenden Wirkung gesucht werden. Hierfür sind gem. § 126 Abs. 1 BBG die Verwaltungsgerichte zuständig.

III. Abordnung

1. Begriff

Abordnung ist gem. § 27 Abs. 1 S. 1 BBG die **vorübergehende** Übertragung einer dem **135**
(abstrakt-funktionellen) Amt des Beamten entsprechenden Tätigkeit bei einer anderen Dienststelle desselben oder eines anderen Dienstherrn.[198] Dabei bleibt der Beamte weiterhin der bisherigen Dienststelle zugehörig, an seinem Verhältnis zu seiner Stammdienststelle verändert sich insoweit nichts. Auf einen Wechsel des Ortes kommt es nicht an. Im Gegensatz zur Versetzung (§ 28 BBG) behält der Beamte sein Amt im statusrechtlichen Sinne bei der abgebenden Dienststelle. Der abgeordnete Beamte hat folglich zwei Dienstvorgesetzte. Der Dienstvorgesetzte der neuen Dienststelle ist z. B. zuständig für die Erteilung von dienstlichen Weisungen, Dienstbefreiung und Urlaub. Der Dienstvorgesetzte der Stammdienststelle bleibt für Maßnahmen zuständig, die das statusrechtliche Amt des Beamten betreffen.

Beispiel: Der Dienstvorgesetzte bei der Stammdienststelle ist weiterhin zuständig für Ernennungen wie die Beförderung sowie die Entlassung des Beamten.

Die Abordnung muss im Unterschied zur Versetzung vorübergehend vorgesehen sein. Sie muss nicht kurzfristig oder zeitlich bestimmt sein. Die Abordnung darf jedoch nicht sachlich der dauernden Übertragung des neuen Amtes gleichkommen. Denn dadurch würden die Vorschriften über die Versetzung (und damit gleichzeitig auch Mitbestimmungsvorschriften nach dem BPersVG bzw. BGleiG) umgangen.

198 Eine Dienststelle i. S. d. § 27 Abs. 1 S. 1 BBG kann als Organ des Dienstherrn nur eine selbständige Behörde sein, *Summer* in: GKÖD, § 27, Rn. 4.

In der Praxis wird ein Beamter häufig für die Dauer von Fortbildungsmaßnahmen zu der Behörde abgeordnet, die die Fortbildung tatsächlich durchführt. Üblich ist auch die Abordnung mit dem Ziel der Versetzung. Die aufnehmende Behörde erhält auf diese Weise die Gelegenheit, sich von der Eignung und Befähigung des Versetzungsbewerbers ein genaues Bild zu machen. Die vorübergehende Abordnung mündet hier in der dauerhaften Versetzungsentscheidung. Die Maßnahme kann auch organisationsbedingt sein, weil bei der Stammbehörde Personalüberschuss und der neuen Beschäftigungsbehörde Personalmangel herrscht. Ähnlich wie bei der Versetzung ist die Abordnung von Hochschullehrern, Mitgliedern der Rechnungshöfe, Personalratsmitgliedern und Gleichstellungsbeauftragte eingeschränkt, die von Ehrenbeamten ausgeschlossen.

2. Formelle Voraussetzungen der Abordnungsverfügung

136 Da es sich bei der Abordnung – genau wie bei der Versetzung – um einen Verwaltungsakt im Sinne des § 35 S. 1 VwVfG handelt[199], müssen in formeller Hinsicht dieselben Voraussetzungen vorliegen, wie bei der Versetzung (siehe oben unter Rn. 127). Die Schriftform ist üblich und empfehlenswert. Die schriftliche Verfügung bedarf gem. § 39 VwVfG der Begründung. Nach § 28 Abs. 1 VwVfG muss der Beamte vor Erlass grundsätzlich angehört werden. Handelt es sich um eine dienstherrnübergreifende Abordnung ist gem. § 27 Abs. 4 BBG das (schriftliche) Einverständnis mit der Personalmaßnahme erforderlich. Die Maßnahme unterliegt gem. § 76 Abs. 1 Nr. 5 BPersVG der Mitbestimmung, wenn sie länger als drei Monate dauern soll. Wird eine zunächst auf drei Monate geplante Abordnung einmal oder mehrfach verlängert, ist an eine Umgehung der Mitbestimmungsvorschriften zu denken.

3. Materielle Voraussetzungen der Abordnung

137 Eine Abordnung nur **auf Antrag** des Beamten sieht das Gesetz nicht vor. Trotzdem kann die Anregung des Beamten, abgeordnet zu werden, Anlass für den Dienstvorgesetzten sein, im Rahmen des § 125 BBG zu prüfen, ob die gesetzlichen Voraussetzungen für eine Abordnung vorliegen.

138 Eine Abordnung **von Amts wegen** liegt grundsätzlich im Ermessen des Dienstvorgesetzten. Gemäß § 27 Abs. 1 S. 2 BBG kann sie ganz oder teilweise erfolgen.

> **Beispiel:** Regierungsinspektor B ist Sachbearbeiter im Bundesministerium der Finanzen (BMF). Sein Dienstsitz ist in Bonn. Er soll für die Dauer von einem Jahr an jeweils zwei Tagen in der Woche zum Bundeszentralamt für Steuern (BZSt) nach Bonn abgeordnet werden. Dort herrscht ein (zeitlich begrenzter) Personalmangel. Das BZSt ist eine (eigenständige) Behörde im nachgeordneten Bereich des BMF mit Dienstsitz in Berlin und Bonn. Es handelt sich hier um eine teilweise Abordnung zum BZSt.

Gem. § 27 Abs. 1 S. 2 BBG kann ein Beamter zu einer anderen Dienststelle abgeordnet werden, wenn die übertragene Tätigkeit dem bisherigen (statusrechtlichen) Amt

199 Die Maßnahme berührt das abstrakt-funktionelle Amt und hat deshalb Außenwirkung.

entspricht. In diesem Fall bedarf es gem. § 27 Abs. 3 Nr. 2 BBG nur dann einer Zustimmung, wenn die Abordnung zu einem anderen Dienstherrn erfolgt.[200]

> **Beispiel:** Die Kriminaloberkommissarin K wird für die Dauer von einem Jahr vom Bundeskriminalamt zum Landeskriminalamt Nordrhein-Westfalen abgeordnet. Diese Abordnung bedarf der Zustimmung von KOK'in K.

Eine Abordnung ist nach § 27 Abs. 2 BBG auch möglich, wenn die neue Tätigkeit nicht dem bisherigen (statusrechtlichen) Amt entspricht und zwar selbst dann, wenn es sich um eine Tätigkeit handelt, die nicht einem Amt mit demselben Endgrundgehalt wie die bisherige Tätigkeit des Beamten entspricht. Der Gesetzgeber schränkt die Möglichkeiten für die unterwertige Abordnung allerdings ein: Sie ist nur möglich, wenn **139**

- dienstliche Gründe vorliegen und
- dem Beamten die Tätigkeit aufgrund seiner Aus- bzw. Vorbildung zumutbar ist.

Hier hat der Gesetzgeber eine solche Abordnungsverfügung tatbestandlich an das Vorliegen unbestimmter Rechtsbegriffe geknüpft, die er bereits bei der Versetzung in § 28 Abs. 2 BBG verwendet hat (siehe dazu bereits oben Rn. 130 bis 130b).

Auch eine Abordnung gem. § 27 Abs. 2 BBG ist grundsätzlich **ohne Zustimmung** des Beamten möglich. Diese muss nur dann vorliegen, wenn die Abordnung länger als zwei Jahre dauert. Erfolgt die Abordnung zu einem anderen Dienstherrn, ist nur dann die Zustimmung des Beamten erforderlich, wenn die dortige Tätigkeit nicht einem Amt mit demselben Endgrundgehalt entspricht **und** länger als fünf Jahre dauert.

Eine Abordnung weist also, je nachdem, ob sie gem. § 27 Abs. 1 S. 2 oder Abs. 2 BBG ausgesprochen wird, eine unterschiedliche Eingriffsintensität auf. Eine Abordnung gem. § 27 Abs. 1 S. 2 BBG unterliegt aus Sicht des Dienstherrn geringeren Anforderungen als die unterwertige Abordnung gem. § 27 Abs. 2 BBG. Denn letztere ist an das Vorliegen dienstlicher Gründe und Gesichtspunkte der Zumutbarkeit im konkreten Einzelfall geknüpft. **139a**

Auch hier ist der unbestimmte Rechtsbegriff „dienstliche Gründe" aufgrund der statusberührenden Intensität der Maßnahme unter Anwendung des Verhältnismäßigkeitsgrundsatzes eng auszulegen.

4. Die Rechtsfolgenseite: Ermessen

Die Rechtsfolgenseite des § 27 Abs. 1 und 2 BBG stellt die Entscheidung des Dienstherrn der Stammdienststelle über eine Abordnung in das pflichtgemäße Ermessen der Behörde. Wenn die genannten gesetzlichen Voraussetzungen gegeben sind, kann der Beamte abgeordnet werden. Der Dienstherr hat zwischen den organisatorischen Belangen und den Interessen des Beamten abzuwägen, wobei die vorübergehende Natur der Abordnung ins Gewicht fällt und dem Dienstherrn eine freiere Hand gibt, als dies bei der Versetzung der Fall ist. Diese Aussage gilt für die unterwertige Abordnung jedoch mit Einschränkungen. **140**

200 § 27 Abs. 5, 6 BBG erlaubt nun Vereinbarungen zwischen den Dienstherren zu abweichenden Regelungen z. B. über Dienstzeiten, Krankenfürsorgeleistungen etc.

5. Rechtsschutz gegen die Abordnung

141 Der Beamte kann gegen die ohne seine Zustimmung verfügte Abordnung Widerspruch und Anfechtungsklage erheben. Widerspruch und Klage haben gem. § 126 Abs. 4 BBG keine aufschiebende Wirkung.

IV. Zuweisung

142 Nach § 29 BBG kann Beamten im dienstlichen oder öffentlichen Interesse mit ihrer Zustimmung vorübergehend ganz oder teilweise eine ihrem Amt entsprechende Tätigkeit bei einer (öffentlichen) **Einrichtung ohne Dienstherrnfähigkeit** zugewiesen werden. In Betracht kommt zum Beispiel eine **Zuweisung** an eine ausländische, zwischenstaatliche oder supranationale Einrichtung. Nach § 29 Abs. 2 BBG kann der Beamte einer Dienststelle, die ganz oder teilweise in eine privatrechtlich organisierte Einrichtung der öffentlichen Hand umgebildet wird, auch ohne seine Zustimmung zugewiesen werden. Damit soll der Personaleinsatz bei der Privatisierung öffentlicher Aufgaben erleichtert werden.[201] Die Rechtsstellung des Beamten bleibt durch die Maßnahme unberührt. Diese Klarstellung kann von Bedeutung sein, wenn es bei privatrechtlich organisierten Einrichtungen um Haftungsfragen geht. Widerspruch und Anfechtungsklage gegen die Zuweisung haben aufschiebende Wirkung (Gegenschluss aus § 126 Abs. 4 BBG).

V. Umsetzung

1. Begriff

143 Die Umsetzung, die keine rechtliche Grundlage im Bundesbeamtengesetz hat, ist die **Übertragung eines anderen Dienstpostens innerhalb derselben Behörde**. Dem Beamten wird ein neues konkret-funktionelles Amt zugewiesen; das Amt im statusrechtlichen Sinn bleibt davon unberührt. Eingriffe in das Amt im statusrechtlichen Sinn bedürfen einer gesetzlichen Ermächtigung, die Umsetzung muss gesetzlich nicht geregelt werden. Auch wenn die Übernahme des neuen Dienstpostens mit einem Ortswechsel verbunden ist, weil die Behörde etwa auf mehrere Orte verteilt ist, so ist dies für die begriffliche Abgrenzung ohne Bedeutung. Ob im Einzelfall eine Maßnahme sich als Versetzung, Abordnung oder Umsetzung darstellt, hängt von der Personalorganisation der Dienststelle und von haushaltsrechtlichen Gesichtspunkten ab.

143a Von der Umsetzung zu unterscheiden ist die bloße **Änderung des Geschäftsverteilungsplans** durch eine Organisationsverfügung. Es handelt sich hierbei um eine Maßnahme, durch die die Aufgaben des konkret-funktionellen Amtes geändert werden, das der Beamte bereits innehat. Der betroffene Beamte behält seinen Dienstposten,

201 Siehe dazu *Klein*, Die Zuweisung von Bundesbeamten zu Tochtergesellschaften der Postnachfolgeunternehmen im Lichte des Art. 143b Abs. 3 S. 1 GG, ZBR 2017, 73 ff.

sein statusrechtliches Amt und bleibt bei seiner bisherigen Behörde. Es ändert sich lediglich der Zuschnitt seiner Aufgaben.

2. Formelle Voraussetzungen der Umsetzung

Nach der ständigen Rechtsprechung des *Bundesverwaltungsgerichts* ist die Umsetzung **kein Verwaltungsakt.**[202] Sie ist nach ihrem objektiven Sinngehalt nicht dazu bestimmt, Außenwirkung gem. § 35 S. 1 VwVfG zu entfalten. Es handelt sich um eine Maßnahme des Dienstherrn, die auf eine organisationsinterne Wirkung zielt und den Beamten in seiner Eigenschaft als Amtsträger anspricht. Im Vordergrund steht der räumlich-organisatorische Aspekt. Die Anordnung des Dienstherrn bezieht sich allein auf die Organisationseinheit der Behörde. Dagegen kommt es nicht darauf an, ob die Umsetzung eine mehr oder weniger zufällige tatsächliche (oder „gefühlte") Außenwirkung hat. **144**

Daher unterliegt die Umsetzung nicht den Anforderungen gem. §§ 28, 37, 38, 41 VwVfG. Sie kann mündlich und ohne Anhörung des Beamten erfolgen z. B. im Wege der Bestellung oder durch allgemeine Anordnung. Das Ermessen des Dienstherrn wird z. B. nicht dadurch eingeschränkt, dass mit der Geschäftsplanänderung eine Einbuße an tatsächlichem oder vermeidlichem gesellschaftlichem Ansehen verbunden ist. Eine vorherige Anhörung ist aber aus Gründen der Fürsorge, der besseren Motivation und der sachgerechten Entscheidung geboten.[203] Ein solches Vorgehen ist in der Praxis auch deshalb zu empfehlen, weil die Akzeptanz für Maßnahmen in dem Maße der vorherigen Absprache und Beteiligung des Betroffenen wächst. Die Umsetzung wird wirksam mit ihrer Bekanntgabe. Die Mitbestimmung des Personalrats ist nur erforderlich, soweit mit der Umsetzung ein Dienstortwechsel einhergeht.[204]

3. Materielle Voraussetzungen der Umsetzung und „Rechtsfolgenseite"

Die Umsetzung ist – mangels gesetzlicher Ermächtigungsgrundlage – nicht an bestimmte Tatbestandsvoraussetzungen geknüpft.[205] Die Übertragung eines anderen Dienstpostens innerhalb derselben Behörde verfügt der Dienstvorgesetzte nach **pflichtgemäßem Ermessen.** Anders als bei der Versetzung kommt es auf dienstliche Gründe oder einen Antrag des Beamten nicht an. Die Organisationsgewalt des Dienstherrn bleibt insofern unbeschränkt. Da der Beamte im Hinblick auf die erforderliche vielseitige Verwendbarkeit und Mobilität für den gesamten Aufgabenbereich seiner Laufbahn ausgebildet wird, muss er bei der Übernahme einer Aufgabe mit der Möglichkeit einer Umsetzung rechnen. Dasselbe gilt für die Organisationsverfügung. **145**

---

202 BVerwGE 60, 144 (146). Aus diesem Grund enthält das BBG keine Ermächtigungsgrundlage, die dem Dienstherrn die Umsetzung erlaubt; auch die Organisationsverfügung ist kein Verwaltungsakt.

203 Siehe OVG Münster, ZBR 1986, 274.

204 Wann ein Dienstortwechsel vorliegt bestimmt sich nach den Regelungen des Umzugskostenrechts.

205 Siehe dazu Deutscher Bundestag, Drucksache 16/7076, S. 29.

Grenzen können sich aber insbesondere aus dem Laufbahnrecht, der Fürsorgepflicht oder durch Zusicherungen im Sinne des § 38 VwVfG ergeben. So wäre es mit der Fürsorgepflicht nicht vereinbar, einen Beamten auf Dauer unterwertig zu beschäftigen und ihm damit die Möglichkeit der Bewährung in einem seiner Qualifikation entsprechendem Amt zu nehmen. Andererseits hat der Beamte kein „Recht am Amt", d. h. auf einen bestimmten Dienstposten mit unverändertem Aufgabengebiet. Auch das Bekleiden einer Leitungsfunktion, die Zahl der Mitarbeiter, Beförderungsmöglichkeiten und gesellschaftliches Ansehen schränken das Ermessen des Dienstherrn nicht ein.[206] Es bleibt das Recht des Beamten auf fehlerfreie Ermessensausübung. Die Wegsetzung eines Beamten von dem bisherigen Dienstposten ist z. B. rechtswidrig, wenn es für sie überhaupt keine sachlich nachvollziehbaren Erwägungen zur Begründung dieser Personalmaßnahme angeführt werden können. Eine Einschränkung des Ermessens könnte sich auch dadurch ergeben, dass der Beamte aufgrund seiner speziellen fachlichen Fähigkeiten gerade für einen bestimmten Posten eingestellt worden ist.

4. Rechtsschutz gegen die Umsetzung

146 Die Verneinung der Qualität als Verwaltungsakt bedeutet nicht, dass der von der Umsetzung betroffene Beamte ohne Rechtsschutz bleibt. Er kann sich gegen die Maßnahme nach Durchführung des Vorverfahrens gem. § 126 Abs. 2 BBG mit der allgemeinen Leistungsklage wehren, soweit ein besonderes Rechtsschutzinteresse gegeben ist.[207] Der Widerspruch gegen die Umsetzung hat keine aufschiebende Wirkung. Dazu führt der Erst-Recht-Schluss aus § 126 Abs. 4 BBG, der zwar ausdrücklich nur Versetzung und Abordnung erwähnt, aber jedenfalls auch auf die weniger eingriffsintensive Umsetzung Anwendung finden muss.[208] Vorläufiger Rechtsschutz kann nur nach § 123 VwGO mit dem Antrag auf Erlass einer einstweiligen Anordnung erreicht werden (siehe hierzu ausführlich das Aufbauschema zum Widerspruch im Beamtenrecht unten in Anhang A).

Wiederholungsfragen

1. *Welche funktionellen Änderungen im Beamtenverhältnis kennen Sie? (Rn. 125)*
2. *Unter welchen Voraussetzungen ist die Versetzung ohne die Zustimmung des Beamten möglich? (Rn. 130 f.)*
3. *Was unterscheidet die Abordnung von der Versetzung? (Rn. 135)*
4. *Was unterscheidet die Umsetzung von der Versetzung? (Rn. 143, 145)*
5. *Was unterscheidet die Umsetzung von einer Organisationsverfügung? (Rn. 143, 143a)*
6. *Was versteht man unter einer Zuweisung? (Rn. 142)*

206 BVerwG DÖV 92, 493.
207 Vgl. BVerwGE 60, 144 (150); 153, 246-254.
208 Häufig wird dies auch daraus geschlossen, dass § 80 Abs. 1 VwGO nur auf Verwaltungsakte anwendbar ist. Dem widerspricht die wörtliche und systematische Auslegung des § 126 Abs. 2, der auf die Vorschriften des 8. Abschnitts der VwGO verweist, zu denen auch § 80 Abs. 1 VwGO gehört. Nur teleologische Argumente sprechen für diese Auffassung.

§ 13 Die Beendigung des Beamtenverhältnisses

Literatur: *Bartha*, Die Entlassung eines Beamten auf Probe wegen eines Dienstvergehens, ZBR 1985, 217 f.; *Günther*, Spezifika der Entlassung von Probebeamten, ZBR 1985, 321 ff.; *Günther*, Entlassung von Beamten auf Widerruf, ZBR 1987, 321 ff.; *Bongartz/Rogmann*, Gibt es den ewigen Beamten auf Probe? RiA 1994, 9 ff.; *Günther*, Entlassung auf Antrag, ZBR 1994, 197 ff.; *Bieler*, Ablauf der Probezeit und mangelnde Eignung, DVP 1996, 209 ff.; *Püttner*, Altersgrenzen im Beamtenrecht, DVBl. 1997, 259 ff.; *Loebel*, Die Dienstunfähigkeit des Beamten, RiA 1999, 19 ff.; *Allgaier*, Zur Frage der Entlassung bzw. Zurruhesetzung von Probebeamten wegen Dienstunfähigkeit nach §§ 46 Abs. 1 und 2, § 31 Abs. 1 Nr. 3 BBG, DÖD 1999, 222 ff.; *Lambrecht*, Der Verlust der Beamtenrechte als Folge einer Strafverurteilung, ZBR 2001, 194 ff.; *Kenntner*, Dienstunfähigkeit, ZBR 2015, 181 ff.; *Günther*, Macht die wirksame Anfechtung eines Entlassungsantrags die Entlassung auf Verlangen unwirksam?, DÖV 2014, 268 ff.

I. Überblick

Die Gründe, die zur Beendigung des Beamtenverhältnisses führen, sind in Abschnitt 5 **147**
des Bundesbeamtengesetzes aufgeführt. Die Beendigung eines Beamtenverhältnisses bedarf aufgrund der Wesentlichkeitslehre einer gesetzlichen Grundlage. Außerdem entspricht es den hergebrachten Grundsätzen des Berufsbeamtentums nach Art. 33 Abs. 5 GG, Veränderungen des Beamtenverhältnisses nur aufgrund eines Gesetzes zuzulassen. Dieser Grundsatz schützt den Beamten gegen Willkür und sichert seine unabhängige Amtsführung ab.

Das Beamtenverhältnis endet durch

- Entlassung,
- Verlust der Beamtenrechte,
- Entfernung aus dem Beamtenverhältnis nach dem Bundesdisziplinargesetz oder
- Eintritt bzw. Versetzung in den Ruhestand.

Arten der Beendigung des Beamtenverhältnisses (vereinfacht)

Tod	gesetzlich nicht geregelt
Entlassung	kraft Gesetzes, §§ 31, 34 Abs. 4, 35, 37 Abs. 2
	durch VA, §§ 32 ff., 51 Abs. 4 S. 2
Verlust der Beamtenrechte	kraft Gesetzes, § 41
Entfernung aus dem Beamtenverhältnis	kraft Gesetzes, § 10 Abs. 1 BDG
Eintritt oder Versetzung in den Ruhestand	kraft Gesetzes, § 51 Abs. 1
	durch Verwaltungsakt, §§ 44 Abs. 1, 49, 52 Abs. 1, 54 f.

Übersicht 15

Anders als in § 6 Abs. 3, 4 BBG a. F. findet der Tod als Beendigungsgrund keine ausdrückliche Erwähnung mehr. Das ist auch nicht erforderlich, weil sich diese Rechtsfolge „aus der Natur der Sache" ergibt. Gleichwohl hat der Tod eines Beamten für seine Hinterbliebenen Folgewirkungen z. B. im Hinblick auf versorgungsrechtliche Fragen, die in spezialgesetzlichen Regelungen (BeamtVG) festgeschrieben sind.

II. Entlassung

148 Die Beendigung des Beamtenverhältnisses durch Entlassung erfolgt entweder kraft Gesetzes oder durch Verwaltungsakt.

1. Entlassung kraft Gesetzes

Eine zentrale Vorschrift über die Entlassung von Bundesbeamten kraft Gesetzes findet sich in **§ 31 BBG**.

149a Gem. § 31 Abs. 1 Satz 1 Nr. 1 BBG sind Beamte kraft Gesetzes entlassen, wenn die Voraussetzungen des § 7 Abs. 1 Nr. 1 BBG nicht mehr vorliegen, ohne dass eine Ausnahme nach § 7 Abs. 3 BBG (nachträglich) zugelassen wird.

Diese Vorschrift ordnet an, dass das Beamtenverhältnis ohne weiteren Vollzugsakt zu dem Zeitpunkt endet, in dem der Beamte eine persönliche Einstellungsvoraussetzung nach § 7 Abs. 1 Nr. 1 BBG nicht mehr erfüllt, weil er seine Staatsangehörigkeit nach Begründung des Beamtenverhältnisses verloren hat. Dies gilt nicht, wenn der Bundesminister des Innern (nach Einstellung des Beamten) einen Dispens von dieser persönlichen Voraussetzung erteilt hat. Von dieser Möglichkeit kann er Gebrauch machen, wenn ein dienstliches Bedürfnis besteht, ausnahmsweise einen Beamten einzustellen, der eine andere Staatsangehörigkeit hat, als die in § 7 Abs. 1 Nr. 1 BBG aufgezählten.

Die Rechtsfolge der Entlassung kraft Gesetzes tritt auch dann nicht ein, wenn der Beamte gleichzeitig mit dem Verlust der ursprünglichen Staatsangehörigkeit eine andere Staatsangehörigkeit annimmt, die den Voraussetzungen des § 7 Abs. 1 Nr. 1 BBG genügt.

> **Beispiel:** E wurde als österreichischer Staatsbürger im Jahr 2002 beim DPMA eingestellt. 2004 heiratet er C (sie ist Französin) und nimmt 2008 ihr zu Liebe die französische Staatsbürgerschaft an. Gleichzeitig gibt er seinen österreichischen Pass zurück. Sein Beamtenverhältnis endet nicht kraft Gesetzes, weil auch nach Verlust der Staatsangehörigkeit, die er bei seiner Einstellung hatte, die Staatsangehörigkeit eines anderen Mitgliedstaates der EU annimmt.

149b Gem. § 31 Abs. 1 Satz 1 Nr. 2 BBG endet das Beamtenverhältnis auch, wenn ein neues öffentlich-rechtliches Dienst- oder Amtsverhältnis zu einem anderen Dienstherrn begründet wird. Bei der aufnehmenden Stelle kann es sich auch um eine Einrichtung handeln, die nach den Vorschriften des deutschen Beamtenrechts (des Bundes oder der Länder) keine Dienstherrnfähigkeit besitzt.

> **Beispiele:** Regierungsrat W ist Bundesbeamter beim BVA. Er erhält eine Urkunde vom Landesamt für Denkmalpflege in Hessen, mit der er zum Oberregierungsrat ernannt wird.

Ein Bundesbeamter begründet ein Dienst- oder Amtsverhältnis bei der UNO. Diese ist eine internationale Organisation, der es an der Dienstherrnfähigkeit gem. § 2 BBG fehlt. Dasselbe gilt auch für Institutionen der EU. Beachte: Wird der Beamte zum Zwecke der vorläufigen Verwendung bei einer solchen Organisation von seinem Beamtenverhältnis beurlaubt, ist der Beamte nicht entlassen.

Denkbar ist auch, dass das neue Amtsverhältnis in einem Berufssoldatenverhältnis oder einem Soldatenverhältnis auf Zeit besteht.

Die oberste Dienstbehörde entscheidet darüber, ob die Voraussetzungen des § 31 Abs. 1 Satz 1 BBG vorliegen und stellt den Tag der Beendigung des Beamtenverhältnisses fest.

Durch das „Gesetz zur Änderung des Bundesbeamtengesetzes und weiterer dienst- **149c**
rechtlicher Vorschriften" vom 6. März 2015 (BGBl. I S. 250), das am 14. März 2015 in Kraft getreten ist, wurde Satz 2 neu in Absatz 1 eingefügt. Dieser schränkt die Geltung von Satz 1 Nr. 2 in bestimmten Fällen ein. Nach Satz 2 Nr. 1 gilt Satz 1 Nr. 2 nicht, wenn der Beamte in ein Beamtenverhältnis auf Widerruf oder in ein Ehrenbeamtenverhältnis eintritt. Der bisherige Abs. 1 Nr. 2 Satz 2 hat materiell dieselbe Regelung getroffen, so dass es sich nur um eine redaktionelle Änderung handelt. Eine Veränderung der Rechtslage enthält aber Abs. 1 Satz 2 Nr. 2. Bisher konnte die oberste Dienstbehörde in den Fällen des Abs. 1 Satz 1 Nr. 2 die Fortdauer des Bundesbeamtenverhältnisses neben dem neuen Dienst- oder Amtsverhältnis nur im Einvernehmen mit dem anderen Dienstherrn oder der internationalen Einrichtung anordnen. Diese (Ermessens-)Entscheidung kann nunmehr allein von der obersten Dienstbehörde getroffen werden, ohne dass die aufnehmende Einrichtung noch zustimmen muss. Durch diese Neuregelung wird der Personalwechsel zwischen dem deutschen öffentlichen Dienst (für Bundesbeamte) und europäischen Institutionen oder internationalen Organisationen erleichtert (s. Gesetzesbegründung, BT-Drs. 18/3248, S. 27).

Beispiel: Regierungsdirektor K begründet ein Dienstverhältnis bei der UNO, muss dort aber eine Probezeit zurücklegen. Für die Dauer der Prob ezeit kann die oberste Dienstbehörde anordnen, dass das Beamtenverhältnis im Inland für die Dauer der Probezeit andauert und eine Entlassung kraft Gesetzes nicht eintritt („Doppelbeamtenverhältnis").

Der Beamte ist bei Erreichen der Altersgrenze kraft Gesetzes entlassen, wenn das Be- **150**
amtenverhältnis nicht durch Eintritt in den Ruhestand endet (für Probebeamte **§ 34 Abs. 4 BBG**).[209]

Das Beamtenverhältnis des Beamten auf Widerruf im Vorbereitungsdienst endet **151**
durch Entlassung nach **§ 37 Abs. 2 Satz 2 BBG** mit Ablauf des Tages, an dem ihm das Bestehen oder endgültige Nichtbestehen der (Laufbahn-)Prüfung oder das endgültige Nichtbestehen einer vorgeschriebenen Zwischenprüfung bekannt gegeben wird.

209 Siehe zur Entlassung von Beamten mit Führungsämtern auf Probe § 35 BBG.

2. Entlassung durch Verwaltungsakt

152a Beamte sind gem. § 32 BBG von Amts wegen **zwingend zu entlassen**,

- wenn sie den Diensteid oder entsprechendes Gelöbnis verweigern. Dies ergibt sich aus **§ 32 Abs. 1 Nr. 1 BBG**. Dabei tritt die in § 64 BBG verankerte Dienstpflicht zur Leistung des Eides nicht hinter das Grundrecht auf Glaubens- und Gewissensfreiheit gem. Art. 4 Abs. 1 GG zurück.
- wenn sie deshalb nicht in den Ruhestand versetzt werden können, weil sie die nach § 50 BBG grundsätzlich zurückzulegende versorgungsrechtliche Wartezeit von regelmäßig fünf Jahren nicht vorweisen können, **§ 32 Abs. 1 Nr. 2 BBG**.[210]
- wenn sie zum Zeitpunkt der Ernennung ein mit dem Amt unvereinbares Mandat als Mitglieder des Deutschen Bundestages (MdB) oder des Europäischen Parlaments (MdEP) innehatten. Wird ein MdB oder MdEP zum Bundesbeamten ernannt, setzt ihm die oberste Dienstbehörde eine angemessene Erklärungsfrist, in der er sich zwischen den beiden inkompatiblen Ämtern entscheiden muss. Will er Beamter bleiben, muss er sein Mandat innerhalb der Frist niederlegen, **§ 32 Abs. 1 Nr. 3 BBG**.[211]
- wenn sie ernannt worden sind, obwohl sie zu diesem Zeitpunkt bereits die vorgeschriebene Altersgrenze (Regelaltersgrenze, s. § 51 Abs. 1 Satz 2) erreicht hatten. Eine solche Ernennung ist unzulässig. Wie sich aus **§ 51 Abs. 4 BBG** ergibt, ist der Beamte nach einer solchen Ernennung zu entlassen.
- wenn sie einen schriftlichen Entlassungsantrag gem. **§ 33 Abs. 1 BBG** gestellt haben. Der Entlassungsantrag ist formgebunden (Schriftform, eigenhändige Unterschrift).[212] Die darin zum Ausdruck gebrachte Willenserklärung, den Dienst quittieren zu wollen, kann nach den entsprechend anwendbaren Vorschriften des BGB wegen Irrtums, arglistiger Täuschung und widerrechtlicher Drohung angefochten werden. Durch die wirksame Anfechtung ist der Entlassungsantrag als nichtig anzusehen (§ 142 BGB analog). Damit wird die Entlassungsverfügung unwirksam, denn die Entlassung ist mitwirkungsbedürftig. Unabhängig von der Anfechtung bleibt dem Beamten die Rücknahme seines Antrages, die innerhalb von zwei Wochen nach Zugang bei dem Dienstvorgesetzten möglich ist (§ 33 Abs. 1 Satz 2 BBG). Liegen die Tatbestandsmerkmale des § 33 Abs. 1 BBG vor, muss die zuständige Behörde die Entlassung zum beantragten Zeitpunkt verfügen (gebundene Entscheidung). Ausnahmsweise kann die Behörde die Entlassung gem. § 33 Abs. 2 S. 2 BBG um höchstens drei Monate hinausschieben. Diese Verlängerung der Dienstleistungspflicht über den beantragten Zeitpunkt hinaus ist nur zulässig, wenn sie erforderlich ist, damit der Beamte die ihm übertragenen Aufgaben ord-

210 Siehe dazu § 4 Abs. 1 BeamtVG.

211 Als angemessen ist eine Ein- bis Dreimonatsfrist anzusehen, in der der Beamte das Für und Wider seiner Entscheidung abwägen kann, siehe dazu *Battis*, § 32, Rn. 4.

212 In der Rückgabe einer Ernennungsurkunde ist kein Entlassungsantrag zu sehen, denn das Schriftformerfordernis gem. § 33 Abs. 1 S. 1 BBG wäre nicht erfüllt. Dasselbe gilt, wenn ein Beamter einfach dem Dienst fernbleibt. Auch dieses tatsächliche Verhalten kann nicht in einen Entlassungsantrag umgedeutet werden. Die Schriftform beinhaltet die elektronische Form mit qualifizierter Signatur.

nungsgemäß erledigt. Unzulässig wäre sie, wenn dem Beamten für die Verlängerungszeit eine neue Aufgabe zugewiesen wird. Ermessensfehlerhaft wäre das Hinausschieben auch, wenn es mit allgemeinen Erwägungen, die sich nicht auf den konkreten Einzelfall beziehen, begründet wird.

Liegt einer dieser sog. **obligatorischen Entlassungsgründe** vor, wird der Beamte durch eine entsprechende Verfügung aus dem Beamtenverhältnis entlassen. Dabei handelt es sich um einen Verwaltungsakt im Sinne des § 35 S. 1 VwVfG.

Daneben gibt es **fakultative Entlassungsgründe**, bei deren Vorliegen der Beamte **152b**
durch Verwaltungsakt entlassen werden kann.

Nach § 34 BBG gelten für alle Beamten auf Probe vier Gründe (Dienstvergehen, fehlende Bewährung, Dienstunfähigkeit, Organisationsveränderungen), die zur Entlassung führen können, weil eine Verbeamtung auf Lebenszeit in diesen Fällen nicht gerechtfertigt ist:

- Der Beamte auf Probe zeigt ein Verhalten, das bei einem Beamten auf Lebenszeit mindestens eine Kürzung der Dienstbezüge zur Folge hätte, **§ 34 Abs. 1 Nr. 1 BBG**. Vor der Entlassung ist der Sachverhalt aufzuklären; die §§ 21 bis 29 BDG gelten entsprechend (§ 34 Abs. 3 Satz 2 BBG).
- Der Beamte auf Probe hat sich nicht bewährt, **§ 34 Abs. 1 Nr. 2 BBG**. Nur wer sich in der Probezeit hinsichtlich seiner Eignung, Befähigung und fachlichen Leistung bewährt, darf in das Beamtenverhältnis auf Lebenszeit berufen werden. „Fehlende Bewährung" ist ein unbestimmter Rechtsbegriff, der dem Dienstherrn einen Beurteilungsspielraum einräumt. Die Anforderungen an die Feststellung der Bewährung in der Probezeit gem. § 11 Abs. 1 BBG unterliegen dabei einem strengen Maßstab. Beispiele für mangelnde Bewährung sind: Mangelnde gesundheitliche Eignung, mangelnde charakterliche Eignung oder ungeordnete finanzielle Verhältnisse.
- Der Beamte auf Probe ist dienstunfähig und nicht in den Ruhestand versetzt worden, **§ 34 Abs. 1 Nr. 3 BBG**.
- Die Beschäftigungsbehörde wird aufgelöst, verschmolzen oder der Aufbau bzw. die Aufgaben werden wesentlich geändert. Ist das Aufgabengebiet des Beamten von der Auflösung oder Umbildung berührt, und ist eine anderweitige Verwendung nicht möglich, kann er entlassen werden, **§ 34 Abs. 1 Nr. 4 BBG**.

Die Entlassung von Probebeamten ist während der gesamten Probezeit, die regelmäßig drei Jahre dauert, zulässig. Sie kann gem. § 28 Abs. 5 BLV verlängert werden, wenn die Bewährung während der Probezeit nicht festgestellt werden konnte. Dies kann z. B. der Fall sein, wenn ein Beamter längere Zeit krankheitsbedingt abwesend war. Hinsichtlich der Verlängerungsmöglichkeiten ist § 30 Abs. 2 BLV zu beachten: War der Beamte wegen der Erfüllung von Familienpflichten (Kinderbetreuung, Pflege von Angehörigen etc.) abwesend, darf deshalb die Probezeit nicht verlängert werden soweit die einjährige Mindestprobezeit zurückgelegt wurde. Bei der Entlassung von Probebeamten sind bestimmte, nach der Dauer der Beschäftigungszeit abgestufte Fristen einzuhalten (§ 34 Abs. 2 und 3 BBG).

152c **Beamte auf Widerruf** können gem. **37 Abs. 1 BBG** jederzeit wegen eines sachlichen Grundes entlassen werden. Beispiele für Entlassungsgründe sind: eigenmächtiges Fernbleiben vom Dienst, mehrfache dienstliche Verfehlungen, mangelnde körperliche Eignung, erhebliche Verschuldung. Der Widerruf darf aber nicht auf Umstände gestützt werden, die dem Dienstherrn schon bei der Einstellung bekannt waren. Das Ermessen des Dienstherrn wird bei Widerrufsbeamten im Vorbereitungsdienst eingeschränkt. Sie sollen Gelegenheit haben, den Vorbereitungsdienst abzuleisten und die Prüfung abzulegen.

153 Die Entlassungsverfügung muss auch in formeller Hinsicht bestimmten Anforderungen genügen, um rechtmäßig zu sein. **Zuständigkeit, Verfahren und Form der Verfügung** sind in § 38 BBG geregelt.

Die Entlassung wird von der Stelle verfügt, die für die Ernennung zuständig ist. Der Beamte ist gem. § 28 Abs. 1 VwVfG vor Erlass der belastenden Entlassungsverfügung zu hören. Ein Verfahrensfehler ist nach den Vorschriften des allgemeinen Verwaltungsrechts zu beurteilen. Die Verfügung muss schriftlich erfolgen, wobei auch die elektronische Form ausreicht, wenn sie den Anforderungen des § 3a VwVfG an die qualifizierte elektronische Signatur genügt. Gem. § 39 VwVfG ist der Verwaltungsakt zu begründen. Die Entlassungsverfügung wird mit Ablauf des Monats wirksam, der auf den Monat folgt, in dem Verfügung zugestellt wurde.

Beispiel: Wird die Entlassungsverfügung am 6.4. zugestellt, tritt ihre Wirksamkeit am 31.5. ein.

154 Die **Folgen der Entlassung** ergeben sich aus § 39 BBG. Der entlassene Beamte verliert mit Wirksamwerden der Entlassung den Anspruch auf Besoldung und Versorgung. Er darf seine Amtsbezeichnung mit dem Zusatz a.D. auch nach der Entlassung führen, wenn die oberste Dienstbehörde eine entsprechende Erlaubnis erteilt.

III. Verlust der Beamtenrechte

155 Wird ein Beamter wegen einer vorsätzlich begangenen Tat zu einer Freiheitsstrafe von mindestens einem Jahr verurteilt, so endet das Beamtenverhältnis gem. § 41 Abs. 1 Nr. 1 BBG mit Rechtskraft des Urteils. Dieselbe Rechtsfolge tritt ein, wenn ein Beamter wegen vorsätzlicher friedensverräterischer, hochverräterischer, rechtsstaatsgefährdender, landesverräterischer oder die äußere Sicherheit gefährdender Handlungen zu einer Gefängnisstrafe von mindestens sechs Monaten verurteilt wird oder ihm die Fähigkeit zur Bekleidung öffentlicher Ämter aberkannt wurde oder er gem. Art. 18 GG Grundrechte verwirkt hat. Die Vorschrift des § 41 Abs. 1 Nr. 2 BBG wurde darüber hinaus um einen Straftatbestand erweitert: Auch eine Verurteilung wegen Bestechlichkeit zu mindestens sechs Monaten Freiheitsstrafe führt nun zum Verlust der Beamtenrechte. Der Gesetzgeber wollte das Instrumentarium zur wirksamen Bekämpfung der Korruption im öffentlichen Dienst erweitern. Ein Beamter, der wegen Bestechlichkeit verurteilt wurde, hat das Vertrauen seines Dienstherrn grundsätzlich verloren und soll nicht mehr als Beamter seinen Dienst versehen. Einschränkend soll diese Rechtsfolge

aber nur dann eintreten, wenn die Straftat im Zusammenhang mit dem Hauptamt begangen wurde.[213]

Ob die Vollstreckung der Strafe zur Bewährung ausgesetzt wurde, ist nicht entscheidend. Es kommt allein auf das Mindeststrafmaß an.[214] Der Sinn der Regelung ist, ein überflüssiges Disziplinarverfahren zu vermeiden, das bei so schweren Dienstvergehen zur Entfernung aus dem Dienst führen müsste. Die Beendigung des Beamtenverhältnisses tritt jeweils mit Rechtskraft des Urteils ein. Ein rechtsgestaltender Verwaltungsakt ist nicht mehr nötig. Wegen der Rechtsklarheit ist es aber angezeigt, den Tag der Beendigung dem Beamten schriftlich mitzuteilen. § 41 BBG gilt nicht bei der Verurteilung durch einen Strafbefehl.[215] Das Urteil muss durch ein deutsches Strafgericht ergangen sein, eine Verurteilung im Ausland reicht für den Verlust der Beamtenrechte nicht aus.

IV. Entfernung aus dem Beamtenverhältnis

Die Entfernung aus dem Dienst ist für den aktiven Beamten die schwerste der in § 5 BDG genannten Disziplinarmaßnahmen. Die Folgen – auch für Besoldung und Versorgung des Beamten – sind in § 10 BDG geregelt. Das Dienstverhältnis endet kraft Gesetzes mit der Rechtskraft eines entsprechenden Verwaltungsgerichtsurteils. Gegen Beamte auf Widerruf oder auf Probe kommen nur Verweis oder Geldbuße in Betracht. Aufgrund schwerer Verfehlungen kann der Beamte auf Probe jedoch entlassen werden (vgl. § 5 Abs. 3 BDG i. V. m. § 34 Abs. 1 Nr. 1 BBG).[216] **156**

V. Eintritt oder Versetzung in den Ruhestand

1. Ruhestandsverhältnis

Unter den Gründen für die Beendigung des Beamtenverhältnisses nimmt der Eintritt in den Ruhestand eine Sonderstellung ein. Das aktive Beamtenverhältnis verwandelt sich in ein Ruhestandsbeamtenverhältnis. Bestimmte Pflichten und Rechte wirken fort. **157**

> **Beispiele:** Treuepflicht, Wohlverhaltenspflicht, Pflicht zur Amtsverschwiegenheit, Genehmigungspflicht für die Annahme von Geschenken, Recht auf Führung der letzten Amtsbezeichnung mit dem Zusatz „außer Dienst", Recht auf Einsicht in die Personalakten.

---

213 Das bedeutet im Umkehrschluss, dass eine einschlägige Verurteilung im Zusammenhang mit der neben- oder ehrenamtlichen Dienstversehung des Beamten disziplinarisch zu untersuchen ist.

214 Bei der Auswertung strafgerichtlicher Urteile gegen Beamte fällt auf, dass die Verurteilung zu einer Freiheitsstrafe von 11 Monaten relativ häufig vorkommt. Dies legt die Vermutung nahe, dass die Strafgerichte die Entscheidung über das Fortbestehen des Beamtenverhältnisses des Verurteilten in Zweifelsfällen dem behördlichen Disziplinarverfahren vorbehalten wollen. Diese Tendenz ist kritisch zu bewerten. Der Regelungszweck des § 41 BBG legt die Entscheidung bewusst in die Hände der Strafgerichte, um ein aufwendiges Disziplinarverfahren überflüssig zu machen.

215 BVerwG NJW 2000, 3297.

216 Siehe auch unten § 14, Rn. 195.

2. Eintritt in den Ruhestand kraft Gesetzes

158 Beamte auf Lebenszeit treten gem. § 51 Abs. 1 Satz 1 BBG mit Ablauf des Monats in den Ruhestand, in dem sie die jeweils für sie geltende Altersgrenze erreichen. Bislang lag die Regelaltersgrenze bei 65 Lebensjahren. Diese Altersgrenze wurde nun – abhängig vom Geburtsjahr des Beamten – schrittweise auf 67 Lebensjahre angehoben:

Für Beamte, die vor dem 01.01.1947 geboren wurden, bleibt es beim Ruhestandsalter von 65 Lebensjahren. Gem. § 51 Abs. 2-4 BBG wird die Ruhestandsgrenze für alle Beamte, die zwischen 1947 und 1963 geboren wurden, stufenweise um einen bis zweiundzwanzig Monate angehoben. Für Beamte, die 1964 oder später geboren wurden, gilt die neue Regelaltersgrenze von nunmehr 67 Lebensjahren. Auch weiterhin gibt es für Sonderlaufbahnen wie den Polizeivollzugsdienst Sonderregelungen, nach denen diese Beamten früher (nun meist mit Vollendung des 62. Lebensjahres) in den Ruhestand treten.

In Einzelfällen ist es möglich, den Eintritt in den Ruhestand über das 67. Lebensjahr hinauszuschieben. Voraussetzung ist hierfür gem. § 53 Abs. 1, dass dies im dienstlichen Interesse liegt und die Arbeitszeit mindestens die Hälfte der regelmäßigen wöchentlichen Arbeitszeit (das sind 41 Stunden, siehe § 3 Abs. 1 Satz 1 AZV) beträgt. Der Eintritt in den Ruhestand kann auf Antrag des Beamten maximal bis zu drei Jahren hinausgeschoben werden, es handelt sich also um eine Ermessensentscheidung. Daneben besteht seitens des Beamten die Möglichkeit wegen familienbedingter Abwesenheitszeiten einen Antrag auf Hinausschieben zu stellen, § 53 Abs. 1a. Diesem Antrag muss der Dienstherr entsprechen, wenn die in Abs. 1a Nr. 1.-4. genannten Voraussetzungen erfüllt sind.

3. Eintritt in den Ruhestand durch Verwaltungsakt

159 Der Beamte auf Lebenszeit ist in den Ruhestand zu versetzen, wenn er wegen seines körperlichen Zustandes oder aus gesundheitlichen Gründen zur Erfüllung seiner Dienstpflichten dauernd unfähig ist (**„Dienstunfähigkeit"** gem. § 44 Abs. 1 BBG). Als dienstunfähig gilt auch, wer aufgrund einer Erkrankung innerhalb von sechs Monaten mindestens drei Monate nicht mehr im Dienst war soweit keine Aussichten mehr bestehen, dass seine Dienstfähigkeit innerhalb weiterer sechs Monate vollständig wiederhergestellt sein wird (Fiktion der Dienstunfähigkeit). Dabei ist das Vorliegen der Dienstunfähigkeit an den Erfordernissen des verliehenen Amtes zu messen. Sie ist gegeben, wenn der Beamte aufgrund seiner Beeinträchtigung erhebliche Störungen des Dienstbetriebes verursacht, die auch durch zumutbare personelle und organisatorische Maßnahmen des Dienstherrn nicht vermieden werden können.[217]

Die Versetzung in den Ruhestand ist ausgeschlossen, wenn der Beamte anderweitig verwendbar ist. Durch diese Regelung soll dem Grundsatz „Rehabilitation vor Versorgung" Rechnung getragen werden. Der Gesetzgeber möchte erreichen, dass die

217 Umfassend dazu *Hebeler*, Dienstunfähigkeit – Gesetzliche Bewältigungs- und Vermeidungsstrategien sowie Rechtsprechungsentwicklungen, ZBR 2017, 21 ff.

kostenintensive Zurruhesetzung eines Beamten aus gesundheitlichen Gründen das letzte Mittel ist und zuvor alle anderen Möglichkeiten ausgeschöpft werden müssen, den Beamten im aktiven Beamtenverhältnis zu halten.[218] Es ist daher nur konsequent, dass die Möglichkeit der Beamten, auf Antrag wegen Dienstunfähigkeit in den Ruhestand versetzt zu werden, keine gesetzliche Grundlage mehr findet. Allerdings steht es den Beamten frei, im Rahmen des § 125 Abs. 1 BBG auf dem Dienstweg einen entsprechenden Antrag zu stellen, den der Dienstherr zu bescheiden hat.

Der Gesetzgeber räumt den Behörden verschiedene Möglichkeiten ein, von der Ruhe- **159a**
standsversetzung abzusehen. Unter Wahrung des statusrechtlichen Amtes kann dem Beamten ohne seine Zustimmung eine zumutbare, geringerwertige Tätigkeit übertragen werden, wenn er anders nicht verwendet werden kann, § 44 Abs. 3 BBG.

In § 44 Abs. 4 BBG geht der Gesetzgeber noch weiter.[219] Hiernach ist es sogar möglich – wenn der betroffene Beamte zuvor eine neue Laufbahnbefähigung erworben hat – dass der Beamte in ein Amt dieser Laufbahn mit geringerem Endgrundgehalt versetzt wird, wenn eine amtsangemessene, statusgerechte Verwendung nicht möglich ist. Das neue Amt muss nunmehr lediglich derselben Laufbahngruppe zugeordnet sein wie das derzeitige Amt. Einer Ernennung sowie der Zustimmung des Beamten bedarf es in diesem Fall nicht.

Beispiele: Ein Polizeihauptkommissar (BesGr A 11) bei der Bundespolizei ist aufgrund einer Verletzung nicht mehr polizeidienstfähig im Sinne des BPolBG. Nachdem er die Laufbahnbefähigung für den gehobenen nichttechnischen Dienst erworben hat, wird er im Bundesverwaltungsamt als Regierungsinspektor (BesGr A 9) verwendet.

Die Zulässigkeit dieser Maßnahme hängt davon ab, ob sie zumutbar ist. Dieser unbestimmte Rechtsbegriff ist unter strikter Anwendung des Verhältnismäßigkeitsgrundsatzes eng auszulegen. Denn die Einschränkungen, denen der Beamte hier in statusrechtlicher Hinsicht unterliegt, sind intensiv. Auch der Erwerb von Zusatzqualifikationen oder Spezialkenntnissen ist zu berücksichtigen. Die Neugestaltung des § 44 Abs. 4 ist kritisch zu sehen. Zwar werden besoldungsrechtliche Nachteile für den Beamten nach §§ 13, 19a BBesG ausgeglichen. Allerdings begegnet die Vorschrift verfassungsrechtlichen Bedenken, weil ein Verstoß gegen Art. 33 Abs. 5 GG (Laufbahnprinzip, Recht auf amtsangemessene Beschäftigung) nicht von der Hand zu weisen ist (siehe dazu aber Gesetzesbegründung BT-Drs. 18/3248, S. 29) Die Verpflichtung an Fortbildungsmaßnahmen teilzunehmen, die dem Erwerb einer neuen Laufbahnbefähigung dienen, wird durch § 44 Abs. 5 BBG abgesichert. Hierbei handelt es sich um eine Dienstpflicht, deren Verletzung disziplinarische Konsequenzen haben kann.

Auch das Vorliegen einer **begrenzten Dienstfähigkeit gem. § 45 BBG** hindert die Versetzung in den Ruhestand wegen Dienstunfähigkeit.[220] Die Arbeitszeit ist danach ent-

218 Siehe hierzu unter Verweis auf den Beschluss des Rechnungsprüfungsausschuss des Deutschen Bundestages vom 25. Februar 2005, Deutscher Bundestag, Drucksache 16/7076, S. 34 f.

219 Der Gesetzgeber hat diese Vorschrift durch das Änderungsgesetz zum BBG v. 6. März 2015 (BGBl. I S. 250) neu gestaltet.

220 Siehe dazu auch *Becker*, besoldungsrechtliche Folgen in Bund und Ländern bei Eintritt der begrenzten Dienstfähigkeit, ZBR 2017, 27 ff.

sprechend zu verkürzen, wenn der Beamte die Aufgaben des ihr übertragenen Amtes noch mindestens zur Hälfte der bisherigen Arbeitszeit erfüllen kann.

160 Ein wegen Dienstunfähigkeit in den Ruhestand versetzter Beamter ist verpflichtet, einer erneuten Berufung in das Beamtenverhältnis Folge zu leisten, wenn ihm im Dienstbereich seines früheren Dienstherrn ein Amt seiner früheren oder einer anderen Laufbahn mit mindestens demselben Endgrundgehalt übertragen werden soll und zu erwarten ist, dass der Beamte den gesundheitlichen Anforderungen des neuen Amtes genügt (§ 46 Abs. 1 BBG). Eine Altersgrenze für die Reaktivierung des Beamten gibt es damit nicht mehr. Bis 2009 konnte die Behörde den Beamten lediglich bis zur Vollendung des dreiundsechzigsten bzw. fünfundfünfzigsten Lebensjahres erneut in das Beamtenverhältnis berufen (§ 45 Abs. 1 S. 1 und 4 BBG a. F.). Die Behörde muss in regelmäßigen Abständen überprüfen, ob eine Reaktivierung möglich ist.[221]

Zur Absicherung der Reaktivierungsvorschrift wird in § 46 Abs. 4 BBG eine Dienstpflicht zur Teilnahme an geeigneten und zumutbaren Rehabilitationsmaßnahmen normiert. Dies können gesundheitliche oder berufliche Maßnahmen sein, die eine drohende Dienstunfähigkeit vermeiden oder eine bestehende Dienstunfähigkeit beseitigen können. Anfallende Kosten hat der Dienstherr zu tragen.

161 **Auf Antrag** können Beamte auf Lebenszeit nur noch unter engen Voraussetzungen in den Ruhestand versetzt werden. Gem. § 52 Abs. 1 BBG müssen sie das 62. Lebensjahr vollendet haben[222] und nach den sozialrechtlichen Vorgaben des § 2 Abs. 2 SGB IX schwerbehindert sein. Lebenszeitbeamte, die das 63. Lebensjahr vollendet haben, können ohne weitere Voraussetzungen in den Ruhestand versetzt werden, wenn sie einen entsprechenden Antrag stellen.

162 Bei **Beamten auf Probe** ist zwischen der obligatorischen Entlassung z. B. bei Dienstunfähigkeit wegen Krankheit, die sie sich ohne grobes Verschulden bei Ausübung des Dienstes zugezogen haben und der fakultativen Entlassung, die nicht im Zusammenhang mit der Dienstversehung steht, zu unterscheiden **(§ 49 Abs. 1 und Abs. 2 BBG)**.

163 Das **Verfahren** bei der Ruhestandsversetzung wegen Dienstunfähigkeit ist in § 47 BBG geregelt. Danach ist der Dienstvorgesetzte für die Versetzung in den Ruhestand zuständig. Die Behörde setzt den betroffenen Beamten zunächst über die geplante Versetzung in den Ruhestand in Kenntnis. Er hat einen Monat Zeit, Einwendungen dagegen zu erheben. Danach entscheidet die Behörde über die geplante Maßnahme. Der entsprechende Verwaltungsakt bedarf der Schriftform, ist zu begründen und dem Beamten zuzustellen. Die Aushändigung einer Urkunde hat nur deklaratorische Bedeutung. Die Wirksamkeit der Versetzung in den Ruhestand beginnt mit dem Ende des Monats, in dem die Bekanntgabe erfolgt ist. Gleichzeitig treten die besoldungs- und versorgungsrechtlichen Folgen ein.

---

221 Der Abstand zwischen zwei Überprüfungen soll dabei nicht mehr als zwei Jahre betragen, Deutscher Bundestag, Drucksache 16/7076, S. 36 f.

222 Siehe die weitergehenden Möglichkeiten für Beamte, die vor dem 1. Januar 1952 geboren sind in § 52 Abs. 2 BBG.

4. Einstweiliger Ruhestand

Politische Beamte (z. B. Staatssekretärinnen, Ministerialdirektoren und andere Beamte des höheren Dienstes im Auswärtigen Dienst ab der BesGr B 3 an aufwärts) können gem. § 54 BBG jederzeit in den einstweiligen Ruhestand versetzt werden. Der einstweilige Ruhestand unterscheidet sich von dem endgültigen Ruhestand z. B. durch die Verpflichtung, einer erneuten Berufung in ein aktives Beamtenverhältnis auf Lebenszeit Folge zu leisten, wenn dem Beamten ein mindestens gleichwertiges Amt im Bereich seines früheren Dienstherrn verliehen werden soll (§ 57 f. BBG). Der einstweilige Ruhestand kommt für bestimmte Beamte außerdem bei organisatorischen Veränderungen einer Behörde in Betracht (§ 55 BBG). **164**

5. Weitere Beendigungsgründe

Das BBG kennt weitere Beendigungsgründe für Beamte. So können bspw. Beamtinnen in Führungsämtern auf Probe und politische Beamte auf Probe gem. §§ 35 f. BBG unter erleichterten Bedingungen entlassen werden. Das Ausscheiden aus dem Beamtenverhältnis bei Wahlen zum Abgeordneten des Deutschen Bundestages oder des Europäischen Parlaments unterliegen ebenfalls besonderen Voraussetzungen (siehe § 40 BBG, der auf die Vorschriften des AbgG verweist). **165**

Wiederholungsfragen

1. *Auf welche Weise kann das Beamtenverhältnis beendet werden? Rn. (147)*
2. *In welchen Fällen ist der Beamte von Amts wegen zu entlassen? (Rn. 152a)*
3. *Kann der Beamte das Beamtenverhältnis von sich aus beenden? (Rn. 152a)*
4. *Wer ist für die Entlassung eines Beamten zuständig? (Rn. 153)*
5. *Wann erfolgt der Eintritt in den Ruhestand kraft Gesetzes? (Rn. 158)*
6. *Unter welchen Voraussetzungen können Beamte wegen Dienstunfähigkeit in den Ruhestand versetzt werden? (Rn. 159)*

Hinweis auf Anhang II – Fälle mit Lösung zum zweiten Teil des Lehrbuchs

Fall 4 – Verkehrsrowdy (Rn. A 16)
Fall 5 – Ernennung ohne Aushändigung der Urkunde? (Rn. A 17)
Fall 6 – Der rauschgiftsüchtige W (Rn. A 18)
Fall 7 – Geld-zurück-Garantie? (Rn. A 19)
Fall 8 – Widerrufene Beförderung (Rn. A 20)
Fall 9 – HB-Männchen (Rn. A 21)
Fall 10 – Der Reisekostenexperte (Rn. A 22)
Fall 11 – Zur falschen Zeit am falschen Ort (Rn. A 23)
Fall 18 – Der Ex-Funktionär (Rn. A 30)

Dritter Teil

Die rechtliche Stellung des Beamten – Pflichten und Rechte

§ 14 Die Pflichten des Beamten

Literatur: *v. Münch*, Rechte und Pflichten der Angehörigen des öffentlichen Dienstes, Recht und Politik 1985, 98 ff.; *Thiele*, Rechte und Pflichten der Beamten, DÖD 1988, 273 ff.; *Stock*, Ein Lehrer als Bhagwan-Fan, JuS 1989, 654 ff.; *Leuze*, Die politischen Pflichten des Beamten in Theorie und Praxis, DÖD 1994, 125 ff.; *Fleig*, Aktuelle Fragen aus dem Bereich der Beamtenpflichten, RiA 1996, 226 ff.; *Dietel/Gintzel*, Gewerkschaftsarbeit und Beamtenpflicht, AuR 1999, 378 ff.

I. Überblick

166 Als öffentlich-rechtliches Dienst- und Treueverhältnis begründet das Beamtenverhältnis besondere Rechte und Pflichten. Die Pflichten der Beamten sind zunächst in Abschnitt 6, Unterabschnitt 1 des Bundesbeamtengesetzes (§§ 60 ff.) geregelt. Diese Aufzählung ist jedoch nicht abschließend. Weitere Pflichten können unmittelbar aus dem Beamtenverhältnis als einem nach Art. 33 Abs. 5 GG verfassungsrechtlich verankerten Dienst- und Treueverhältnis abgeleitet werden oder sie ergeben sich aus anderen Gesetzen, Rechtsverordnungen oder Verwaltungsvorschriften. Die in den Beamtengesetzen festgelegten Pflichten sind oft im Tatbestand ungenau bestimmt. So heißt es z. B. in § 61 Abs. 1 Satz 3 BBG in Bezug auf die Beamten: „Ihr Verhalten innerhalb und außerhalb des Dienstes muss der Achtung und dem Vertrauen gerecht werden, die ihr Beruf erfordert". Der Gesetzgeber hat bei der Aufzählung des Pflichtenkataloges eine Vielzahl von unbestimmten Rechtsbegriffen und Ermessensvorschriften gewählt. Häufig werden nur allgemeine Prinzipien formuliert, die für die Festlegung einzelner Pflichten herangezogen werden können. Deshalb spielt die Auslegung des Tatbestands dieser Rechtsnormen in der Praxis eine große Rolle.

II. Treuepflicht

1. Allgemeine Treuepflicht

167 Die allgemeine Treuepflicht ist eine Grundpflicht, die als ein Leitziel den gesamten Pflichtenkreis des Beamten überlagert und aus **Art. 33 Abs. 5 GG** abzuleiten ist. Sie findet einfach-gesetzlich in **§ 4 BBG** Niederschlag und besteht auch für den Ruhestandsbeamten fort. Die Treuepflicht ist eine Generalklausel, die zur Feinabstimmung der Pflichten des Beamten im jeweiligen Einzelfall dient. Aus ihr können sich ungeschriebene Nebenpflichten ergeben. Sie kann auch als Mittel der Interpretation bei der Auslegung der einzelnen Hauptpflichten im Beamtenrecht in Betracht kommen. Es ist aber rechtsstaatlich bedenklich, aus dem Treuebegriff jede beliebige Beamtenpflicht abzuleiten. Dies wäre mit dem Bestimmtheitsgebot nicht zu vereinbaren und würde zu einer unangemessenen Verpflichtung und gleichzeitig zu einer ins Unendliche gesteigerten Abhängigkeit des Beamten führen. Wesensbestimmend für die Treuepflicht ist die politische Treuepflicht, die Pflicht zu vertrauenswürdigem Verhalten, die Verpflichtung zum vollen Einsatz für den Beruf, die Pflicht, Schaden von dem Dienstherrn abzuwehren sowie zur Offenheit und Wahrhaftigkeit.

2. Politische Treuepflicht

Literatur: *Czapski*, Zur politischen Treuepflicht des Beamten nach der Entscheidung des Bundesverwaltungsgerichtes vom 29.10.1981, ZBR 1982, 203; *Seuffert*, Zur Behandlung von Dienstvergehen gegen die Treuepflicht durch außerdienstliches Verhalten, DVBl 1983, 68 ff.; *Krölls*, Zur funktionellen Differenzierung der politischen Treuepflicht, RiA 1983, 10; *Weiß*, Die jüngste „Extremisten„-Entscheidung des Bundesverwaltungsgerichts, ZBR 1985, 70.

Zur Treuepflicht gehört als Kern die politische Treuepflicht. Sie setzt voraus, dass sich **168**
der Beamte durch sein gesamtes Verhalten zu der freiheitlich demokratischen Grundordnung im Sinne des Grundgesetzes bekennt und für deren Einhaltung eintritt. Diese Verpflichtung ist umfassend, sie betrifft gleichermaßen dienstliches und außerdienstliches Verhalten des Beamten. Er muss Bestrebungen, die diese Grundordnung verneinen, entgegentreten. Die in **§ 60 Abs. 1 Satz 3 BBG** festgelegte politische Treuepflicht geht letztlich auf das Prinzip der „streitbaren Demokratie" zurück. Durch diese Pflicht soll eine verlässliche, den Staat vor allem in Krisenzeiten und in Loyalitätskonflikten verteidigende Beamtenschaft garantiert werden. Verstöße gegen diese Dienstpflicht haben zur Folge, dass Beamte auf Lebenszeit sich der Möglichkeit eines Disziplinarverfahrens aussetzen, das zu einer Entfernung aus dem Dienst führen kann. Der Europäische Gerichtshof für Menschenrechte hat allerdings entschieden, dass die Entfernung einer Gymnasiallehrerin aus dem öffentlichen Dienst wegen der Mitgliedschaft in einer verfassungsfeindlichen Partei einen unverhältnismäßigen Eingriff in das Recht der freien Meinungsäußerung (Art. 10 EMRK) und der Vereinigungsfreiheit darstellt.[223]

III. Gemeinwohlverpflichtung und Neutralitätspflicht

Literatur: *Reinhart*, Über das Allgemeinwohl, ZBR 1980, 240; *Wagner*, Neutralität und öffentlicher Dienst, DÖD 1987, 65 ff.

Beamte sind zur Unparteilichkeit und Gerechtigkeit verpflichtet. Sie dürfen nicht die **169**
Interessen einer politischen Partei oder einer Interessengruppe (Verband, Verein, Unternehmen) denen des ganzen Volkes vorziehen oder parteiisch und ungerecht handeln **(§ 60 Abs. 1 Satz 1 und 2 BBG)**. Erst durch Unparteilichkeit und Sachlichkeit kann das Fachbeamtentum für den gerechten Interessenausgleich zwischen den widerstreitenden gesellschaftlichen Kräften sorgen. Die Neutralitätspflicht geht in zwei Richtungen: Gegenüber dem Dienstherrn und innerhalb der Verwaltung darf der Beamte nicht für eine parteipolitische Ansicht nachhaltig und aktiv agieren. Gegenüber dem Bürger darf der Beamte weder die Anhänger einer Richtung bevorzugen noch

223 EGMR NJW 1996, 375 f.

andere diskriminieren. So darf er zum Beispiel nicht dienstliche Aufgaben mit privaten Interessen verquicken. Der Beamte darf nicht befangen, sondern muss fähig sein, auch die Interessen Andersdenkender zu berücksichtigen. Er muss nach § 65 Abs. 1 BBG von Amtshandlungen, die sich gegen ihn selbst oder einen Angehörigen richten würden, befreit werden. Der Grundsatz der Unparteilichkeit und Unbefangenheit gehört nicht nur zu den Beamtenpflichten, er ist auch wesentlicher Bestandteil des rechtsstaatlichen Verwaltungsverfahrens (vgl. §§ 20 f. VwVfG). Aus § 60 Abs. 1 Satz 2 und 3 BBG folgt jedoch nicht, dass das Handeln der Verwaltung selbst unpolitisch ist. Die Verwaltung dient den konkreten politischen Zielsetzungen des Staates und hat diese umzusetzen. Das Handeln der Verwaltung ist also stets wert- und interessenbezogen.

IV. Mäßigungs- und Zurückhaltungspflicht

Literatur: *Schmidt-Vockenhausen*, Zulässigkeit und Grenzen der außerdienstlichen politischen Betätigung von Beamten, JuS 1985, 524 ff.; *Weiß*, Die Pflicht zur „Mäßigung" und „Zurückhaltung" bei „politischer Betätigung", ZBR 1988, 109 ff.; *Hagenak*, Die Pflicht von Beamten zur Zurückhaltung bei politischer Tätigkeit und öffentlichen Äußerungen, 2002; *Lorse*, Die fachliche Meinungs- und Publikationsfreiheit des Beamten, BayVBl 2002, 417 ff. und 451 ff.; *Siemeke*, Die Beschränkung der polizeilichen Äußerungsrechte der Beamten durch die Mäßigungs- und Zurückhaltungspflicht, ZBR 2010, 157 ff.

170 Dem Beamten steht das Recht zu, sich außerdienstlich politisch zu betätigen. Das Recht zur politischen Betätigung umfasst auch die Mitgliedschaft in einer nicht verfassungswidrigen politischen Partei. Der Beamte hat jedoch bei dieser politischen Betätigung etwa für Parteien, Gewerkschaften und Berufsverbänden, diejenige Mäßigung und Zurückhaltung zu wahren, die sich aus seiner Stellung gegenüber der Gesamtheit und aus der Rücksicht auf die Pflichten seines Amtes ergeben **(§ 60 Abs. 2 BBG)**. Die Mäßigungs- und Zurückhaltungspflicht besteht vor allem im Hinblick auf das Vertrauen der Bürger in die Funktionsfähigkeit der öffentlichen Verwaltung.

Der Beamte genießt wie jeder andere Staatsbürger den Schutz der Meinungsäußerungsfreiheit nach Art. 5 Abs. 1 Satz 1 GG. Nach Art. 5 Abs. 2 GG findet dieses Grundrecht jedoch seine Schranken in den Vorschriften der allgemeinen Gesetze (qualifizierter Gesetzesvorbehalt). Dazu zählt die Mäßigungs- und Zurückhaltungspflicht. Bei der Auslegung des § 60 Abs. 2 BBG ist zu beachten, dass der besondere Wertgehalt des Grundrechtes der Meinungsfreiheit gewahrt werden muss. Die Grenze der zulässigen Meinungsäußerung hängt auch von Form und Inhalt der Betätigung, von der Amtsstellung des Beamten und dem dienstlichen Bezug ab. Der Beamte hat grundsätzlich das Recht, sich etwa in Form von Leserbriefen, durch Werbung in Medien für politische Parteien oder durch öffentliche Aufrufe politisch zu äußern.[224] Wesentlich ist, dass es sich in allen Fällen um sachliche Stellungnahmen handelt. Hierunter fallen keine Äußerungen, die den Tatbestand der Beleidigung, Verunglimpfung usw. erfüllen. Es dürfen z. B. auch nicht die Symbole des Staates in gehässiger, agitatorischer oder aufhetzender Weise beschimpft werden. Problematisch sind die Fälle, in denen sich der Beamte unter Hinweis auf seine Amtsstellung politisch äußert und hierdurch

224 *Battis*, § 60, Rn. 17 f.

den Anschein einer Parteilichkeit der Amtsausübung erweckt.[225] Ob ein Verstoß gegen § 60 Abs. 2 BBG vorliegt, lässt sich nur im Einzelfall entscheiden. Dabei kann die Wesentlichkeit der Äußerung und die Stellung des Beamten ebenso eine Rolle spielen wie die Frage, ob er dienstlich mit der Angelegenheit befasst ist.[226]

V. Pflicht zu achtungs- und vertrauenswürdigem Verhalten

Literatur: *Thiele*, Zum äußeren Erscheinungsbild der Beamten und Angestellten im öffentlichen Dienst, PersV 1988, 332 ff.; *Biletzki*, Beamtenrechtliche Pflicht zu würdevollem Verhalten?, ZBR 1998, 84 ff.; *Quambusch*, Der angemessene Ton im Beamtenverhalten, DVP 1999, 315 ff.; *Günther*, Die freie Entfaltung der Persönlichkeit im Dienst, ZBR 2000, 401 ff. *Günther*, Die Pflicht zu achtungs- und vertrauenswürdigem Verhalten im Konzept des RBG, DÖD 2007, 13 ff.; *Ullrich*, Nicht strafbares Verhalten als Verstoß gegen beamtenrechtliche Pflichten?, ZBR 2015, 73 ff.; *Kämmerling*, Aspekte der Meinungsfreiheit – auch von Beamten, ZBR 2017, 289 ff.

Der Beamte hat sein Verhalten so einzurichten, dass er innerhalb und außerhalb des 171
Dienstes der Achtung und dem Vertrauen gerecht wird, die sein Beruf erfordert **(vgl. § 61 Abs. 1 Satz 3 BBG)**. Die Wahrung des Ansehens des Beamten und des Beamtentums allgemein gehört aber nur insoweit zu den Grundpflichten des Beamten, als sie erforderlich ist, um eine sachgerechte Erfüllung der dem Beamten obliegenden Aufgaben zu sichern.

Innerhalb des Dienstes hat der Beamte gegenüber dem Staatsbürger höflich und hilfsbereit zu sein, er hat eine Beratungs- und Betreuungspflicht (vgl. auch § 25 VwVfG). Seinen Vorgesetzten hat der Beamte zu achten, ohne gleich in Servilität zu verfallen. In dienstlichen Angelegenheiten hat er die Pflicht zur Offenheit und zur Wahrhaftigkeit. Bei sachlichen Meinungsunterschieden haben Beschimpfungen, verächtlich machende Äußerungen, üble Nachrede oder Verleumdungen zu unterbleiben. Diese Verpflichtung zur Mäßigung obliegt natürlich auch dem Vorgesetzten gegenüber seinen Untergebenen. Mit den Mitarbeitern hat der Beamte kollegial und hilfsbereit zusammenzuarbeiten. Die Anforderungen an die Verhaltenspflicht sind je nach der Bedeutung des Amtes verschieden. Das Amt eines Präsidenten stellt z. B. strengere Anforderungen an seinen Träger als das Amt eines Amtsgehilfen. Nach der Rechtsprechung liegt kein Verstoß gegen § 61 Abs. 1 Satz 3 BBG vor, wenn in einer Dienstbesprechung der Untergebene den Vorgesetzten ohne dessen Doktortitel anredet.[227]

Bei **außerdienstlichem** Verhalten ist sorgfältig zu prüfen, ob überhaupt eine Amtsbezogenheit ersichtlich ist. Die Eingriffe in die Privatsphäre müssen auf ein unerlässliches Mindestmaß beschränkt bleiben. Es kommt also im persönlichen Lebensbereich

225 Siehe in diesem Zusammenhang zu Besonderheiten bei Richtern *Schmitt*, Die Meinungsäußerungsfreiheit von Richtern – grundrechtlich verbriefte Freiheit im Konflikt mit der Integrität des Amtes? ZBR 2018, 335 ff.

226 Zum unzulässigen Aufruf eines Richters zugunsten eines für die DKP kandidierenden Lehrers siehe BVerfG NJW 1983, 2691; unsachliche Kritik eines Lehrers am Schulwesen VGH Bad.-Württ. DVBl. 1984, 964; unzulässige Anzeige von Staatsanwälten gegen die Raketenstationierung in den „Lübecker Nachrichten", BVerwG ZBR 1988, 128; Veröffentlichung von vertraulichen Äußerungen von Kabinettsmitgliedern in einem Buch, NJW 1992, 1713.

227 VG München BayVBl. 1989, 25.

des Beamten nicht jeder Verstoß gegen Sitte, Moral und Anstand in Betracht, sondern nur ein solches Verhalten, „das im besonderen Maße geeignet ist, Achtung und Vertrauen in einer für sein Amt oder das Ansehen des Beamtentums bedeutsamen Weise zu beeinträchtigen". (So die Formulierung in § 77 Abs. 1 Satz 2 BBG). Außerhalb des Dienstes besteht vor allem die Pflicht zu gesetzmäßigem Verhalten. Außerdienstliches Fehlverhalten wird z. B. bejaht bei Diebstahl, Unterschlagung, Betrug, Meineid, falscher uneidlicher Aussage, Trunkenheit am Steuer, Verkehrsunfallflucht, nicht jedoch bei leichtfertigem Schuldenmachen, Ehebruch oder leichten Verkehrsdelikten. Eine einmalige Trunkenheitsfahrt i. S. von § 316 StGB bedeutet für einen Beamten, der dienstlich nicht mit dem Führen eines Kraftfahrzeuges betraut ist, nicht zwingend eine Verletzung der ihm gemäß § 61 Abs. 1 Satz 3 BBG obliegenden Dienstpflicht.[228] Die Unterscheidung des innerdienstlichen Verhaltens vom außerdienstlichen ist **nicht** danach zu treffen, ob der Beamte während der Ausübung seiner dienstliche Tätigkeit gehandelt hat oder nicht. Entscheidend für außerdienstliches Verhalten ist, dass es sich als dasjenige eines „Privatmannes" ansehen lässt, d. h. nicht mit den Dienstverrichtungen des Beamten oder seinem Verhältnis zum Dienstherrn zusammenhängt (sog. materieller Dienstbezug, siehe dazu unten § 14, Rn. 191b).

171a Der Beamte hat ferner die Pflicht, sein Amt uneigennützig und gewissenhaft zu führen **(§ 61 Abs. 1 Satz 2 BBG)**. Er darf sich nicht dem Verdacht aussetzen, dass ihn nicht sachliche, sondern persönliche Gründe zu seinem dienstlichen Handeln bestimmen. Er hat demnach zu prüfen, ob er alles getan hat, um die Pflicht zur unparteiischen, gerechten und gemeinwohlorientierten Amtsführung im Einzelfall zu verwirklichen. Auch darf er sich oder einem Dritten keinen Vorteil aus seiner Amtsführung verschaffen. Bei Zuwendungen an den Beamten ist § 61 Abs. 1 S. 2 BBG nicht zu prüfen. Hier geht § 71 Abs. 1 BBG als lex specialis vor.[229]

171b Nach **§ 71 Abs. 1** BBG ist es Beamten und früheren Beamten verboten, ohne Zustimmung der obersten Dienstbehörde Belohnungen, Geschenke oder sonstige Vorteile anzunehmen. Die Annahme steht als Tathandlung das Sich-Versprechen-Lassen oder Fordern eines Vorteils gleich. Dieses Verbot soll ein unbestechliches Berufsbeamtentum erhalten und ist der Kern der **Korruptionsprävention**, zu der die Bundesbehörden verpflichtet sind.[230] Hinzu kommen die Vorschriften der §§ 331 ff. StGB, die die Bestechlichkeit unter Strafe stellen. Belohnungen, Geschenke und sonstige Vorteile sind (im)materielle Vorteile aller Art, die dem Beamten unmittelbar oder mittelbar zugewendet werden, ohne dass er darauf einen Anspruch hat, wie z. B. kostenlose oder verbilligte Unterkunft, Mitnahme auf Urlaubsreisen, Leihwagen, Einladungen zu Bewirtungen, überhöhte Vergütung der Nebentätigkeiten usw. Die Beziehung zum Amt ist erforderlich und liegt vor, wenn der Gebende sich davon leiten lässt, dass der Beamte ein bestimmtes Amt bekleidet oder eine bestimmte Amtshandlung vorgenommen hat oder vornehmen wird. Kein Zusammenhang zwischen Geschenk und Amt liegt vor, wenn die Beziehungen der Beteiligten ausschließlich in der privaten Sphäre begrün-

---

228 BVerwG DÖV 2001, 80.

229 *Baldarelli/Wölke*, S. 65.

230 Siehe dazu die Richtlinie der Bundesregierung zur Korruptionsprävention in der Bundesverwaltung vom 30. Juli 2004.

det sind. Die Zustimmung der obersten Dienstbehörde muss vor der Annahme erteilt werden. Aufgrund der größeren Beachtung, die dem Thema Korruptionsprävention im Bereich der Bundesverwaltung zuteil geworden ist, werden auch geringwertige Geschenke, z. B. Weihnachts- oder Neujahrsgaben an Verkehrspolizisten oder eine Einladung zum Mittagessen als pflichtwidrig angesehen. Problematisch ist weiterhin, dass es ein übereinstimmendes Verständnis darüber, was unter „geringwertig" zu verstehen ist, nicht gibt. Die Praxis in der Bundesverwaltung erscheint hier uneinheitlich. Es hat sich inzwischen jedoch eine restriktive Auslegung durchgesetzt, die lediglich die Entgegennahme von kleinen Werbegeschenken (sog. „give aways") wie Kugelschreibern, Schlüsselanhängern oder Taschenkalendern erlaubt. Dem Wortlaut des § 71 Abs. 1 BBG zufolge, der selbst keine Wertgrenze der Zuwendung vorsieht, muss aber auch hier eine Zustimmung der obersten Dienstbehörde eingeholt werden. Die Befugnis zur Zustimmung kann auf andere Behörden übertragen werden.

Der Gesetzgeber legt in § 71 Abs. 2 BBG ausdrücklich die Herausgabepflicht des Annehmenden fest und verweist insoweit auf die zivilrechtlichen Vorschriften über die ungerechtfertigte Bereicherung in §§ 812 ff. BGB. Gleichzeitig wird eine Auskunftspflicht des Beamten über Art, Umfang und Verbleib des Erlangten begründet. **171c**

Neu eingefügt hat der Gesetzgeber 2018 § 61 Abs. 1 S. 4 BBG, der die Pflicht normiert, **171d**
das Gesicht bei Ausübung des Dienstes oder bei einer Tätigkeit mit unmittelbarem Dienstbezug nicht zu verhüllen, es sei denn, dienstliche oder gesundheitliche Gründe erfordern dies. Der Gesetzgeber will damit das Vertrauen in das Amt der Beamten und damit gleichzeitig die Integrität des Staates, für den er seinen Dienst verrichtet, stärken. Eine vertrauensvolle Kommunikation zwischen Staatsdienern und Bürgern sei nur möglich, wenn man den Beamten ins Gesicht sehen kann und dieser Kommunikationsvorgang nicht durch eine Gesichtsverhüllung erschwert oder unmöglich gemacht wird.[231]

VI. Dienstleistungspflicht

1. Streikverbot

Literatur: *Tettinger*, Zur Verfassungswidrigkeit des Lehrerstreiks, ZBR 1981, 357; *Stern/Badura*, Die Rechtmäßigkeit des Beamtenstreiks beim Streik der Tarifkräfte, 1983; *Hebeler*, Streikverbot für Beamte, JA 2014, 718 ff.; *Lorse*, Das Streikverbot im Lichte der aktuellen Rechtsprechung des Bundesverwaltungsgerichts zu Artikel 11 EMRK, ZBR 2015, 109 ff.; *Battis*, Streikverbot für Beamte, ZBR 2018, 289 ff.; *Lorse*, Der Beamtenstreik ist abgesagt – Das Urteil des Bundesverfassungsgerichts vom 12. Juni stärkt das deutsche Berufsbeamtentum, ZBR 2018, 325 ff.; *von Roetteken*, Kein Streikrecht für Beamtinnen und Beamte? ZBR 2018, 292 ff.

Das BBG äußert sich im Gegensatz zu einigen Beamtengesetzen der Länder zum Streik **172**
nicht ausdrücklich. In allgemeinen Formulierungen legt es fest, dass der Beamte auf das Wohl der Allgemeinheit Bedacht zu nehmen und sich mit vollem Einsatz seinem Beruf zu widmen hat. In der Vergangenheit wurde nach der höchstrichterlichen Recht-

231 BT-Drs. 18/11180, S. 11.

sprechung ein Beamtenstreik als unzulässig angesehen.[232] Dies wurde aus den hergebrachten Grundsätzen des Berufsbeamtentums in Art. 33 Abs. 5 GG abgeleitet. Einfach-gesetzlich ist das Streikverbot aus § 61 Abs. 1 Satz 1 BBG abgeleitet worden.[233] In der jüngsten Vergangenheit ist das Streikverbot – angeregt durch eine Entscheidung des EGMR – wieder in die Diskussion geraten. Auch das BVerwG hat das Streikverbot differenziert bewertet.[234] Danach ist der Streik einer verbeamteten Lehrerin als Dienstvergehen zu bewerten. Zwar liegt in einem Streikverbot ein Eingriff in Art. 9 Abs. 3 GG vor, der jedoch durch die verfassungsimmanente Schranke des Art. 33 Abs. 5 GG gerechtfertigt ist. Allerdings bewertet das Gericht das in Art. 33 Abs. 5 GG verankerte Streikverbot als unvereinbar mit Art. 11 Abs. 2 EMRK, der ein generelles Streikverbot für alle Beamte gerade nicht zulässt. Inzwischen hat das *Bundesverfassungsgericht* in seinem Urteil vom 12.06.2018 entschieden, dass das Streikverbot für Beamte in Deutschland weiterhin Geltung hat und nimmt darin detailliert zum Spannungsverhältnis von Art. 9 Abs. 3 GG und Art. 11 EMRK einerseits sowie Art. 33 Abs. 5 GG andererseits Stellung.[235] Damit ist diese Frage geklärt, wenngleich zu erwarten ist, dass der EGMR erneut angerufen wird.

Von dem Streikverbot zu trennen ist die Frage, ob Beamte auf bestreikten Arbeitnehmerdienstposten eingesetzt werden dürfen. Dies wird von einem Teil der Rechtsprechung unter Hinweis auf die Folgepflicht des Beamten bejaht.[236] Dagegen hat das *Bundesverfassungsgericht* entschieden, dass die Deutsche Bundespost bei einem rechtmäßigen Streik nicht den Einsatz von Beamten auf bestreikten Arbeitsplätzen anordnen darf, solange dafür keine gesetzliche Regelung vorhanden ist.[237]

2. Pflicht zum vollen persönlichen Einsatz

173 Nach **§ 61 Abs. 1 Satz 1 BBG** haben Beamte sich ihrem Beruf mit vollem persönlichem Einsatz zu widmen. Die Einsatzpflicht besteht zunächst in der Pflicht zur ordnungsgemäßen Erfüllung der übertragenen Aufgaben. Das beinhaltet mehr, als nur die routinemäßige Erfüllung der dienstlichen Obliegenheiten. Vielmehr wird erwartet, dass sich der Beamte um die optimale Erledigung sowie eine ständige Verbesserung der Aufgabenerfüllung bemüht. Der Beamte leistet seinen Dienst in der regelmäßigen Arbeitszeit (siehe §§ 87 ff. BBG). Wenn zwingende Gründe es erfordern, hat er darüber hinaus Dienst zu leisten und zwar in bestimmten Grenzen ohne Entschädigung (vgl. im Einzelnen § 88 BBG). Den zeitlichen Rahmen der Pflicht zum persönlichen Einsatz legen die Arbeitszeitvorschriften fest. Eine besondere Form der Dienstleistung ist der Bereitschaftsdienst. Der Beamte hat hier in seiner Dienststelle anwesend zu sein, um erforderlichenfalls jederzeit die Arbeit aufzunehmen. Eine bloße Rufbereitschaft liegt vor, wenn der Beamte in der Wahl seines Aufenthaltsortes grundsätzlich frei ist, aber

232 BVerwGE 53, 330 (331), vgl. zum verbotenen Streik von Lehrern – OVG Hamburg DVBl. 1989, 214.
233 *Behrens*, § 5, Rn. 19.
234 BVerwG, Urt. v. 27.02.2014 – 2 C 1.13.
235 BVerfG, Urt. v. 12.06.2018 – 2 BvR 1738/12.
236 BVerwGE 69, 208 ff.; BAG, NJW 1986, 210 (212).
237 BVerfGE 88, 103 ff.

gewährleisten muss, dass er erreichbar und dienstbereit ist. Das Gesetz verlangt nicht, dass der Beamte „immer im Dienst" sein muss. Es genügt, wenn er sich während der Arbeitszeit mit voller Intensität seiner Arbeit widmet. Das tut er jedenfalls dann nicht, wenn er seine Arbeitszeit für private Aktivitäten nutzt. Die Schlechtleistung im Beamtenverhältnis zu ahnden ist in der Praxis häufig schwierig.

Beispiele: Privates Telefonieren, Internetsurfen während der Dienstzeit. Erledigen von Einkäufen, Ausfüllen der privaten Steuererklärung, häufige Unpünktlichkeit.

3. Pflicht zur Gesunderhaltung

Aus der Einsatzpflicht gem. **§ 61 Abs. 1 Satz 1 BBG** folgt die Verpflichtung des Beam- **174**
ten, alles zu vermeiden, was seiner dienstlichen Leistungsfähigkeit schaden könnte. Die Pflicht zur Gesunderhaltung verbietet jedoch nicht die Ausübung von üblichen, aber nicht ungefährlichen Sportarten, wie z. B. Fußball oder Skilaufen. Nur unvernünftige, übermäßige Belastungen oder gar mutwillige Gesundheitsschädigungen stellen einen Pflichtenverstoß dar.

Zur Erhaltung und Wiederherstellung der Dienstfähigkeit muss sich der Beamte ärztlich behandeln lassen und sich auch allgemein üblichen und zumutbaren Heilbehandlungen einschließlich operativer Eingriffe unterziehen.

Die Herbeiführung einer Heroinabhängigkeit mit dienstlichen Folgen stellt nach der Rechtsprechung einen Verstoß gegen die Gesunderhaltungspflicht dar.[238]

Beispiel: Der Polizeibeamte H ist schwer zuckerkrank. Trotz wiederholter Verbote seines Arztes verzehrt er im Übermaß süßen Kuchen und Gebäck. Handelt es sich um einen Pflichtenverstoß? Der Beamte handelt nicht nur unvernünftig, sondern auch pflichtwidrig, wenn er wichtige ärztliche Anordnungen nicht einhält. Das ist hier der Fall.

4. Pflicht zur Fortbildung

Die Pflicht des Beamten zur ständigen Fortbildung gewinnt zunehmend an Bedeu- **175**
tung. Gerade auch im Hinblick auf die Realisierung des Grundsatzes „Rehabilitation vor Versorgung" ist das Bedürfnis, im BBG selbst eine entsprechende Dienstpflicht zu verankern, gestiegen. Daher ist diese Pflicht nicht mehr auf Verordnungsebene geregelt[239], sondern hat Eingang in das BBG gefunden. Gem. **§ 61 Abs. 2 BBG** ist der Beamte verpflichtet, an Maßnahmen der dienstlichen Qualifizierung teilzunehmen, um seine Kenntnisse und Fähigkeiten zu erhalten oder – besser noch – fortzuentwickeln. Er muss sich um Kenntnis der einschlägigen Vorschriften bemühen und sich mit rechtlichen oder tatsächlichen Änderungen vertraut machen, die seinen Dienstposten berühren. Aber auch im Hinblick auf die geplante Übertragung eines höherwertigen Dienstpostens kann sich eine konkrete Fortbildungsverpflichtung ergeben. Schlagwortartig soll das Lernen nun „lebenslang" – jedenfalls bis zur Beendigung des Beamtenverhältnisses – eine herausgehobene Rolle spielen. Umgekehrt besteht ein ge-

238 Siehe insbesondere zum Verschulden BVerwGE 113, 85 (90).
239 Siehe § 42 Abs. 2 BLV a. F.

setzlich fundierter Anspruch des Beamten auf Fortbildung (leider) nicht. Ein solcher kann sich aber im Einzelfall aus der Fürsorgepflicht des Dienstherrn (siehe Art. 33 Abs. 5 GG i. V. m. § 78 BBG) ergeben. Dies ist denkbar, wenn die Fortbildung erforderlich ist, um die sichere Aufgabenwahrnehmung überhaupt zu ermöglichen.

Beispiele: Ein Bundespolizist benötigt für die ordnungsgemäße Aufgabenerfüllung und unter dem Aspekt der Eigensicherung regelmäßiges Schießtraining. Eine Personalreferentin muss geschult werden, wenn sich die für die Erledigung ihrer Aufgaben maßgeblichen Gesetze grundlegend verändert haben.

5. Pflicht zur Übernahme einer Nebentätigkeit

176 Nach **§ 98 BBG** können Beamte auf Verlangen ihrer Dienstbehörde verpflichtet werden, eine Nebentätigkeit im öffentlichen Dienst zu übernehmen.[240] Dabei muss die Tätigkeit ihrer Vorbildung oder Berufsausübung entsprechen. Maßstab dafür sind die laufbahnmäßigen Anforderungen. Ferner darf die Nebentätigkeit sie nicht über Gebühr in Anspruch nehmen und muss von der Belastung her zumutbar sein. Es ist dagegen nicht erheblich, ob für die Nebentätigkeit eine Vergütung gewährt wird oder nicht. Die Heranziehung zur Nebentätigkeit stellt einen (belastenden) Verwaltungsakt dar.

VII. Beratungs-, Unterstützungs- und Folgepflicht

1. Beratungs- und Unterstützungspflicht

177 Nach **§ 62 Abs. 1 Satz 1 BBG** hat der Beamte seine Vorgesetzten zu beraten und zu unterstützen. Die Beratungs- und Unterstützungspflicht gilt aber auch gegenüber gleichgeordneten und nachgeordneten Mitarbeitern. Sie ergänzt die Pflicht zur vertrauensvollen Zusammenarbeit und ist eine Voraussetzung für eine funktionsfähige Verwaltung. Der Beamte hat seinen Vorgesetzten darauf hinzuweisen, ob und welche Maßnahmen er für zweckmäßig und der Lage angemessen hält. Er hat ihn auch vor unüberlegten Schritten zu bewahren. Er soll nicht bloßer Befehlsempfänger sein, sondern eigene Vorschläge entwickeln. Je nach der Bedeutung der Aufgabe und der Stellung des Beamten wird der Raum für eigene Vorstellungen mehr oder weniger groß sein. Einige Behörden haben sich in Anlehnung an Vorbilder der Privatwirtschaft ein „Leitbild" gegeben. Darin ist festgeschrieben, welche Ziele gemeinsam erreicht werden sollen. In eine ähnliche Richtung geht die Bildung von „Teams" in der Verwaltung. Es ist kaum zu bestreiten, dass in vielen Bereichen der Verwaltung die Fähigkeit zu teamorientiertem Arbeiten zunehmende Bedeutung gewonnen hat.

2. Folgepflicht

Literatur: *Alberts*, Rechtspolitische Anmerkungen zum Gehorsamsgebot, DÖD 1987, 67 ff.; *Allgaier*, Gehorsam und Eigenverantwortlichkeit im Beamtenrecht, ZBR 1993, 369 ff.; *Weiß*, Gehorsamspflicht und Remonstration, ZBR 1994, 325 ff.; *Leuze*, Hierarchie, Gehorsams- und Remonstrationspflicht

240 Dazu: *Kämmerling*, Nebentätigkeiten im „Konzern Kommune" – Kommunale Eigenheiten beim flexiblen Personaleinsatz von Beamten, ZBR 2018, 387 ff.

des Beamten, DÖD 1995, 1 ff.; *Simianer*, Gehorsam und Verantwortung im Beamtenverhältnis, ZBR 2004, 149 ff.; *Kawik*, Gibt es und braucht es eine Remonstrationspflicht?, ZBR 2015, 243 ff.; *Günther*, Folgepflicht, Folgepflichtschranken und fachliche Weisung, ZBR 2017, 217 ff

Der Beamte ist verpflichtet, die von den Vorgesetzten erlassenen Anordnungen aus- **178**
zuführen und ihre allgemeinen Richtlinien zu befolgen **(§ 62 Abs. 1 Satz 2 BBG)**. Anordnungen beziehen sich in der Regel als Einzelweisung auf einen konkreten Sachverhalt, während allgemeine Richtlinien eine unbestimmte Vielzahl von Fällen regeln sollen.[241]

Die Weisungsgebundenheit der Beamten ermöglicht erst die parlamentarische Verantwortlichkeit des Ministers für sein Ressort und sichert den Vollzug der vom Parlament verabschiedeten Gesetze. Voraussetzung für die Folgepflicht ist:

- örtliche und sachliche Zuständigkeit des Vorgesetzten für die Weisung,
- örtliche und sachliche Zuständigkeit des Untergebenen,
- kein Verstoß der Weisung gegen Verfassung oder Gesetz,
- Weisungsgebundenheit des Beamten (sie entfällt z. B. bei Mitgliedern des Bundespersonalausschusses nach § 121 Nr. 1 BBG).

Eine dienstliche Anordnung, die darauf beruht, dass sich der Vorgesetzte zuvor hat bestechen lassen, ist sittenwidrig und nichtig.[242]

3. Remonstrationspflicht

Beamte dürfen die Ausführung einer dienstlichen Anordnung nicht deswegen ableh- **179**
nen, weil sie sie für rechtswidrig halten. Andererseits tragen sie für die Rechtmäßigkeit ihrer dienstlichen Handlungen die volle Verantwortung **(§ 63 Abs. 1 BBG)**. Daher stellt sich für jeden Beamten die grundsätzliche Frage, wie weit seine Folgepflicht geht: Muss er jeder dienstlichen Anordnung oder allgemeinen Richtlinie seiner Vorgesetzten Folge leisten oder hat die Folgepflicht des § 62 Abs. 1 Satz 2 BBG Grenzen?

Hierfür gilt Folgendes: Hat der Beamte Bedenken gegen die Rechtmäßigkeit einer dienstlichen Anordnung oder allgemeinen Richtlinie, so muss er diese Bedenken gem. **§ 63 Abs. 2 BBG** unverzüglich bei seinem Vorgesetzen und – wenn dieser die Anordnung aufrechterhält – bei seinem nächsthöheren Vorgesetzten geltend machen (Remonstrationspflicht). Wird trotz der vorgetragenen Bedenken des Beamten die Anordnung vom nächsthöheren Vorgesetzten bestätigt, so muss der Beamte sie ausführen. Hierbei ist er von seiner persönlichen Verantwortung für die Ausführung der Weisung befreit.[243]

Etwas anderes gilt nur dann, wenn das ihm aufgetragene Verhalten bei zumutbarer Sorgfalt erkennbar eine Ordnungswidrigkeit darstellt, gegen Strafgesetze verstößt oder die Würde des Menschen (Art. 1 Abs. 1 GG) verletzt. In diesem Fall darf er die Anwei-

241 *Battis*, § 62, Rn. 4.
242 VG Berlin ZBR 1989, 125 f.
243 Der Beamte kann sich absichern, indem er die schriftliche Bestätigung der dienstlichen Anordnung verlangt. Darauf hat er gem. § 63 Abs. 2 Satz 5 BBG einen Rechtsanspruch.

sung (trotz Bestätigung) nicht ausführen. Von der persönlichen Verantwortung ist er in diesem Fall auch nicht befreit.

Beispiel: Polizeioberrat A erhält von seinem Vorgesetzten die Weisung, einem dringend der Kindesentführung Verdächtigen mit Folter zu drohen, damit dieser das Versteck des entführten Kindes preisgibt. Vor Ausführung der Anordnung hat A die Pflicht, bei seinem Vorgesetzten und – wenn dieser die Weisung bestätigt – dem nächsthöheren Vorgesetzten zu remonstrieren. Die Drohung mit Folter verstößt gegen die Menschenwürde (Art. 1 Abs. 1 GG) und stellt darüber hinaus als Nötigung im Sinne des § 240 Abs. 1 StGB eine Straftat dar. Deshalb darf A sie keinesfalls ausführen. Wenn er dies trotzdem tut, ist er von seiner eigenen (strafrechtlichen) Verantwortung nicht befreit.[244]

Die Folgepflicht des § 62 Abs. 1 Satz 2 BBG wird also durch die Verpflichtung (und das Recht) zur Remonstration gem. § 63 Abs. 2 BBG begrenzt.

VIII. Pflicht zur Leistung des Diensteides

180 Der Beamte hat nach der Begründung eines Beamtenverhältnisses einen Diensteid zu leisten **(§ 64 Abs. 1 BBG)**. Die Ableistung des Eides ist also eine Dienstpflicht des bereits ernannten Beamten. Der Diensteid hat keine rechtsbegründende Bedeutung, er kann Fehler bei der Begründung des Beamtenverhältnisses nicht heilen. Mit dem Eid bekräftigt der Beamte seinen Willen, seine Amtspflichten gewissenhaft zu erfüllen, insbesondere das Grundgesetz und die Gesetze zu wahren. Religiösen Bedenken trägt § 64 Abs. 2 BBG dadurch Rechnung, dass der Eid auch in weltlicher Form geleistet werden kann. Das Grundrecht der Glaubens- und Gewissensfreiheit gibt dem Beamten kein Recht, den Eid – auch ohne religiöse Beteuerung – zu verweigern.[245] Die endgültige Verweigerung des Eides führt nach § 32 Abs. 1 Nr. 1 BBG zwingend zur Entlassung (siehe oben unter Rn. 152a).

IX. Verschwiegenheitspflicht

Literatur: *Beer*, Flucht in die Öffentlichkeit als freie Meinungsäußerung und Rechtsbehelf, DDB 1985, 99; *Thiele*, Die sogenannte Flucht in die Öffentlichkeit, DÖD 1985, 145 ff.

181 Nach **§ 67 Abs. 1 BBG** ist der Beamte zur Amtsverschwiegenheit verpflichtet, und zwar auch nach Beendigung seines Beamtenverhältnisses.[246] Die Pflicht zur Amtsverschwiegenheit erstreckt sich auf alle Angelegenheiten, die dem Beamten durch seine amtliche Tätigkeit oder bei Gelegenheit seiner Amtstätigkeit bekannt geworden sind. Dazu kann auch eine Einzelanordnung des Dienstherrn an den Beamten gehören, die dieser für rechtswidrig hält. § 67 Abs. 1 BBG gehört zu den allgemeinen Gesetzen, die der Meinungsfreiheit des Beamten gemäß Art. 5 Abs. 2 GG Schranken setzen. Die Pflicht zum Stillschweigen gilt nicht für offenkundige Tatsachen, wie z. B. Meldungen, die be-

244 Siehe zum sog. „Daschner-Fall" LG Frankfurt a. M., NJW 2005, 692 ff.
245 Vgl. VG Freiburg, NJW 1981, 2829.
246 Vgl. für den ehemaligen Präsidenten eines Landesarbeitsgerichtes, BVerwG DVBl. 1983, 505 (506).

reits durch die Medien verbreitet worden sind. Ausgenommen sind auch Mitteilungen im dienstlichen Verkehr, bei denen die Bediensteten unter sich sind. Ihrer Bedeutung nach keiner Geheimhaltung bedürfen Tatsachen, deren Bekanntwerden unter keinem vernünftigen Gesichtspunkt öffentliche oder private Belange beeinträchtigen können. Trägt eine Akte den Vermerk „geheim" oder „vertraulich", so ist der Beamte an diese Zuordnung gebunden. Eine sog. „Flucht in die Öffentlichkeit", mit der sich der Beamte über die Pflichten des § 61 Abs. 1 Satz 3 und des § 67 Abs. 1 BBG hinwegsetzt, ist nur ausnahmsweise zur Aufrechterhaltung besonders schwer wiegender Fehlentwicklungen zulässig. Sie muss das allerletzte Mittel sein, wenn eine innerdienstliche Klärung keinen Erfolg hatte.[247]

X. Weitere Pflichten

Der Beamte hat im Interesse einer ungestörten und möglichst effektiven Tätigkeit seiner Behörde den Dienstweg einzuhalten (vgl. für die Beschwerde § 125 Abs. 1 BBG). **182a**

Bei der Wahl seiner Wohnung ist der Beamte nicht an den Dienstort gebunden. Eine sog. Residenzpflicht besteht heute nicht mehr.[248] Die Wohnung muss jedoch so gelegen sein, dass der Beamte in der ordnungsgemäßen Wahrnehmung seiner Dienstgeschäfte nicht beeinträchtigt wird (§ 72 Abs. 1 BBG). Wenn besondere dienstliche Verhältnisse es dringend erfordern, kann der Beamte angewiesen werden, sich während der dienstfreien Zeit in erreichbarer Nähe seines Dienstortes aufzuhalten (§ 73 BBG). **182b**

Nach § 74 BBG kann der Bundespräsident Anordnungen über die Dienstkleidung erlassen. Darunter ist eine einheitliche Kleidung zu verstehen, die ein Beamter im Dienst oder aus dienstlichen Gründen zur Kennzeichnung einer bestimmten Funktion trägt. Die Pflicht, die Dienstkleidung zu tragen, folgt aus der Weisungsgebundenheit des Beamten. Die Anordnung ist ein Verwaltungsakt, sie trifft den Beamten persönlich als Grundrechtsträger.[249] **182c**

Gem. § 96 Abs. 1 BBG dürfen Beamte nicht ohne Genehmigung dem Dienst fernbleiben. Erlaubt ist das Fernbleiben bei zuvor genehmigter Dienstbefreiung[250], Freistellung, genehmigtem Erholungsurlaub, Krankheit etc. In diesen Fällen entfällt die Dienstleistungspflicht des Beamten. Das unerlaubte Fernbleiben hat gem. § 96 Abs. 2 BBG besoldungsrechtliche Konsequenzen (siehe § 9 BBesG). **182d**

Zusammenfassend sollen die wesentlichen Pflichten der Beamten noch einmal in drei Gruppen dargestellt werden, wobei Überschneidungen möglich sind: **183**

247 BVerfG DÖD 2008, 59 f.
248 Vgl. VGH Mannheim NVwZ 1992, 595 (597).
249 *Battis*, § 75, Rn. 4.
250 Die Gewährung von Dienstbefreiung zu Rosenmontag liegt im Ermessen des Dienstherrn, OVG Münster, NJW 1991, 1502.

Allgemeine Pflichten

- Allgemeine Treuepflicht (Art. 33 Abs. 5 GG, § 4 BBG)
- Politische Treuepflicht (§ 60 Abs. 1 Satz 3 BBG)
- Gemeinwohlverpflichtung (§ 60 Abs. 1 Satz 1 BBG)
- Mäßigungs- und Zurückhaltungspflicht (§ 60 Abs. 2 BBG)
- Streikverbot (Art. 33 Abs. 5 GG, § 61 Abs. 1 Satz 1 BBG)
- Eidespflicht (§ 64 Abs. 1 BBG)

Pflichten bei der Amtsausübung

- Einsatzpflicht (§ 61 Abs. 1 Satz 1 BBG)
- Pflicht zur Uneigennützigkeit (§ 61 Abs. 1 Satz 2, § 71 BBG)
- Neutralitätspflicht (§ 60 Abs. 1 Satz 2 BBG)
- Folgepflicht und Remonstrationspflicht (§§ 62, 63 BBG)
- Verschwiegenheitspflicht (§§ 67 f. BBG)
- Wohlverhaltenspflicht (§ 61 Abs. 1 Satz 3 BBG)

Außerdienstliche Pflichten

- Wohlverhaltenspflicht (achtungswürdiges Verhalten), § 61 Abs. 1 S. 3 BBG

Wiederholungsfragen

1. *Aus welchen Vorschriften ergeben sich die Beamtenpflichten? (Rn. 166)*
2. *Wie kann man außerdienstliches und innerdienstliches Verhalten voneinander abgrenzen? (Rn. 171)*
3. *Dürfen Beamte Geschenke oder Belohnungen annehmen? (Rn. 171b)*
4. *Wann darf ein Beamter streiken? (Rn. 172)*
5. *Unter welchen Voraussetzungen ist der Beamte zur Übernahme einer Nebentätigkeit verpflichtet? (Rn. 176)*
6. *Was bedeutet die Remonstrationspflicht? (Rn. 179)*
7. *Welche Tatsachen sind von der Verschwiegenheitspflicht ausgenommen? (Rn. 181)*

§ 15 Die Folgen der Nichterfüllung von Pflichten

Literatur: *Drescher*, Grundlagen des Disziplinarrechts, RiA 1980, 141 ff.; *Seuffert*, Zur Behandlung von Dienstvergehen gegen die Treuepflicht durch außergerichtliches Verhalten, DVBl. 1983, 68 ff.; *Ukena*, Disziplinarrecht und Verbot der Doppelbestrafung, ZBR 1987, 208 ff.; *Gramlich*, Grundlagen des Disziplinarrechts, RiA 1991, 261 ff.; *Schwandt*, Entwicklungen und Tendenzen im Beamten-Disziplinarrecht seit 1993, DÖD 1993, 169 ff.; *Weiß*, Das neue Disziplinargesetz, ZBR 2000, 17 ff.; *Müller-Eising*, Paradigmenwechsel im deutschen Disziplinarrecht, NJW 2001, 3587 ff.; *Urban*, Die Neuordnung des Bundesdisziplinarrechts, NVwZ 2001,1335; *Lemhöfer*, Das neue Disziplinarrecht des Bundes: Licht und Schatten RiA 2002, 53 ff.; *Schwandt*, Das neue Beamten-Disziplinarrecht, DÖD 2003, 1 ff.; *Summer*, Probleme zum schuldhaften Fernbleiben vom Dienst, PersV 2004, 416 ff.; *Wilhelm*, Das Mitverschulden von Vorgesetzten im Disziplinarrecht, ZBR 2009, 158 ff.; *Keller*, Disziplinarrecht, 2010; *Juncker*, Zurückstufung – eine fehlgeschlagene Disziplinarmaßnahme, ZBR 2011, 188 ff.; *Pflaum*, Verständigungen in Disziplinarverfahren, ZBR 2017, 297 ff.

Die Verletzung der den Beamten obliegenden Pflichten kann verschiedene Rechts- **184**
folgen nach sich ziehen. In Betracht kommen:

- Strafrechtliche Folgen (I.)
- Disziplinarische Maßnahmen (II.)
- Vermögensrechtliche Haftung (III.)
- Personelle Maßnahmen und sonstige Folgen (IV.).

Der Schwerpunkt der folgenden Darstellung soll auf den disziplinarischen Konsequenzen liegen.

I. Strafrechtliche Folgen

Beamte können – wie jeder andere Bürger auch – außerhalb des Dienstes straffällig **185**
werden. Ihre Beamteneigenschaft ist für die strafrechtliche Verfolgung ihres Fehlverhaltens zunächst unerheblich.

> **Beispiel:** Begeht ein Beamter eine fahrlässige Tötung (§ 230 StGB) z. B. im Straßenverkehr, wird ein Ermittlungsverfahren gegen ihn eingeleitet und, wenn sich der Verdacht erhärtet, das Hauptverfahren vor dem zuständigen Amtsgericht oder Landgericht gegen ihn eröffnet.

Sie können aber auch als Amtsträger Straftaten begehen, wenn die Dienstpflichtverletzung den Tatbestand eines Strafgesetzes erfüllt. Dabei kann es sich um Straftaten handeln, die grundsätzlich auch von Nichtamtsträgern begangen werden können, bei deren Begehung aber der Amtsträger schwerer bestraft wird wie z. B. bei einer Körperverletzung im Amt (§ 340 StGB). Diese Delikte nennt man unechte Amtsdelikte.[251] Daneben gibt es Tatbestände, die ausschließlich von Amtsträgern im strafrechtlichen Sinne (vgl. dazu § 11 Abs. 1 Nr. 2 StGB) erfüllt werden können. Dies sind die sog. echten Amtsdelikte wie z. B. Vorteilsannahme (§ 331 StGB), Bestechlichkeit (§ 332 StGB), Rechtsbeugung (§ 339 StGB), Abgabenüberhebung (§ 353 StGB), Verletzung des

251 *Fischer*, StGB, Vorb. zu § 331 StGB, Rn. 2.

Dienstgeheimnisses (§ 353b StGB). Jede Straftat im Amt ist zugleich eine innerdienstliche Pflichtverletzung, weil sie zwangsläufig Dienstbezug hat.

186 Gem. § 115 BBG müssen die Strafverfolgungs- oder -vollstreckungsbehörden den Dienstvorgesetzten eines Beamten über den Stand strafrechtlicher Ermittlungen informieren. Dies betrifft vor allem den Fall, dass ein Beamter vor einem Strafgericht angeklagt wird. Dieselbe Verpflichtung trifft eine Polizeibehörde bzw. Staatsanwaltschaft, wenn gegen den Beamten ein Strafbefehl erlassen oder ein Urteil verkündet wurde, § 115 Abs. 1 BBG. Auch über den Vollzug eines Haftbefehls oder Unterbringungsbescheides ist der Dienstvorgesetzte in Kenntnis zu setzen. Bei fahrlässig begangenen Delikten ist die Informationspflicht eingeschränkt und gilt nur bei schweren Verstößen. Das Gesetz nennt hier ausdrücklich die Trunkenheit im Straßenverkehr (§ 316 StGB) sowie die fahrlässige Tötung (§ 230 StGB). Diese Aufzählung ist nicht abschließend. Vielmehr hängt es von der Würdigung des Einzelfalls ab, ob die Straftat als besonders schwerwiegend einzuschätzen ist. Bei der Übermittlung der Daten an den Dienstvorgesetzten des betroffenen Beamten sind diese als „Vertrauliche Personalsache" zu kennzeichnen, § 115 Abs. 7 BBG. Sinn und Zweck der Vorschrift ist es, die Verhängung der sich an das straffällige Verhalten eines Beamten anknüpfenden dienstrechtlichen Maßnahmen abzusichern. Denn häufig ist eine strafrechtliche Verfehlung Anlass für disziplinarische Ermittlungen gegen Beamte.

II. Disziplinarische Maßnahmen – Dienstvergehen und Disziplinarverfahren

1. Allgemeines

187 Verletzt ein Beamter schuldhaft die ihm obliegenden Pflichten, so begeht er nach § 77 Abs. 1 BBG ein Dienstvergehen, das disziplinarrechtlich geahndet werden kann. Das **materielle Disziplinarrecht** regelt die Frage, welches Tun oder Unterlassen eines Beamten als ein Dienstvergehen anzusehen ist (Pflichtenkreis).[252] Maßgebend sind neben dem Pflichtenkatalog in §§ 60 ff. BBG auch andere Vorschriften, die Beamtenpflichten festschreiben oder konkretisieren (in Rechtsverordnungen, Dienstanweisungen usw.). Durchführung und Ablauf des Disziplinarverfahrens gehören dagegen zum **formellen Disziplinarrecht**, das für den Bund im BDG geregelt ist.

188 Das Disziplinarrecht erfüllt zunächst eine Ordnungsfunktion mit dem Ziel, die uneigennützige Pflichterfüllung zu sichern und die Leistungsfähigkeit des Beamtentums zu erhalten. Auch das Ansehen des Beamtentums selbst soll gewahrt werden. Dabei gleicht ein differenziertes System von Maßnahmen die fehlende „Kündigungsmöglichkeit" im Beamtenrecht aus, die es aufgrund des Lebenszeitprinzips nicht gibt. Das Disziplinarrecht, das damit die Funktionsfähigkeit des Beamtentums sichert, hat aber auch eine Schutzfunktion zugunsten des Beamten. Es gewährleistet, dass das Beamtenverhältnis gegen den Willen des Beamten nur bei Nachweis eines schweren Dienstvergehens in einem förmlich ausgestalteten Verfahren beendet werden kann.

252 *Ebert*, S. 19.

2. Verhältnis von Disziplinarrecht und Strafrecht

Beide Rechtsgebiete sind in ihrem Wesen verschieden. Aufgabe der Disziplinarmaßnahmen ist es, den Beamten zur korrekten Erfüllung seiner Dienstpflichten anzuhalten (Pflichtenmahnung) oder ihn, wenn er nicht mehr tragbar ist, aus dem Dienst zu entfernen (Lösung des Beamtenverhältnisses). Zweck des Strafrechts ist dagegen die Vergeltung für begangenes Unrecht. Aus diesem Unterschied folgt, dass eine Disziplinarmaßnahme neben einer Kriminalstrafe verhängt werden kann, ohne dass gegen das Verbot der Doppelbestrafung (Art. 103 Abs. 3 GG) verstoßen wird. Wenn ein Beamter bereits durch ein Gericht verurteilt worden ist, so kann eine zusätzliche disziplinarrechtliche Ahndung unverhältnismäßig sein. Deshalb sieht § 14 BDG beim Zusammentreffen von krimineller und disziplinarischer Verfolgung ein und derselben Handlung für das Disziplinarverfahren Einschränkungen vor: Eine Disziplinarmaßnahme darf neben einer bereits durch ein Gericht verhängten Strafe nur ausgesprochen werden, wenn dies zusätzlich erforderlich ist, um den Beamten zur Erfüllung seiner Pflichten anzuhalten und das Ansehen des Beamtentums zu wahren. **189**

Beispiel: Bei einer außerdienstlichen, strafgerichtlich geahndeten Straftat „Trunkenheitsfahrt" (§ 316 StGB) eines dienstlich mit der Führung von Kraftfahrzeugen betrauten Beamten ist eine zusätzliche Disziplinarmaßnahme zur Pflichtenmahnung zwar regelmäßig geboten. Die Umstände des Einzelfalls können aber zur Unzulässigkeit der Verhängung einer Disziplinarmaßnahme führen.[253]

Im Disziplinarrecht gelten auch mehrere Pflichtverletzungen eines Beamten als einheitliches Dienstvergehen und werden mit einer einheitlichen Maßnahme abgeschlossen. Soweit die Beamtenpflicht konkret umschrieben wird wie z. B. die Pflicht zur Amtsverschwiegenheit (§ 67 BBG) oder das Verbot der Annahme von Geschenken, Belohnungen oder sonstigen Vorteilen (§ 71 BBG), lässt sich die Pflichtverletzung verhältnismäßig leicht feststellen. Schwieriger ist es bei den generalklauselartig formulierten Pflichten wie z. B. der Wohlverhaltenspflicht (§ 61 Abs. 1 Satz 3 BBG). Neben eindeutigen Pflichtwidrigkeiten wie etwa Warenhausdiebstählen eines Polizeibeamten oder dem Beschimpfen der Bundesflagge mit „Schwarz-Rot-Scheiße" gibt es Fälle, die zweifelhaft sind. Das gilt vor allem für das außerdienstliche Fehlverhalten. **190**

3. Der Begriff des Dienstvergehens, § 77 Abs. 1 BBG

Gem. § 77 Abs. 1 S. 1 BBG begeht ein Dienstvergehen, wer als Beamter schuldhaft die ihm obliegenden Pflichten verletzt. Auf der Tatbestandsseite der Norm finden sich die Merkmale: Beamter, Pflichtverletzung und schuldhaft: Liegen diese Tatbestandsmerkmale vor, handelt es sich nach der Rechtsfolgenseite der Norm um ein Dienstvergehen. § 77 Abs. 1 BBG stellt also eine Legaldefinition des Rechtsbegriffs „Dienstvergehen" dar. Die **Tatbestandsseite** soll nun genauer untersucht werden. **191**

253 BVerwGE 73, 211 (212, 214).

Bestehen eines Beamtenverhältnisses – Persönlicher Geltungsbereich[254]

191a Fast selbstverständlich ist, dass ein Dienstvergehen nur ein Beamter begehen kann. Der Betroffene muss unter den persönlichen Geltungsbereich des § 77 Abs. 1 S. 1 BBG fallen. Aus § 1 BBG ergibt sich bereits allgemein, dass das BBG für die Beamtinnen und Beamte des Bundes gilt. Nichts anderes kann also auch für die Frage gelten, wer ein Dienstvergehen gem. § 77 Abs. 1 Satz 1 BBG begehen kann: Das können nur Bundesbeamte. Ob ein solches Beamtenverhältnis zum Dienstherrn „Bund" besteht, lässt sich mithilfe des „staatsrechtlichen Beamtenbegriffs" beantworten (siehe dazu oben unter § 4 Rn. 39). Wurde der Beamte gem. §§ 10, 12 ff. BBG wirksam in ein Beamtenverhältnis nach § 6 BBG berufen, ist er Beamter im Sinne des § 77 Abs. 1 Satz 1 BBG.

Dienstpflichtverletzung

191b Ob der Beamte Dienstpflichten verletzt hat, ist anhand der in den §§ 60 ff. BBG normierten Pflichten zu prüfen. In der Praxis spielen hier die Verstöße gegen die in §§ 61 Abs. 1 und 3, 62, 67, 71 und 96 BBG eine besonders große Rolle. Die Inhalte dieser Pflichten sollte man daher genau kennen (siehe dazu oben § 13 Rn. 167 ff.). Bei der Prüfung dieses Tatbestandsmerkmals ist zu beachten, dass ein Verhalten gleichzeitig gegen mehrere Pflichten verstoßen kann. Jeder Lebenssachverhalt ist umfassend zu prüfen.

Bagatellvergehen stellen kein Dienstvergehen dar. Hier kann die Beurteilung, ob es sich um einen geringen Pflichtverstoß handelt, der nicht als Dienstvergehen einzuordnen ist, im Einzelfall schwierig sein.

> **Beispiel:** Seltenes oder gar einmaliges Zuspätkommen zum Dienst. Einfacher Fehler bei der Sachbearbeitung aus Unachtsamkeit oder Unkenntnis.

Die Pflichtverletzung ist auch daraufhin zu untersuchen, ob sie in einem inner- oder außerdienstlichen Verhalten besteht. Das ergibt sich aus **§ 77 Abs. 1 S. 2 BBG**. Danach ist ein **außerdienstliches Verhalten** nur dann als Dienstvergehen anzusehen, wenn die Pflichtverletzung im Einzelfall in besonderem Maße geeignet ist zu einer bedeutsamen Ansehens- oder Vertrauensschädigung zu führen, die sich auf das Amt oder das Beamtentum generell bezieht. Dafür muss es im Einzelfall konkrete Anhaltspunkte geben. Der Gesetzgeber verfolgt mit der „milderen" Beurteilung des außerdienstlichen Verhaltens das Ziel, den Beamten in seiner Privatsphäre nicht unverhältnismäßig einzuschränken. Schließlich befindet sich der Beamte nicht immer „im Dienst".

Wonach beurteilt sich aber, ob ein Verhalten als inner- oder außerdienstlich zu qualifizieren ist? Auf den ersten Blick erscheint eine Abgrenzung danach, ob der Beamte die Pflichtverletzung zeitlich gesehen innerhalb oder außerhalb der Dienstzeit („privat") begeht, sinnvoll. Ein erstes Indiz für die Zuordnung mag darin auch zu erkennen sein. Darüber hinaus ist aber entscheidend, ob die Pflichtverletzung inhaltlich etwas mit der Amtsausübung zu tun hat (**sog. „materieller Dienstbezug"**).

---

254 Nach überwiegender Ansicht in Literatur und Rechtsprechung ist die Beamteneigenschaft kein Tatbestandsmerkmal, sondern Voraussetzung der disziplinarischen Ahndung, siehe *Battis*, § 77, Rn. 12 m. w. N.; wohl ebenso *Lemhöfer* in: Plog/Wiedow/Lemhöfer, § 77, Rn. 3, 4.

Beispiele: Verrät ein Beamter gem. § 67 BBG um 22.00 Uhr nach Dienstschluss in seiner Stammkneipe ein Dienstgeheimnis, handelt es sich um ein innerdienstliches Verhalten, obwohl er die Pflichtverletzung in seiner Freizeit begeht. Denn es hat inhaltlich mit der Ausübung seines Amts zu tun.
Fährt ein Beamter von einer privaten Feier alkoholisiert (1,2 Promille) mit seinem Pkw nach Hause, begeht er eine außerdienstliche Pflichtverletzung. Hier müssen die Voraussetzungen des § 77 Abs. 1 S. 2 BBG vorliegen, damit ein Dienstvergehen vorliegt.

Verschulden

Der Beamte muss die Pflichtverletzung schuldhaft begangen haben. Es sind zwei Verschuldensformen denkbar: der vorsätzliche oder fahrlässige Verstoß gegen eine oder mehrere der im BBG normierten Pflichten. Vorsatz bedeutet nach einer etwas ungenauen „Kurzformel", das Wissen und Wollen der Tatbestandsverwirklichung, hier also der Pflichtverletzung.[255] Die Fahrlässigkeit ist in § 276 Abs. 2 BGB definiert. Fahrlässig handelt danach, wer die im Verkehr erforderliche Sorgfalt außer Acht lässt. Beide Verschuldensformen reichen für die Begehung eines Dienstvergehens aus, wobei der Schuldvorwurf bei der vorsätzlichen Begehung schwerer ist. Dies wird sich regelmäßig auf die auszusprechende Disziplinarmaßnahme auswirken. **191c**

Einheit des Dienstvergehens

Aus dem Wortlaut des § 77 Abs. 1 S. 1 BBG (Beamte begehen **ein** Dienstvergehen, wenn sie **Pflichten** verletzen) lässt sich ableiten, dass der Verstoß gegen mehrere Pflichten (entweder durch eine oder mehrere selbständige Handlungen) als einheitliches Dienstvergehen anzusehen ist.[256] Daher wird in diesem Fall auch nur **ein** Disziplinarverfahren eingeleitet, das mit **einer** Disziplinarmaßnahme geahndet wird. Wenn nach Verfahrenseröffnung weitere Pflichtverstöße hinzukommen, können sie in das laufende Verfahren einbezogen werden, § 19 Abs. 1 BDG. **191d**

Prüfung eines Dienstvergehens, § 77 Abs. 1 BBG
▪ Bestehen eines Beamtenverhältnisses gem. §§ 6, 10 BBG
▪ Dienstpflichtverletzung(en) gem. §§ 60 ff. BBG – Bagatellvergehen sind auszuscheiden und stellen keine Pflichtverletzung dar. – Bei außerdienstlichem Verhalten ist zusätzlich § 77 Abs. 1 S. 2 BBG zu prüfen. (Besondere Achtungs- und Vertrauensbeeinträchtigung)
▪ Verschulden – Vorsatz (Wissen und Wollen) oder – Fahrlässigkeit, § 276 Abs. 2 BGB (objektive Sorgfaltspflichtverletzung)
Ergebnis: Liegen die oben genannten Voraussetzungen vor, hat der Beamte ein Dienstvergehen begangen. Nach dem „Prinzip der Einheit des Dienstvergehens" führt auch die Verletzung mehrerer Pflichten nur zu **einem** Dienstvergehen, dass einheitlich mit einer Disziplinarmaßnahme geahndet wird.

Übersicht 16

255 Dazu *Fischer*, StGB, § 15, Rn. 3 mit einer Auswahl der nahezu unüberschaubaren Literatur zu den Verschuldensformen.
256 BVerwG DÖD 2001, 31 ff.; Siehe hierzu ausführlich *Hummel/Köhler/Mayer/Baunack*, A. I. 2., Rn. 11 ff.

4. Die Einleitung eines Disziplinarverfahrens, §§ 17 f. BDG

a) Einleitung eines Disziplinarverfahrens von Amts wegen, § 17 Abs. 1 BDG

192 Liegen hinreichende Anhaltspunkte für das Vorliegen eines Dienstvergehens gem. § 77 Abs. 1 BBG vor, muss der Dienstvorgesetzte (§ 3 Abs. 2 BBG) von Amts wegen ein Disziplinarverfahren einleiten. § 17 Abs. 1 BDG normiert eine eigene Dienstpflicht des Dienstvorgesetzten, bei dessen schuldhafter Verletzung er selbst ein Dienstvergehen im Sinne des § 77 Abs. 1 S. 1 BBG begeht. Der Dienstvorgesetzte kann aufgrund dieser klar formulierten Pflicht in sehr schwierige Gesprächssituationen geraten: Sucht er z. B. das Gespräch mit einem seiner Mitarbeiter über einen von ihm beobachteten Leistungsabfall, der bereits zu ernsthaften Konsequenzen geführt hat und stellt sich in diesem Gespräch heraus, dass der Beamte hoch verschuldet ist und ein ernsthaftes Alkoholproblem hat, befindet er sich in einem Dilemma: Einerseits handelt es sich um Informationen, die der Beamte ihm in der Gesprächssituation im Vertrauen offenbart hat. Andererseits muss dem Dienstvorgesetzten seine eigene Pflichtenstellung im Hinblick auf § 17 Abs. 1 BDG bewusst sein. Wie der Dienstvorgesetzte im Einzelfall reagieren sollte, ist nicht generell zu beantworten. Einzubeziehen ist sicherlich, wie die Persönlichkeit des Beamten insgesamt einzuschätzen ist, um welchen Pflichtverstoß es sich handelt und ggf. auch, wie das Selbstgefährdungspotential des Beamten, der sich dem Dienstvorgesetzten anvertraut hat, einzuschätzen ist.

b) Disziplinarverfahren auf Antrag des Beamten, § 18 BDG

Beamte haben auch die Möglichkeit, einen Antrag auf Einleitung eines Disziplinarverfahrens gegen sich selbst zu beantragen. Damit soll ihnen die Möglichkeit gegeben werden, sich von dem Verdacht eines Dienstvergehens zu entlasten. Daher wird dieses Verfahren häufig „Selbstreinigungsverfahren" genannt. Allerdings muss der Beamte nachvollziehbar und genau darlegen, worin der Verdacht gegen ihn besteht.[257] Nur dann besteht ein Rechtsschutzbedürfnis, seinem Antrag nachzugehen. Ist der Antrag nach diesem Maßstab zulässig, ergibt sich aus § 18 Abs. 2 BDG ein Bescheidungsanspruch des Beamten.

5. Der Ablauf des Disziplinarverfahrens im Überblick, §§ 20 ff. BDG

193 Das BDG räumt den von einem Disziplinarverfahren betroffenen Beamten umfassende Informations-, Äußerungs- und Einsichtsrechte ein. Diese sind zum Teil fristgebunden. Zu beachten ist bei Einleitung des Verfahrens insbesondere § 20 BDG. Im Interesse des Betroffenen und zur Herstellung eines möglichst transparenten Verfahrens soll dieser unverzüglich über die Einleitung des Verfahrens unterrichtet werden. Diese Unterrichtung hat nur dann zu unterbleiben, wenn durch die Mitteilung die Sachverhaltsaufklärung gefährdet ist. Dem Beamten ist zu eröffnen, welches Dienstvergehen ihm zur Last gelegt wird. Dies wird sich in der Regel aus dem Wortlaut der ihm eröffneten Einleitungsverfügung ergeben. Der Betroffene ist darauf hinzuweisen, dass er sich mündlich oder schriftlich zu den Vorwürfen äußern kann, aber nicht muss und sich

257 *Hummel/Köhler/Mayer/Baunack*, § 18, Rn. 13.

jederzeit eines (Rechts-)Beistandes bedienen kann, § 20 Abs. 1 S. 3 BDG. Die Fristen die dem Beamten zur Abgabe einer mündlichen oder schriftlichen Äußerung gesetzt werden müssen, ergeben sich im Einzelnen aus § 20 Abs. 2 BDG, der weitere Einzelheiten zur Anhörung regelt. § 20 Abs. 3 BDG normiert ein klares Verwertungsverbot von Aussagen des Beamten, wenn die erforderlichen Belehrungen nicht oder nicht richtig erfolgt sind. Hier obliegt dem verantwortlichen Dienstvorgesetzten eine besondere Verantwortung, für einen rechtsstaatlichen Verfahrensablauf zu sorgen.

Insgesamt unterliegt das Verfahren dem Beschleunigungsgrundsatz des § 4 BDG. An- **194**
gesichts der teilweise intensiven Folgen der Verfahrenseinleitung z. B. für anstehende Beförderungsentscheidungen (siehe hierzu exemplarisch § 8 Abs. 4 S. 1 BDG: Beförderungssperre für die Dauer der Kürzung der Dienstbezüge) oder den Inhalt einer dienstlichen Beurteilung ist diesem Grundsatz unbedingt Rechnung zu tragen. Fragen der Erhebung von Beweisen sind ebenfalls umfassend in den §§ 24 ff. BDG geregelt. Zu beachten ist die Pflicht zur Führung eines Protokolls über die Anhörung des Beamten in § 28 BDG sowie die Pflicht, dem Betroffenen nach Abschluss der Ermittlungen die Möglichkeit zu geben, sich noch einmal zu den Vorwürfen und ggf. den Ermittlungsergebnissen zu äußern, § 30 BDG.

6. Abschluss des Disziplinarverfahrens

Nach Abschluss der Ermittlungen muss gem. § 32 ff. BDG eine Abschlussentscheidung **195**
getroffen werden: Diese kann in einer Einstellung des Verfahrens, einer Disziplinarverfügung oder der Erhebung der Disziplinarklage vor der Disziplinarkammer des zuständigen Verwaltungsgerichts liegen. Welche dieser Maßnahmen in Betracht kommen hängt davon ab, ob sich ein Dienstvergehen erwiesen hat und falls ja, wie schwerwiegend es ist.[258]

Einstellungsverfügung gem. § 32 BDG

Hat sich ein Dienstvergehen nicht erwiesen, wird das Verfahren eingestellt. Die Vor- **195a**
schrift nennt weitere Gründe, die eine Einstellung erforderlich machen, § 32 Abs. 1 Nr. 2–4, Abs. 2 BDG. Hinsichtlich der Formanforderungen gilt gem. § 32 Abs. 3 BDG, dass die Verfügung (schriftlich) zu begründen und zuzustellen ist. Erscheint die Verfehlung als Bagatelle und ist deshalb eine Disziplinarmaßnahme nicht angezeigt, wird das Verfahren gem. § 32 Abs. 1 Nr. 2 BDG eingestellt. Soll der Beamte aber trotzdem im vordisziplinarischen Bereich ermahnt und zur ordentlichen Pflichterfüllung in der Zukunft angehalten werden, kann daneben eine „dienstliche Missbilligung", ein „Tadel" oder ähnliches ausgesprochen werden. Wie sich aus § 6 Satz 2 BDG ergibt, handelt es sich bei solchen Verfügungen ausdrücklich nicht um Disziplinarverfügungen, sondern um vordisziplinarische Maßnahmen.

---

258 Für Beamte auf Probe und Beamte auf Widerruf gelten hier Sonderregelungen, siehe § 5 Abs. 3 BDG. Gegen sie können nur Verweise erteilt und Geldbußen verhängt werden. Bei schweren Verfehlungen kommt aber ihre Entlassung gem. § 34 Abs. 1 Nr. 1 und 2 BBG in Betracht.

Disziplinarverfügung, § 33 BDG

195b Hat sich ein Dienstvergehen erwiesen, liegt es gem. § 13 BDG im Ermessen des Dienstherrn, welche Disziplinarmaßnahme er bei Berücksichtigung der Schwere des Vergehens und des Persönlichkeitsbildes des Betroffenen für angemessen hält. Einzubeziehen ist hier auch der Umfang der eingetretenen Vertrauensschädigung im Verhältnis zum Dienstherren oder der Allgemeinheit.

Hält der Dienstherr eine Disziplinarmaßnahme für erforderlich, hat er die Wahl zwischen fünf verschiedenen Maßnahmen. § 5 Abs. 1 BDG regelt diese für den aktiven Beamten abschließend. Die Verwaltung darf selbst nur die Disziplinarmaßnahmen **Verweis, Geldbuße** und **Kürzung der Dienstbezüge** verhängen (siehe § 5 Abs. 1 Nr. 1–3 BDG). Verweis und Geldbuße können durch Disziplinarverfügung von jedem Dienstvorgesetzten gegen die ihm unterstellten Beamten verhängt werden (§ 33 Abs. 2 BDG). Die Kürzung der Dienstbezüge kann von der den obersten Dienstbehörden unmittelbar nachgeordneten Dienstvorgesetzten festgesetzt werden, vgl. § 33 Abs. 3 BDG.

Maßnahmen, die darüber hinausgehen (Zurückstufung und Entfernung aus dem Dienst), können nur die Verwaltungsgerichte nach Erhebung der Disziplinarklage aussprechen. Als Disziplinarmaßnahme gegen den Ruhestandsbeamten kommt gem. § 5 Abs. 2 Nr. 1 BDG die **Kürzung des Ruhegehalts** in Betracht. Sie kann ebenfalls durch Disziplinarverfügung verhängt werden, siehe § 11 BDG.

Erhebung der Disziplinarklage, § 34 BBG

195c Die oberste Dienstbehörde ist zuständig für die Erhebung der Disziplinarklage.[259] Ziel der Klageerhebung ist es, angemessen auf ein besonders schweres Dienstvergehen reagieren zu können. In diesen Fällen kommt die Behörde häufig zu dem Schluss, dass die Disziplinarmaßnahmen, die sie durch Disziplinarverfügung gem. § 33 BDG selbst verhängen kann, nicht mehr ausreichen. Zielt die Behörde auf eine **Zurückstufung oder eine Entfernung aus dem Beamtenverhältnis** (siehe § 5 Abs. 1 Nr. 4 und 5 BDG), muss sie dies beim zuständigen Verwaltungsgericht beantragen. Beide Maßnahmen greifen so intensiv in die Statusrechte des betroffenen Beamten ein, dass sie nicht von der Verwaltung selbst, sondern nur durch die zuständigen Gerichte ausgesprochen werden können. Dasselbe gilt, wenn beim Ruhestandsbeamten das Ruhegehalt aberkannt werden soll gem. §§ 5 Abs. 2 Nr. 2, 12 BDG. Das gerichtliche Disziplinarverfahren ist in §§ 45 ff. BDG geregelt.

259 Reicht ein unzuständiger Vorgesetzter die Klage ein, liegt keine wirksame Klageerhebung vor, *Hummel/Köhler/Mayer/Baunack*, § 34, Rn. 6.

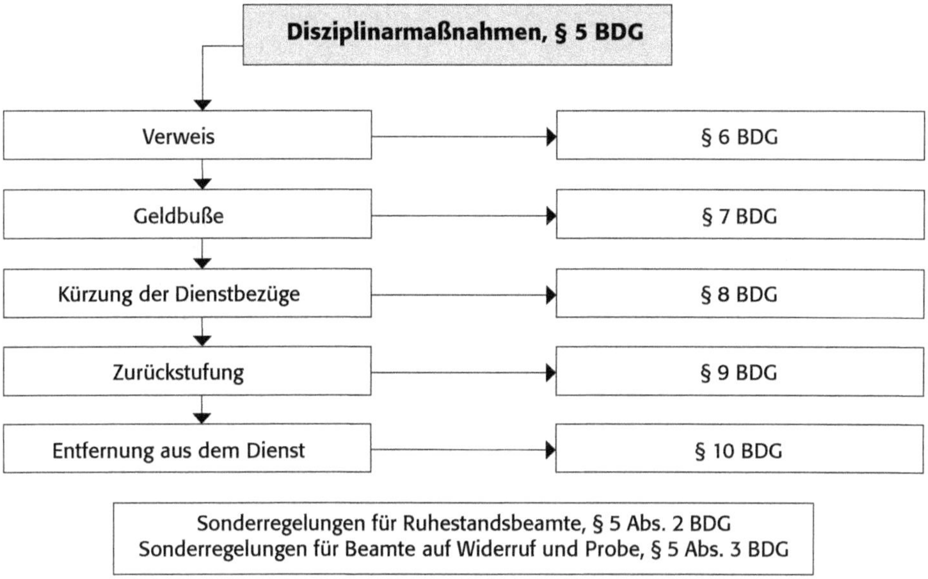

Übersicht 17

III. Vermögensrechtliche Haftung

Literatur: *Junker*, Die Haftung des Beamten gegenüber seinem Dienstherrn bei Teilnahme am allgemeinen Straßenverkehr, DVP 1984, 175 ff.; *Battis*, Haftungsprobleme im öffentlichen Dienst, RdA 1986, 216 ff.; *Riedmaier*, Zur Haftung des Beamten gegenüber seinem Dienstherrn, DÖV 1989, 386 ff.; *Meyer*, Grenzen der Inanspruchnahme des Beamten nach § 78 BBG, RiA 1991, 62 ff.; *Simianer*, Vermögensrechtliche Haftung des Beamten dem Dienstherrn gegenüber, ZBR 1993, 33 ff.; *Möx*, Die Haftung Bediensteter von Bundesbehörden nach § 78 BBG, RiA 1993, 105 ff.

Die Nichterfüllung dienstlicher Pflichten kann zu einer vermögensrechtlichen Haftung **196**
des Beamten auf Schadensersatz führen. Die Pflicht zum Schadensersatz besteht entweder gegenüber dem Dienstherrn (Innenhaftung) oder gegenüber Dritten (Außenhaftung). Die Haftung des Beamten im Innenverhältnis gegenüber dem Dienstherrn regelt § 75 BBG abschließend. Danach sind Beamte, die vorsätzlich oder grob fahrlässig die ihnen obliegenden Pflichten verletzen, ihrem Dienstherrn zum Ersatz des daraus entstandenen Schadens verpflichtet. Durch die Pflichtverletzung des Beamten kann der Dienstherr unmittelbar geschädigt sein (**sog. Eigenschaden**).

> **Beispiel:** Der Beamte begeht eine Unterschlagung (§ 246 StGB) amtlicher Gelder. Der Vermögensschaden tritt hier beim Dienstherrn selbst ein.

Der Schaden kann den Dienstherrn aber auch nur mittelbar treffen. Das ist der Fall, wenn er infolge des von dem Beamten verursachten Schadens einem Dritten Ersatz geleistet hat **(sog. Fremdschaden)**.

> **Beispiel:** Der Beamte beschädigt bei der Ausübung seines Amtes grob fahrlässig das Fahrzeug eines Dritten. Der Schaden beläuft sich auf € 2300,–, die der Dienstherr dem Dritten zunächst ersetzt.

197 Vorsatz liegt vor, wenn der Beamte den Pflichtverstoß bewusst oder sogar absichtlich begeht oder wenn er ihn zumindest billigend in Kauf nimmt (sog. bedingter Vorsatz). Grobe Fahrlässigkeit ist anzunehmen, wenn der Beamte die gebotene Sorgfalt in besonders schwerem Maß verletzt hat. Bei einfacher Fahrlässigkeit wird der Beamte also nicht in Anspruch genommen. Dieses Haftungsprivileg soll die Entschlussfähigkeit und Tatkraft des Beamten fördern.

198 Der Dienstherr kann den Rückgriffsanspruch gegenüber dem Beamten auf verschiedene Weise durchsetzen. Nach § 11 Abs. 2 BBesG i. V. m. §§ 387 ff. BGB kann er gegen den Anspruch des ersatzverpflichteten Beamten auf Gewährung von Dienstbezügen aufrechnen. Er hat auch die Möglichkeit, den Ersatzanspruch gegen den Beamten im Verwaltungsrechtsweg durch Leistungsklage geltend zu machen. Wegen eines Fehlbestandes am öffentlichen Vermögen kann ferner im sog. Erstattungsverfahren der Schadensersatzanspruch durchgesetzt werden. Schließlich kann der Dienstherr nach herrschender Meinung auch einen Leistungsbescheid erlassen d. h. er fordert mit einem Verwaltungsakt von dem Beamten die Zahlung des geschuldeten Betrages.[260]

IV. Personelle Maßnahmen und sonstige Folgen

199 Nach § 9 BBesG, auf den § 96 Abs. 2 BBG verweist, führt das unentschuldigte bzw. ungenehmigte Fernbleiben vom Dienst zu einem Verlust der Dienstbezüge. Die Weigerung, den Diensteid zu leisten, hat die Entlassung zur Folge (§ 32 Abs. 1 Nr. 1 BBG). Daneben kann der Dienstherr dienstrechtliche Maßnahmen anordnen. In Frage kommen hier z. B. die Entlassung eines Beamten auf Probe wegen mangelnder Bewährung (§ 34 Abs. 1 Nr. 2 BBG) oder das Verbot der Führung von Dienstgeschäften (§ 66 BBG). An sonstigen personellen Maßnahmen kommen z. B. die Umsetzung, die Zuweisung anderer Aufgaben oder die Anordnung von Mehrarbeit in Betracht. Ob deren Erlass aufgrund der Dienstpflichtverletzung eines Beamten als „quasi-disziplinarische Maßnahme" rechtmäßig ist, muss nach den Umständen des Einzelfalls beurteilt werden.

Wiederholungsfragen

1. *Welche Rechtsfolgen können sich aus der Verletzung der den Beamten obliegenden Pflichten ergeben? (Rn. 184)*
2. *Wo ist der Begriff „Dienstvergehen" definiert und welche Tatbestandsmerkmale kennzeichnen ihn? (Rn. 187)*
3. *Welchen Zweck verfolgt das Disziplinarrecht? (Rn. 188)*
4. *Kann eine Disziplinarmaßnahme neben einer Kriminalstrafe verhängt werden? (Rn. 189)*
5. *Welche Disziplinarmaßnahmen für Beamte im aktiven Dienst kennen Sie? (Rn. 195b)*
6. *Haftet ein Beamter im Innenverhältnis seinem Dienstherrn auch für leichtes Verschulden? (Rn. 196)*

260 Vgl. BVerwGE 19, 249.

§ 16 Die Grundrechte im Beamtenverhältnis

Literatur: *Hamann*, Zur Grundrechtsverwirklichung im besonderen Gewaltverhältnis, VR 1981, 334 ff.; *Rottmann*, Grundrechte und Rechtsschutz im Beamtenverhältnis, ZBR 1983, 77 ff.; *Bieback/Kutscha*, Politische Rechte der Beamten, 1984 S. 17-68; *Wagner*, Die Grundrechte im Beamtenverhältnis, RiA 1986, 130 ff.; *Lecheler*, Verfassungsrechtlich zulässige Einschränkung der Grundrechtsausübung von Beamten, JuS 1992, 473 ff.; *Schnupp*, Rechtsprechung zum Erscheinungsbild der Beamten im Wandel, PersV 2000, 98 ff.; *Günther*, Die freie Entfaltung der Persönlichkeit im Dienst, ZBR 2000, 401 ff.; *Kahl*, Art. 2 Abs.1 GG im Beamtenrecht, ZBR 2001, 225 ff.; *Henrichs*, Zur beamtenrechtlichen Pflicht insbesondere von Uniformträgern der Polizei zu einem angemessenen äußeren Erscheinungsbild, ZBR 2002, 84 ff.; *Quambusch* – erotisierende Kleidung im öffentlichen Dienst, RiA 2003, 1 ff.; *Werres*, Der Beamte als Grundrechtsträger – unter besonderer Berücksichtigung der Religionsausübungsfreiheit, ZBR 2006, 288 ff.; *Lindner*, Grundrechtssicherung durch das Berufsbeamtentum, ZBR 2006, 1 ff.

I. Überblick

Das Beamtenverhältnis bringt für beide Seiten – Beamte und Dienstherrn – Pflichten **200** und Rechte mit sich. Der gesteigerten Pflichtenbindung des Beamten entsprechen auch besondere Rechte. Die subjektiv-öffentlichen Rechte des Beamten beruhen auf der Verfassung (Grundrechte, Art. 33 Abs. 2 und 5 GG), gesetzlichen Regelungen (insbesondere den §§ 78 ff. BBG) und deren Umsetzung durch den Dienstherrn.

Zunächst soll nun die Frage im Vordergrund stehen, ob und wie weit der Beamte sich dem Dienstherrn gegenüber auf **Grundrechte** berufen kann. Auf der einfachgesetzlichen Ebene lassen sich die Rechte des Beamten in **nichtvermögenswerte** und **vermögenswerte Rechte** einteilen. Diese werden in den folgenden Kapiteln untersucht.

II. Geltung der Grundrechte

Die Grundrechte gelten auch im Beamtenverhältnis. Ihre Ausübung kann jedoch ein- **201** geschränkt werden, wenn dies erforderlich ist, um die Funktionsfähigkeit des öffentlichen Dienstes zu erhalten. Nach überwiegender Auffassung besteht der Grund für diese Einschränkung in der Einrichtung des Berufsbeamtentums in Art. 33 Abs. 5 GG.[261] Wenn das Grundgesetz die Institution des Beamtentums garantiert, dann bedeutet dies, dass das Beamtenverhältnis mit seinem besonderen Pflichtengefüge ebenso zum Bestand der verfassungsmäßigen Ordnung gehört wie die Grundrechte. Dagegen ist die frühere Argumentation, wer freiwillig Beamter werde, verzichte auf die volle Geltung der Grundrechte, überholt. Entbehrlich erscheint auch ein Rückgriff auf die Rechtsfigur des „besonderen Gewaltverhältnisses" zur Rechtfertigung von Grundrechtseinschränkungen. Denn nach der Rechtsprechung des *Bundesverfassungsgerichts* dürfen Grundrechte nur durch Gesetz oder aufgrund eines Gesetzes einge-

261 Vgl. *Schnellenbach/Bodanowitz*, § 7, Rn. 2 f.

schränkt werden.[262] Fraglich kann jedoch sein, ob die betreffende Rechtsnorm das Ausmaß der Einschränkung deckt. Dabei ist von folgenden Überlegungen auszugehen: Weder dürfen die Grundrechte dem Beamtenverhältnis „zum Opfer fallen", noch darf die Gewährleistung der Grundrechte die Funktion des Beamtenverhältnisses unmöglich machen. Es ist für jedes Grundrecht gesondert zu prüfen, welche Verfassungsnorm das höhere Gewicht hat. Dabei darf nach dem Grundsatz der Verhältnismäßigkeit die Einschränkung der Grundrechte nicht weiter gehen, als Sinn und Zweck des Beamtenverhältnisses dies zwingend gebieten. Das Ausmaß der Einschränkung kann je nach der Funktion des Beamten (z. B. Polizeibeamter, Lehrer) und seinem Dienstrang unterschiedlich sein. Die Berufung auf Grundrechte innerhalb des Dienstes ist selten (z. B. die Menschenwürde des Beamten wird durch eine Weisung verletzt); der Hauptanwendungsbereich liegt dort, wo es um das Verhalten des Beamten außerhalb des Dienstes geht.

III. Einzelne Grundrechte

1. Art. 2 Abs. 1 GG (Freie Entfaltung der Persönlichkeit)

202 Das Recht auf freie Entfaltung der Persönlichkeit kann durch die Folgepflicht des Beamten (§ 62 Abs. 1 S. 2 BBG) eingeschränkt werden. Die Einschränkung gilt auch für die entgeltliche Nebentätigkeit eines Beamten, wenn zu besorgen ist, dass dadurch dienstliche Interessen beeinträchtigt werden. Soweit dagegen Aktivitäten eines Beamten in der Freizeit die Belange des öffentlichen Dienstes nicht beeinträchtigen, kann eine Nebentätigkeit gemäß Art. 2 Abs. 1 GG nicht verboten werden.[263]

Das generelle Verbot für männliche Zollbeamte, zur Dienstkleidung Ohrschmuck zu tragen, ist rechtmäßig und verstößt nicht gegen Art. 2 Abs. 1 GG.[264] Dagegen bedeutet die dienstliche Weisung an einen Polizeibeamten, während des Tragens der Uniform keinen sog. „Lagerfeld-Zopf" zu tragen, einen unzulässigen Eingriff in das Grundrecht auf freie Entfaltung der Persönlichkeit.[265] Beim Tragen von Nasenringen, großflächigen Tätowierungen oder bunt gefärbten Haaren ist eine Interessenabwägung und eine Entscheidung des Dienstherrn im Einzelfall nötig. Dabei können Publikumsverkehr oder Repräsentationsaufgaben des Beamten Entscheidungskriterien sein.

> **Beispiel:** Ein Justizvollzugsbeamter kann im Interesse des Staates an einem einheitlichen und neutralem Auftreten seiner uniformierten Vollzugsbeamten aufgefordert werden, nach Art und Größe auffällige Tätowierungen beim Tragen von Dienstkleidung zu verbergen.[266]

---

262 BVerfGE 33, 1 ff.
263 Vgl. BVerwGE 60, 54.
264 BVerwGE 84, 287 bestätigt durch BVerfG NJW 1991, 1477.
265 Vgl. VGH Kassel NJW 1996, 1164; dagegen OVG Koblenz DÖD 2004, 104.
266 OVG Koblenz IÖD 2005, 218.

2. Art. 2 Abs. 2 GG (Recht auf Leben und körperliche Unversehrtheit)

Die Gehorsamspflicht sowie die Pflicht sich mit vollem persönlichen Einsatz dem Beruf zu widmen, können das Grundrecht auf Leben und körperliche Unversehrtheit einschränken. So können Polizeivollzugsbeamte, Angehörige der Feuerwehr und beamtete Ärzte verpflichtet werden, in Ausübung ihres Dienstes (z. B. bei dem Einsatz zur Verbrechensbekämpfung, bei Katastrophen und Epidemien) Leben und Gesundheit einzusetzen. Von allen Beamten wird verlangt, ärztliche Eingriffe zu dulden, die zur Wiederherstellung der Dienstfähigkeit erforderlich und zumutbar sind. **203**

3. Art. 4 Abs. 1 und 2 GG (Glaubens-, Gewissens- und Bekenntnisfreiheit)

Literatur: *Goerlich*, Distanz und Neutralität im Lehrberuf – zum Kopftuch und anderen religiösen Symbolen, NJW 1999, 2929 ff.; *Halfmann*, Der Streit um die Lehrerin mit Kopftuch, NVwZ 2000, 862 ff.; *Janz/Rademacher*, Das Kopftuch als religiöses Symbol oder profaner Bekleidungsgegenstand? JuS 2001, 440 ff.; *Böckenförde*, „Kopftuchstreit" auf dem richtigen Weg? NJW 2001, 723 ff.; *Mückl*, Religionsfreiheit und Sonderstatusverhältnisse – Kopftuchverbot für Lehrerinnen der Staat 2001, 96 ff.; *Triebel*, Kopftuch und staatliche Neutralität BayVBl. 2002, 624; *Sacksofsky*, Die Kopftuchentscheidung – von der religiöses zur föderalen Vielfalt, NJW 2003, 3297 ff.; *Battis/Bultmann*, Was folgt für den Gesetzgeber aus dem Kopftuchurteil des BVerfG? JZ 2004, 581 ff.; *Günther*, Die Handschlagsverweigerung durch islamgläubigen Polizisten – Religionsfreiheit versus Beamtenrecht, ZBR 2018, 109 ff.

Grundsätzlich wird das Grundrecht der Glaubens-, Gewissens- und Bekenntnisfreiheit **204** durch das Beamtenverhältnis nicht gesondert eingeschränkt. Deswegen ist das dienstliche Verbot gegenüber einem Polizeibeamten, als Angehöriger der „Zeugen Jehovas" außerhalb der Dienststunden in Zivilkleidung Hausbesuche zu machen, mit Art. 4 GG nicht vereinbar, weil Glaubenswerbung und Dienstausübung in keinem direkten Zusammenhang stehen.[267] Dagegen gibt die Gewissensfreiheit einer Kriminalbeamtin nicht das Recht, einer Verfügung zum Tragen einer Dienstwaffe nicht zu folgen. Die Funktionsfähigkeit des Staates wird ernsthaft bedroht, wenn eine Beamtin sich unter Berufung auf ihr Gewissen einer dienstlichen Weisung entziehen könnte. Für einen Beamten der Kriminalpolizei ist die Ausrüstung mit einer Dienstwaffe laufbahngemäß.[268] Die Glaubensfreiheit rechtfertigt keine religiöse oder antireligiöse Propaganda während des Unterrichts durch einen Lehrer. Der Verpflichtung des Lehrers zur weltanschaulich-religiösen Neutralität kann der Vorrang vor der ungeschmälerten Ausübung des Grundrechtes aus Art. 4 Abs. 1 GG eingeräumt werden. So kann ihm verboten werden, im Dienst innerhalb von Schulgebäuden die bhagwantypische rote bis orangerote Kleidung und die Mala mit dem Bildnis des Bhagwans zu tragen. Schon durch die bloße Kleidung wirbt er für seine Glaubensgemeinschaft und verletzt damit die weltanschauliche und religiöse Neutralität.[269] Ob eine Lehrerin mit dem Tragen eines Kopftuches innerhalb der Schule gegen das Neutralitätsgebot und gegen Dienst-

267 BVerwGE 30, 29.

268 Vgl. BVerwGE 56, 227.

269 So VG München ZBR 1985, 82; OVG Hamburg ZBG 1985; 92; BVerwG NVwZ 1988, 937; kritisch: *Alberts*, NVwZ 1985, 92 ff.; siehe weitergehend auch BVerwG, Beschl. v. 16.12.2008 – 2 B 46/08, Urt. v. 26.06.2008 – 2 C 22/07; Urt. v. 24.06.2004 – 2 C 45/03 (BVerwGE 121, 140-152) sowie BVerfG, Beschl. v. 27.01.2015 – 1 BvR 471/10, 1 BvR 1181/10.

pflichten verstößt, ist Gegenstand unterschiedlicher Gerichtsurteile (siehe dazu bereits oben § 9, Rn. 83d).[270]

4. Art. 5 Abs. 1 S. 1 GG (Recht der freien Meinungsäußerung)

Weiterführende Literatur: *Lisken*, Zur Meinungsfreiheit im Sonderstatusverhältnis, NJW 1980, 1503 ff.; *Koester*, Zur Meinungsäußerungsfreiheit im Beamtenverhältnis, ZBR 1981, 210 ff.; *Sendler*, Was dürfen Richter in der Öffentlichkeit sagen? NJW 1984, 689 ff.; *Bieback/Kutscha*, Politische Rechte der Beamten 1984 S. 69 ff.; *Patunas*, Die politische Meinungsfreiheit der Lehrer, 1988.; *Leppek*, Der (über-)kritische Beamte, vr 2009, 58 ff.

205 Beim Grundrecht der freien Meinungsäußerung und seinen Einschränkungen ist zu differenzieren, ob sich der Beamte als Amtswalter oder als Privatperson äußert, wobei im letzteren Fall wieder zu unterscheiden ist, ob er sich innerhalb oder außerhalb des Dienstes äußert.

206 Art. 5 Abs. 1 Satz 1 GG gewährleistet grundsätzlich nur das Recht des Beamten auf Äußerung seiner privaten Meinung. Dieses Grundrecht wird u.a. durch die „allgemeinen Gesetze" beschränkt (Art. 5 Abs. 2 GG). Zu diesen allgemeinen Gesetzen sind auch die Beamtengesetze wie z. B. die Bestimmungen über die Amtsverschwiegenheit (§ 67 BBG), die Mäßigung und Zurückhaltung bei politischer Betätigung (§ 60 Abs. 2 BBG) sowie über achtungswürdiges Verhalten (§ 61 Abs. 1 Satz 3 BBG) zu zählen. Bei der Auslegung der einschränkenden Gesetze ist darauf zu achten, dass der besondere Wertgehalt des Grundrechtes der Meinungsäußerungsfreiheit gewahrt bleibt.[271] Der Beamte handelt dagegen nicht als Träger von Grundrechten, soweit er amtliche Stellungnahmen abgibt und für die Behörde spricht.

207 Bei politischen Meinungsäußerungen **innerhalb des Dienstes** sind private Gespräche unter Kollegen, die nicht die Arbeitsleistung oder das Betriebsklima beeinträchtigen, zulässig. Unzulässig ist dagegen die planmäßige Agitation. So darf ein Lehrer im Unterricht keine Plaketten mit eindeutig parteipolitischen Aufschriften tragen, weil er damit gegen das Mäßigungs- und Zurückhaltungsgebot verstößt. Dies soll auch bei Plaketten allgemein politischen Inhalts (z. B. „Anti-Atom-Plaketten") gelten.[272] Auch innerdienstlich geäußerte Kritik ist grundsätzlich zulässig, muss sich aber auf Tatsachen stützen können.[273]

208 Meinungsäußerungen **außerhalb des Dienstes** berühren dienstliche Belange nur ausnahmsweise. Einschränkungen können sich aus der Form (Mäßigung) und aus dem Inhalt (politische Treuepflicht) ergeben, wobei der grundrechtliche Schutz hier weiter reicht als bei Grundrechtsbetätigungen im Dienst. Im Rahmen dieser Grenzen kann der Beamte auch deutliche Kritik an der Regierung oder an dem ihm vorgesetzten

270 Kein Verstoß: VG Lüneburg NJW 2001, 767; Verstoß: VG Stuttgart NVwZ 2000, 959; VGH Mannheim NJW 2001, 2899; BVerwG NJW 2004, 3581. Das BVerfG fordert nunmehr eine gesetzliche Regelung durch die Bundesländer, NJW 2003, 3111. Dies ist in einigen Fällen geschehen; siehe zu Baden-Württemberg BVerwGE 121, 140 (144).

271 BVerfGE 28, 191 (202).

272 BVerwG DVBl. 1990, 644.

273 BVerfG DÖD 2008, 59 f.; dazu *Leppek*, vr 2009, 58 ff.

Fachminister üben. Dies gilt besonders für einen Beamten, der sich als Gewerkschafter öffentlich äußert und dem – auch im Hinblick auf Art. 9 Abs. 3 GG – in der politischen Auseinandersetzung ein größerer Spielraum zugebilligt werden muss.[274] Andererseits verletzt ein Lehrer die Verpflichtung zur Mäßigung und Zurückhaltung, wenn er in der Zeitung einen Aufruf gegen seinen Dienstvorgesetzten unterzeichnet, der sachlich und rechtlich nicht in allen Punkten richtig ist.[275] Im Übrigen ist noch kein Fall bekannt geworden, in dem ein überschwängliches Lob für die jeweilige Regierungspolitik einem Beamten den Vorwurf eingebracht hätte, seine Pflicht zur Mäßigung und Zurückhaltung missachtet zu haben.

5. Art. 6 Abs. 1 GG (Schutz von Ehe und Familie)

Ein Heiratsverbot für Beamte (sog. Zölibatsklausel) ist mit dem Schutz von Ehe und **209**
Familie nach Art. 6 Abs. 1 GG unvereinbar.[276] Eine sachlich gerechtfertigte Pflicht zum Wohnen in Gemeinschaftsunterkünften bleibt davon unberührt. Wegen dieses Grundrechtes kann von einem Beamten nicht verlangt werden, sich von seiner Ehefrau wegen ihres sittlich anstößigen Lebenswandels zu trennen oder aus dem Beamtenverhältnis auszuscheiden. Das Beamtenverhältnis fordert keine Pflicht zur Scheidung und keine Pflicht zum Eingehen einer Ehe.

6. Art. 8 GG (Versammlungsfreiheit) und Art. 9 GG (Vereinigungs- und Koalitionsfreiheit)

Die Versammlungsfreiheit des Beamten kann nur eingeschränkt werden, wenn Sinn **210**
und Zweck des Beamtenverhältnisses dies zwingend gebieten. Schweigemärsche oder Protestversammlungen außerhalb der Dienstzeit sind deshalb zulässig. Die Beamten dürfen aber nicht an Versammlungen teilnehmen, die sich gegen die verfassungsmäßige Ordnung wenden. Nach Art. 9 Abs. 3 GG gilt die Koalitionsfreiheit für „jedermann und für alle Berufe“, also auch für den öffentlichen Dienst. Danach hat der Beamte das Recht, einer Gewerkschaft beizutreten und ihre Arbeit zu fördern (individuelle Koalitionsfreiheit). Die Verfassung schützt gleichzeitig die kollektive Koalitionsfreiheit, d. h. die Freiheit der Gewerkschaftsorganisation, sich aktiv zu betätigen. Ein Beamter darf wegen des Einsatzes für seine Gewerkschaft oder seinen Berufsverband weder dienstlich gemaßregelt noch benachteiligt oder bevorzugt werden (vgl. § 116 Abs. 2 BBG). Gewerkschaftliche Werbung vor Personalratswahlen ist auch in der Dienststelle und während der Dienstzeit verfassungsrechtlich geschützt.[277] Nach h. M. steht den Beamten trotz Art. 9 Abs. 3 GG nicht das Recht zu, zur Förderung gemeinsamer Berufsinteressen zu streiken. Da den Beamten das Streikrecht aufgrund von Art. 33 Abs. 5 GG verwehrt ist, ist der Dienstherr im Rahmen seiner Fürsorgepflicht umso mehr gehalten, auf eine angemessene Besoldung zu achten. Im Übrigen sind nach § 118 BBG die Spitzenorganisationen der zuständigen Gewerkschaften schon bei der Vorberei-

274 Vgl. Hess. VGH ZBR 1978, 378, OVG Rheinland-Pfalz AuR 1999, 413.
275 VGH Mannheim NJW 1983, 1215.
276 Vgl. für die Bereitschaftspolizei BVerwG E 14, 21 ff.
277 BVerfG E 28, 295 (308).

tung allgemeiner Regelungen der beamtenrechtlichen Verhältnisse, also auch bei Besoldungsfragen, zu beteiligen.

7. Art. 12 Abs. 1 GG (Freiheit der Berufsausübung)

211 Der Zugang zu öffentlichen Ämtern setzt freie Planstellen und die beste Eignung, Befähigung und fachliche Leistung voraus. Insofern verdrängt die speziellere Vorschrift des Art. 33 Abs. 2 GG die Berufsfreiheit des Art. 12 Abs. 1 GG. Die Berufsausübung des Beamten in seiner Freizeit wird durch Nebentätigkeitsregelungen insoweit eingeschränkt, als dies zur Funktionsfähigkeit des öffentlichen Dienstes erforderlich ist.[278] Art. 12 Abs. 1 GG verbietet keine Vereinbarungen, durch die der Beamte zu einer zeitlich begrenzten Betriebstreue oder zur Rückzahlung ihm gewährter Studienförderungsmittel verpflichtet wird.[279] Dies gilt auch für die Rückforderung von Anwärterbezügen nach § 59 Abs. 5 BBesG. Nach dieser Vorschrift kann durch eine Auflage sichergestellt werden, dass Anwärterbezüge zurückzuzahlen sind, wenn die Ausbildung aus einem von dem Anwärter zu vertretenden Grund vorzeitig endet oder wenn der Beamte im Anschluss an die Ausbildung vor Ablauf von fünf Jahren auf eigenen Antrag aus dem öffentlichen Dienst ausscheidet.[280]

Wiederholungsfragen

1. *Gelten die Grundrechte grundsätzlich auch im Beamtenverhältnis? (Rn. 201)*
2. *Wie lässt sich eine Einschränkung der Grundrechte für Beamte begründen? (Rn. 201)*
3. *Wie weit dürfen die Grundrechtsschranken im Einzelfall gehen? (Rn. 201)*
4. *Welche beamtenrechtlichen Vorschriften können das Grundrecht der Meinungsfreiheit einschränken? (Rn. 206)*
5. *Was bedeutet individuelle und kollektive Koalitionsfreiheit? (Rn. 210)*
6. *Welche Einschränkungen des Art. 12 Abs. 1 GG im Beamtenverhältnis kennen Sie? (Rn. 211)*

278 Vgl. *Papier*, DÖV 1984, 536 ff.
279 BVerwG ZBR 1982, 148.
280 Vgl. *Gürtner*, ZBR 1981, 274 ff.

§ 17 Die nichtvermögenswerten Rechte

I. Überblick

Nach den Grundrechten sollen nun die nichtvermögenswerten Rechte des Beamten dargestellt werden. Hierzu finden sich neben Regelungen im BBG auch gesetzliche Grundlagen in anderen Gesetzen wie dem BBesG oder dem BeamtVG. Sie können sich auch aus den Vorschriften über seine Pflichten ergeben. Wenn etwa gemäß § 63 Abs. 2 BBG der Beamte bei Bedenken gegen die Rechtmäßigkeit einer dienstlichen Anordnung zu remonstrieren hat, so folgt daraus gleichzeitig ein Remonstrationsrecht. Aus Zweckmäßigkeitsgründen wird das Recht auf Fürsorge an dieser Stelle dargestellt, obwohl es auch vermögenswerte Rechte zum Inhalt haben kann. **212**

II. Recht auf Fürsorge und Schutz

Literatur: *Lecheler*, Die Fürsorgepflicht des Dienstherrn – Eigenständiges Rechtsinstitut oder Brücke zum Arbeitsrecht? ZBR 1972, 179 ff.; *Schnellenbach*, Inhalt und Grenzen der Fürsorge- und Schutzpflicht im Beamtenrecht, ZBR 1981, 301 ff.; *Schnellenbach*, Beamtenrecht in der Praxis 5. Auflage 2001, S. 217 ff.; *Summer*, Gedanken zur beamtenrechtlichen Fürsorgepflicht, PersV. 1988, 76 ff.; *Koll*, Der beamtenrechtliche Schadensersatzanspruch aus einer Fürsorgerechtsverletzung des Dienstherrn VR 1993, 411 ff.; *Summer*, Neue Aspekte zur Fürsorgepflicht – Einerseits Entzauberung, andererseits weitere Anwendungen ZBR 1998, 151 ff.; *Schnellenbach*, Die Fürsorgepflicht des Dienstherrn in der Rechtsprechung des Bundesverfassungsgerichts, VerwArch 2001, 2 ff.; *Wittinger/Herrmann*, Mobbing und Beamtenrecht ZBR 2002, 337 ff.

Nach § 78 BBG hat der Dienstherr im Rahmen des Dienst- und Treueverhältnisses für das Wohl des Beamten und seiner Familie, auch für die Zeit nach Beendigung des Beamtenverhältnisses, zu sorgen. Mit dieser Fürsorgepflicht und Schutzpflicht wird das personenrechtliche Element des Dienst- und Treueverhältnisses zwischen dem Dienstherrn und dem Beamten, das in seinem Kern durch Art. 33 Abs. 4 GG gewährleistet ist, besonders deutlich. Der Grundsatz der Fürsorgepflicht des Dienstherrn gegenüber dem Beamten gehört zu den hergebrachten Grundsätzen des Berufsbeamtentums gemäß Art. 33 Abs. 5 GG. Die Fürsorge- und Schutzpflicht lässt sich in ihren Teilpflichten nicht abschließend festlegen. In vielen Bereichen ist sie bei der Gestaltung einzelner Pflichten des Dienstherrn – etwa im Recht der Besoldung, der Versorgung sowie der Reise- und Umzugskosten – berücksichtigt worden. Andererseits ist bei dem generalklauselartigen Charakter der Fürsorgepflicht eine umfassende Festlegung aller Einzelpflichten des Dienstherrn und die Art und Weise ihrer Erfüllung nicht möglich. Die Fürsorgepflicht ist nicht auf die gesetzlich vorgeschriebenen Fürsorgeleistungen beschränkt. Sie hat also eine Auffang- und Klammerfunktion. Die beamtenrechtliche Fürsorgepflicht stellt ein eigenes Rechtsinstitut dar. **213**

Der Anspruch des Beamten auf Fürsorge für sich und seine Familie verlangt, dass der Dienstherr die gesetzlichen Bestimmungen einhält und bei Ermessensentscheidungen gerecht und wohlwollend verfährt. Dies folgt im Grunde schon aus Art. 20 Abs. 3 GG (Gesetzmäßigkeit der Verwaltung). Der Dienstherr hat sich im Hinblick auf § 78 BBG **214** bei allen Handlungen und Maßnahmen vom Wohlwollen gegenüber dem Beamten leiten zu lassen. Er muss darum bemüht sein, ihn vor Nachteilen und Schäden zu bewahren. Das Verhältnis zwischen Dienstvorgesetzten und den ihm unterstellten Beamten muss von Offenheit und Vertrauen bestimmt sein.

215 Der Dienstherr muss den Beamten anhören, bevor er aus einem Sachverhalt Schlüsse zieht, die für diesen nachteilig sind, siehe dazu auch § 109 BBG. Im Rahmen seiner **Beratungspflicht** hat der Dienstherr den Beamten nach rechtserheblichen Tatsachen zu befragen, irrige Vorstellungen des Beamten über seine Rechtsstellung zu korrigieren und ihn über die konkreten Rechtsfolgen seiner Anträge zu belehren. Er muss dafür Sorge tragen, dass Anträge des Beamten möglichst zügig behandelt werden. Dies gilt vor allem dann, wenn andernfalls dem Beamten durch Zeitablauf Nachteile drohen.

216 Weiter hat der Dienstherr die Pflicht, den Beamten nach Eignung, Befähigung und Leistung **zu fördern**. Bei der dienstlichen Beurteilung hat der Dienstvorgesetzte bei Ausschöpfung aller Erkenntnismöglichkeiten gerecht, unvoreingenommen und möglichst objektiv zu urteilen. Dem Beamten ist Gelegenheit zur Stellungnahme zu geben, auch dies folgt aus der allgemeinen Fürsorge- und Schutzpflicht. Der Dienstherr ist danach verpflichtet, für die **Fortbildung** des Beamten zu sorgen, soweit dies mit den notwendigen Belangen der Aufgabenerfüllung des öffentlichen Dienstes im Einklang steht.

217 Der Dienstherr hat das **Leben** und die **Gesundheit** des Beamten zu schützen. Er darf das Leistungsvermögen des Beamten nicht durch Arbeitsüberlastung überfordern. Beeinträchtigt z. B. Tabakrauch am Arbeitsplatz die Gesundheit eines Beamten, so ist der Dienstherr verpflichtet, dies im Rahmen des Möglichen zu unterbinden. Dies gilt auch schon bei einem ernsthaften Verdacht einer Gesundheitsbeeinträchtigung. Rechte anderer Beschäftigter, die am Arbeitsplatz rauchen wollen, hindern den Dienstherrn nicht am Schutz der **Gesundheit der Nichtraucher**. Welche Mittel zur Abhilfe in Betracht kommen, liegt im pflichtgemäßen Ermessen des Dienstherrn.[281] Andere berufsübliche Gefahren sind durch Schutzvorkehrungen auf ein Mindestmaß zu beschränken. Diensträume, Arbeitsplätze und Dienstgeräte müssen ordnungsgemäß beschaffen sein. Die Fürsorgepflicht umfasst auch den Schutz des Eigentums des Beamten an mitgebrachten Gegenständen, die er aus dienstlichen Gründen benötigt oder im Rahmen des Üblichen mit sich führt. Dies gilt nicht für eine private Fotoausrüstung eines Polizeibeamten auf der Wache[282], für das private Handy einer Lehrerin im Schulunterricht[283] oder für private Gemälde eines Dozenten an einer Fachhochschule für Kunst und Design.[284] Der Dienstherr hat für ausreichende Unterbringungsmöglichkeiten zu sorgen, soweit ihm dies zumutbar ist.

218 BBesG und BeamtVG konkretisieren die Fürsorgepflicht im Hinblick auf Besoldung, Versorgung und Unfallfürsorge. In außergewöhnlichen Härtefällen kann § 78 BBG

281 Vgl. BVerwG NJW 1985, 876.
282 BVerwG DÖV 1994, 615.
283 OVG Lüneburg IÖD 2005, 149.
284 BVerwGE 94, 163.

Sonderzuwendungen gebieten, falls die besoldungsrechtlichen Vorschriften unzureichend sind. Außerdienstliche Sonderbelastungen in Krankheits-, Geburts- und Todesfällen werden durch das Beihilferecht geregelt. Hier wird durch Rechtsverordnungen und Verwaltungsvorschriften die Fürsorgepflicht konkretisiert.

Dem Beamten ist Schutz vor jeder politischen Einflussnahme von außen zu gewähren, 219
die geeignet oder bestimmt ist, ihn in der pflichtgemäßen Wahrnehmung seiner dienstlichen Aufgaben zu beeinträchtigen. Die Schutzpflicht kann auch erfordern, dass der Dienstherr das ihm zustehende Strafantragsrecht ausübt. Wird ein Beamter wegen seiner dienstlichen Tätigkeit durch unwahre Presseberichte angegriffen, so hat der Dienstherr sich vor ihn zu stellen und für eine Berichtigung Sorge zu tragen. Die beamtenrechtliche Fürsorgepflicht verbietet dem Dienstherrn, den Beamten durch Kritik an seiner Amtsführung gegenüber Dritten ohne rechtfertigenden Grund bloßzustellen.[285] Der Beamte ist vor systematischen Anfeindungen und vor schikanösem Verhalten durch Kollegen und Vorgesetzten (Mobbing) zu schützen. Dies gilt auch für sexuelle Belästigungen am Arbeitsplatz.

Beamte, Ruhestandsbeamte und ihre Hinterbliebenen haben einen Erfüllungsan- 220
spruch, wenn die Nichterfüllung der Fürsorge- und Schutzpflicht ermessensfehlerhaft ist. Dabei ist ein Verschulden des Dienstherrn nicht erforderlich. Ist die Erfüllung unmöglich, so tritt an die Stelle des Erfüllungsanspruchs ein Schadensersatzanspruch. Dieser setzt ein Verschulden der für den Dienstherrn handelnden Person voraus.

III. Rechte in Bezug auf das Amt

1. Recht auf Amtsausübung

Der Beamte hat ein Recht auf Amtsausübung. Seiner Dienstleistungspflicht entspricht 221
also ein Anspruch auf Beschäftigung. Dieses Recht kann ihm nur unter den gesetzlich geregelten Voraussetzungen entzogen werden. Ein Verbot der weiteren Führung der Dienstgeschäfte ergibt sich aus § 15 S. 1 BBG bei der nichtigen oder rücknehmbaren Ernennung. Aus zwingenden dienstlichen Gründen kann die oberste Dienstbehörde gemäß § 66 BBG ein Verbot zum Führen der Dienstgeschäfte aussprechen (sog. Zwangsbeurlaubung). Zwingende dienstliche Gründe, die kein Dienstvergehen oder Verschulden voraussetzen, können sich etwa aus Presseangriffen, geistigen Störungen des Beamten oder einem bevorstehenden Disziplinarverfahren ergeben. Davon zu unterscheiden ist die vorläufige Dienstenthebung aus disziplinarrechtlichen Gründen (§§ 38 bis 40 BDG).

2. Recht auf Führung einer Amtsbezeichnung

Literatur: *Wagner*, Die angemessene Amtsbezeichnung RiA 1984, 78 ff.; *Summer*, Die Amtsbezeichnung – hergebrachter Grundsatz des Berufsbeamtentums und statusbestimmendes Regelungselement, PersV 1993, 342 ff.

285 BVerwGE 99, 56.

222 Gemäß § 86 Abs. 2 BBG hat der Beamte ein Recht darauf, innerhalb und außerhalb des Dienstes eine Amtsbezeichnung zu führen. Die Amtsbezeichnung ist die Bezeichnung des statusrechtlichen Amtes, das dem Beamten nun erstmals mit seiner Einstellung als Beamter auf Probe bzw. Beamter auf Zeit verliehen wird, § 10 Abs. 3 BBG. Beamte auf Widerruf haben kein Amt, sie tragen daher keine Amtsbezeichnung, sondern eine **Dienstbezeichnung**.[286] Von der Amtsbezeichnung zu unterscheiden ist die **Funktionsbezeichnung**, die sich auf den wahrgenommenen Dienstposten bezieht.

Beispiele: Die Bezeichnungen Bürosachbearbeiter, Sachbearbeiter, Referent, Referatsleiter oder Abteilungsleiter sind reine Funktionsbezeichnungen.

Die Amtsbezeichnung muss wirklichkeitsgerecht sein und die Bedeutung des Amtes nach Verantwortung und Schwierigkeitsgrad kennzeichnen. Der Bürger soll daran erkennen, welche Qualifikation und Kompetenz dem Beamten zukommt, dessen Amtsführung und Entscheidungen er sich gegenübersieht. Dem *Bundesverfassungsgericht* zufolge gehört die amtsangemessene Amtsbezeichnung zu den hergebrachten Grundsätzen des Berufsbeamtentums.[287] Danach muss eine Amtsbezeichnung im Rahmen des Möglichen ausweisen, wo das Amt nach der von seinem Inhaber zu fordernden Befähigung und Leistung im Gefüge der Ämter hingehört. Das Verbot einer Dienstbehörde gegenüber einem Beamten, seine tatsächliche Amtsbezeichnung zu führen oder auch nur eine Beschränkung dieses Rechts in bestimmten Situationen lässt sich mit Art. 33 Abs. 5 GG nicht vereinbaren.

223 Welche Amtsbezeichnungen der Beamte führt, ergibt sich in der Regel aus den Besoldungsgesetzen. Beamte sind berechtigt, sich selbst der Amtsbezeichnung zu bedienen z. B. auf Haustürschildern, Briefumschlägen, in amtlichen Telefonverzeichnissen oder auf Grabsteinen. Sie haben aber keinen Anspruch auf Anrede mit der Amtsbezeichnung durch Dritte. Ob der Dienstherr bei internen Verzeichnissen (z. B. einem Fernsprechverzeichnis) die Amtsbezeichnungen verwendet, liegt in seinem Ermessen.[288] Ruhestandsbeamte sind berechtigt, ihre letzte Amtsbezeichnung mit dem Zusatz „außer Dienst" (a. D.)" zu führen (§ 86 Abs. 3 BBG).

IV. Recht auf Nebentätigkeit

Literatur: *Wahlers*, Nebentätigkeit für Selbsthilfeeinrichtungen der Beamten, PersV 1984, 198 ff.; *Scheuring*, Das Nebentätigkeitsbegrenzungsgesetz, PersV 1985, 89 ff.; *Schnellenbach*, Die Neuregelung des Nebentätigkeitsrechts der Beamten, NVwZ 1985, 327 ff.; *Schwandt*, Maßnahmen zur Begrenzung der Nebentätigkeit von Beamten, ZBR 1985, 101 und 141 ff.; *Günther*, Nebenamt, ZBR 1986, 97 ff.; *Keymer/Kolbe/Braun*, Das Nebentätigkeitsrecht in Bund und Ländern, 1987; *Wagner*, Nicht genehmigungsbedürftige Nebentätigkeiten des Beamten, NVwZ 1989, 515 ff.; *Günther*, Nebentätigkeitsrecht in der Praxis, ZBR 1989, 164 ff.; *Battis*, Das Zweite Nebentätigkeitsbegrenzungsgesetz, NVwZ 1998, 24 ff.; *von Zwehl*, Nebentätigkeitsrecht im öffentlichen Dienst, 2001; *Badura*, Die Anzeigepflicht für eine schriftstellerische oder wissenschaftliche Nebentätigkeit von Beamten, ZBR 2000,

286 Weil Beamten auf Probe nun gem. § 10 Abs. 3 BBG bereits bei Begründung dieses Beamtenverhältnisses ein Amt übertragen wird, führen sie ebenfalls eine Amtsbezeichnung und zwar ohne den Zusatz z.A.
287 Vgl. BVerfGE 62, 374 (383); 64, 323 (351).
288 Strittig, so wie hier VGH Bad.-Württ. in ZBR 1976, 256.

109 ff.; *Baßlsperger*, Die Begrenzung von Nebentätigkeiten der Beamten in Bund und Ländern, 2003; *Günther*, Aspekte der Fünftelvermutung des Nebentätigkeitsrechts, ZBR 2015, 15 ff.

Die Nebentätigkeit eines Beamten ist in §§ 97 ff. BBG geregelt. Sie kann in der Wahrnehmung eines Nebenamtes (§ 97 Abs. 2 BBG) oder einer Nebenbeschäftigung (§ 97 Abs. 3 BBG) bestehen. Ein Nebenamt ist ein nicht zu einem Hauptamt gehörender Kreis von Aufgaben, der aufgrund eines öffentlich-rechtlichen Dienst- oder Amtsverhältnisses wahrgenommen wird. **224**

Beispiel: Ein Nebenamt liegt vor, wenn ein Beamter des Innenministeriums zum Mitglied der Prüfungskommission für die Laufbahnprüfung bestellt wird.

Nach § 98 BBG ist der Beamte verpflichtet, auf Verlangen seiner Dienstbehörde eine Nebentätigkeit im öffentlichen Dienst zu übernehmen. Die Tätigkeit muss der Vorbildung oder Berufsausbildung des Beamten entsprechen und darf ihn nicht über Gebühr in Anspruch nehmen. So kann ein Polizeibeamter nicht zum Dolmetschen gezwungen werden, weil er zufällig ein Dolmetscherexamen abgelegt hat.

Von der Pflicht zur Übernahme eines Nebenamtes zu trennen ist das Recht des Beamten, freiwillig eine Nebentätigkeit auszuüben. Der Unterschied zwischen nebenamtlicher Tätigkeit und Nebenbeschäftigung besteht darin, dass es sich beim Nebenamt um eine amtliche Tätigkeit handelt, bei der öffentlich-rechtliche Befugnisse und Pflichten bestehen, während die Nebenbeschäftigung eine private Tätigkeit ist, die dem Beamten selbst zugerechnet wird. Der Beamte bedarf für eine entgeltliche freiwillige Nebentätigkeit grundsätzlich einer Genehmigung gem. § 99 BBG, soweit nicht eine genehmigungsfreie Tätigkeit nach § 100 BBG vorliegt. **225**

Nicht genehmigungspflichtig ist danach z. B. die Verwaltung des eigenen Vermögens, eine schriftstellerische, wissenschaftliche, künstlerische oder Vortragstätigkeit des Beamten oder die Tätigkeit zur Wahrung von Berufsinteressen in Gewerkschaften oder Berufsverbänden oder in Selbsthilfeeinrichtungen der Beamten (z. B. dem Beamtenheimstättenwerk – BHW). Auch diese Nebentätigkeit ist zu versagen, wenn der Beamte bei ihrer Ausübung dienstliche Pflichten verletzt. Für bestimmte genehmigungsfreie Nebentätigkeiten besteht eine umfassende **Anzeigepflicht**, § 100 Abs. 2 BBG. Entgeltliche schriftstellerische, wissenschaftliche, künstlerische und Vortrags- sowie Gutachtertätigkeiten und Nebentätigkeiten in Selbsthilfeeinrichtungen müssen in jedem Einzelfall vor ihrer Aufnahme schriftlich angezeigt werden. Hierbei sind die Art, der Umfang und die voraussichtliche Höhe der Entgelte und geldwerten Vorteile mitzuteilen. **225a**

Soweit die im Gesetz in § 100 Abs. 1 BBG abschließend aufgezählten Ausnahmen nicht gelten, bedarf die Nebentätigkeit einer **schriftlichen Genehmigung** des Dienstherrn. Die beantragte Genehmigung ist zu versagen, wenn Anlass zur Sorge besteht, dass durch die Nebentätigkeit dienstliche Interessen beeinträchtigt werden, § 99 Abs. 2 Satz 1 BBG. Die Regelung enthält einen **Katalog von Versagungsgründen** nach § 99 Abs. 2 und 3 BBG. So darf die Nebentätigkeit nach Art und Umfang die Arbeitskraft des Beamten nicht so stark in Anspruch nehmen, dass die ordnungsgemäße Erfüllung seiner dienstlichen Pflichten behindert wird, § 99 Abs. 2 S. 2 Nr. 1 BBG. Diese Vorschrift wird durch § 99 Abs. 3 BBG konkretisiert: Eine Überschreitung der regelmäßigen Wochenarbeitszeit um ein Fünftel soll nicht stattfinden. Auch wenn die Einkünfte aus der **225b**

Nebentätigkeit 40 % des jährlichen Endgrundgehalts des Amtes des Beamten übersteigt, liegt regelmäßig ein Versagungsgrund vor.[289] Unter bestimmten Voraussetzungen kann die Dienstbehörde von dieser Regelung Ausnahmen zulassen.

Ein Versagungsgrund liegt gemäß § 99 Abs. 2 Satz 3 BBG in der Regel auch vor, wenn sich die Nebentätigkeit wegen gewerbsmäßiger Dienst- und Arbeitsleistung oder sonst nach Art, Umfang, Dauer oder Häufigkeit als Ausübung eines Zweitberufs darstellt.

Beispiele: Wenn ein dienstlich nicht voll ausgelasteter Beamter der Bundeswehrverwaltung eine Nebentätigkeit zum Taxifahren von 12 Stunden in der Woche beantragt, so ist die Genehmigung in diesem Umfang jedenfalls zu versagen. Die Ablehnung der Nebentätigkeit eines Inspektors der Finanzverwaltung, der gegen Entgelt als Berater in einem Lohnsteuerhilfeverein beschäftigt war, ist rechtmäßig.[290] Es besteht hier die begründete Besorgnis des Dienstherrn, dass der Beamte nicht mehr innerlich unbefangen seinen Dienstaufgaben als Steuerbeamter in der erforderlichen sachlichen Weise nachkommt.
Die Nebentätigkeit eines Oberstudienrats als Geschäftsführer einer GmbH, die ein Reisebüro bestreitet, kann im Einzelfall die Besorgnis einer Beeinträchtigung dienstlicher Interessen begründen.[291]

Die Genehmigung der Nebentätigkeit eines Beamten darf aber nicht aus Gründen, die keinen Bezug zu seiner Amtsführung haben – insbesondere nicht aus arbeitsmarktpolitischen Gründen – versagt werden.[292]

226 Die Nebentätigkeitsgenehmigung ist gem. § 99 Abs. 4 BBG auf längstens fünf Jahre zu befristen und kann mit Nebenbestimmungen wie Auflage oder Bedingung (siehe § 36 VwVfG) versehen werden. Werden die dienstlichen Interessen nach der Erteilung einer Genehmigung beeinträchtigt, muss sie widerrufen werden.

227 § 104 BBG enthält die nach Art und Umfang bestimmte Ermächtigungsgrundlage für den Erlass einer notwendigen Nebentätigkeitsverordnung.

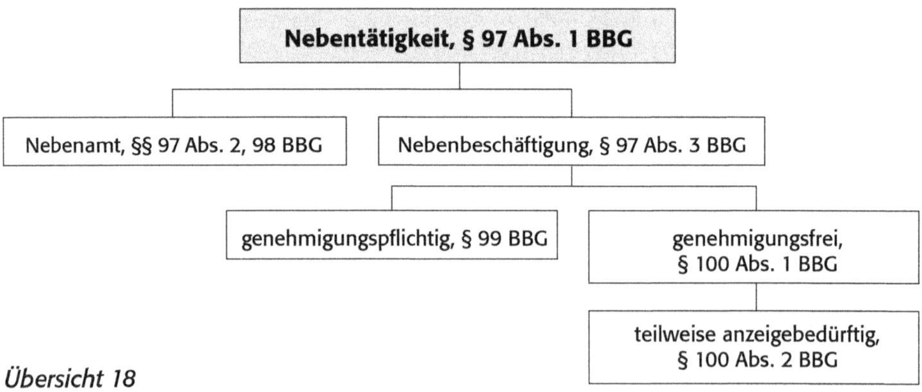

Übersicht 18

289 Auf Hochschullehrer ist § 99 Abs. 3 BBG nicht anwendbar, Deutscher Bundestag, Drucksache 16/7076, S. 58.
290 BVerwGE 60, 254 (261).
291 OVG Koblenz ZBR 1990, 185.
292 BVerwGE 84, 299.

V. Recht auf Urlaub

Urlaub ist das vom Dienstherrn genehmigte Fernbleiben vom Dienst. Wenn die Pflicht zur Dienstleistung aus sonstigen Gründen (z. B. Krankheit) entfällt, bedarf der Beamte keines Urlaubs. Man unterscheidet zwischen Erholungsurlaub, Sonderurlaub und Beurlaubung ohne Besoldung. **228**

Dem Beamten steht nach § 89 BBG alljährlich ein Erholungsurlaub unter Fortgewährung der Besoldung zu. Der Erholungsurlaub soll dazu dienen, die Arbeitskraft des Beamten aufzufrischen und zu erhalten. Die Erteilung und die Dauer des Erholungsurlaubs sind durch Rechtsverordnungen geregelt.[293] Die Urlaubsdauer richtet sich nach Lebensalter und Besoldungsgruppe. Nicht fristgerecht genommener Urlaub kann nicht durch Geld abgegolten werden, sondern verfällt. Der Beamte hat einen Anspruch auf eine bestimmte Urlaubsdauer, nicht aber auf eine bestimmte Urlaubszeit. Nach Art. 7 Abs. 2 der Richtlinie 2003/88/EG vom 4.11.2003 haben Beamte einen Anspruch auf Abgeltung des Erholungsurlaubs, den sie krankheitsbedingt bei der Beendigung des Beamtenverhältnisses nicht mehr realisieren konnten. Der Gesetzgeber hat inzwischen § 10 ErhUrlVO den Anforderungen dieser europarechtlichen Vorgaben angepasst. **228a**

Aus besonderem Anlass kann gem. § 90 Abs. 1 BBG Sonderurlaub mit oder ohne Fortgeltung der Dienstbezüge gewährt werden. Hierbei ist zu unterscheiden zwischen den Fällen, in denen Urlaub zu erteilen ist, erteilt werden soll oder kann. Die Einzelheiten ergeben sich für den Bund aus der Sonderurlaubsverordnung (SUrlV) für Bundesbeamte und Richter im Bundesdienst.[294] Mit Ausnahme der Dienstleistungspflicht bestehen für die Dauer der Beurlaubung alle Pflichten aus dem Beamtenverhältnis fort. Einer Beamtin, die für die Wahl zum Deutschen Bundestag oder zum Europäischen Parlament kandidiert, kann auf Antrag für den Zeitraum von zwei Monaten bis zum Wahltermin Urlaub ohne Besoldung gewährt werden, § 90 Abs. 2 BBG. **228b**

Gem. § 95 BBG besteht darüber hinaus die Möglichkeit, auf Antrag ohne Besoldung beurlaubt zu werden, wenn arbeitspolitische Gründe dafür sprechen und dienstliche Belange nicht entgegenstehen.

VI. Rechte in Bezug auf Personalakten

Literatur: *Streit*, Das neue Personalaktenrecht, DÖD 1992, 269 ff.; *Eckl*, Das neue Personalaktenrecht – ein Gesetz für die Praxis? BayVBl. 1993, 614 ff.; *Schnupp*, Neuregelung des Personalaktenrechts, RiA 1993, 123 ff.; *Lampert*, Der Beamte und seine Personalakte VR 2000, 410 ff.

Personalakten sind für den Dienstherrn eine wichtige Grundlage für die personelle Entscheidung und ein notwendiges Instrument der Personalverwaltung. Das Recht der Personalakten ist nun in §§ 106 ff. BBG geregelt. Über jeden Beamten ist nur **eine** Per- **229**

293 Erholungsurlaubsverordnung (EUrlV) in der Fassung vom 11.11.2004 (BGBl. I S. 2831; zu einem Sonderfall in NRW siehe *Hamdan*, Ansparen von Urlaub – eine weitgehend unbekannte Möglichkeit für nordrhein-westfälische Beamte, ZBR 2018, 301 ff.

294 SUrlV in der Fassung vom 01.06.2016 (BGBl. I S. 1284).

sonalakte zu führen Das bedeutet das Verbot der Führung einer geheimen Personalakte, § 106 Abs. 1 Satz 1 BBG. Der Zweck der Personalakten besteht darin, ein möglichst vollständiges Bild über den beruflichen Werdegang und insoweit über die Persönlichkeit des Beamten zu geben. Nach § 106 Abs. 1 Satz 3, 4 BBG gehören zur Personalakte alle Unterlagen, einschließlich der in Dateien gespeicherten, die den Beamten betreffen, soweit sie mit seinem Dienstverhältnis in einem unmittelbaren inneren Zusammenhang stehen (**Personalaktendaten**).

Beispiel: Zu dem notwendigen Personalakteninhalt zählen insbesondere: Einstellungsunterlagen, Nachweise über Vor-, Aus- und Fortbildung einschließlich Prüfungszeugnisse, Abschriften der Urkunden über die Ernennungen, Abschriften von Versetzungs-, Abordnungs- und Umsetzungsverfügungen, Unterlagen über Dienstpostenübertragung, Urlaub, Dienstjubiläen, Nebentätigkeiten, ehrenamtliche Tätigkeiten, dienstliche Beurteilungen, Auszüge aus Besetzungsberichten zu Stellenausschreibungen, soweit sie sich auf die fachliche Leistung des Beamten beziehen, Unterlagen über Besoldung, Versorgung, Mitteilungen über strafrechtliche Ermittlungsverfahren oder gerichtliche Strafverfahren gegen Beamte sowie Disziplinarvorgänge.

Der Gesetzgeber hat nun in § 106 Abs. 1 S. 2 BBG klargestellt, dass die elektronische Aktenführung zulässig ist, ohne dass darin eine (verbotene) „geheime Aktenführung" oder „doppelten Aktenführung" zu sehen wäre. Daher ist eine parallele Aktenführung (d. h. dieselben Daten sind in Papierform und daneben elektronisch vorhanden) zu vermeiden. Hybridformen sind allerdings denkbar.

Beispiel: Die Personalabteilung führt eine Papierakte mit sämtlichen Einstellungspapieren, Ernennungsurkunden und Unterlagen über die dienstliche Fortbildung, alle sonstigen Verfügungen wie Abordnung, Versetzung, Beurteilung liegen ausschließlich in der elektronischen Akte vor.

230 Keine Personalakten sind **Sachakten** wie Prüfungs-, Sicherheits- und Kindergeldakten und Unterlagen, die aus Anlass von Personalplanungen und Geschäftsverteilungen zusammengestellt werden. Soweit erforderlich, sind Auszüge, Abschriften oder Ablichtungen aus den Sachakten zur Personalakte zu nehmen. Müssen Unterlagen zur Personalakte genommen werden, die auch andere Bedienstete treffen, so sind deren personenbezogene Daten unleserlich zu machen.

231 Nach § 109 BBG ist der Beamte zu Beschwerden, Behauptungen und Wertungen, die für ihn ungünstig sind oder ihm nachteilig werden können, vor deren Aufnahme in die Personalakte zu hören, soweit die Anhörung nicht nach anderen Rechtsvorschriften erfolgt. Die Äußerung des Beamten ist zur Personalakte zu nehmen. **Das Recht der Anhörung** erstreckt sich nicht nur auf solche Vorkommnisse tatsächlicher Art, die für den Beamten gegenwärtig von Nachteil sind, sondern auch auf solche, die für ihn in Zukunft zum Nachteil werden können. Für die Einsichtnahme bedarf es keiner Genehmigung. Eine mögliche Gegenäußerung des Beamten ist zu den Personalakten zu nehmen. Dabei braucht sich der Beamte nicht damit begnügen, die Behauptungen tatsächlicher Art zu bestreiten. Er kann vielmehr auch wertend zu den Behauptungen Stellung nehmen.

232 Der Beamte hat ferner gemäß § 110 Abs. 1 BBG, auch nach Beendigung des Beamtenverhältnisses, ein **Recht auf Einsicht** in seine vollständige Personalakte. Das Einsichtsrecht bezieht sich auf die vollständigen Personalakten, gleichgültig, wo sie aufbewahrt

werden oder ob sie äußerlich als Personalakten gekennzeichnet sind. Soweit dienstliche Gründe nicht entgegenstehen, können Auszüge, Abschriften, Ablichtungen oder Ausdrucke gefertigt werden. Dem Beamten ist auf Verlangen ein Ausdruck der zu seiner Person automatisiert gespeicherten Personalaktendaten zu überlassen, § 110 Abs. 3 Satz 3 BBG. Einem Bevollmächtigten des Beamten ist Einsicht zu gewähren, soweit dienstliche Gründe nicht entgegenstehen. Dies gilt auch für Hinterbliebene, die ein berechtigtes Interesse glaubhaft machen sowie für deren Bevollmächtigte.

Personalakten dürfen nur zum Zwecke der Personalverwaltung oder Personalwirtschaft **233** verwendet werden, § 106 Abs. 3 BBG. Hiervon gibt es Ausnahmen: Der obersten Dienstbehörde oder einer im Rahmen der Dienstaufsicht weisungsbefugten Behörde dürfen sie auch ohne Zustimmung der Beamten vorgelegt werden, § 111 Abs. 1 BBG. Dies gilt insbesondere für Bewerbungen, Abordnungen, Versetzungen und Ernennungen. Ärzten, insbesondere Amtsärzten, die auf Veranlassung der personalverwaltenden Behörde ein Gutachten über den betreffenden Beamten erstellen, dürfen die für das Gutachten notwendigen Teile der Personalakte ohne Einwilligung des Betroffenen vorgelegt werden. Von Behörden eines anderen Dienstherrn dürfen die Personalakten nicht ohne Einwilligung des Beamten eingesehen werden.

Durch die Einfügung des § 111a BBG kann die Personalverwaltung nunmehr auch an- **233a** dere öffentliche oder nichtöffentliche Stellen mit der Erhebung und Verwendung von Personalaktendaten beauftragen. Der Datenschutz setzt einer solchen Aufgabenübertragung jedoch Grenzen.

Die **Entfernung von Unterlagen** aus der Personalakte ist in § 112 BBG geregelt. Da- **234** nach gilt der Grundsatz der Wahrheit der Personalakten, der aus der Fürsorgepflicht des Dienstherrn folgt. Danach ist es geboten, Unterlagen über Beschwerden, Behauptungen sowie Bewertungen, auf die die Tilgungsfristen des § 16 Abs. 3 BDG keine Anwendung finden und die sich als unbegründet oder falsch erwiesen haben, unverzüglich aus der Personalakte zu entfernen oder zu vernichten. Da es Gründe für den Beamten geben kann, derartige Vorgänge in der Personalakte zu belassen, ist seine Zustimmung vorher einzuholen (§ 112 Abs. 2 BBG). Das Gesetz sieht auch die Möglichkeit vor, sonstige für den Beamten ungünstige nachteilige Unterlagen aus den Personalakten zu entfernen. Dies gilt z. B. für negativ wirkende Tatsachen, Behauptungen, für missbilligende Äußerungen sowie Ermahnungen oder Rügen eines Vorgesetzten oder Dienstvorgesetzten. In diesen Fällen ist nach § 112 Abs. 1 Nr. 2 BBG auf Antrag des Beamten eine Entfernung nach zwei Jahren vorgesehen. Dies gilt nicht für dienstliche Beurteilungen.

VII. Recht auf gewerkschaftliche Betätigung

Die Beamten haben das Recht, sich in Gewerkschaften oder Berufsverbänden zusam- **235** menzuschließen (§ 116 BBG). Sie können ihre Gewerkschaften oder Berufsverbände mit ihrer Vertretung beauftragen. Vereinigungsfreiheit im Sinne des Art. 9 GG umfasst auch die Freiheit, sich einer Gewerkschaft oder einem Berufsverband fernzuhalten (negative Vereinigungsfreiheit). Der Dienstherr darf z. B. keine gesetzlichen oder tatsächlichen Verhältnisse schaffen, die den Beamten veranlassen könnten, sich gegen seine Überzeugung einer bestimmten Gewerkschaft anzuschließen oder darin zu bleiben. § 116 Abs. 2 BBG stellt klar, dass kein Beamter wegen Betätigung für seine Gewerkschaft oder seinen Berufsverband dienstlich gemaßregelt oder benachteiligt werden darf.

VIII. Recht auf Zeugniserteilung

236 Nach Beendigung des Beamtenverhältnisses hat der Beamte ein Recht auf Erteilung eines Dienstzeugnisses. Das Zeugnis soll dem Beamten den Anschluss an seine künftige berufliche Tätigkeit vermitteln. Es muss der Wahrheit entsprechen. Nach § 85 Satz 1 BBG kann der Beamte ein **einfaches Zeugnis** über Art und Dauer der bekleideten Ämter verlangen. Beantragt er dagegen ein **qualifiziertes Zeugnis**, so muss dies zusätzlich je nach Antrag über die ausgeübte Tätigkeit und/oder die Leistungen Auskunft geben (§ 85 Satz 2 BBG). Das Dienstzeugnis erteilt der letzte Dienstvorgesetzte. Vom Dienstzeugnis zu unterscheiden ist die dienstliche Beurteilung, die nicht im Gesetz geregelt ist und nur für innerdienstliche Zwecke vorgesehen ist (vgl. dazu ausführlich § 10, Rn. 90a).

Wiederholungsfragen

1. *Nennen Sie Anwendungsfälle für die Fürsorge- und Schutzpflicht des Dienstherrn. (Rn. 213)*
2. *Aus welchen Gründen kann das Recht auf Amtsausübung entzogen werden? (Rn. 221)*
3. *Hat der Beamte einen Anspruch auf Verwendung der Amtsbezeichnung? (Rn. 222)*
4. *Hat der Beamte einen Anspruch auf Abgeltung für nicht genommenen Erholungsurlaub? (Rn. 228a)*
5. *Welchen Inhalt hat die Personalakte? (Rn. 229)*
6. *Was kann der Beamte gegen unrichtige Eintragungen in seiner Personalakte unternehmen? (Rn. 234)*
7. *Was unterscheidet das qualifizierte vom einfachen Dienstzeugnis? (Rn. 236)*

§ 18 Die vermögenswerten Rechte

Literatur: *Clemens*, Zulagen in der Beamtenbesoldung, ZBR 1980, 269 ff.; *Summer/Rometsch*, Alimentationsprinzip gestern und heute, ZBR 1982, 1; *Summer*, Gedanken zu den „Besoldungsprivilegien", ZBR 1984, 57 ff.; *Ziegler*, Grundlagen des Besoldungsrechts der Beamten, RiA 1991, 105 ff.; *Günther*, Stärkung des Leistungsgesichtspunktes im Rahmen der Reform des öffentlichen Dienstes, VR 1997, 51 ff.; *Göser/Schlatmann*, Leistungsbezahlung in der Besoldung, 1998; *Schlatmann*, Leistungsbezahlung im öffentlichen Dienst, PersV 1999, 109 ff.; *Lorse*, Die leistungsbezogenen Bezahlungselemente des Dienstrechtsreformgesetzes, RiA 2000, 218 ff.; *Ziemske*, Alimentation und Arbeitszeit, ZBR 2001, 1 ff.; *Bredendiek*, Das Besoldungsstrukturgesetz, ZBR 2002, 406 ff.; *Meier*, Sonderzahlungsgesetze in Bund und Ländern, ZBR 2005, 408 ff.; *Kammradt*, Zur Besoldungsentwicklung in Bund und Ländern, PersR 2009, 104 ff.

I. Alimentationsprinzip

Besoldung und Versorgung beruhen nach herrschender Auffassung auf dem **Alimentationsprinzip**. Danach erhält der Beamte einen angemessenen Unterhalt für sich und seine Familie als Ausgleich dafür, dass er sich dem Dienstherrn mit seiner ganzen Persönlichkeit zur Verfügung stellt (dienen, nicht verdienen). Nach der auch vertretenen arbeitsrechtlichen Gegenleistungstheorie hat der Beamte für seine Arbeit eine Gegenleistung zu erhalten. Es darf dabei nicht übersehen werden, dass Vergütung und Unterhaltsgewährung keine Gegensätze sind. Die Verpflichtung des Dienstherrn zur Alimentation ist keine von der tatsächlichen Dienstleistung völlig unabhängige Unterhaltsgewährung. Das *Bundesverfassungsgericht* hat die Besoldungs- und Versorgungsgrundsätze näher erläutert und dabei ausgeführt: **237**

> „Der hergebrachte und zu beachtende Grundsatz des Berufsbeamtentums und des Berufsrichtertums fordert eine amtsangemessene Alimentierung; d. h. die Dienstbezüge sowie die Alters- und Hinterbliebenenversorgung sind so zu bemessen, dass sie einen je nach Dienstrang, Bedeutung und Verantwortung des Amtes und entsprechender Entwicklung der allgemeinen Verhältnisse angemessenen Lebensunterhalt gewähren. (...) Der Gesetzgeber muss auch berücksichtigen, dass heute nach allgemeiner Anschauung zu den Bedürfnissen, die der arbeitende Mensch soll befriedigen können, nicht nur die Grundbedürfnisse des Menschen nach Nahrung, Kleidung und Unterkunft, sondern im Hinblick auf den allgemeinen Lebensstandard und die allgemeinen Verbrauchs- und Lebensgewohnheiten auch ein Minimum an „Lebenskomfort" gehört. (...) Alimentation in der Wohlstandsgesellschaft bedeutet mehr als Unterhaltsgewährung in Zeiten, die für weite Kreise der Bürgerschaft durch Entbehrung und Knappheit gekennzeichnet waren. Das Alimentationsprinzip liefert einen Maßstabsbegriff, der jeweils den Zeitverhältnissen gemäß zu konkretisieren ist".[295]

Eine angemessene Mindestalimentation muss also eine Lebensführung über dem Niveau der Sozialhilfe gewährleisten. Der Beamte kann Besoldung nur nach Maßgabe des Gesetzes verlangen (Grundsatz der Gesetzesbindung der Besoldung und Versorgung). Aufgrund des Alimentationsprinzips kann der Beamte keine bestimmte Besol- **238**

295 BVerfGE 44, 249, (265 f.). BVerfGE 44, 249, (265 f.). Das Bundesverfassungsgericht hat in den letzten Jahren in zahlreichen Entscheidungen die Anforderungen an eine amtsangemessene Alimentation weiter ausgeschärft, siehe zu diesem komplexen Thema zusammenfassend *Böhm*, Die Rechtsprechung des Bundesverfassungsgerichts zur Beamtenbesoldung, ZBR 2018, 222.

dungshöhe erstreiten oder gar durch Streik erkämpfen. Dem Beamten steht die Besoldung nur nach seinem statusrechtlichen Amt zu, nicht nach der gerade ausgeübten Funktion oder Tätigkeit. Besoldung und Versorgung sind von Amts wegen im Voraus zu zahlen. Auf sie kann nicht verzichtet werden. Das Alimentationsprinzip verpflichtet den Gesetzgeber, entsprechend der Entwicklung der allgemeinen wirtschaftlichen und finanziellen Verhältnisse in der Bundesrepublik Deutschland und unter Berücksichtigung der mit den Dienstaufgaben verbundenen Verantwortung die Besoldung regelmäßig anzupassen (§ 14 Abs. 1 BBesG).

II. Recht auf Besoldung

239 Die Besoldung der Bundesbeamten richtet sich nach dem Bundesbesoldungsgesetz (BBesG). Das Recht der Gesetzgebung für diesen Bereich folgt aus Art. 73 Abs. 1 Nr. 8 GG.[296] Das Gesetz stellt den Grundsatz der **funktionsgerechten Besoldung** auf: „Die Funktionen der Beamten, Richter und Soldaten sind nach den mit ihnen verbundenen Anforderungen sachgerecht zu bewerten und Ämtern zuzuordnen“ (§ 18 Satz 1 BBesG).

240 Die Dienstbezüge der Beamten bestehen aus Grundgehalt, Leistungsbezügen für Hochschulprofessoren, Familienzuschlag, Zulagen, Vergütungen und Auslandsbesoldung.

240a Die **Grundgehälter** sind in den Besoldungsordnungen als Anlage zum BBesG geregelt. Die Besoldungsordnung A (aufsteigende Gehälter) enthält 15 Besoldungsgruppen (A 2–A 16). Das Grundgehalt in der A-Besoldung ist gem. § 27 Abs. 1 BBesG in insgesamt acht Stufen bemessen. Mit der ersten Ernennung steigt der Beamte in Stufe 1 ein, es sei denn, ihm werden Vorerfahrungszeiten nach § 28 BBesG anerkannt. Da das Besoldungsdienstalter (BDA) abgeschafft worden ist, spielt es nun weder beim Einstieg, noch beim Aufstieg in den Stufen eine Rolle mehr. Für Beamte, die bei ihrer Verbeamtung bereits lebensälter sind, ist dies besoldungsrechtlich ein klarer Nachteil im Vergleich zur früheren Rechtslage, soweit keine Anrechnungstatbestände erfüllt sind.

Beamte steigen nach bestimmten Erfahrungszeiten, in denen sie anforderungsgerechte Leistungen erbracht haben müssen, in die nächsthöhere Stufe auf. Die Stufenaufstiegsintervalle betragen zunächst zwei Jahre, dann drei und zuletzt vier Jahre. Der Stufenaufstieg ist davon abhängig, ob der Beamte bestimmte Erfahrungszeiten im Amt zurückgelegt hat. Zudem wurden die allgemeine Stellenzulage sowie die Jahressonderzahlung („Weihnachtsgeld“) in das Grundgehalt einberechnet. Dazu wurden der Monatsbetrag um 2,5 % erhöht, die Stellenzulage bis BesGr A 13 einberechnet und die Grundgehälter bis A 8 um einen Festbetrag in Höhe von 10,42 € erhöht. Die Überleitung der Beamtinnen und Beamten in das neue Besoldungssystem ist ab 2009 nach dem BesÜG erfolgt.

296 Die Länder regeln die Besoldung der Landesbeamten selbst, siehe Art. 74 Abs. 1 Nr. 27 GG.

Bundesbesoldungsordnung A – Grundgehaltstabelle
(gültig ab 1. März 2018)

BesGR	Stufe1	Stufe 2	Stufe 3	Stufe 4	Stufe 5	Stufe 6	Stufe 7	Stufe 8
A 2	2127,35	2174,74	2223,41	2259,88	2297,58	2335,28	2372,96	2410,66
A 3	2208,82	2258,66	2308,51	2348,65	2388,77	2428,89	2469,03	2509,15
A 4	2255,04	2314,60	2374,18	2421,60	2469,03	2516,45	2563,86	2607,65
A 5	2272,03	2346,20	2405,77	2464,17	2522,54	2582,13	2640,48	2697,63
A 6	2320,67	2407,03	2494,55	2561,43	2630,75	2697,63	2771,80	2836,25
A 7	2436,20	2512,81	2613,76	2717,08	2818,01	2920,16	2996,77	3073,37
A 8	2577,25	2669,68	2799,77	2931,12	3062,42	3153,62	3246,04	3337,24
A 9	2781,52	2872,73	3016,23	3162,14	3305,60	3403,13	3504,60	3603,54
A 10	2977,30	3102,54	3283,74	3465,74	3651,17	3780,14	3909,13	4038,18
A 11	3403,13	3594,76	3785,15	3976,78	4108,29	4239,81	4371,33	4502,87
A 12	3648,64	3875,34	4103,30	4329,99	4487,82	4643,12	4799,69	4958,77
A 13	4278,65	4491,58	4703,24	4916,18	5062,73	5210,53	5357,06	5501,10
A 14	4400,14	4674,43	4950,00	5224,29	5413,41	5603,82	5792,94	5983,34
A 15	5378,35	5626,37	5815,48	6004,63	6193,77	6381,64	6569,52	6756,13
A 16	5933,22	6221,33	6439,25	6657,19	6873,89	7093,09	7311,02	7526,46

Bei dauerhaft erheblich über dem Durchschnitt liegenden Leistungen kann die nächsthöhere Stufe nach Ablauf der Hälfte eines Intervall-Zeitraums festgesetzt werden (Leistungsstufe gem. § 27 Abs. 7 BBesG). Der leistungsstarke Beamte erreicht dann die nächsthöhere Stufe um den entsprechenden Zeitraum früher. Bei unterdurchschnittlichen Leistungen verbleibt der Beamte dagegen länger bei seiner Grundgehaltsstufe, § 27 Abs. 5 BBesG.

Die Besoldungsordnung B für leitende Beamte (B 1–B 11) sieht feste Gehälter vor. Besondere Besoldungsordnungen gelten für Hochschullehrer (W 1–W 3) sowie für Richter und Staatsanwälte (R 1–R 10).

Der **Familienzuschlag** (§§ 39 ff. BBesG) richtet sich nach der Besoldungsgruppe und der Stufe, die den Familienverhältnissen des Beamten entsprechen. Bei den **Zulagen** (§§ 42 ff. BBesG)lassen sich Amtszulagen (z. B. Erster Staatsanwalt), die unwiderruflich und ruhegehaltsfähig sind, unterscheiden von den Stellenzulagen (z. B. die Ministerialzulage), die widerruflich und nur in gesetzlich bestimmten Fällen ruhegehaltsfähig sind. Zur Steigerung der Motivation der Mitarbeiter im öffentlichen Dienst wurden 1997 Leistungszulagen und Leistungsprämien eingeführt. Die Zahlung einer Leistungszulage ist verbunden mit einer positiven Leistungsprognose. Die Leistungsprämie kann für eine bereits erbrachte besondere Leistung gewährt werden. **Vergütungen** werden für Mehrarbeit gewährt, soweit die Mehrarbeit nicht durch Dienstbe- 240b freiung ausgeglichen wird. Dies gilt nicht uneingeschränkt. Nach § 48 Abs. 1 S. 2 BBesG darf die Vergütung nur in Bereichen vorgesehen werden, in denen nach Art der Dienstverrichtung eine Mehrarbeit messbar ist.

241 Zu den **sonstigen Bezügen** zählen die Anwärterbezüge, die Sonderzahlungen und vermögenswirksame Leistungen, § 1 Abs. 3 BBesG. Darüber hinaus sind das Kindergeld und Jubiläumszuwendungen zu erwähnen. Die **Auslandsbesoldung** wurde in §§ 52 ff. BBesG umfassend reformiert.[297]

242 Die Dienstbezüge werden von Amts wegen monatlich im Voraus gezahlt. Der Beamte erhält darüber eine schriftliche Mitteilung, die keinen Verwaltungsakt darstellt. Bei Entscheidungen über die Einstufung oder den Stufenaufstieg handelt es sich jedoch um Verwaltungsakte im Sinne des § 35 S. 1 VwVfG.

243 Die Rückforderung ohne Rechtsgrund gezahlter Bezüge ist in § 12 BBesG geregelt. Erfolgt die Überzahlung deshalb, weil die Besoldung durch Gesetz rückwirkend verschlechtert worden ist, so sind die zu viel gezahlten Beträge nicht zu erstatten, § 12 Abs. 1 BBesG. Sind Überzahlungen auf andere Gründe zurückzuführen (z. B. Rechenfehler), so richtet sich die Rückforderung nach § 12 Abs. 2 BBesG i. V. m. den Vorschriften des BGB über die ungerechtfertigte Bereicherung. Der Beamte, dem zu hohe Bezüge ausbezahlt worden sind, muss diese herausgeben. Die Verpflichtung zur Herausgabe ist nach § 818 Abs. 3 BGB ausgeschlossen, wenn der Beamte nicht mehr bereichert ist, weil er das Geld für aus dem üblichen Lebensrahmen fallende Dinge verbraucht hat. Hat er hingegen die überzahlten Beträge für Dinge des täglichen Lebens verbraucht oder vermögensmehrend angelegt, ist er weiterhin bereichert, so dass die Rückforderung nicht ausgeschlossen ist.[298]

244 Nach der Rechtsprechung des *Bundesverfassungsgerichts* ist das Besoldungs- und Versorgungssystem in seinem Kernbestand verfassungsrechtlich garantiert, dagegen kann der Gesetzgeber, wie bereits mehrfach geschehen, in den Randzonen (z. B. 13. Monatsgehalt, Urlaubsgeld) Kürzungen oder Streichungen vornehmen.[299]

III. Recht auf Versorgung

Literatur: *Dietrich/Streeck*, Kindererziehungszeiten und Beamtenversorgung, RiA 1989, 197 ff.; *Sartorius*, Beamtenversorgung und demographische Entwicklung, ZTR 1990, 190 ff.; *Murmann*, Grundlagen des Beamtenversorgungsrechts, RiA 1991, 231; *Strötz*, Beamtenversorgungsreform 1992, ZBR 1991, 230 ff.; *Fleig*, Sportliche Betätigung von Beamten und Dienstunfallschutz, ZBR 1993, 142 ff.; *Fieberg*, Das Versorgungsreformgesetz 1998, ZTR 1998, 289 ff.; *Meier*, Das Versorgungsgesetz 1998 – Die gesetzgeberische Umsetzung des Versorgungsberichts der Bundesregierung, NVwZ 1998, 1246 ff.; *Merten*, Aktuelle Probleme des Beamtenversorgungsrechts, NVwZ 1999, 809 ff.; *Strötz/Städler/Wilhelm*, Versorgungsänderungsgesetz 2001, ZBR 2002, 149; *Lümmen/Grunefeld*, Das Versorgungsänderungsgesetz 2001, ZTR 2002, 210 und 264; *Minz*, Praxis-Handbuch Beamtenversorgungsrecht, 2005; *Lümmen*, Gesundheitsreformen und Entwicklung des Beihilfesystems des Bundes, RiA 2008, 164 ff. und 209 ff.

297 Die Neuregelung der Auslandsbesoldung ist teilweise am 1. Juli 2010 in Kraft getreten.
298 Siehe dazu *Monhemius*, Rn. 290.
299 Vgl. BVerfG DÖD 1980, 32.

Zu dem Alimentationsprinzip gehört auch die Versorgung, durch die der angemessene Lebensunterhalt des Beamten, seiner Familienangehörigen und Hinterbliebenen gesichert werden soll. Die Versorgung ist Teil der Gesamtleistung des Dienstherrn für eine Gesamtlebensdienstleistung des Beamten. Der Gesetzgeber verfügt allerdings über einen weiten Spielraum, innerhalb dessen er die Versorgung der Beamten im Detail regeln kann. Die Beamtenversorgung ist durch das Beamtenversorgungsgesetz (BeamtVG) geregelt und durch Art. 4 DNeuG novelliert worden. Versorgungsempfänger sind die Ruhestandsbeamten, die früheren Beamten (entlassene Beamte), die Hinterbliebenen und die geschiedene Ehefrau des Beamten. **245**

Wesentlicher Bestandteil der Versorgung ist das **Ruhegehalt**. Anspruch auf Ruhegehalt haben Beamte, die in den Ruhestand getreten sind oder versetzt wurden. Das Ruhegehalt kann bis zum Höchstsatz von 71,75 % steigen. Das Pensionseintrittsalter wird stufenweise auf 67 Jahre ab dem Jahr 2012 angehoben. Ab einer Dienstzeit von insgesamt 45 Jahren erfolgt der Eintritt in den Ruhestand ab dem 65. Lebensjahr abschlagsfrei. Die Antragsaltersgrenze verbleibt bei 63 Jahren. Hier erhöht sich der Versorgungsabschlag jedoch auf maximal 14,4 %. Ein Ruhegehalt wird nur gewährt, wenn der Beamte eine Dienstzeit von mindestens 5 Jahren (Wartezeit) abgeleistet hat. In § 49 Abs. 10 BeamtVG wurde nun ein Anspruch auf Versorgungsauskunft eingeführt. In bestimmten Fällen wie z. B. bei einem Beamten auf Lebenszeit, der vor Ableistung einer fünfjährigen Dienstzeit wegen Dienstunfähigkeit oder Erreichen der Altersgrenze entlassen wird, kann ein **Unterhaltsbeitrag** bis zur Höhe des Ruhegehalts gewährt werden. Zur **Hinterbliebenenversorgung** gehören z. B. Bezüge für den Sterbemonat, Sterbegeld, Witwer- bzw. Witwengeld, Witwenabfindung in Falle einer erneuten Heirat der Witwe, Waisengeld sowie Unterhaltsbeiträge für die geschiedene Ehefrau des verstorbenen Beamten. Wird ein Beamter durch einen Dienstunfall verletzt, so erhalten er und seine Hinterbliebenen **Unfallfürsorgeleistungen**. **246**

IV. Sonstige geldwerte Rechte

1. Reisekosten

Kosten für eine Dienstreise werden dem Beamten gem. § 81 BBG vergütet. Allein aus der Fürsorgepflicht des Dienstherrn folgt bereits die Verpflichtung, den Beamten für die durch eine Dienstreise verursachten notwendigen Mehraufwendungen zu entschädigen. In § 81 Abs. 2 BBG findet sich eine Ermächtigungsgrundlage zum Erlass einer Rechtsverordnung der Bundesregierung zur Regelung des Reisekostenrechts. Durch die Verlagerung der Regelungskompetenzen auf den Verordnungsgeber erhofft sich der Gesetzgeber flexiblere Handhabung des Reisekostenrechts.[300] **247**

Als Dienstreise gelten Reisen zur Erledigung von Dienstgeschäften außerhalb des Dienstortes, die von der zuständigen Behörde schriftlich angeordnet oder genehmigt werden. Der Dienstort ist diejenige Gemeinde, in der die Behörde, bei der der Beamte

300 Deutscher Bundestag, Drucksache 16/7076, S. 50.

beschäftigt ist, ihren Sitz hat. Für eine Dienstreise erhält der Beamte die Erstattung der Fahrt- und Flugkosten, Wegstreckenentschädigung, Tage- und Übernachtungsgelder sowie Familienheimfahrten. Das Tagegeld erhält der Dienstreisende für die Mehrausgaben an Verpflegung, die durch die Dienstreise verursacht werden. Mit dem Übernachtungsgeld werden die Auslagen für die Unterkunft ohne Frühstück abgedeckt. Der Grundsatz der Wirtschaftlichkeit und Sparsamkeit der Verwaltung ist bei den Reisekosten zu beachten.

2. Umzugskosten und Trennungsgeld § 82 f. BBG

248a Die **Umzugskostenvergütung** soll den Beamten für den durch den Umzug verursachten notwendigen Mehraufwand entschädigen. Sie dient dazu, Versetzungen und Umsetzungen im dienstlichen Interesse zu erleichtern. Eine Umzugskostenvergütung wird gewährt, wenn sie schriftlich zugesagt worden ist. Gem. § 82 Abs. 2 BBG wird die Bundesregierung ermächtigt, die Einzelheiten durch Rechtsverordnung zu regeln. Die Regelungen durch das Bundesumzugskostengesetz (BUKG) werden mit der vorgesehenen Neuregelung des Umzugskostenrechts obsolet. Auch hier wird die Begründung der Zuständigkeit des Verordnungsgebers mit der größeren Flexibilität begründet.[301]

248b In bestimmten Fällen erhält der Beamte **Trennungsgeld**. Dies wird grundsätzlich nur dann gewährt, wenn – wie im Falle einer Versetzung, Abordnung, Zuweisung oder Verlegung der Beschäftigungsbehörde – der neue Dienstort ein anderer als der bisherige ist. Mit dem Trennungsgeld werden dem Beamten die notwendigen Auslagen abgegolten, die ihm durch die getrennte Haushaltsführung entstehen. Der Trennungsgeldberechtigte erhält für die ersten 14 Tage Trennungsreisegeld, danach Trennungstagegeld. Dieses ist in der Höhe von der jeweiligen Reisekostenstufe und der Frage abhängig, ob der Beamte in häuslicher Gemeinschaft lebt und einen eigenen Hausstand hat. Auf Grundlage des § 83 Abs. 3 BBG ist die Trennungsgeldverordnung (TGV) ergangen.[302] Hier sind die Einzelheiten der Ansprüche auf diese Leistung geregelt.

3. Beihilfen

249 Die Gewährung von Beihilfen in Krankheits-, Geburts- und Todesfällen beruht, wie auch Umzugs- und Reisekosten sowie das Trennungsgeld, auf einer formell-gesetzlichen Grundlage in § 80 BBG. Das *Bundesverwaltungsgericht* hatte in einer Entscheidung gerügt, dass es bislang an einer solchen Grundlage fehlte.[303] Die Gewährung von Beihilfe sei eine wesentliche Entscheidung über die Leistungen an Beamte bei Krankheit und Pflegebedürftigkeit, die der Gesetzgeber selbst regeln müsse. Gem. § 80 Abs. 4 BBG werden die Einzelheiten der Beihilfegewährung durch Rechtsverordnung, die Bundesbeihilfeverordnung (BBhV), geregelt.

---

301 Deutscher Bundestag, Drucksache 16/7076, S. 51.
302 Deutscher Bundestag, Drucksache 16/7076, S. 52.
303 BVerwGE 121, 140 (144).

Die Beihilfe ergänzt die Eigenvorsorge, die der Beamte aus den laufenden Bezügen zu bestreiten hat. Von der allgemeinen Krankenversicherungspflicht ist er nach den sozialversicherungsrechtlichen Bestimmungen befreit. Beihilfeberechtigt sind Beamte sowie deren Witwen und Waisen, solange ihnen laufende Bezüge zustehen. Die Beihilfen sollen nur außerdienstliche Sonderbelastungen mindern und ergänzen die Bezüge. Der Dienstherr hat im Rahmen seiner Fürsorgepflicht einen weiten Spielraum über Umfang sowie Art und Weise der Beihilfe. Beihilfefähig sind nur diejenigen Aufwendungen der beihilfeberechtigten Personen (und ihrer berücksichtigungsfähigen Angehörigen), die dem Grund nach notwendig und der Höhe nach angemessen sind. Das gegenwärtige System der Beihilfengewährung, das sich im Wesentlichen nach dem Zweiten Weltkrieg herausgebildet hat, gehört nicht zu den hergebrachten Grundsätzen des Berufsbeamtentums.[304]

Wiederholungsfragen

1. *Was ist unter dem Alimentationsprinzip zu verstehen? (Rn. 237)*
2. *Was versteht das BVerfG unter einer „amtsangemessenen Alimentierung"? (Rn. 238)*
3. *Hat der Beamte einen Anspruch auf eine bestimmte Besoldungshöhe? (Rn. 238)*
4. *Aus welchen Teilen bestehen die Dienstbezüge des Beamten? (Rn. 240)*
5. *Welche Bezüge gehören zur Hinterbliebenenversorgung? (Rn. 246)*

Hinweis auf Anhang II – Fälle mit Lösung zum dritten Teil des Lehrbuchs

Fall 11 – Zur falschen Zeit am falschen Ort (Rn. A 23)
Fall 12 – Alkohol am frühen Morgen (Rn. A 24)
Fall 13 – Freie Radikale (Rn. A 25)
Fall 14 – Der eitle E (Rn. A 26)
Fall 15 – Rockender Rubel (Rn. A 27)
Fall 16 – Soz.VerwDipl. (Rn. A 28)
Fall 17 – Recht auf Unterricht(sbedingungen)? (Rn. A 29)

304 BVerfGE 58, 68 (76).

Vierter Teil

Rechtsschutz im Beamtenverhältnis

§ 19 Verwaltungsakte und innerdienstliche Maßnahmen

Weiterführende Literatur: *Battis*, Änderung des Aufgabenbereiches eines Beamten durch Organisationsverfügung kein Verwaltungsakt? NVwZ 1981, 87 ff.; *Erichsen/Martens*, Allgemeines Verwaltungsrecht, 2002 § 12 II 5; *Giemulla/Jaworsky/Müller-Uri*, Verwaltungsrecht, 2004, Rn. 221 ff.; *Maurer*, Allgemeines Verwaltungsrecht, 2004, § 9; *Püttner*, Grund- und Betriebsverhältnis, DVBl. 1987, 190 ff.; *Rogosch*, Der Beamte im Amtsbereich, im Dienstbereich und im Privatbereich, DÖD 1996, 81 ff.

I. Abgrenzung

250 Der Verwaltungsakt ist ein zentraler Begriff des allgemeinen Verwaltungsrechts, dem auch im Beamtenrecht eine wichtige Bedeutung zukommt. Dies gilt z. B. für Fragen der Wirksamkeit (vgl. § 43 VwVfG), der Heilung von Verwaltungsakten (§ 45 VwVfG), für die Zulässigkeit von Nebenbestimmungen (§ 36 VwVfG) und vor allem für den Rechtsschutz. Zwar hängt der Rechtsschutz heute nicht mehr davon ab, ob die streitige Maßnahme einen Verwaltungsakt darstellt oder nicht (vgl. die verwaltungsgerichtliche Generalklausel des § 40 Abs. 1 VwGO). Die Verwaltungsaktqualität der Maßnahme des Dienstherrn ist jedoch entscheidend für die Widerspruchsfrist des § 70 VwGO, die aufschiebende Wirkung des Widerspruchs und der Anfechtungsklage nach § 80 Abs. 1 VwGO (Suspensiveffekt), für den vorläufigen Rechtsschutz gemäß § 80 Abs. 5 VwGO und für die richtige Klageart. Die Unterscheidung zwischen Verwaltungsakt und innerdienstlicher Maßnahme ist in Grenzfällen schwierig und im Einzelnen umstritten.

251 Ausgangspunkt für die Abgrenzung ist § 35 Satz 1 VwVfG. Danach muss es sich um eine Regelung handeln, die **auf unmittelbare Rechtswirkung nach außen gerichtet** ist. Damit werden verwaltungsinterne Maßnahmen, die sich nur innerhalb der Organisation eines Trägers der öffentlichen Verwaltung bewegen, ausgeschlossen. Hier wird der Beamte nur als **Amtsträger** allein in seiner Eigenschaft **als Glied der Verwaltungsorganisation** betroffen. Durch die innerdienstliche Weisung wird lediglich seine Folgepflicht konkretisiert. Als Hilfsmittel zur Abgrenzung zum Verwaltungsakt ist häufig, nicht immer, folgende Überlegung nützlich: Eine Anordnung ist eine **behördeninterne Maßnahme**, wenn sie ihrem objektiven Sinngehalt nach auch für den Urlaubsvertreter, den Vertreter im Amt oder für den Nachfolger gelten würde. Die Qualifizierung einer Maßnahme des Dienstherrn als behördeninterne Organisationsverfügung ist unabhängig davon, ob sie im Einzelfall tatsächlich Rechte des betroffenen Beamten beeinträchtigt.[305] Für die Abgrenzung kann es zudem hilfreich sein, zwischen Anordnungen von Dienst- und (Fach-)vorgesetzten zu unterscheiden: Bei den meisten innerbehördlichen Maßnahmen ohne Außenwirkung handelt es sich um Anordnungen

305 BVerwGE 60, 144 ff.

des (Fach-)Vorgesetzten im Sinne des § 3 Abs. 3 BBG, die der Beamte im Rahmen der Folgepflicht des § 62 Abs. 1 Satz 1 BBG auszuführen hat. Deren Grenzen ergeben sich aus § 63 Abs. 2 BBG (Remonstrationspflicht).

Eine Maßnahme kann den Beamten aber nicht nur als (austauschbares) Glied der Verwaltung treffen, sondern auch als **Träger eigener Rechte und Pflichten**. In diesen Fällen ist die Anordnung des Dienstherrn auf unmittelbare Setzung einer Rechtsfolge **nach außen gerichtet**, es handelt sich um einen Verwaltungsakt. Der Beamte ist hier als selbständige Rechtsperson angesprochen, er steht insofern gleichsam außerhalb des Verwaltungsbereichs. Dies ist bei allen Entscheidungen der Fall, die in die persönliche Rechtssphäre des Beamten gestaltend eingreifen. Hierzu zählen nicht nur Hoheitsakte, die den Bestand des Beamtenverhältnisses als solches betreffen (Begründung, Veränderung oder Beendigung), sondern auch die, durch die das Beamtenverhältnis in sonstiger Weise verändert oder näher bestimmt wird. **252**

Vor der Geltung des § 35 VwVfG hatte die Lehre innerhalb von „besonderen Gewaltverhältnissen" die Abgrenzung zwischen Innen- und Außenwirkung nach dem Grund- und Betriebsverhältnis vorgenommen. Dem Grundverhältnis wurden die Maßnahmen zugeordnet, durch die das „besondere Gewaltverhältnis" begründet (z. B. Ernennung eines Beamten), inhaltlich verändert, beendet oder durch welche die Rechtsstellung des Gewaltunterworfenen nicht unwesentlich berührt wird. Das Betriebsverhältnis bezog sich auf Anordnungen innerhalb der Behörde, die den Ablauf der Dienstgeschäfte betreffen (z. B. Regelung der Mittagspause). Nur Maßnahmen im Rahmen der Grundverhältnisse wurden als Verwaltungsakte qualifiziert. Diese auch heute noch vielfach verbreitete Lehre erscheint für das Verständnis weiter hilfreich, obgleich sie letztlich die Definitionsmerkmale des § 35 VwVfG nur anders umschreibt. **253**

Nach der hier vertretenen Auffassung sind folgende Maßnahmen des Dienstherrn gegenüber dem Beamten als **behördenintern** zu werten: **254**

- Weisung, die Dienstzeit einzuhalten.
- Dienstzeitregelung an den Karnevalstagen.
- Weisung, die „Stechuhr" zur Kontrolle der Arbeitszeit zu bedienen.
- Weisung, einen gefertigten Entwurf zu ändern.
- Weisung, eine bestimmte Akte vorrangig zu bearbeiten.
- Weisung, alle dienstlichen Schreiben mit einem Aktenzeichen zu versehen.
- Weisung, im Winter beim Verlassen des Zimmers die Fenster zu schließen.
- Rauchverbot in Dienstzimmern.
- Weisung, an einer Dienstbesprechung (nicht) teilzunehmen.
- Regelung der Vertretung der Beamten in der Behörde.
- Entscheidung, das Verfahren nach § 44 BBG fortzusetzen.[306]
- Entzug eines Behördenparkplatzes.
- Änderung des Aktenplanes.
- Zuweisung von Aufgaben.

306 BVerwG DVBl.1992, 98.

- Änderung des Aufgabenbereichs eines Beamten durch Organisationsverfügung.[307]
- Umsetzung.
- Einweisung in die Planstelle.
- Dienstliche Beurteilung.[308]
- Dienstpostenbewertung.
- Besoldungsmitteilung.

255 Dagegen sind folgende Maßnahmen als **Verwaltungsakte** anzusehen.[309]

- Alle Ernennungen (vier Fälle nach § 10 Abs. 1 BBG).
- Rücknahme der Ernennung gem. § 14 BBG.
- Mitteilung an den abgelehnten Bewerber um ein Beförderungsamt.[310]
- Versetzung und Abordnung, §§ 27 f. BBG.
- Übertragung eines höherwertigen Dienstpostens.
- Verlängerung der Probezeit, § 11 Abs. 1 BBG i. V. m. §§ 28 Abs. 5, 30 Abs. 1 BLV.
- Entlassung, §§ 30 ff. BBG.
- Versetzung in den Ruhestand wegen Dienstunfähigkeit, §§ 44 ff. BBG.
- Verbot der Führung der Dienstgeschäfte nach § 66 BBG.
- Genehmigung oder Versagung einer Nebentätigkeit, §§ 99 ff. BBG.
- Anordnung, Dienstkleidung zu tragen, § 74 BBG.
- Anordnung, sich nach § 48 BBG auf Weisung der Behörde ärztlich untersuchen zu lassen.[311]
- Verbot gegenüber einem Lehrer, im Unterricht eine „Anti-Atom-Plakette" zu tragen, Eingriff in das Grundrecht auf Meinungsäußerungsfreiheit gem. Art. 5 Abs. 1 S. 1 GG.[312]
- Ablehnung des beantragten Urlaubs, § 89 BBG.
- Festsetzung einer Grundgehaltsstufe und einer Leistungsstufe.
- Entscheidung über Reisekosten, Umzugskosten, Trennungsentschädigung, Beihilfe, §§ 80 ff. BBG.
- Anerkennung eines Unfalls als Dienstunfall, § 31 BeamtVG.
- Rückforderung von Dienstbezügen, § 12 BBesG.
- Einverständnis des aufnehmenden Dienstherrn (§ 28 Abs. 5 BBG) bei einer Versetzung.
- Zusicherung, einen Beamten einzustellen oder zu befördern, § 38 VwVfG.
- Zusage der Umzugskostenvergütung, § 82 BBG.[313]

307 BVerwG DVBl. 1981, 495; BVerwG DÖD 1996, 34.
308 Grundlegende Entscheidungen: BVerwGE 28, 191 ff.; 49, 351 ff.
309 Sie bedürfen regelmäßig einer gesetzlichen Grundlage, Art. 20 Abs. 3 GG.
310 BVerwG DÖV 1989, 164.
311 OVG Lüneburg DVBl. 1990, 882
312 VG Berlin NJW 1979, 2629.
313 OVG NW 1987, 251.

II. Einzelfälle

1. Die Umsetzung

Die Umsetzung eines Beamten ist **kein Verwaltungsakt.**[314] Denn sie ist lediglich die Zuweisung eines anderen Dienstpostens innerhalb derselben Beschäftigungsbehörde. Sie gehört ihrem objektiven Sinngehalt nach zu den Anordnungen, die die dienstliche Verrichtung eines Beamten betreffen. Dabei kommt es nicht darauf an, ob die Umsetzung im Einzelfall tatsächlich die Rechte des betroffenen Beamten beeinträchtigt etwa durch Entzug von Leitungsfunktionen. Diese vom Dienstherrn nicht unmittelbar bezweckten Begleitwirkungen treten zurück, wenn das beabsichtigte Ziel der Anordnung auf den räumlich-organisatorischen Bereich der Verwaltung beschränkt ist. Jede Weisung gegenüber einem Beamten erzeugt eine Rechtswirkung, weil er aufgrund der Folgepflicht an sie gebunden ist. Ob aber eine Maßnahme unmittelbare Außenwirkung hat, hängt davon ab, ob sie ihrem objektiven Sinngehalt nach dazu bestimmt ist, Außenwirkung zu entfalten, nicht aber davon, wie sie sich im Einzelfall tatsächlich auswirkt. Die Verneinung der Verwaltungsaktqualität einer Umsetzung schmälert jedoch nicht den Rechtsschutz des betroffenen Beamten. Eine gerichtliche Überprüfung dieser Maßnahme ist im Wege der allgemeinen Leistungsklage gewährleistet.[315] 256

2. Die Übertragung eines höherwertigen Dienstpostens

Streitig ist, wie die Übertragung eines höherwertigen Dienstpostens einzuordnen ist, die im Gegensatz zu der Beförderung an dem Amt im statusrechtlichen Sinne nichts ändert. In Anlehnung an das Urteil des *Bundesverwaltungsgerichts* zur Umsetzung wird teilweise angenommen, hier handele es sich um eine bloße innerbehördliche Maßnahme.[316] Wenn diese Übertragung des höherwertigen Dienstpostens aufgrund einer Auswahlentscheidung des Dienstherrn getroffen wird, so legt sich der Dienstherr fest, welchem der Bewerber der Vorrang gebührt. Die Ausleseentscheidung soll unmittelbar bewirken, dass zugunsten eines Bewerbers positiv und zu Lasten der anderen negativ votiert wird. Die Auswahlentscheidung ist damit auf eine unmittelbare Rechtsfolge nach außen gerichtet und als Verwaltungsakt einzustufen.[317] 257

3. Die dienstliche Beurteilung

Die dienstliche Beurteilung eines Beamten stellt nach der Rechtsprechung keinen Verwaltungsakt dar.[318] Sie beansprucht keine Rechtsverbindlichkeit, es wird keine unmittelbare Rechtsfolge gesetzt, mag die Beurteilung faktisch die Entscheidung des Dienstherrn über Beförderungen auch entscheidend beeinflussen. Stellt der Beamte dagegen einen Antrag auf Beseitigung oder Änderung der dienstlichen Beurteilung, so soll die 258

---

314 BVerwGE 60, 144 ff.
315 *Schnellenbach/Bodanowitz*, § 4, Rn. 68.
316 Vgl. VGH Kassel, NVwZ 1982, 638; *Günther*, DÖD 1984, 161 ff.
317 Ebenso wie hier OVG Lüneburg, DVBl. 1985, 1245; *Britz*, DÖV 1982, 231 ff.
318 BVerwGE 28, 191 (192); 49, 351 (353).

Entscheidung der Behörde über den Antrag einen Verwaltungsakt darstellen, weil die Behörde sich nunmehr rechtsverbindlich festlegen will. Man kann schwerlich behaupten, dass diese Rechtsprechung sich durch Rechtsklarheit auszeichnet.[319] Zumal diese Konstruktion auch denkbar überflüssig ist, weil gem. § 126 Abs. 2 BBG in beamtenrechtlichen Streitigkeiten der Widerspruch auch gegen Nicht-Verwaltungsakte statthaft ist.

4. Dienstpostenbewertung

259 Die Dienstpostenbewertung besteht zunächst in der Beschreibung der Funktionen, die dem jeweiligen Inhaber des Dienstpostens obliegen. Danach sind die Funktionen im Einzelnen zu bewerten, wobei am Ende der Dienstposten in das Wertgefüge einer Besoldungsordnung eingruppiert wird, um einen Vergleich von Arbeitsplätzen zu ermöglichen. Die Bewertung eines Dienstpostens ist kein Verwaltungsakt, denn es fehlt an der unmittelbaren Außenwirkung.[320] Eine mittelbare rechtliche Außenwirkung etwa durch die Beförderung der Inhaber höher bewerteter Dienstposten reicht nicht aus. Außerdem wird allein der Dienstposten nicht aber der Dienstposteninhaber bewertet. Es fehlt an der Wirkung auf die subjektive Rechtsstellung des Beamten.[321]

5. Einstellungs- und Beförderungszusicherungen

260 Die Zusicherung bedeutet nach § 38 VwVfG die Zusage, einen bestimmten Verwaltungsakt später zu erlassen. Im Beamtenrecht kommt insbesondere die Einstellungs- und Beförderungszusicherung in Betracht. Im Gegensatz zu dem bloßen In-Aussicht-Stellen verlangt die Zusicherung einen Bindungswillen des Dienstherrn. Die Zusicherung muss schriftlich erfolgen und von der zuständigen Behörde erteilt sein (§ 38 Abs. 1 S. 1 VwVfG). Nach der heute überwiegend vertretenen Auffassung sind Zusicherungen Verwaltungsakte, für die jedoch einige besondere Grundsätze gelten.[322] Im Zusammenhang mit der Einstellung oder Beförderung ist die Rechtmäßigkeit einer Zusage besonders kritisch zu prüfen.[323] Denn häufig findet hier zunächst eine Auswahlentscheidung statt, die sich an der Eignung, Befähigung und Leistung der Kandidaten orientieren muss. Im Vorfeld einer solchen Auswahlentscheidung wird eine Zusicherung von Einstellung und Beförderung daher regelmäßig nicht in Betracht kommen. Denn sie würde die zu treffende Entscheidung in rechtswidriger Weise vorweg nehmen.

Aber auch eine solche rechtswidrige Zusicherung kann ausnahmsweise verbindlich sein.[324] Dies setzt zunächst voraus, dass der Adressat der Zusage auf ihre Einhaltung

319 Vgl. *Günther* ZBR 1981, 77.
320 BVerwGE 36, 192 (195); siehe zum Thema Dienstpostenbewertung umfassend: *Schönrock*, Dienstpostenbewertung in Recht und Praxis, ZBR 2015, 238 ff.
321 So BVerwGE 36, 218 (220).
322 Siehe *Günther*, ZBR 1982, 193 ff.
323 Siehe dazu eingehend GKÖD, § 5, Rn. 22 ff., der auf das hohe rechtliche Risiko im Zusammenhang mit einer rechtswidrigen Zusicherung hinweist.
324 *Detterbeck*, Rn. 523.

vertraut hat. Dies dürfte bei der Zusicherung einer Einstellung oder Beförderung in der Regel der Fall sein. Weiterhin müssten aber bei der Abwägung von Vertrauensschutz des Beamten und öffentlichem Interesse an der Nichtbeachtung der erteilten Zusicherung die Interessen des betroffenen Beamten überwiegen. Diese Voraussetzung wird nur in ganz extremen Ausnahmefällen zu bejahen sein. Die Individualinteressen des Beamten müssen hier in der Regel zurück stehen.

Wiederholungsfragen

1. *Ist die Aussage: „Kein Verwaltungsakt, also kein Rechtsschutz" so richtig? (Rn. 256 f.)*
2. *Wann ist die Anordnung des Dienstherrn gegenüber dem Beamten ein Verwaltungsakt? (Rn. 251 f.)*
3. *Ist die dienstliche Beurteilung ein Verwaltungsakt? (Rn. 258)*
5. *Wie ist die Bewertung eines Dienstpostens rechtlich einzuordnen? (Rn. 257)*

§ 20 Der Rechtsschutz

Weiterführende Literatur: *Günther*, Vom Stand des Streits um die Konkurrentenklage, ZBR 1983, 45 ff.; *Lässig*, Rechtsschutz gegen Leistungsbewertungen in beamtenrechtlichen Ausbildungsverhältnissen, DÖV 1983, 876 ff.; *Günther*, Konkurrentenstreit um Beförderungsdienstposten, DÖD 1984, 161 ff.; *Wind*, Zum Rechtsschutz im Beamtenverhältnis, ZBR 1984, 167 ff.; *Müller*, Die Konkurrentenklage im Beamtenrecht, JuS 1985, 275 ff.; *Allgaier*, Zur Diskussion um die beamtenrechtliche Konkurrentenklage, ZBR 1985, 298 ff.; *Fehn/Opfergelt*, Rechtsschutz des abgewiesenen Bewerbers im Beamtenrecht, JURA 1985, 639 ff.; *Günther*, Einstweiliger Rechtsschutz im Vorfeld der Beförderung, NVwZ 1986, 697 ff.; *Wörz*, Konkurrentenklage bei „Dienstpostenkonkurrenz", ZBR 1988, 16 ff.; *Bracher*, Vorläufiger Rechtsschutz im Streit um Beförderungsplanstellen und Beförderungsdienstposten, ZBR 1989, 139 ff.; *Schnellenbach*, Konkurrentenrechtsschutz bei Stellenbesetzung im öffentlichen Dienst, DÖD 1990, 153 ff.; *Günther*, Konkurrentenstreit und kein Ende? ZBR 1990, 284 ff.; *Ronellenfitsch*, Der vorläufige Rechtsschutz im beamtenrechtlichen Konkurrentenstreit, Verw.Arch. 1991, 121 ff.; *Wittkowski*, Die Konkurrentenklage im Beamtenrecht, NJW 1993, 817 ff.; *Wittkowsky*, Ansätze zur Lösung praktischer Probleme bei beamtenrechtlichen Konkurrentenanträgen, NVwZ 1995, 345 ff.; *Schnellenbach*, Rechtsschutz beim Einsatz der neuen leistungsbezogenen Besoldungsinstrumente, ZBR 1999, 53 ff.; *Schöbener*, Verwaltungsgerichtlicher Rechtsschutz in beamtenrechtlichen Konkurrenzsituationen, BayVBl.2001, S. 321; *Lemhöfer*, Rechtsschutz im Beförderungsstreit: Systematik und Praxistauglichkeit, ZBR 2003, 14; *Bürger*, Konkurrentenklage bei der Konkurrenz über Beförderungsdienstposten, ZBR 2003, 207 ff.; *Lorse*, Der Einfluss der verwaltungsgerichtlichen Rechtsprechung auf die Entwicklung eines modernen Personalmanagements, DÖD 2003, 249 ff.; *Lemhöfer*, Zugang zu öffentlichen Ämtern und Gestaltungsfreiheit des Dienstherrn, RiA 2004,1 ff.; *Tegethoff*, Zulässigkeit und Erforderlichkeit der beamtenrechtlichen Konkurrentenklage, ZBR 2004, 341 ff.; *Wernsmann*, Die beamtenrechtliche Konkurrentenklage, DVBl. 2005, 276 ff.; *Nokiel*, Rechtsschutz im Beamtenverhältnis der Bundesbeamtinnen und Bundesbeamten, RiA 2008, 16 ff. und 66 ff.; *Günther*, Verfahrenssicherung im beamtenrechtlichen Konkurrentenstreit – Neues vom BVerfG zu Anforderungen an den Dienstherrn, RiA 2008, S. 1 ff.; *Laubinger*, Konkurrentenklage im öffentlichen Dienst – eine unendliche Geschichte (Teil 1 und 2), ZBR 2010, 289 ff., 332 ff.; *von Roetteken*, Konkurrenzschutz im Beamtenrecht nach dem Urteil des BVerwG v. 4.11.2010 – 2 C 16.09, ZBR 2011, 73 ff.

261 Auch der Beamte muss nach rechtsstaatlichen Grundsätzen (Art. 19 Abs. 4 GG) die Möglichkeit zu einem effektiven Rechtsschutz haben. Er kann daher zur Durchsetzung seiner **persönlichen Interessen** (z. B. angemessene Beurteilung, Abordnung zu Fortbildungszwecken) außergerichtliche und gerichtliche Rechtsbehelfe einsetzen. Dagegen kann er **rein dienstliche Belange** (z. B. wirtschaftlichere Arbeitsweise seiner Behörde) nur mit außergerichtlichen formlosen Rechtsbehelfen verfolgen, weil diese nicht die Verletzung persönlicher Rechte des Beamten verlangen. Fachliche **Anweisungen** finden ihre Grenzen dagegen im Remonstrationsrecht des § 63 Abs. 2 BBG.

I. Außergerichtliche Rechtsbehelfe

262 Nach § 125 Abs. 1 BBG hat der Beamte das Recht, dienstliche **Anträge** und **Beschwerden** bis zur obersten Dienstbehörde vorzubringen. Während Anträge darauf abzielen, den Dienstherrn zu einer Maßnahme zu veranlassen (z. B. Teilnahme an einer Fortbildungsveranstaltung), richten sich Beschwerden gegen bereits getroffene Anordnungen (z. B. gegen eine Änderung des Aufgabenbereichs). Die beamtenrechtliche Beschwerde zählt zu den formlosen Rechtsbehelfen, sie ist also weder an eine Form noch an eine Frist gebunden. Sie kann auch von dem nicht persönlich Betroffenen erhoben werden, wiederholt und neben förmlichen Rechtsbehelfen eingelegt werden. Sie kann sich gegen jede Art des Verwaltungshandelns (z. B. gegen Realakte) wenden und hat **keine aufschiebende Wirkung**. Allerdings muss der Beamte bei der Beschwerdeerhebung den Dienstweg einhalten. Eingaben sind daher über den Vorgesetzten, nächsthöheren und weiteren Vorgesetzten vorzulegen. Bei Beschwerden über den unmittelbaren Vorgesetzten darf dieser übersprungen werden, § 125 Abs. 2 BBG. Anträge und Beschwerden des Beamten müssen sachbezogen sein. Sie dürfen nicht herabsetzend oder beleidigend sein, weil der Beamte sonst seine Pflicht zu achtungs- und vertrauenswürdigem Verhalten (§ 61 Abs. 1 Satz 3 BBG) verletzt.

Folgende weitere Rechtsbehelfe sind denkbar:

Die **Gegenvorstellung** richtet sich an die Stelle, die über den beanstandeten Vorgang **263**
entschieden hat und strebt die Aufhebung, Änderung oder den Erlass einer Maßnahme an. Die **Fachaufsichtsbeschwerde** wendet sich an die übergeordnete Behörde. Mit ihr verfolgt der Beschwerdeführer die sachliche Überprüfung der angegriffenen Entscheidung der nachgeordneten Behörden. Dagegen spricht man von einer **Dienstaufsichtsbeschwerde**, wenn das persönliche Verhalten eines Bediensteten gerügt wird und eine dienstrechtliche Maßnahme des Dienstvorgesetzten verlangt wird.

Daneben haben Beamte das allgemeine **Petitionsrecht** nach Art. 17 GG, das für sie, **264**
anders als für den Soldaten (Art. 17a GG), nicht eingeschränkt ist. Dabei brauchen sie in außerdienstlichen Angelegenheiten bei Eingaben an den Petitionsausschuss den Dienstweg nicht einzuhalten. Bei dienstlichen Angelegenheiten ist dies strittig. Auch bei der Petition haben Beamte nur einen Anspruch auf Erledigung.

Beamte können Anregungen und Beschwerden bei dem **Personalrat** einreichen (§ 68 **265**
Abs. 1 Nr. 3 BPersVG). Dieser hat die Eingabe entgegenzunehmen und, soweit sie berechtigt erscheint, durch Verhandlungen mit der Dienststellenleitung auf ihre Abstellung hinzuwirken.

Sie können sich auch an den **Bundesbeauftragen für den Datenschutz** wenden, **266**
wenn sie der Ansicht sind, bei der Bearbeitung seiner personenbezogenen Daten von Behörden oder sonstigen öffentlichen Stellen des Bundes in ihren Rechten verletzt worden zu sein.

Als förmlicher außergerichtlicher Rechtsbehelf besteht außerdem die Möglichkeit **267**
Widerspruch gegen eine Maßnahme des Dienstherrn zu erheben. Im Vergleich zum allgemeinen Verwaltungs- bzw. Verwaltungsprozessrecht gelten hierzu im Beamtenrecht einige Besonderheiten (siehe hierzu das Aufbauschema im Anhang I, Rn. A 1 ff.).

Ob eine Eingabe als formlose Beschwerde oder als Widerspruch gemeint ist, muss ggf. **268**
durch Auslegung oder Rückfrage geklärt werden. Die Eingabe muss ein bestimmtes Verlangen (z. B. Bitte, Antrag, Anregung) enthalten. Die zuständigen Stellen sind verpflichtet, Anträge und Beschwerden entgegenzunehmen, binnen angemessener Zeit zu prüfen und zu bescheiden. Der Beamte ist über die Art der Erledigung zu unterrichten, hat aber keinen Anspruch auf die inhaltliche Erledigung seines Antrags.[325]

325 Vgl. BVerfGE 2, 225 (230).

II. Gerichtliche Rechtsbehelfe

Sind die außergerichtlichen Möglichkeiten ausgeschöpft, muss auch für Beamte der Rechtsweg eröffnet sein, um die Rechtmäßigkeit von Maßnahmen überprüfen zu können. Fraglich ist, in welchen Fällen und unter welchen Voraussetzungen sie die Gerichte mit der Klärung beamtenrechtlicher Sachverhalte befassen dürfen.

1. Verwaltungsrechtsweg

269 Nach § 126 Abs. 1 BBG ist für alle Klagen aus dem Beamtenverhältnis der Verwaltungsrechtsweg gegeben.[326] Das sind alle Streitigkeiten, in denen der Beamte geltend macht in seinen Rechten beeinträchtigt zu sein. Die Aufzählung des Personenkreises, den § 126 Abs. 1 BBG erfasst (Beamte, Ruhestandsbeamte, frühere Beamte, Hinterbliebene und neuerdings den Dienstherrn) ist nicht erschöpfend. Bei weiter Auslegung der Norm können auch Klagen von Bewerbern auf Erfüllung eines Einstellungsanspruches oder auf Schadensersatz wegen Nichterfüllung einer Einstellungszusage in Betracht kommen.[327] Für Klagen aus der Abwicklung eines nichtigen Beamtenverhältnisses (sog. faktisches öffentlich-rechtliches Dienstverhältnis) gilt § 126 Abs. 1 BBG entsprechend.

270 Ausnahmsweise ist der Zivilrechtsweg eröffnet für Klagen des Beamten gegen den Dienstherrn auf Schadensersatz wegen Amtspflichtverletzung (Art. 34 GG i. V. m. § 839 BGB) und für Regressansprüche des Dienstherrn wegen Fremdschäden (Art. 34 Satz 3 GG).

271 Die Zulässigkeit der Klage bestimmt sich nach den Vorschriften der VwGO. Die Gerichte gewähren Rechtsschutz nur im Rahmen bestimmter Klage- bzw. Antragsarten. Die wichtigsten Klagearten sind die Anfechtungs-, die Verpflichtungs-, die allgemeine Leistungs- und die Feststellungsklage. Die Klage ist gegen den Dienstherrn, nicht gegen die Behörde zu richten.

2. Vorverfahren

272 Vor allen Klagen des Beamten ist gemäß § 126 Abs. 2 BBG die Durchführung eines Vorverfahrens vorgeschrieben, das mit der Erhebung des Widerspruchs beginnt. Das bedeutet, dass abweichend von § 68 VwGO in Beamtenstreitigkeiten **immer ein Vorverfahren** statthaft ist, also auch, wenn sich Beamte nicht gegen einen Verwaltungsakt wenden. Der Sinn und Zweck dieser Vorschrift liegt letztlich in dem besonderen Dienst- und Treueverhältnis zwischen Dienstherrn und Beamten sowie dem Lebenszeitprinzip. Aufgrund der in der Regel dauerhaften Bindung beider Seiten und der gegenseitigen Treue- bzw. Fürsorgepflichten müssen im Konfliktfall andere Regelungen gelten, als sonst im Verwaltungsrecht üblich. Der Dienstherr soll in jedem Fall die Möglichkeit einer behördeninternen Überprüfung von Entscheidungen haben. Erst da-

326 Es handelt sich hier um eine sog. „aufdrängende Spezialzuweisung" zu den Verwaltungsgerichten, die der Generalklausel des § 40 Abs. 1 VwGO vorgeht.
327 Siehe dazu Kopp/Schenke, VwGO, § 40, Rn. 75 m. w. N.

nach soll der Beamte den Rechtsweg beschreiten können. Hätte der Gesetzgeber auf die Regelung des § 126 BBG verzichtet, würde § 68 Abs. 1 VwGO gelten, der das Vorverfahren nur gegen Verwaltungsakte vorsieht. Der Beamte müsste demnach gegen Nicht-Verwaltungsakte unmittelbar mit der Klage vorgehen. Dies würde der besonderen Interessenlage der Beteiligten im Beamtenrecht nicht gerecht. Gegen fachliche Anweisungen besteht allerdings kein Widerspruchsrecht. Bedenken hingegen muss der Beamte im Wege der Remonstration (§ 63 BBG) vorbringen.

Die **aufschiebende Wirkung** des Widerspruchs nach § 80 Abs. 1 VwGO tritt nur ein, wenn die Maßnahme des Dienstherrn als Verwaltungsakt einzuordnen ist (sog. Anfechtungswiderspruch). Dies gilt nach § 126 Abs. 4 BBG nicht bei Versetzungen und Abordnungen.[328] Hier bleibt aber die Möglichkeit, einen Antrag an das Gericht der Hauptsache (in der Regel das Verwaltungsgericht) auf Anordnung der aufschiebenden Wirkung nach § 80 Abs. 5 VwGO zu stellen.

Im Gegensatz zu § 68 Abs. 1 Satz 2 Nr. 1 VwGO bedarf es eines Vorverfahrens auch **273** dann, wenn der angefochtene Verwaltungsakt von der **obersten Dienstbehörde** erlassen worden ist (§ 126 Abs. 2 S. 2 BBG). **Widerspruchsbehörde** ist abweichend von § 73 Abs. 1 Satz 2 Nr. 2 VwGO grundsätzlich die oberste Dienstbehörde (§ 126 Abs. 3 BBG). Sie kann jedoch die Entscheidungsbefugnis auf andere Behörden übertragen, wenn sie nicht selbst den Verwaltungsakt erlassen hat. Von dieser Delegationsermächtigung durch allgemeine Anordnung ist im großen Umfang Gebrauch gemacht worden.

Soweit der Widerspruch erfolglos geblieben ist, hat der Widerspruchsführer gemäß **274** § 80 Abs. 1 Satz 3 VwVfG die zur zweckentsprechenden Rechtsverfolgung oder Rechtsverteidigung notwendigen Aufwendungen der Behörde zu erstatten. Diese Erstattungspflicht gilt jedoch im Beamtenverhältnis nicht (§ 80 Abs. 1 Satz 3 Nr. VwVfG). Diese Ausnahmeregelung trägt dem Gedanken der Fürsorgepflicht des Dienstherrn Rechnung. Der Beamte hat jedoch bei erfolglosem Widerspruch seine eigene Kosten, etwa die für einen Anwalt, zu tragen.

Ein Schema für die Zulässigkeit und Begründetheit eines Widerspruchs in beamtenrechtlichen Streitigkeiten findet sich im Anhang I (siehe Rn. A 1 ff.).

3. Die verschiedenen Klagearten

Welche Klageart im Einzelfall in Betracht kommt richtet sich nach dem Rechtscharakter der angegriffenen oder begehrten Maßnahme.[329] In die Vorüberlegungen ist aber immer auch einzubeziehen, welche Klagebegehr der Beamte verfolgt: Was will er erreichen? Hier sind ganz unterschiedliche Konstellationen denkbar:

- Der Beamte richtet sich gegen einen ihn belastenden Verwaltungsakt, den er für rechtswidrig hält. Er will seine Aufhebung erreichen (Anfechtungsklage).

328 Diese Vorschrift ist eine bundesgesetzliche Regelung im Sinne des § 80 Abs. 2 Nr. 3 VwGO.
329 Siehe zum Klagesystem der VwGO *Giemulla* in: Giemulla/Jaworsky/Müller-Uri, Rn. 806.

- Die Beamtin begehrt den Erlass eines begünstigenden Verwaltungsakts, der bisher nicht erlassen bzw. versagt wurde. Oder es wurde ein Verwaltungsakt nicht in dem beantragten Umfang erteilt (Verpflichtungsklage).
- Der Beamte geht gegen eine Maßnahme vor, die keinen Verwaltungsakt darstellt oder begehrt eine solche Maßnahme (allgemeine Leistungsklage).
- Der Beamtin geht es um die Feststellung, ob ein Rechtsverhältnis zwischen ihr und dem Dienstherrn besteht oder nicht (Feststellungsklage).
- Nach Erhebung der Anfechtungsklage erledigt sich der angegriffene Verwaltungsakt. Der Beamte begehrt nun die Feststellung, dass der Verwaltungsakt rechtswidrig war (Fortsetzungsfeststellungsklage).

a) Anfechtungsklage

275 Mit der Anfechtungsklage wird gemäß § 42 Abs. 1 VwGO die Aufhebung eines belastenden Verwaltungsaktes begehrt. Sie ist daher nur statthaft, wenn sie einen **Verwaltungsakt** zum Gegenstand hat.

> **Beispiele:** Klage gegen eine Versetzung oder Abordnung (§§ 27, 28 BBG); gegen die Anordnung, eine Nebentätigkeit auszuüben (§ 98 BBG); gegen die Entlassung nach §§ 32, 34 oder 37 BBG.

Weitere Voraussetzungen für die Zulässigkeit der Anfechtungsklage ist die **Klagebefugnis** nach § 42 Abs. 2 VwGO. Diese ist regelmäßig für den Adressaten eines belastenden Verwaltungsaktes gegeben. Problematisch ist die Feststellung der Klagebefugnis, wenn der Verwaltungsakt gleichzeitig Wirkung gegenüber Dritten zeigt, wie etwa bei einer Auswahlentscheidung, die den ausgewählten Bewerber begünstigt und die übrigen benachteiligt. Man könnte hier von einem „mehrgesichtigen" Verwaltungsakt sprechen. Es geht um die Frage, ob sich ein übergangener Mitbewerber um die Stelle gegen die Ernennung des Konkurrenten mit Rechtsbehelfen wehren darf (sog. **Konkurrentenklage** – siehe dazu unter Rn. 280).

275a Die Anfechtungsklage ist gem. § 113 Abs. 1 VwGO begründet, soweit der angegriffene Verwaltungsakt rechtswidrig und der Kläger dadurch in seinen subjektiven Rechten verletzt ist. In diesem Fall hebt das Gericht den streitbefangenen Verwaltungsakt (in der Fassung des Widerspruchsbescheids) auf.

275b Anfechtungsklage und Anfechtungswiderspruch gegen die Abordnung und die Versetzung haben gemäß § 126 Abs. 4 BBG keine aufschiebende Wirkung. In den anderen Fällen tritt der Suspensiveffekt ein, sofern nicht nach § 80 Abs. 2 Nr. 4 VwGO die sofortige Vollziehung angeordnet wird. Gegen diese Anordnung kann sich der Beamte gerichtlich mit dem Antrag auf Wiederherstellung der aufschiebenden Wirkung wehren (§ 80 Abs. 5 VwGO).

b) Die Verpflichtungsklage

276 Die Verpflichtungsklage (§ 42 Abs. 2 VwGO) ist entweder auf die Verurteilung zum Erlass eines abgelehnten Verwaltungsaktes (**Versagungsgegenklage**) oder eines unterlassenen Verwaltungsaktes (**Untätigkeitsklage, § 75 VwGO**) gerichtet. Begehrt werden kann nur der **Erlass eines Verwaltungsaktes**, nicht eine sonstige Amtshandlung. Die Versagungsgegenklage ist nicht nur bei der vollumfänglichen Ablehnung des Erlasses zu erheben. Sie ist auch dann richtige Klageart, wenn der Dienstherr zwar einen (begünstigenden) Verwaltungsakt erlassen hat, dieser aber die begehrte Begünstigung nicht in vollem Umfang einräumt. Mit einer Anfechtungsklage wäre dem Kläger hier nicht geholfen, denn dann wäre der Verwaltungsakt insgesamt aus der Welt. Der Kläger begehrt hier einen anderen Verwaltungsakt, deshalb muss er die Verpflichtungsklage erheben.[330]

Beispiele: Klage gegen Ablehnung von Beihilfe, Reisekosten, Umzugskosten oder Trennungsgeld, §§ 80 ff. BBG; gegen die Versagung einer beantragten Versetzung, § 28 BBG.
Der Beamte hat eine Nebentätigkeit beantragt, die nicht im beantragten Umfang erteilt wurde (nur für 5 Stunden anstatt für 10 Stunden in der Woche). Hier: Klage auf Erteilung der beantragten Genehmigung. Gegen den Widerruf der Genehmigung oder gegen eine mit der Genehmigung verbundenen Auflage oder Bedingung gem. § 99 Abs. 4 BBG ist die Anfechtungsklage die richtige Klageart.

Auch die Verpflichtungsklage ist nur zulässig, wenn die **Klagebefugnis** gem. § 42 Abs. 2 VwGO vorliegt. **276a**

Die Begründetheit der Klage richtet sich nach § 113 Abs. 5 VwGO. Auch hier kommt es auf die Rechtswidrigkeit der Ablehnung oder Unterlassung des Verwaltungsakts an und auf die dadurch entstandene Rechtsverletzung des Klägers. **276b**

Vorläufiger Rechtsschutz kann durch Antrag auf Erlass einer einstweiligen Anordnung nach § 123 VwGO erreicht werden.

c) Allgemeine Leistungs- und Unterlassungsklage

Die allgemeine Leistungs- und Unterlassungsklage ist in der VwGO nicht ausdrücklich geregelt. Ihre Existenz zur Gewährleistung eines umfassenden Rechtsschutzes (Art. 19 Abs. 4 GG) wird aber in §§ 43 Abs. 2 S. 1, 11 S. 2 und 113 Abs. 4 VwGO vorausgesetzt.[331] Sie ist zulässig, wenn der Beamte in anderer Weise als durch den Erlass bzw. die Unterlassung eines Verwaltungsaktes in seinen Rechten beeinträchtigt wird. Gegenstand der Klage sind vor allem schlicht hoheitliche Verwaltungshandlungen wie etwa Auskunfts- oder Zahlungsansprüche. Der Kläger begehrt ein Handeln, Dulden oder Unterlassen des Staates oder wendet sich dagegen. **277**

Beispiele: Klage des Beamten auf Schadensersatz wegen Verletzung der Fürsorgepflicht; Geltendmachung eines Zahlungsanspruchs; Einsichtnahme in die Personalakten; andere Bewertung eines Dienstpostens; Vorgehen gegen eine Umsetzung, Aufhebung eines behördeninternen Rauchverbotes im Dienstzimmer.

Zur Zulässigkeit der allgemeinen Leistungsklage gehört gem. § 42 Abs. 2 VwGO analog die Klagebefugnis. Der Beamte muss die mögliche Verletzung subjektiver Rechte geltend machen. **277a**

---

330 Etwas anderes gilt dann, wenn der Beamte sich lediglich gegen eine isoliert anfechtbare Nebenbestimmung gem. § 36 VwVfG wenden will. Hier kann im Einzelfall auch die Anfechtungsklage zum Ziel führen.

331 *Brühl*, S. 278.

277b Die Klage ist begründet, wenn der geltend gemachte Anspruch auf das schlichte Handeln, Dulden oder Unterlassen des Dienstherrn tatsächlich besteht. Ein solcher Anspruch kann sich aus Gesetz, Verwaltungsvertrag oder einem Verwaltungsakt ergeben. Diese Anspruchsgrundlagen müssen wirksam sein, dürfen selbst also nicht gegen höherrangiges Recht verstoßen.

277c Der vorläufige Rechtsschutz richtet sich nach § 123 VwGO. Geht der Beamte gegen eine Umsetzung vor, muss er gem. § 126 Abs. 2 BBG zunächst ein Vorverfahren durchführen. Der Widerspruch des Beamten hat gem. § 80 Abs. 1 VwGO keine aufschiebende Wirkung, weil diese Vorschrift einen Verwaltungsakt voraussetzt, den die Umsetzung nicht darstellt. Zu demselben Ergebnis führt auch ein „Erst-Recht-Schluss" aus § 126 Abs. 4 BBG: Denn wenn bereits der Widerspruch gegen Abordnung und Versetzung keine aufschiebende Wirkung hat, dann erst recht nicht gegen die Umsetzung. Dass die Umsetzung in § 126 Abs. 4 BBG keine ausdrückliche Erwähnung findet, ändert an dieser Einschätzung nichts. Aus systematischen Gründen ist dies nur folgerichtig. Die Umsetzung hat keine gesetzliche Grundlage, weil es sich dabei nicht um einen Verwaltungsakt handelt, sondern um eine Maßnahme, die zur Weisungshoheit des Dienstherrn gehört.

d) Feststellungsklage

278 Mit der Feststellung kann der Beamte – neben der Feststellung der Nichtigkeit eines Verwaltungsaktes – das **Bestehen oder Nichtbestehen eines Rechtsverhältnisses** begehren (§ 43 Abs. 1 VwGO). Diese Klage setzt ein berechtigtes Interesse an der alsbaldigen Feststellung voraus. Berechtigtes Interesse ist jedes vernünftigerweise anzuerkennende schutzwürdige Interesse rechtlicher, wirtschaftlicher oder ideeller Art. Im Beamtenrecht kämen z. B. Klage auf Feststellung des Bestehens eines Beamtenverhältnisses, des Vorliegens eines Dienstunfalls oder der Berechtigung zum Führen einer Amtsbezeichnung in Frage.

Beispiele: Der Dienstherr teilt dem Beamten gem. § 31 Abs. 2 BBG mit, dass der Beamte kraft Gesetzes aus dem Beamtenverhältnis entlassen ist; dem Beamten wird mitgeteilt, dass die Ernennung zur Begründung seine Beamtenverhältnisses gem. § 13 Abs. 1 BBG nichtig ist. Der Beamte kann in beiden Fällen Feststellungsklage erheben, um zu klären, ob ein Beamtenverhältnis besteht oder nicht.

278a Die Feststellungsklage ist begründet, wenn das behauptete Rechtsverhältnis (im Beamtenrecht das Beamtenverhältnis) besteht bzw. nicht besteht oder ein Verwaltungsakt nichtig ist.

e) Fortsetzungsfeststellungsklage

279 Die typische Situation dieser nach § 113 Abs. 1 Satz 2 VwGO zugelassenen Fortsetzungsfeststellungsklage liegt vor, wenn sich nach Erhebung aber noch vor Entscheidung einer zulässigen Anfechtungs- und Verpflichtungsklage der umstrittene Verwaltungsakt durch Zurücknahme oder auf andere Weise erledigt.

Beispiel: Ein Beamter klagt auf Beförderung mit Hilfe einer Verpflichtungsklage, weil er für das Beförderungsamt die beste Qualifikation aller Bewerber hat. Die Stelle wird endgültig durch einen Mitbewerber besetzt, so dass die Beförderung im Wege der Verpflichtungsklage nach der

Rechtsprechung nicht mehr durchgesetzt werden kann. Hier kommt ggf. eine Fortsetzungsfeststellungsklage in Betracht, wenn der Kläger die Geltendmachung eines Schadensersatzanspruches vorbereiten will.

Das Gesetz fordert auch hier ein Fortsetzungsfeststellungsinteresse. Dieses wird z. B. bei Wiederholungsgefahr oder zur Vorbereitung eines Amtshaftungsanspruches bejaht.

Exkurs: Die sog. beamtenrechtliche Konkurrentenklage

Mit der beamtenrechtlichen Konkurrentenklage ist keine weitere in der VwGO vorgesehene Klageart gemeint. **280** Es handelt sich vielmehr um eine im Beamtenrecht häufig auftretende Konfliktsituation und deren verwaltungsprozessuale Behandlung. Sie betrifft einerseits die Bewerber um ein Beförderungsamt oder einen höherwertigen Dienstposten. Andererseits kann auch ein Streit zwischen Konkurrenten um die Einstellung in den öffentlichen Dienst entstehen. Regelmäßig muss der Dienstherr in allen genannten Fallkonstellationen eine Auswahlentscheidung zwischen mehreren Bewerbern treffen. Diese soll sich an den Kriterien Eignung, Befähigung und fachlicher Leistung orientieren. Jedenfalls kann am Ende nur ein Bewerber erfolgreich aus dem Verfahren hervorgehen. Für die erfolglosen Bewerber stellt sich die Frage, ob und in welchem Umfang sie die Rechtmäßigkeit der getroffenen Entscheidung gerichtlich überprüfen lassen können. Zu dieser sehr kontrovers diskutierten Frage werden verschiedene Auffassungen vertreten.

Die Rechtsprechung[332] und Teile der Literatur[333] halten die Konkurrentenklage im Be- **281** amtenrecht **nach wirksamer Ernennung** des Mitbewerbers wegen fehlender Klagebefugnis für grundsätzlich unzulässig. Eine wirksame Ernennung könne aufgrund des Grundsatzes der Ämterstabilität nur in den gesetzlich geregelten Fällen (vgl. §§ 13 f. BBG) rückgängig gemacht werden. Das Gesetz enthalte einen „numerus clausus" von Rücknahmegründen. Auswahlfehler im Ernennungsverfahren zählten nicht dazu. Dafür spräche auch das Interesse an der Funktionsfähigkeit der Verwaltung, zu der auch die Stabilität einmal erfolgter Ernennungen gehöre. Danach kann der Kläger mit der Behauptung, die Ernennung sei nicht dem Leistungsgrundsatz entsprechend erfolgt, an der getroffenen Entscheidung nichts mehr ändern.[334]

Eine in der Literatur stark vertretene Meinung[335] bejaht dagegen nicht nur den Ernen- **282** nungsanspruch des (übergangenen) Bestgeeigneten, sondern auch seine Durchsetzbarkeit zum Nachteil eines bereits ernannten schlechter qualifizierten Bewerbers. Die Begründung der Klagebefugnis wird aus Art. 33 Abs. 2 GG abgeleitet. Das Leistungsprinzip diene nicht nur ausschließlich dem Interesse des Staates, sondern schütze

---

332 Vgl. VG Berlin ZBR 1983, 100 (103); Bay VGH ZBR 1983, 123; VGH Mannheim NVwZ 1983, 41; Hess VGH DÖD 1985, 158; BVerwG ZBR 1989, 281; BVerfG NJW 1990, 501, BVerfG DVBl 2003, 1524 – anders jedoch VG Hannover DVBl 77, 584 und neuerdings BVerwGE 115, 89, 91.

333 *Günther*, ZBR 1983, 45 ff. und DÖD 1984, 161 ff.; *Wittkowski* NJW 1993, 817.; *Kernbach*, S. 216.

334 Siehe zur Entwicklung BVerfG RiA 2008, 26 ff., dazu *Günther*, RiA 2008, S. 1 ff.

335 Z. B. *von Mutius*, Verw.Arch. 1978, 103 ff.; *Schmidt-Kammler*, DÖV 1980, 285; *Finkelnburg* DVBl 1980, 809; *Solte* NJW 1980, 1027; *Remmel*, RiA 1982, 1 ff., 21 ff.; *Lecheler* DÖV 1983, 953 ff., *Müller* JuS 1985, 275 ff.; *Allgaier* ZBR 1985, 298 ff., ausführlich *Wichmann/Langer*, Rn. 313 ff.

auch den Bewerber vor einer Benachteiligung aus unsachlichen Gründen. Die Verfassungsgarantie des Art. 19 Abs. 4 GG verlange auch die Durchsetzbarkeit des Anspruches auf Erfüllung, nicht nur auf Schadensersatz. §§ 13 f. BBG schließen eine Aufhebung durch die Verwaltung, nicht aber durch das Gericht nach § 113 Abs. 1 VwGO aus. Im Interesse einer wirksamen Rechtskontrolle von Ernennungen müsse auch bei der Ernennung von Beamten eine zeitweilige Ungewissheit, wie bei jedem Rechtsstreit, hingenommen werden.

283 Für die Praxis ist weiterhin von der grundsätzlichen Ablehnung der Konkurrentenklage auszugehen. Nach einer erfolgten Ernennung kann diese, selbst wenn sie rechtswidrig erfolgt ist, nur im Rahmen der §§ 13 ff. BBG rückgängig gemacht werden.

Nach der Rechtsprechung des BVerwG gibt es von diesem weiterhin geltenden Grundsatz jedoch eine Ausnahme: den Fall der sog. „Rechtsschutzverhinderung", siehe dazu ausführlich oben, Rn. 123a.

284 Aus dieser rechtlichen Einschätzung ergeben sich für die ernennende Behörde bestimmte Konsequenzen für die Gestaltung des Besetzungsverfahrens nach erfolgter Auswahlentscheidung. Die Behörde ist zunächst gehalten, vor der endgültigen Ernennung des ausgewählten Kandidaten allen anderen Bewerbern das Ergebnis des Auswahlverfahrens mitzuteilen.[336] Die unterlegenen Bewerber haben ein Einsichtsrecht in den Besetzungsbericht (Auswahlvermerk), soweit er die Gründe für die Auswahlentscheidung enthält. Ist der unterlegene Bewerber der Ansicht, dass die Entscheidung fehlerhaft ist, kann er einen (Eil-) Antrag auf Erlass einer einstweiligen Anordnung vor den Verwaltungsgerichten stellen.[337] Dies umfasst den Rechtsschutz bis vor das BVerfG, siehe Rn. 123a.

Die Rechtswidrigkeit kann sich aus einem Verfahrensverstoß ergeben (die Ausschreibungspflicht wurde verletzt, es wurde gegen die Pflicht zur Beteiligung der Personalvertretung oder gegen die Anhörungspflicht verstoßen). Es können auch materiell-rechtliche Fehler vorliegen, z. B. Verstöße gegen die Bestenauslese und den Leistungsgrundsatz. Das ist zum Beispiel der Fall, wenn das Anforderungsprofil für die zu besetzende Stelle fehlerhaft ist oder die der Entscheidung zugrunde liegenden dienstlichen Beurteilungen oder ihr Vergleich miteinander rechtswidrig waren. Bei notengleichen Beurteilungen mehrerer Bewerber müssen Hilfskriterien wie z. B. Aspekte der Frauenförderung oder die Schwerbehinderung eines Bewerbers zum Zuge kommen.

285 Voraussetzung für den Erlass einer Anordnung gem. **§ 123 VwGO** ist die Glaubhaftmachung eines **Anordnungsanspruchs** und ein **Anordnungsgrundes**. Der Anordnungsanspruch liegt vor, wenn die Auswahlentscheidung sich als rechtswidrig darstellt. Der Anordnungsgrund liegt in der Eilbedürftigkeit der gerichtlichen Eilentscheidung. Sie ergibt sich aus der Tatsache, dass bei Abwarten einer Entscheidung des Gerichts in der Hauptsache und Ernennung des Mitbewerbers in der Zwischenzeit, diese nicht mehr

336 BVerfG DVBl. 1989, 1247.
337 In der Hauptsache kommt die allgemeine Leistungsklage in Betracht.

aufgehoben werden kann. Dies gilt nicht für die bereits erwähnten Ausnahmefälle der Rechtsschutzverhinderung, siehe Rn. 123a.

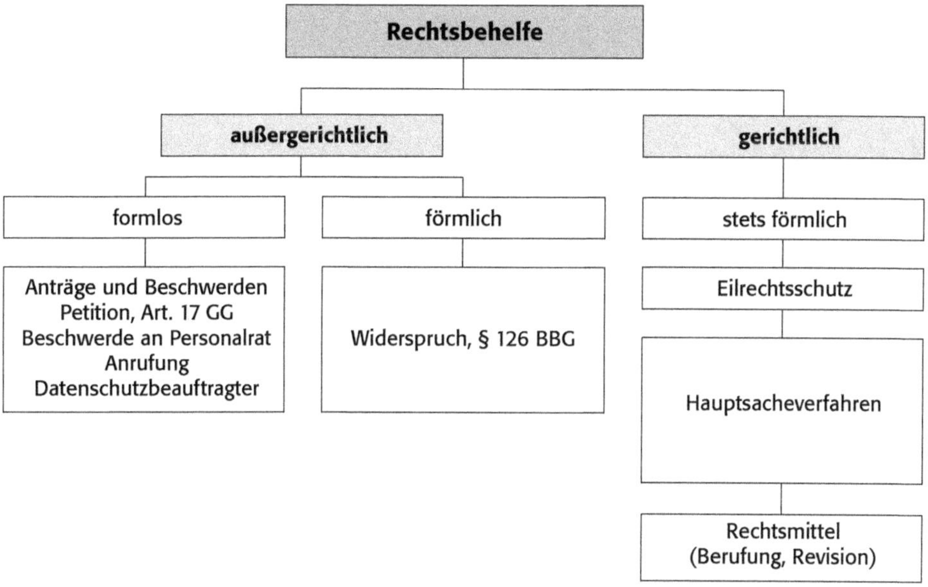

Wiederholungsfragen

1. *Ist die Beschwerde nach § 125 BBG ein förmlicher Rechtsbehelf? (Rn. 262)*
2. *Welche formlosen Rechtsbehelfe kann ein Beamter einlegen? (Rn. 263/266)*
3. *Wann ist in Beamtensachen ein Vorverfahren statthaft? (Rn. 272–274)*
4. *Hat jeder Widerspruch des Beamten aufschiebende Wirkung? (Rn. 272)*
5. *Wer entscheidet grundsätzlich über den Widerspruch eines Beamten? (Rn. 273)*
6. *Welches sind die gebräuchlichsten Klagearten in der VwGO? (Rn. 275–279)*
7. *Welche Konfliktsituation liegt einer beamtenrechtlichen Konkurrentenklage zugrunde? (Rn. 280)*

Hinweis auf Anhang I – Zulässigkeit und Begründetheit des Widerspruchs
Hinweis auf Anhang II – Fall mit Lösung zum vierten Teil des Lehrbuchs

Fall 18 – Der Ex-Funktionär (Rn. A 30)

Anhang

Anhang I

Zulässigkeit und Begründetheit des Widerspruchs

Ist in einem Gutachten die Erfolgsaussicht eines Widerspruchs im Beamtenrecht zu prüfen, so empfiehlt sich folgender Aufbau:

I. Zulässigkeit des Widerspruchs

1. Zulässigkeit des Verwaltungsrechtsweges, § 126 Abs. 1 BBG analog

Für Streitigkeiten aus dem Beamtenverhältnis ist nicht die Generalklausel des § 40 **A 1**
Abs. 1 VwGO, sondern die sog. aufdrängende Spezialvorschrift zu den Verwaltungsgerichten in § 126 Abs. 1 BBG zu prüfen. Danach ist für alle Klagen der Beamten und des Dienstherrn der Verwaltungsrechtsweg gegeben. Da die Vorschrift ausdrücklich nur für Klagen gilt, muss sie auf das Widerspruchsverfahren analog angewendet werden.

2. Statthaftigkeit des Widerspruchs, § 126 Abs. 2 BBG

Vor **jeder** beamtenrechtlichen Klage ist gemäß § 126 Abs. 2 BBG ein Vorverfahren **A 2**
durchzuführen. Dies gilt, anders als sich aus § 68 Abs. 1 VwGO sonst ergibt, unabhängig davon, ob sich die spätere Klage gegen einen Verwaltungsakt richtet. Liegt ein Verwaltungsakt vor, so ergibt sich die Statthaftigkeit bereits aus § 68 Abs. 1 VwGO (sog. Anfechtungswiderspruch). Dasselbe gilt, wenn der Beamte den Erlass eines Verwaltungsakts begehrt (sog. Verpflichtungswiderspruch). Im Rahmen der Statthaftigkeit ist allein zu prüfen, ob es sich um eine Streitigkeit aus dem Beamtenverhältnis handelt.

Häufig kann es aber etwa im Hinblick auf die Frist, die aufschiebende Wirkung und den vorläufigen Rechtsschutz sinnvoll sein schon hier zu prüfen, ob ein Verwaltungsakt vorliegt.

3. Widerspruchbefugnis, § 42 Abs. 2 VwGO analog

Der Widersprechende muss geltend machen, durch die Maßnahme des Dienstherrn in **A 3**
seinen Rechten verletzt zu sein. Die bloße Möglichkeit einer Rechtsbeeinträchtigung genügt. Für die Prüfung der Widerspruchsbefugnis gilt § 42 Abs. 2 VwGO analog. Dies gilt wiederum unabhängig davon, ob sich der Widerspruch gegen einen Verwaltungsakt richtet, da § 42 Abs. 2 VwGO auch bei allen anderen Klagen entsprechend zur Anwendung kommt. Die Widerspruchsbefugnis ist in der Regel gegeben, weil der Beamte als Adressat der Anordnung des Dienstherrn stets im Sinne des § 42 Abs. 2 VwGO analog betroffen ist (sog. Adressatentheorie). Aber auch, wenn eine begehrte Anordnung versagt oder ein Antrag nicht beschieden wurde, kann der Beamte in eigenen Rechten verletzt sein.

4. Form und Frist, § 70 VwGO

A 4 Handelt es sich um einen Verwaltungsakt, so gilt die Widerspruchsfrist von einem Monat (§ 70 Abs. 1 Satz 1 VwGO) oder von einem Jahr (§ 70 Abs. 2, § 58 Abs. 2 VwGO). Bei einer anderen Maßnahme, die nicht als Verwaltungsakt zu qualifizieren ist, gilt die Monatsfrist nicht. Hier wird zum Teil der Lauf einer Jahresfrist angenommen. Jedenfalls ist Rechtsschutz auch hier nicht unbegrenzt möglich. Wegen der unterschiedlichen Fristenbindung ist ggf. an dieser Stelle zu erörtern, ob die Anordnung des Dienstherrn als Verwaltungsakt einzustufen ist oder nicht.

Ergebnis:
Der Widerspruch des Beamten ist zulässig bzw. unzulässig.

II. Begründetheit des Widerspruchs

A 5 Der Widerspruch ist begründet, soweit die Maßnahme des Dienstherrn rechtswidrig ist und den Beamten in seinen Rechten verletzt (§ 113 Abs. 1 Satz 1 VwGO analog) oder wenn sie unzweckmäßig ist.[338]

A 6 Rechtswidrig ist die Maßnahme, wenn sie gegen formelles oder materielles Recht verstößt.

1. Formelle Rechtmäßigkeit

- Zuständigkeit der Stelle, die die Maßnahme getroffen hat.
- Einhaltung der Form- und Verfahrensvorschriften. Dazu zählt z. B. die Anhörung nach § 28 Abs. 1 VwVfG oder nach Spezialvorschriften. Bei einer Verletzung von Form- und Verfahrensvorschriften kann eine Heilung nach § 45 VwVfG in Betracht kommen. Besonderheiten sind hier im Ernennungsrecht zu beachten.

2. Materielle Rechtmäßigkeit

- Notwendigkeit einer Ermächtigungsgrundlage für die Maßnahme des Dienstherrn.
- Richtige Anwendung des Gesetzes. Hierbei sind alle Tatbestandsmerkmale umfassend gutachterlich zu prüfen (sorgfältige Subsumtion). Auf der Rechtsfolgenseite ist bei Ermessensentscheidungen die Möglichkeit von Ermessensfehlern in die Überlegungen einzubeziehen.

Ergebnis:
Der Widerspruch des Beamten ist begründet bzw. unbegründet.

Anmerkungen:
A 7 Für den Widerspruch gegen Disziplinarmaßnahmen wird in den §§ 41 ff. BDG eine Sonderregelung getroffen. Diese Spezialvorschriften sind zu beachten, wenn der betroffene Beamte sich gegen Maßnahmen gem. § 5 Abs. 1 BDG wendet.

338 Die Begründetheit des Verpflichtungswiderspruchs richtet sich nach § 113 Abs. 5 VwGO.

Anhang II

Methodik der Fallbearbeitung im Beamtenrecht

Weiterführende Literaturhinweise: *Busse/Füssgen/Tillmann-Gehrken*, Die Methodik der Fallbearbeitung im Verwaltungsrecht, 3. Auflage, 2000; *Butzer/Epping*, Arbeitstechnik im Öffentlichen Recht, 2. Auflage, 2001; *Schwacke*, Juristische Methodik, 4. Auflage, 2003; *Wank*, Die Auslegung von Gesetzen, 3. Auflage, 2005; *Brühl*, Verwaltungsrecht für die Fallbearbeitung, 7. Auflage, 2006; *Baldarelli/Wölke*, Musterklausuren Öffentliches Dienstrecht, 2. Auflage, 2007; *Rüthers*, Rechtstheorie, 4. Auflage, 2008; *Schwerdtfeger*, Öffentliches Recht in der Fallbearbeitung, 13. Auflage, 2008; *Leppek*, „Die akademische Anna", DVP 2008, 423 ff.; *Möllers*, Juristische Arbeitstechnik und wissenschaftliches Arbeiten, 4. Auflage, 2008

Allgemeine Einführung

Wer komplexe Fallgestaltungen im Beamtenrecht einer Lösung zuführen möchte, muss **A 8**
die Grundlagen der juristischen Methodik verstanden haben und anwenden können. Dies gilt für die Arbeit an Klausursachverhalten und die *Behördenpraxis* gleichermaßen. Das Vorgehen eines Juristen bei der Fallbearbeitung lässt sich in **vier Schritte** gliedern:

1. Arbeit am Sachverhalt

In der Klausursituation wird dem Bearbeiter ein Sachverhalt vorgelegt, aus dem sich **A 9**
alle für die Lösung relevanten Daten, Fakten und Rechtsauffassungen ergeben. Es lohnt sich, den Sachverhalt am Anfang gründlich zu lesen und die Fakten (chronologisch) zu ordnen.

Der Praktiker in der Behörde löst in der Regel Fälle, bei denen sich der Sachverhalt aus dem Inhalt einer Akte ergibt. Er muss den Akteninhalt systematisch aufbereiten, das Wesentliche (Entscheidungserhebliche) vom Unwesentlichen trennen und sich so den Sachverhalt selbst zusammenstellen.

2. Herausarbeiten der Fragestellung

Im nächsten Schritt muss der Klausurverfasser die Fallfrage, die im Anschluss an die **A 10**
Darstellung des Sachverhaltes gestellt wird, richtig erfassen. Wonach ist gefragt? Oft handelt es sich um die Frage, wie eine Behörde richtigerweise handeln sollte oder – wenn eine Behördenentscheidung bereits in der Welt ist – ob die Behörde rechtmäßig gehandelt hat. Jedenfalls geht es hier um Fragen der formellen und/oder materiellen Rechtmäßigkeit von Bescheiden oder Realakten. Möglich ist auch, dass verwaltungsprozessuale Fragen eine Rolle spielen: Haben Widerspruch oder Klage Aussicht auf Erfolg? Hier ist auf Fragen der Zulässigkeit und Begründetheit einzugehen.

Auch der Praktiker wird zunächst prüfen, was für eine Arbeit von ihm verlangt wird. Als Sachbearbeiter einer Behörde wird hier häufig zu prüfen sein, wie der Antrag eines Bürgers zu bescheiden ist, ob die Behörde von Amts wegen tätig werden muss oder wie auf einen Widerspruch zu reagieren ist.

3. Lösung des Falles

A 11 Die zu beantwortende Fragestellung trägt bereits das weitere Vorgehen bei der Falllösung in sich. Die Suche nach der Rechtsnorm oder den Rechtsnormen, aus deren Anwendung sich die Lösung des Falls ergibt, beginnt. Dabei gilt der allgemeine Grundsatz: Die spezielle geht der allgemeinen Regelung vor. In beamtenrechtlichen Klausuren wird der Bearbeiter meist im BBG, BBesG oder BDG fündig werden. Allgemeine Regelungen aus dem VwVfG sind dann häufig nicht anwendbar. Dies gilt z. B. bei Fragen aus dem Ernennungsrecht. Denn die Frage der Wirksamkeit einer Ernennung lässt sich abschließend durch Anwendung der §§ 12–14 BBG beantworten. Daneben sind die §§ 45, 48 f. VwVfG nicht anwendbar. Ist die erfolgversprechende Rechtsnorm gefunden, muss sie in Tatbestand und Rechtsnorm aufgegliedert werden: Welche Tatbestandsmerkmale hat die Norm, welche Rechtsfolge sieht sie vor, wenn der Tatbestand erfüllt ist? Auf der Tatbestandsseite muss der Bearbeiter häufig die Bedeutung unbestimmter Rechtsbegriffe durch Auslegung ermitteln. Auf der Rechtsfolgenseite sollte das Augenmerk im Verwaltungsrecht darauf gerichtet sein, ob die Verwaltung eine gebundene Entscheidung treffen muss oder die Maßnahme im Ermessen der Behörde liegt. Nach der Arbeit an der Rechtsnorm wird nun die Verbindung zum Sachverhalt hergestellt: Liegen im konkreten Fall die Tatbestandsvoraussetzungen der anzuwendenden Rechtsnorm vor? Dieses Kernstück juristischer Arbeit ist die Subsumtion. Aus diesem Denkschritt ergibt sich die Lösung des Falls.

Die Arbeit des Verwaltungspraktikers sieht nicht anders aus. Auch er wendet Rechtsnormen auf den Einzelfall an, den er einer Lösung zuführen muss.

4. Niederschrift der Lösung

A 12 Erst nach den ersten drei Arbeitsschritten sollte sich der Klausurbearbeiter an die Niederschrift der Lösung begeben. Andernfalls bestehen Unsicherheiten darüber, in welche Richtung sich die Klausurlösung entwickeln wird. Mehrfaches „Umwerfen" der zunächst oberflächlich angedachten Lösung kann die (zeitraubende) Konsequenz sein.

Der Verwaltungspraktiker wird solche Überlegungen immer abschließen, bevor er sein Arbeitsergebnis als Vorlage oder Entwurf dem Vorgesetzten vorlegt.

Beamtenrechtliche Übungsfälle mit Lösungen

Fälle zur Art. 33 GG

Fall 1: Kinder der Kommune[339]

Die Kreisstadt K setzt durch Beschluss des Stadtrates und des Personalausschusses fest, dass einheimischen Bewerbern beim Eignungstest für einzustellende Beamtenanwärter in jedem Falle ein Bonus von 1,0 Punkten gewährt wird. Die Aufsichtsbehörde hat Zweifel, ob ein solcher Beschluss für die Einstellung von Kommunalbeamten mit der Verfassung vereinbar ist. Ist diese Regelung verfassungsgemäß? **A 13**

Lösung:

Die Auswahl von Bewerbern für den öffentlichen Dienst richtet sich nach der verfassungsrechtlichen Vorgabe in Art. 33 Abs. 2 GG. Außerdem legt Art. 3 Abs. 3 GG fest, dass niemand wegen seiner Herkunft benachteiligt werden darf.

Die Entscheidung über die Einstellung eines Bewerbers und die Auswahl unter mehreren Bewerbern liegt gem. Art. 33 Abs. 2 GG im pflichtgemäßen Ermessen des Dienstherrn. Es ist ihm überlassen, welchen sachlichen Umständen er bei seiner Auswahlentscheidung ein besonderes Gewicht beimisst. Er muss allerdings dafür Sorge tragen, den Grundsatz des gleichen Zugangs zu jedem öffentlichen Amt nach Eignung, Befähigung und fachlicher Leistung (Art. 33 Abs. 2 GG) zu verwirklichen.

So kann es im Einzelfall zwar sein, dass eine zu besetzende Stelle besondere Kenntnisse über die örtlichen Verhältnisse verlangt und diese deshalb ein Element der Eignung der Bewerber ist. Es ist aber unzulässig, bei sämtlichen in einer Gemeinde zu besetzenden Stellen generell zu vermuten, dass ein besonderes Vertrautsein mit den Verhältnissen vor Ort erforderlich ist. Erst recht kann nicht generell unterstellt werden, dass ein einheimischer Bewerber in jedem Fall mit den Ortsverhältnissen vertrauter (und deshalb geeigneter) ist als andere. Es verstößt daher gegen Art. 33 Abs. 2 GG, wenn bei Eignungstests für einzustellende Beamtenanwärter generell ein Bonus für einheimische Bewerber gewährt wird. Darin ist gleichzeitig auch ein Verstoß gegen den speziellen Gleichheitsgrundsatz nach Art. 3 Abs. 3 GG zu sehen, weil alle nicht gemeindeansässigen Bewerber allein deshalb benachteiligt werden, weil sie aus einer anderen Gemeinde stammen.

Fall 2: Der katholische Rektor[340]

An einer christlichen Gemeinschaftsschule ist das Amt des Rektors zu besetzen. In der Stellenausschreibung wird ein Bewerber mit katholischem Bekenntnis gesucht. Um die Stelle bewerben sich die katholische Lehrerin L und der evangelische Konrektor K. Dieser hat die besseren dienstlichen Beurteilungen. Beide Bewerber sind Beamte auf Lebenszeit. Das Kultusministerium weist das Oberschulamt an, die Lehrerin L zur Ernennung vorzuschlagen, zumal von den 480 Schülern 375 katholisch sind. Ist die Weisung rechtmäßig? **A 14**

Lösung:

Nach Art. 33 Abs. 3 GG ist die Zulassung zu öffentlichen Ämtern unabhängig von dem religiösen Bekenntnis. Niemand darf aus seiner Zugehörigkeit zu einem Bekenntnis ein Nachteil erwachsen. Der Dienstherr darf bei der Auswahl unter mehreren Bewerbern nur sachliche Gesichtspunkte be-

339 Vgl. BVerwG in ZBR 1979, 368 f.
340 Vgl. VGH Mannheim DVBl. 1968, 256; BVerwG DVBl. 1989, 758.

rücksichtigen. Die Konfession ist hier keine Frage der Eignung für den Rektorenposten. Etwas anderes kann ganz ausnahmsweise für sog. konfessionsgebundene Ämter (z. B. Theologieprofessor) gelten. Dazu gehört eine Schulrektorenstelle nicht.

Die Weisung des Kultusministeriums, L zur Ernennung vorzuschlagen, verstößt somit gegen Art. 33 Abs. 3 GG. Sie enthält gleichzeitig einen Verstoß gegen das Leistungsprinzip des Art. 33 Abs. 2 GG.

Fall 3: Die Ehegattenklausel[341]

A 15 Studienreferendarin S hat im Saarland das 2. Staatsexamen mit „sehr gut" bestanden. Da ihr Ehegatte im öffentlichen Dienst beschäftigt ist, wird ihre Einstellung als Probebeamtin von dem betroffenen Bundesland allein wegen der Berufstätigkeit ihres Ehemannes verweigert. Alle übrigen Voraussetzungen für die Einstellung werden ausdrücklich bejaht. Die Referendarin klagt auf Einstellung als Beamtin auf Probe. Mit Erfolg?

Lösung:

Zu prüfen ist, ob S ausnahmsweise einen Anspruch auf Ernennung hat. Ein solcher Anspruch besteht für einen Bewerber regelmäßig nicht, auch nicht nach Art. 33 Abs. 2 GG. Die Entscheidung über die Ernennung liegt im pflichtgemäßen Ermessen des Dienstherrn, wobei dieser das Leistungsprinzip zu beachten hat. Dabei wird dem Dienstherrn hinsichtlich der Anwendung der Auswahlkriterien (Eignung, Befähigung und fachliche Leistung) ein Beurteilungsspielraum eingeräumt. Das Saarland hat hier alle fachlichen Voraussetzungen ausdrücklich bejaht und von seiner Beurteilungsermächtigung bereits Gebrauch gemacht. Die Verweigerung wegen der „Ehegattenklausel" stellt einen Verstoß gegen Art. 33 Abs. 2 GG (Leistungsprinzip) dar und ist rechtswidrig. Nur die Einstellung der Bewerberin stellt hier die einzig rechtmäßige Entscheidung dar, deshalb hat S ausnahmsweise einen Anspruch auf Einstellung (sog. „Ermessensreduzierung auf Null").

Fälle zum Ernennungsrecht

Fall 4: Verkehrsrowdy

A 16 Der Bewerber R war wegen fahrlässiger Tötung (§ 222 StGB) im Straßenverkehr rechtskräftig zu einer Freiheitsstrafe von fünfzehn Monaten verurteilt worden. Kann er als Beamter auf Widerruf eingestellt werden, wenn alle anderen Voraussetzungen für die Ernennung erfüllt sind?

Lösung:

Um Beamter auf Widerruf werden zu können, müsste R amtsfähig sein. Nach § 45 Abs. 1 StGB verliert die Amtsfähigkeit, wer wegen eines Verbrechens zu einer Freiheitsstrafe von mindestens einem Jahr verurteilt wird. Ob eine Straftat als Verbrechen anzusehen ist, regelt § 12 StGB. Danach sind Verbrechen rechtswidrige Taten, die im Mindestmaß mit Freiheitsstrafe von einem Jahr bedroht sind. § 222 StGB (fahrlässige Tötung) sieht keine Mindestfreiheitsstrafe vor, also handelt es sich bei dieser Straftat nicht um ein Verbrechen, sondern um ein Vergehen. Demnach hat R aufgrund der Verurteilung die Amtsfähigkeit nicht verloren. Er könnte eingestellt werden.

341 Vgl. VG Saarlouis DVBl. 1978, 761.

Fall 5: Ernennung ohne Aushändigung der Urkunde?

Der Beamte auf Probe RI Kunibert Kühne (K) soll vom Präsidenten des Bundesverwaltungsamts Köln zum Beamten auf Lebenszeit ernannt werden. Die bereits unterzeichnete Ernennungsurkunde befindet sich bei der Personalreferentin, die die Urkunde aushändigen soll. Dazu kommt es jedoch nicht, weil die mit K befreundete Reinigungskraft R die Urkunde vom Schreibtisch der Referentin nimmt und diese K freudestrahlend übergibt. Ist die Ernennung nichtig? **A 17**

Lösung:

Die Ernennung zum Beamten auf Lebenszeit ist eine Ernennung gem. § 10 Abs. 1 Nr. 2 BBG (Umwandlung). Eine Ernennung erfolgt durch Aushändigung einer entsprechenden Ernennungsurkunde (§ 10 Abs. 2 S. 1 BBG). Daran fehlt es im vorliegenden Fall. Denn R war behördenseits nicht zur Aushändigung befugt. Aus § 13 Abs. 1 Nr. 1 BBG ergibt sich, dass eine Ernennung, die nicht der in § 10 Abs. 2 BBG vorgeschriebenen Form entspricht und auch nicht gem. § 13 Abs. 2 Nr. 1 BBG geheilt ist, nichtig ist. Zwar ist die Aushändigung in § 10 Abs. 2 S. 1 BBG geregelt und wird dem Wortlaut der Vorschrift zufolge von § 13 Abs. 1 Nr. 1 BBG umfasst. Fraglich ist jedoch, ob es sich bei der Aushändigung überhaupt um eine Formvorschrift handelt. Dies ist nicht der Fall. Vielmehr ist darin eine Verfahrensvorschrift zu sehen. Denn letztlich ist die Aushändigung eine besondere Form der Bekanntgabe und damit lex specialis zu § 41 VwVfG. Solange die Urkunde sich noch in den Händen der Ernennungsbehörde befindet, ist sie ein interner Vorgang und ohne Rechtswirkung nach außen. Sie ist rechtlich noch gar nicht existent. Deshalb ist die Ernennung des K gem. § 10 Abs. 2 Nr. 2 BBG im vorliegenden Fall nicht nichtig, sondern gar nicht erfolgt.

Fall 6: Der rauschgiftsüchtige W

Der rauschgiftsüchtige W ist aufgrund seiner Bewerbung vom Präsidenten der Hochschule des Bundes (wirksam) zum Beamten auf Widerruf ernannt worden. Bei seiner Einstellung als Anwärter für die Laufbahn des gehobenen nichttechnischen Verwaltungsdienstes hat er auf Befragen seine Rauschgiftabhängigkeit ebenso verschwiegen wie drei erfolglos verlaufene Entziehungskuren. Muss die zuständige Behörde nach Kenntnis der Rauschgiftsucht die Ernennung des W zurücknehmen? **A 18**

Lösung:

Es ist zu prüfen, ob die Ernennung des W nach § 14 Abs. 1 Nr. 1 BBG zurückgenommen werden muss. Dies ist dann der Fall, wenn sie durch Zwang, arglistige Täuschung oder Bestechung herbeigeführt wurde. In Betracht kommt hier eine arglistige Täuschung des W durch das Verschweigen einer Suchterkrankung.

Voraussetzung für eine Rücknahme ist zunächst, dass eine wirksame Ernennung vorliegt. Diese ist laut Sachverhalt gegeben, denn dieser enthält keine Anhaltspunkte für eine Nichternennung oder eine nichtige Ernennung. Es müsste eine Täuschungshandlung vorliegen. Diese liegt in einem Verhalten, das darauf abzielt, in einem anderen einen Irrtum über wesentliche Gesichtspunkte hervorzurufen. Dies kann durch ein Tun oder Unterlassen geschehen. W hat auf Befragen seine Rauschgiftabhängigkeit und die erfolglosen Entziehungskuren verschwiegen, um seine Einstellung zu erreichen. Dabei hat er die Einstellungsbehörde über Umstände nicht aufgeklärt, die für die Entscheidung der Behörde bedeutsam sein konnten. Er handelte dabei arglistig (vorsätzlich). Denn ihm war bekannt, dass die Rauschgiftabhängigkeit für seine Einstellung von wesentlicher Bedeutung war. Die arglistige Täuschung muss für die Ernennung ursächlich gewesen sein. Bei der Begründung des Beamtenverhältnisses ist u.a. auch die Eignung des Bewerbers erforderlich (§ 9 Satz 1 BBG). Ein Beamter muss körperlich, charakterlich und geistig den Anforderungen seines Dienstes gewachsen sein. Diese Gewähr bietet W bei seiner noch bestehenden Abhängigkeit vom Rauschgift nicht. Bei Kenntnis des wahren Sachverhalts hätte die Behörde von der Ernennung Abstand genommen. Da somit alle Voraussetzungen einer arglistigen Täuschung nach § 14 Abs. 1 Nr. 1 BBG erfüllt sind, muss die zuständige Behörde die Ernennung zurücknehmen (gebundene Verwaltungsentscheidung).

Fall 7: Geld-zurück-Garantie?

A 19 Die Ernennung des Beamten auf Widerruf W (aus Fall 6) wird von der obersten Dienstbehörde der Hochschule des Bundes (dem BMI) wegen arglistiger Täuschung nach § 14 Abs. 1 Nr. 1 BBG unter Beachtung der Verfahrensvorschriften des § 15 BBG zurückgenommen. W hat als Anwärter bereits acht Monate Dienst geleistet und entsprechende Bezüge erhalten. Kann das BMI die Rückzahlung der Anwärterbezüge verlangen, wenn W dies ablehnt, weil er die Bezüge zur Bestreitung seines Lebensunterhaltes verbraucht hat?

Lösung:

Die Rücknahme der Einstellung bewirkt, dass das Beamtenverhältnis von Anfang an unwirksam war. Da W aber acht Monate Dienst geleistet hat, bestand in dieser Zeit ein sog. faktisches öffentlich-rechtliches Dienstverhältnis. Die Abwicklung richtet sich nach öffentlichem Recht. Wegen der Rücknahme der Ernennung sind die dem W gezahlten Anwärterbezüge ohne Rechtsgrund geleistet worden. Der Dienstherr hat einen Rückzahlungsanspruch in Form des sog. öffentlich-rechtlichen Erstattungsanspruches. § 12 Abs. 2 BBesG (mit dem Verweis auf §§ 812 ff. BBG) ist dagegen nicht anwendbar, weil ein wirksames Beamtenverhältnis nicht vorliegt. W kann sich auch nicht auf den Wegfall der Bereicherung berufen.[342] Es liegt im pflichtgemäßen Ermessen des Dienstherrn, ob er nach § 15 Satz 4 BBG die gezahlten Bezüge dem W belässt oder ob er sie zurückfordert. Bei der (fehlerfreien) Ausübung des Ermessens hat er u. a. die Dauer des faktischen Dienstverhältnisses, die tatsächlich erbrachte Dienstleistung durch W und seine wirtschaftliche Lage zu beachten.

Fall 8: Widerrufene Beförderung[343]

A 20 WB ist als Obersekretär (BesGr A 7) Beamter auf Lebenszeit im mittleren Dienst. Am 20.02.2009 wurde ihm die formal einwandfreie Ernennungsurkunde vom 13.02.2008 ausgehändigt, nach der er mit Wirkung vom 01.03.2009 zum Hauptsekretär (BesGr A 8) befördert ist. Am 27.02.2009 teilt ihm die zuständige oberste Dienstbehörde schriftlich mit, dass seine Beförderung zum Hauptsekretär zurückgenommen wird, weil keine freie Planstelle vorhanden sei. Wie ist die Rechtslage?

Lösung:

Mit der Aushändigung der Ernennungsurkunde am 20.02.2009 ist die Ernennung erfolgt, die Tatbestandsvoraussetzungen des § 10 Abs. 2 BBG sind erfüllt. Der Verwaltungsakt ist rechtlich existent, es handelt sich nicht mehr um einen verwaltungsinternen Vorgang (äußere Wirksamkeit). Allerdings sollte die innere Wirksamkeit der Beförderung nicht mit dem Tage der Aushändigung der Urkunde erfolgen, sondern erst zu einem späteren Zeitpunkt, dem 01.03.2009. Dies ist gem. § 12 Abs. 2 S. 1 BBG möglich. Erst am 01.03.2009 entfaltet die Ernennung damit besoldungs- und versorgungsrechtliche Konsequenzen.

Die Rücknahme der nach außen wirksamen Ernennung ist nur nach § 14 BBG möglich. § 14 Abs. 1 BBG enthält eine abschließende Aufzählung der Gründe, die eine Rücknahme zwingend erforderlich machen. Das Nichtvorhandensein einer Planstelle ist danach kein Grund, der die Rücknahme rechtfertigt. Es ist auch kein anderer Grund ersichtlich, dem Dienstherrn in der Zeit zwischen Aus-

342 Siehe dazu *Battis*, § 15, Rn. 6.
343 Vgl. auch BayVGH ZBR 1977, 154.

händigung der Urkunde und Geltungskraft der Ernennung über § 14 BBG hinausgehende Rechte auf Rücknahme einzuräumen. Das Schreiben vom 27.02.2009 stellt einen Verwaltungsakt i. S. d. § 35 VwVfG dar, der ohne Rechtsgrundlage ergangen und damit rechtswidrig ist. Widerspruch oder Anfechtungsklage des WB gegen diesen Verwaltungsakt wären begründet, so dass die Rücknahmeentscheidung aufgehoben werden müsste.

Fälle zu funktionellen Änderungen

Fall 9: HB-Männchen

Polizeimeister HB, der bei der Bundespolizeidirektion in Koblenz beschäftigt ist, hat mit seinem Vorgesetzten, dem Polizeioberkommissar BP, seit zwei Jahren häufig Streit. Das Betriebsklima hat sich im Verlaufe des letzten Jahres verschlechtert. Die eigentliche Ursache für das Spannungsverhältnis ist nicht mehr aufzuklären. Auf die Arbeitsergebnisse hat sich das schlechte Klima zwischen den beiden Beamten jedoch bislang nicht ausgewirkt. Trotzdem versetzt die zuständige Stelle den HB gegen seinen Willen zu einer Behörde der Landespolizei Rheinland-Pfalz, von der seit längerem bekannt ist, dass dort akuter Personalmangel herrscht. Dort erhält er ein gleichwertiges (statusrechtliches) Amt. Zuvor wurde HB angehört. Die Versetzungsverfügung wird damit begründet, dass die Auseinandersetzungen zu einer Störung des Arbeitsklimas geführt hätten und HB keine Versöhnungsbereitschaft gezeigt habe. Eine Weiterverwendung innerhalb der Bundespolizei sei daher nicht angezeigt. Das Land erklärt seine Zustimmung mit der Versetzung. **A 21**

HB ist damit nicht einverstanden. Er behauptet, sein Vorgesetzter habe den Streit verursacht, trotzdem sei er für ein klärendes Gespräch bereit. Auch sei zu berücksichtigen, dass mit der Versetzung ein Dienstherrnwechsel verbunden sei. Er wolle weiter Bundespolizist bleiben. Sein geplanter Einsatzort bei der Landespolizeibehörde sei außerdem 100 km von Koblenz entfernt. Daher könne er seine Dozententätigkeit bei der Volkshochschule in Koblenz wohl nicht mehr wahrnehmen. Zudem sei durch die langen Anfahrtszeiten auch die Erfüllung seiner Familienpflichten (er hat zwei schulpflichtige Kinder) nicht mehr in gleichem Umfang möglich wie bisher. Ist die Versetzung rechtmäßig?

Lösung:

1. Formelle Rechtmäßigkeit:

Hinsichtlich der Einhaltung der formellen Voraussetzungen wie Zuständigkeit, Form (§ 39 VwVfG), Bestimmtheit (§ 37 Abs. 1 VwVfG) sowie der Verfahrensbestimmung des § 28 VwVfG über die die Anhörung des Beamten bestehen keine Bedenken. Der aufnehmende Dienstherr hat sein Einverständnis gem. § 28 Abs. 5 BBG erklärt.

2. Materielle Rechtmäßigkeit:

Nach dem Vorbehalt des Gesetzes (Art. 20 Abs. 3 GG) bedarf die Versetzung einer Rechtsgrundlage. Diese könnte sich aus § 28 Abs. 2 BBG ergeben. Da die Versetzung zu einer anderen Dienststelle eines anderen Dienstherrn ohne Zustimmung des Beamten von Amts wegen erfolgte, ist diese Personalmaßnahme an die tatbestandlichen Voraussetzungen in § 28 Abs. 2, 2. Alt. BBG geknüpft.

Die Tätigkeit entspricht seiner Vorbildung und ist deshalb zumutbar. Sie entspricht auch dem bisherigen Amt des HB und ist mit demselben Endgrundgehalt versehen. Nun müssten aber zuletzt **dienstliche Gründe** für die Maßnahme vorliegen. Hierbei handelt es sich um einen unbestimmten Rechtsbegriff, der auszulegen ist. Der Begriff „dienstliche Gründe" ist eng auszulegen. Aufgrund der Eingriffsintensität (Dienstherrnwechsel) ist die Maßnahme nur als „ultima ratio" denkbar. Gründe, die in der Person des Beamten liegen können allein keinen dienstlichen Grund darstellen. Die Störungen des Arbeitsklimas durch die Differenzen zwischen HB und BP stören zwar die Atmosphäre, haben sich aber noch nicht auf die Leistungen und Arbeitsergebnisse ausgewirkt. Die Versetzung beruht damit nicht auf Gründen, die in der Behördensphäre – also hier der Bundespolizeidirektion Koblenz – begründet wären. Dies wäre – wenn überhaupt – allenfalls denkbar, wenn das Betriebs- und Arbeitsklima so nachhaltig gestört wäre, dass die Arbeit der Behörde ohne die konkrete Personalmaßnahme nicht mehr gewährleistet werden könnte. Die erforderlichen dienstlichen Gründe liegen deshalb nicht vor. Die Versetzung ist rechtswidrig.

Falls sich der Bearbeiter für eine andere Bewertung entscheiden sollte (z. B. weil er den unbestimmten Rechtsbegriff „dienstliche Gründe" weit auslegt), muss er auf der Rechtsfolgenseite die fehlerfreie Ermessensausübung wie folgt prüfen:

Bei der Ermessensentscheidung hat die Behörde neben den Interessen des Beamten auch auf die Verwaltungseffizienz zu achten. Die Spannungen in der Behörde in Koblenz sind gleichermaßen auf das Verhalten der HB und BP zurückzuführen. Ein eindeutiges Verschulden ist nicht ersichtlich. HB ist jedoch zu einem Gespräch mit BP bereit, um die Differenzen auszuräumen. Das persönliche Interesse des HB an seiner Dozententätigkeit muss zwar hinter den dienstlichen Belangen, die für die Versetzung sprechen, zurücktreten. Die Belastungen für den HB und seine Familie stehen aber angesichts seines Gesprächsangebots in keinem Verhältnis zu dem schwelenden Konflikt. Insoweit wurde das Ermessen hier fehlerhaft ausgeübt.

Im Ergebnis ist die Versetzung ist also jedenfalls materiell rechtswidrig.

Fall 10: Der Reisekostenexperte

A 22 Regierungsamtsrat W ist seit Jahren Sachbearbeiter im BMI für das Laufbahnrecht (Referat D 2). Die von ihm besetzte Planstelle ist nach A 12 bewertet. Durch schriftliche Verfügung des zuständigen Abteilungsleiters wird W im Rahmen größerer organisatorischer Veränderungen an Rechtsangelegenheiten" in der Abteilung Sport (SP 1) zu übernehmen. Er war zuvor angehört worden. W gilt allgemein als Experte im Reisekostenrecht und ist Mitautor eines führenden Kommentars. Er fürchtet, dass die Maßnahme seine Beförderungschancen zum Oberamtsrat mindert.

Ist die Verfügung rechtmäßig? Wie kann sich W gegen die Maßnahme wehren?

Lösung:

Zunächst ist fraglich, wie die Maßnahme rechtlich einzuordnen ist. Es handelt sich hier um die Übertragung eines neuen Dienstpostens innerhalb derselben Behörde. Betroffen ist das Amt im konkret-funktionellen Sinn, die Maßnahme ist eine Umsetzung. Die Voraussetzungen der Umsetzung sind gesetzlich nicht geregelt. Die Rechtsgrundlage für diese Maßnahme ergibt sich aus der Organisationsgewalt des Dienstherrn. Die Umsetzung stellt nach überwiegender Meinung keinen Verwaltungsakt dar, da sie nach ihrem objektiven Sinngehalt darauf gerichtet ist, keine unmittelbare rechtliche Außenwirkung zu entfalten. Sie ist nur organisationsintern für den Beamten als Amtsträger bestimmt. Daher ergibt sich eine Anhörungspflicht nicht nach § 28 Abs. 1 VwVfG, wohl aber aus der Fürsorgepflicht des Dienstherrn (§ 78 BBG). Laut Sachverhalt ist der W angehört worden. Bedenken gegen die formelle Rechtmäßigkeit bestehen nicht.

Im Hinblick auf die materielle Rechtmäßigkeit ist darauf zu achten, dass sich durch den Wechsel des Dienstpostens der derzeitige Status des Beamten nicht verschlechtert. W erhält aufgrund der Umsetzung ein gleichwertiges Amt im statusrechtlichen Sinne, er wird nicht unterwertig beschäftigt. Zu prüfen bleibt, ob der Dienstherr sein Ermessen fehlerfrei ausgeübt hat. Dabei ist von einem weiten Ermessensspielraum auszugehen. Jeder vertretbare sachliche Grund vermag die Umsetzung zu rechtfertigen. W kann sich nicht auf ein Recht am Amt berufen, also auch nicht auf sein Expertenwissen im Reisekostenrecht. Selbst der Verlust der Chance, alsbald befördert zu werden, schränkt das Ermessen des Dienstherrn nicht ein. Die mit organisatorischen Veränderungen begründete Maßnahme ist rechtmäßig.

Fall zur Beendigung des Beamtenverhältnisses

Fall 11: Zur falschen Zeit am falschen Ort

K ist als Kriminalkommissar Beamter auf Probe beim Bundeskriminalamt (BKA). Seine Leistungen sind gut, er steht kurz vor dem Ende seiner Probezeit. Einen Tag vor Aushändigung der Urkunde zur Verleihung der Eigenschaft eines Beamten auf Lebenszeit wird er wegen Straßenverkehrsgefährdung durch Trunkenheit am Steuer und wegen Verkehrsunfallflucht rechtskräftig zu einer Geldstrafe verurteilt. Er hatte die folgenreiche Trunkenheitstat außerdienstlich begangen. Nach Prüfung des Sachverhalts wird er in formell rechtmäßiger Weise von dem zuständigen Präsidenten des BKA entlassen. Ist die Entlassung auch materiell rechtmäßig? **A 23**

Lösung:

Die Entlassungsverfügung des Präsidenten des BKA könnte sich auf § 34 Abs. 1 Nr. 1 BBG stützen. K ist noch Beamter auf Probe im statusrechtlichen Sinn. Zu prüfen ist, ob hier ein Verhalten vorliegt, das bei einem Beamten auf Lebenszeit mindestens eine Kürzung der Dienstbezüge zur Folge hätte.

Die außerdienstliche Trunkenheitsfahrt eines Polizeibeamten mit anschließender Unfallflucht stellt nach § 77 Abs. 1 BBG ein Dienstvergehen dar. Dieses ist so schwerwiegend, dass es bei einem Beamten auf Lebenszeit mindestens zu einer Kürzung der Dienstbezüge führen würde (vgl. § 5 BDG). Da gegen Beamte auf Probe eine solche Maßnahme unzulässig ist (§ 5 Abs. 3 BDG), tritt an ihre Stelle die Möglichkeit der Entlassung. Dieser Regelung liegt der Gedanke zugrunde, dass ein Beamter, der sich bereits in jungen Jahren derart schwerwiegende dienstliche Verfehlungen zuschulden kommen lässt, dass sie bei einem Beamten auf Lebenszeit mindestens mit einer Kürzung der Dienstbezüge geahndet werden müssten, im allgemeinen nicht für den Dienst im Beamtenverhältnis auf Lebenszeit geeignet erscheint. Die Entlassung des K ist deshalb nach § 34 Abs. 1 Nr. 1 BBG rechtmäßig.

Fälle zur Pflichten im Beamtenverhältnis

Fall 12: Alkohol am frühen Morgen

Kriminalkommissar A roch morgens bei Dienstantritt nach Alkohol, hatte gerötete Augen und eine belegte Stimme. Da er seinen Dienst nicht ordnungsgemäß ausüben konnte, ordnete sein Vorgesetzter einen Alkoholtest an, um die Dienstunfähigkeit des A festzustellen. Dieser weigerte sich und meinte, eine Pflicht zur Mitwirkung gebe es nicht. Wie ist die Rechtslage? **A 24**

Lösung:

Eine ausdrückliche gesetzliche Regelung ist nicht ersichtlich. Aufgrund der allgemeinen Treuepflicht lässt sich aber eine Pflicht zur Mitwirkung bei der Überprüfung der Dienstfähigkeit annehmen. Dies gilt jedenfalls dann, wenn wegen des äußeren Erscheinungsbildes Zweifel an der Dienstfähigkeit des Beamten bestehen. Daneben hat A seine Folgepflicht (§ 62 Abs. 1 Satz 2 BBG) gegenüber einer Anordnung seines Vorgesetzten verletzt.

Fall 13: Freie Radikale[344]

A 25 Der Regierungsoberamtsrat F ist seit 1969 Mitglied der DKP. Er war als Redakteur einer kommunistischen Zeitung tätig und hat eigene Beiträge verfasst. Anlässlich von Gemeinderats- und Landtagswahlen hat er mehrfach für die DKP kandidiert. Stellt sein Verhalten einen Verstoß gegen die politische Treuepflicht dar?

Lösung:

Die politische Treuepflicht ist in § 60 Abs. 1 Satz 3 BBG geregelt und fordert von einem Beamten, dass er sich eindeutig von Gruppen und Bestrebungen distanziert, die diesen Staat, seine verfassungsmäßigen Organe und die geltende Verfassungsordnung angreifen, bekämpfen und diffamieren. Gegen diese Pflicht hat der Beamte verstoßen, denn er hat sich aktiv in einer Partei betätigt, die die freiheitlich demokratische Grundordnung im Sinne des Grundgesetzes bekämpft. Die DKP gehört zu solchen Gruppierungen, von denen sich ein Beamter zu distanzieren hat. Das Bekenntnis zu den Zielen einer Partei, die mit der freiheitlich demokratischen Grundordnung unvereinbar sind, und erst recht der aktive Einsatz für diese Ziele machen den Beamten ungeeignet für den Beamtendienst. F handelt der politischen Treuepflicht zuwider. Es kommt nicht darauf an, ob er nach seiner inneren Einstellung das Programm und die Ziele der DKP in ihrer Gesamtheit oder nur insoweit billigt, als er sie für verfassungskonform hält.[345]

Fall 14: Der eitle E[346]

A 26 Der Beamte E, im Polizeivollzugsdienst der Bundespolizei beschäftigt, trägt im Dienst unter dem Uniformhemd ein dünnes, unauffälliges Kettchen mit einem kleinen Anhänger, das nur an heißen Tagen beim Tragen des offenen Sommerhemdes sichtbar wird. Der Dienstvorgesetzte verbietet E das Tragen des Halskettchens mit der Begründung, der Schmuck beeinträchtige den Gesamteindruck der Dienstkleidung und schmälere das Ansehen der Bundespolizei. E fühlt sich durch die Anordnung in seinen Grundrechten verletzt. Zu Recht? Es ist davon auszugehen, dass E als Beamter im Polizeivollzugsdienst zum Tragen von Dienstkleidung während des Dienstes verpflichtet ist und dass die einschlägige Dienstkleidungsordnung das Tragen von Schmuck nicht regelt.

Lösung:

Die Anordnung des Dienstvorgesetzten könnte gegen Art. 2 Abs. 1 GG verstoßen. Zwar ist der Beamte im Polizeivollzugsdienst zum Tragen einer Dienstkleidung verpflichtet. Die Uniform dient dazu, den Bediensteten als Polizeivollzugsbeamten und Träger einer bestimmten Funktion nach außen kenntlich zu machen. Dabei repräsentiert der Beamte die Bundespolizei in der Öffentlichkeit. Er hat im Hinblick auf die Pflicht zu achtungswürdigem Verhalten (§ 61 Abs. 1 Satz 3 BBG) seine Uniform und sein persönliches Äußeres gepflegt zu halten. Das schließt aber ein Tragen von Schmuck nicht von vornherein aus. Nach dem Grundsatz der Verhältnismäßigkeit hat der Beamte Einschränkungen seiner persönlichen Freiheit nur hinzunehmen, soweit der Zweck des Dienstverhältnisses dies erfordert. Bei der Abwägung der geschützten Rechtsgüter fällt ins Gewicht, dass das Halskettchen unter dem Uniformhemd unauffällig wirkt und bei dem Gesamteindruck der Dienstkleidung eine untergeordnete Rolle spielt. Ein solcher Schmuck ist heute bei Männern nicht mehr ungewöhnlich. Es ist nicht ersichtlich, weshalb dadurch die Achtungs- und Vertrauenswürdigkeit des Beamten und damit das Ansehen der Bundespolizei geschmälert wird. Das Verbot des Dienstvorgesetzten verkennt den Grundsatz der Verhältnismäßigkeit und verletzt den Beamten in seinem Grundrecht auf freie Entfaltung der Persönlichkeit.

344 Vgl. BVerwGE 73, 263 – Fall Peter; BVerwGE 76, 157 – Fall Meister.
345 Siehe aber kritisch dazu: EGMR NJW 1996, 275 f.
346 Vgl. VG Berlin ZBR 1984, 142 ff.

Fälle zu den Rechten im Beamtenverhältnis

Fall 15: Rockender Rubel[347]

Kriminalkommissar RR ist beim Bundeskriminalamt (BKA) in der Terroristenfahndung eingesetzt. In seiner Freizeit belegt er einen Tanzkurs für Fortgeschrittene an vier Abenden jeweils mittwochs für € 60,–. Infolge neuer Anschläge von Terroristen wird er unerwartet wiederholt auch am Mittwochabend zu dienstlichen Einsätzen herangezogen, so dass er an dem Tanzkurs überhaupt nur einmal teilnehmen kann. Kann R für den bereits bezahlten Kurs von seinem Dienstherrn nach § 78 BBG Entschädigung in Höhe von € 50,– verlangen, wenn andere Anspruchsgrundlagen ausscheiden? **A 27**

Lösung:

Ein Anspruch aus der Fürsorgepflicht nach § 78 BBG kann nur dann erwogen werden, wenn – wie im vorliegenden Fall – speziellere Regelungen nicht in Betracht kommen. Es ist davon auszugehen, dass der Dienstherr vermögensrechtliche Ansprüche im Besoldungsrecht abschließend geregelt hat, so dass ein Rückgriff auf § 78 BBG grundsätzlich ausscheidet und nur in außergewöhnlichen Härtefällen gestattet ist. Es erscheint zweifelhaft, ob hier eine besondere Belastung des RR anzunehmen ist. Der Beamte des BKA musste bei seiner dienstlichen Verwendung damit rechnen, dass er auch unvorhergesehen ohne Rücksicht auf eine anders verplante Freizeit Dienst leisten muss. Er hatte diesen besonderen Einsatz im Hinblick auf seine Treuepflicht und der Verpflichtung, sich mit vollem Einsatz seinem Beruf zu widmen, auch zu ungewöhnlichen Zeiten zu erbringen. Es kommt hinzu, dass der Betrag von € 60,– bei der Besoldung des Beamten nicht so stark ins Gewicht fällt, dass von einer unerträglichen Belastung der angemessenen Lebensführung des RR gesprochen werden könnte. Aus diesen Gründen kann von einer ungewöhnlichen wirtschaftlichen Härte, die durch den Dienstherrn ausgeglichen werden müsste, nicht die Rede sein. Ein Anspruch auf die 60,– € für den bezahlten Tanzkurs aus § 78 BBG ist demnach zu verneinen.

Fall 16: Soz. Verw. Dipl.[348]

Regierungsamtsfrau R hat nach ihrem siebensemestrigen Studium an einer Verwaltungsakademie das Sozial-Verwaltungs-Diplom erworben und die Berechtigung erhalten, die Bezeichnung "Sozial-Verwaltungs-Diplominhaber" (abgekürzt: "Soz.Verw.Dipl.") zu führen. Unter Berufung auf § 86 BBG verlangt sie die Aufnahme dieser abgekürzten Bezeichnung in das Türschild ihres Dienstzimmers. Zu Recht? **A 28**

Lösung:

Nach § 86 Abs. 2 S. 1 BBG führt der Beamte im Dienst die Amtsbezeichnung des übertragenen Amtes. Damit ist das Amt im statusrechtlichen Sinn gemeint, also hier das Amt der Regierungsamtsfrau. Bei der Bezeichnung „Soz.Verw.Dipl." handelt es sich demnach nicht um eine Amtsbezeichnung. Ein Anspruch nach § 86 Abs. 2 S. 1 BBG ist nicht gegeben.

347 Vgl. BayVGH ZBR 1985, 226.
348 Vgl. OVG NW ZBR 1985, 224.

Fall 17: Recht auf Unterricht(sbedingungen)?[349]

A 29 Der beamtete Lehrer KL, Studienrat am Bundessprachenamt, verteilt vor Kursbeginn vor dem Haupteingang des Bundessprachenamtes an die zum Sprachunterricht kommenden Kursteilnehmer eine mehrseitige Flugschrift, in der eine Initiative von Lehrern und Kursteilnehmern zur Schaffung angemessener Unterrichtsbedingungen angeregt wird. In dem Flugblatt werden bestehende Missverhältnisse am Bundessprachenamt in sachlicher, aber kritischer Form dargestellt. Das Flugblatt erregt den Unwillen der Amtsleitung. Kann sich KL bei seiner Aktion auf Art. 5 Abs. 1 GG berufen? Liegt eine Verletzung von Beamtenpflichten vor?

Lösung:

Nach Art. 5 Abs. 1 S. 1 GG hat auch KL als Beamter das Recht, seine Meinung in Wort, Schrift und Bild frei zu äußern und zu verbreiten. Gemäß Art. 5 Abs. 2 GG findet das Recht auf freie Meinungsäußerung seine Schranken in den Vorschriften der „allgemeinen Gesetze". Das sind nach der Rechtsprechung des *Bundesverfassungsgerichts* solche, die sich nicht gegen eine Meinung als solche richten, sie nicht wegen ihres Inhalts verbieten, sondern einem schlechthin schützenswerten Rechtsgut dienen. Dazu gehören auch die Vorschriften der §§ 60 ff. BBG. Diese Vorschriften sind aber wieder im Lichte des durch sie begrenzten Grundrechts auszulegen.[350] Zwischen dem Bundesbeamtengesetz und Art. 5 GG besteht eine Wechselwirkung. Es ist eine Güterabwägung nach den Umständen des Einzelfalles vorzunehmen. Das Verteilen der Flugblätter ist wegen des sachlichen Zusammenhangs zum Dienst nicht als rein private Äußerung des Beamten, sondern als innerdienstlich zu werten. Das sachlich gehaltene Flugblatt ist nicht geeignet, das Vertrauen der Öffentlichkeit in die Integrität der Amtsführung des Beamten zu beeinträchtigen. Es ist auch nicht ersichtlich, dass das Verteilen der Flugblätter den Dienstbetrieb beeinträchtigt oder eine Störung des Arbeitsfriedens hervorruft. Eine bloße Unruhe unter den Empfängern der Flugblätter rechtfertigt es nicht, die Meinungsäußerung zu untersagen. Dem Beamten sollen durch die Mäßigungspflicht kritische Meinungsäußerungen nicht verwehrt werden. Die Güterabwägung im Einzelnen ergibt, dass KL beamtenrechtliche Pflichten nicht verletzt hat.

Fall zum Rechtsschutz im Beamtenverhältnis (Widerspruch gegen Rücknahme)

Fall 18: Der Ex-Funktionär[351]

A 30 Nach dem Bestehen der zweiten Juristischen Staatsprüfung bewirbt sich der Assessor BB aufgrund einer Ausschreibung um die Einstellung in den höheren nichttechnischen Verwaltungsdienst des Bundes. Bei einem Vorstellungsgespräch wird er von dem Abteilungsleiter im Bundesfinanzministerium (BMF) nach einer Betätigung für extreme politische Parteien und Gruppierungen befragt. BB verneint derartige Aktivitäten. Wegen seiner guten Examensnoten ist der Assessor unter 120 Bewerbern am 11.11.2006 zum Beamten auf Probe als Regierungsrat im BMF eingestellt worden. Vor Ablauf seiner erfolgreich verlaufenden Probezeit wird bekannt, dass BB während seiner ganzen Studienzeit ein äußerst aktiver Funktionär einer rechtsextremen Vereinigung gewesen ist. Tatsächlich ist er erst nach seinem zweiten Staatsexamen politisch nicht mehr hervorgetreten. Nach Anhörung des Beamten verfügte der BMF daraufhin am 10.04.2009 die Rücknahme der Ernennung des BB. Das Schreiben wird dem BB zugestellt, ist begründet und enthält eine Rechtsbehelfsbelehrung. Die Rücknahmeerklärung wird dem Beamten noch am gleichen Tage ausgehändigt. Hiergegen erhebt BB am 05.05.2009 schriftlich Widerspruch beim BMF mit der Begründung, seit seinem Eintritt in das Ministerium habe er sich immer verfassungstreu verhalten. Ist der Widerspruch zulässig und begründet?

349 Vgl. VG Berlin in NJW 1982, 1113.
350 BVerfGE 7, 198, 208.
351 Vgl. auch OVG Koblenz NJW 1991, 245.

Lösung:

Der Widerspruch hat Erfolg, wenn er zulässig und begründet ist.

I. Zulässigkeit des Widerspruchs

1. Der Verwaltungsrechtsweg, § 126 Abs. 1 BBG analog

Der Verwaltungsrechtsweg ist nach § 126 Abs. 1 BBG eröffnet, der auf den Widerspruch in Beamtenstreitsachen analog anzuwenden ist. Es geht um die Frage der Rechtmäßigkeit einer Entlassungsverfügung, die das Beamtenverhältnis beendet. Die allgemeine Regelung des § 40 Abs. 1 VwGO ist darüber hinaus nicht anwendbar.

2. Statthaftigkeit des Widerspruchs, § 126 Abs. 2 BBG

Nach § 126 Abs. 2 BBG ist vor allen Klagen aus dem Beamtenverhältnis ein Vorverfahren nach den Vorschriften des 8. Abschnitts der VwGO (§ 68 ff.) durchzuführen. Der Widerspruch ist damit statthaft. Da die Rücknahme der Ernennung im Übrigen eine Regelung mit Außenwirkung enthält und somit einen Verwaltungsakt nach § 35 S. 1 VwVfG darstellt, ergibt sich die Statthaftigkeit auch unmittelbar aus § 68 VwGO (sog. Anfechtungswiderspruch).

3. Widerspruchsbefugnis, § 42 Abs. 2 analog

BB müsste auch widerspruchsbefugt sein, § 42 Abs. 2 VwGO analog. Er macht geltend, durch die Rücknahme der Ernennung in seinen Rechten verletzt zu sein. Da er Adressat der ihn belastenden Maßnahme des Dienstherrn ist, ist auch die Widerspruchbefugnis gegeben.

4. Form und Frist, § 70 VwGO

Der Widerspruch ist form- und fristgerecht nach § 70 Abs. 1 VwGO eingelegt worden. BB hat gegen die ihm am 10.4.2009 ausgehändigte Verfügung am 5.5.2009 schriftlich beim BMF Widerspruch eingelegt.

Zwischenergebnis: Aus den genannten Gründen ist der Widerspruch zulässig.

II. Begründetheit des Widerspruchs

Der Widerspruch des Beamten ist begründet, soweit die Maßnahme des Dienstherrn rechtswidrig ist und den Widerspruchsführer in seinen Rechten verletzt (§ 113 Abs. 1 Satz 1 VwGO analog) oder wenn sie unzweckmäßig ist (vgl. § 68 Abs. 1 VwGO). Die Rücknahme der Ernennung ist rechtswidrig, wenn sie formell oder materiell gegen geltendes Recht verstößt.

1. Formelle Rechtmäßigkeit

Die formelle Rechtmäßigkeit der Verfügung setzt zunächst voraus, dass die zuständige Stelle gehandelt hat. Die Zuständigkeit des BMF und Form- und Verfahrensvorschriften ergeben sich aus § 14 Abs. 3 Satz 1 BBG. Das Ministerium ist oberste Dienstbehörde des Beamten BB. Die hier gewählte Schriftform ist ordnungsgemäß. Das Schreiben wurde ihm zugestellt und enthält auch eine Begründung. Die erforderliche Anhörung des Beamten ist vorgenommen worden. Schließlich wurde auch die nach § 14 Abs. 3 Satz 1 BBG vorgesehene Frist von sechs Monaten von dem BMF als oberste Dienstbehörde eingehalten. Demnach ist die Rücknahme der Ernennung formell rechtmäßig.

2. Materielle Rechtmäßigkeit

Als Rechtsgrundlage für die Rücknahme der Ernennung kommt hier § 14 Abs. 1 Nr. 1 BBG in Betracht. Dies setzt voraus, dass die Ernennung nicht wegen Verstoßes gegen zwingende Vorschriften unwirksam ist. Nach dem Sachverhalt ist davon auszugehen, dass die Ernennung wirksam ist. Die Nichtbeachtung des § 7 Abs. 1 Nr. 2 BBG führt nicht zur Nichtigkeit der Ernennung (§ 13 BBG). Die Ernennung des BB zum Regierungsrat könnte wegen arglistiger Täuschung zurückzunehmen sein, weil der Beamte bei seiner Einstellung auf Befragen verschwieg, dass er sich aktiv rechtsextremistisch betätigt hatte. BB hatte seinen Dienstherrn im Einstellungsgespräch getäuscht und durch die Täuschung einen Irrtum des Dienstherrn über seine Eignung herbeigeführt. Das Verschweigen von Tatsachen ist jedoch nur dann rechtlich bedeutsam, wenn für den Beamten eine Offenbarungspflicht besteht. Nach dem auch im öffentlichen Recht geltenden Grundsatz von Treu und Glauben ist der Beamte zwar nicht gehalten, Fragen nach seiner Parteizugehörigkeit zu beantworten. Er hat aber die Pflicht, alle für seine Ernennung wesentlichen Umstände zu offenbaren. Da die politische Treuepflicht gesetzliche Voraussetzung für die Berufung in das Beamtenverhältnis ist (§ 7 Abs. 1 Nr. 2 BBG), besteht insoweit eine Aufklärungspflicht des Bewerbers, auch wenn das für ihn nachteilig sein kann. Es handelt sich bei dem Verhalten des BB nicht um eine längst vergangene Jugendsünde, er war vielmehr bis zu seiner Einstellung in einer verfassungsfeindlichen Gruppierung aktiv tätig.

Weiter ist zu prüfen, ob der Beamte die Täuschung arglistig begangen hat. Ein solches Verhalten liegt vor, wenn der Bewerber weiß oder zumindest billigend in Kauf nimmt, dass durch die falsche Angabe bei der Einstellungsbehörde ein Irrtum über die wahre Sachlage entstanden ist. Als Volljurist wusste BB, dass er bei ehrlicher Antwort auf die Frage nach seiner Verfassungstreue mit der Ablehnung seiner Bewerbung zu rechnen hatte. Er handelte also arglistig. Schließlich muss zwischen der Täuschung und Irrtum des Dienstherrn sowie Irrtum und Ernennung des Beamten ein ursächlicher Zusammenhang bestehen. In Kenntnis seiner rechtsextremen Vergangenheit hätte das BMF BB schon wegen der fehlenden Einstellungsvoraussetzungen nicht ernannt. Demnach sind die Voraussetzungen einer arglistigen Täuschung nach § 14 Abs. 1 Nr. 1 BBG erfüllt, das BMF als oberste Dienstbehörde musste die Ernennung zurücknehmen. Für eine Überprüfung der Zweckmäßigkeit der Entscheidung bleibt kein Raum.

Zusätzliche Rücknahmegründe sind nicht ersichtlich, insbesondere ist der Beamte nicht wegen seiner verfassungsfeindlichen Aktivitäten vorbestraft (vgl. § 13 Abs. 1 Nr. 3. b) BBG).

Endergebnis: Die vom BMF ausgesprochene Rücknahme ist demnach rechtmäßig. Der Widerspruch des BB ist unbegründet.

Stichwortverzeichnis

Die Zahlen beziehen sich auf die Randnummern des Textes.
Verweisen auf den Anhang ist ein „A“ vorangestellt.

Notizen